L'intégralité de votre livre accessible en ligne
avec une simple connexion Internet !

+ des outils utiles et intuitifs :

- sommaire interactif
- surlignage en couleurs
- notes personnelles et marque-page

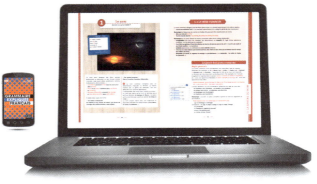

Pour activer votre livre-web, rendez-vous sur livre-web.com

- **Si vous n'avez pas de compte CLE**, créez-le avant de passer à l'activation de votre livre-web.

  → Cliquez sur **> Se créer un compte CLE International** et laissez-vous guider.

  → Une fois votre compte créé, vous pourrez directement **ACTIVER UN LIVRE-WEB**

- **Si vous avez déjà un compte CLE**, connectez-vous avec vos identifiants.

  → Cliquez sur **ACTIVER UN LIVRE-WEB** et laissez-vous guider.

- **Pour toute connexion ultérieure,** vous pourrez **accéder directement à vos livres-web** déjà activés.

  → Connectez-vous sur livre-web.com avec les identifiants de votre compte CLE.

Votre clé d'activation personnelle :

C55576-EP9-X54X

IMPORTANT

Votre clé d'activation est unique et personnelle : une fois utilisée, elle ne sera plus valide.
Elle est réservée à un seul utilisateur et ne peut être partagée.
Configuration minimale requise : Firefox 49.0, Chrome 57.0, Safari 10.1.
Retrouvez les conditions générales d'utilisation sur livre-web.com

www.cle-international.com

2e ÉDITION

intermédiaire

GRAMMAIRE EXPLIQUÉE DU FRANÇAIS

Sylvie Poisson-Quinton
Reine Mimran
Michèle Mahéo-Le Coadic

Direction éditoriale : Béatrice Rego
Responsable marketing : Thierry Lucas
Édition : Brigitte Faucard
Création maquette : Dagmar Stahringer
Couverture : STUDIOFRANCŒUR
Mise en page : AMG

ISBN : 978-209-038987-6

Quelques années après la 1ᵉʳᵉ édition de la **Grammaire expliquée du français**, paraît aujourd'hui une nouvelle édition.

Une nouvelle édition révisée

• Tout d'abord, pour simplifier le texte et en faciliter la lecture, nous avons cherché, autant que possible, à éviter **tout jargon grammatical**. Mais, comme malgré tout, il était nécessaire d'utiliser certains termes grammaticaux, nous les avons expliqués entre parenthèses. *Le verbe permet « un procès »* (*une action, un événement*). Ou : *Le verbe peut avoir une valeur d'aspect* (*début, déroulement ou fin d'une action*). De plus, le glossaire, qui existait déjà dans la 1ᵉʳᵉ édition, donne une définition assortie d'un exemple de tous les termes grammaticaux pouvant présenter une difficulté.

• Dans l'ancienne édition, nous avions utilisé dans nos exemples une langue standard, relevant souvent de l'écrit, tout en accordant une certaine importance **à la langue parlée**. Dans la nouvelle édition, nous avons gardé, bien évidemment, cette langue standard, mais nous avons ajouté un **plus grand nombre** de termes, d'expressions, de structures appartenant à la langue parlée de tous les jours, à celle qu'on entend dans la rue, dans les cafés, mais aussi de plus en plus souvent à la télévision, à la radio, avec sa **syntaxe particulière**, (*tu fais quoi, ce soir ?*) sa prononciation familière (*j'sais pas, chais pas*), son **vocabulaire inventif** (*Ah ce concert, c'était trop bien !*), ses expressions passe-partout (*Hier, mon réveil n'a pas sonné. Du coup je suis arrivé en retard au bureau. – Et alors ? – Alors, du coup, j'ai été obligé de travailler pendant la pause déjeuner.*). C'est dans les marges du texte, mais aussi dans certaines **Manières de dire** que le lecteur retrouvera cette langue orale.

• La plupart des exemples ont été **actualisés**, **modernisés**. En effet, ceux-ci se référaient souvent à des situations, à des événements, à des personnages de la vie courante de l'époque. Or, avec le temps, ces événements ont pu évoluer, ces situations se modifier, ces personnages disparaître. Il a donc fallu rafraîchir des dates, changer des situations, supprimer des personnages, en introduire d'autres.

• De plus, cette nouvelle édition (suivant en cela l'évolution de la société d'aujourd'hui) donne une plus grande visibilité **au genre féminin** à travers les exemples ; les noms de métiers et de fonctions ont été féminisés (*Madame la maire, la députée...*), et l'égalité entre les hommes et les femmes a été mise en évidence.

Une nouvelle édition augmentée

• Chaque chapitre s'ouvre dorénavant sur une « **amorce** » : photo, affiche de films, dessin, phrase d'auteurs, extrait de poème ou de chanson, comme un petit **clin d'œil « pédagogique »**, qui alerte l'apprenant sur la question grammaticale qui va être traitée.

• À cette introduction/illustration font suite trois ou quatre questions, parmi toutes celles que peuvent se poser les étudiants, celles sur lesquelles ils butent souvent. Par exemple, pourquoi dit-on *j'aime le café*, mais *je bois du café* ? Pourquoi écrit-on *chaque*, mais *chacune* ? Quelle différence y a-t-il entre *il y a plusieurs passants dans la rue* et *il y a quelques passants* ? Etc. Ces questions qui reviennent de manière récurrente trouveront leurs réponses dans le texte.

• Enfin, chaque chapitre se termine sur une nouvelle partie intitulée **« En contexte »**. À travers un texte, le plus souvent littéraire, qui leur donne sens et vie, nous reprenons la plupart des points grammaticaux et lexicaux abordés dans ce chapitre. Cette partie **En contexte** est parfois accompagnée d'une illustration.

• Mais si cette édition a été révisée et augmentée, le lecteur pourra constater que :

– Les objectifs restent les mêmes : apporter des explications claires et le plus complètes possible aux difficultés que rencontrent les apprenants, grands adolescents ou adultes qui maîtrisent déjà assez bien le français (un minimum de 180 heures de français est requis) mais qui souhaitent approfondir leurs connaissances et mieux comprendre « comment ça marche ».

Les plus curieux ou les plus avancés trouveront dans la rubrique **Pour aller plus loin** des explications sur certains points grammaticaux plus complexes.

– L'organisation est inchangée : l'ouvrage se compose de huit grandes parties, chacune subdivisée en un certain nombre de chapitres.

    I.   Généralités (les sons du français, la prononciation, la ponctuation, les accents)

    II.   La sphère du nom

    III. La sphère du verbe

    IV. Les mots invariables : prépositions et adverbes

    V.   Se situer dans l'espace et dans le temps

    VI. Les différents types de phrases

    VII. De la phrase simple à la phrase complexe

    VIII. Les relations logico-temporelles

– On retrouve également toutes les particularités traitées dans la précédente édition : les **« Manières de dire »**, les nombreux renvois d'un chapitre à l'autre, facilitant la navigation à l'intérieur de l'ouvrage, le **Glossaire** qui explique les termes grammaticaux les plus difficiles. Et, en fin d'ouvrage, les **tableaux de conjugaison** et un **dictionnaire des verbes les plus fréquents avec leurs différentes constructions**.

Grâce à l'Index qui se trouve en toute dernière partie, vous pourrez vous reporter immédiatement aux différents endroits où est traité le point qui vous pose un problème.

La grammaire est très souvent perçue comme ce qui est le plus difficile à acquérir et il est vrai que les faits grammaticaux ne sont pas toujours simples à expliquer. Nous avons tenté de le faire.

Cet ouvrage s'adresse d'abord aux apprenants, bien sûr, qui, grâce à leurs nombreuses questions, parfois très subtiles ou inattendues, nous ont amenées, durant près de quarante ans, à réfléchir aux réponses les plus pertinentes à apporter ; à eux mais aussi à leurs enseignants qui, parfois, n'ont pas immédiatement « la » réponse aux interrogations ou aux doutes de leurs élèves.

Cette grammaire est vôtre, elle vous suivra durant une bonne partie de votre apprentissage du français : n'hésitez pas à y recourir au moindre doute, à la moindre incertitude !

Et bien sûr, nous espérons que vous prendrez à sa lecture autant d'intérêt que nous avons eu de passion à l'écrire.

Un **Cahier d'exercices** (ISBN : 978-209-038988-3) accompagne cet ouvrage, complément indispensable pour vous entraîner à maîtriser les points qui peuvent encore poser problème.

SOMMAIRE

III. LA SPHÈRE DU VERBE

SOMMAIRE

SOMMAIRE

Accent graphique	Signe qui se met sur une voyelle (**a**, **e**, **i**, **o** et **u**). Trois accents : l'accent aigu qui se trouve seulement sur le **e** (é comme dans **été**) ; l'accent grave qui se trouve sur le **a** (comme dans **là-bas**), sur le **e** (comme dans **mère**) et sur le **u** (comme dans **où**) ; l'accent circonflexe qui se trouve sur le **a** (comme dans **gâteau**), sur le **e** (comme dans **être**) et sur le **i** (comme dans **île**), sur le **o** (comme dans **rôle**) ou sur le **u** (comme dans **brûler**). On peut ajouter le tréma qui se place sur le **e** (**Noël**), et sur le **i** (**naïf**) pour indiquer qu'il faut prononcer séparément deux voyelles.
Accompli	L'action est considée comme terminée. *Il a fini de dîner.*
Actant	Ce qui d'une façon active ou passive participe au procès, à l'action.
Active (forme ou voix)	Sujet + verbe + complément d'objet direct. *Max regarde un film.*
Actualisation du nom ou **détermination du nom**	Elle se fait grâce à l'article (*un cheval, le cheval*...) ou à un autre déterminant (*mon cheval, ce cheval*...).
Adjectif qualificatif	Il précise, qualifie un nom ou un pronom. *Un beau château ; une histoire bizarre ; elle est jolie.*
Adverbe	Il précise un verbe (*il dort beaucoup*), un adjectif (*une trop longue histoire*), un autre adverbe (*il conduit beaucoup trop vite*). Il peut aussi modifier toute une proposition ou toute une phrase (« *Longtemps, je me suis couché de bonne heure* », M. Proust).
Agent (complément d')	Dans les phrases à la forme passive, l'agent « fait l'action ». *Il a été arrêté par la police. Elle est aimée de tous.*
Anaphorique (pronom)	Pronom reprenant un nom déjà indiqué. *Marie est partie à 6 h. Elle arrivera vers minuit. Ses parents viendront la chercher à la gare.*
Animé (nom)	S'utilise pour désigner des personnes ou des animaux.
Antécédent	Nom ou groupe nominal repris ensuite par un pronom relatif. Dans la phrase : *C'est la dame qui est venue hier,* **la dame** est l'antécédent de *qui* (*est venue hier*).
Antériorité	Signifie qu'une action se situe **avant** une autre action.
Apostrophe	C'est le signe **'** que l'on trouve devant les voyelles. Lettres pouvant s'apostropher : **C, D, J, L, M, N, S, T, U** : *c'est ; d'ailleurs ; j'arrive ; l'homme ; il m'écoute ; il n'y a rien ; s'il te plaît ; il t'aime ; qu'est-ce que c'est ?*
Apposition	Deux mots renvoyant à la même réalité et placés côte à côte : *Pierre Terron, médecin à la Salpêtrière, est très connu.*
Article	Déterminant toujours placé devant le nom. Trois types d'articles : les définis (*le, la, l', les*) ; les indéfinis (*un, une, des*) et les partitifs (*du, de l', de la*). Les articles définis peuvent avoir une forme « contractée » : *à + le = au ; à + les = aux ; de + le = du ; de + les = des.*

Article zéro	Absence ou suppression de l'article dans certains cas. *Un professeur de mathématiques ; un film de guerre ; avoir peur, avoir froid…*
Aspect	C'est la manière dont le locuteur considère l'action. C'est le plus souvent le verbe qui traduit cette notion d'aspect (voir **Accompli/ Non accompli ; Perfectif/Imperfectif ; Ponctuel/Duratif**).
Atone (conjoint)	Voir **Pronom personnel**.
Attribut (adjectif)	Il est séparé du sujet par le verbe *être* (ou *sembler, paraître, rester, devenir,* etc.) : *Elle est intelligente.*
Auxiliaire (verbe)	Les deux verbes **avoir** et **être** qui servent à construire les formes composées des temps (*je suis venu, j'ai vu, j'ai vaincu*), la forme pronominale (*ils se sont beaucoup aimés*) ou la forme passive (*il a été puni*).
But	Idée de conséquence désirée. *Il fait des efforts pour arrêter de fumer.*
Cardinal (nombre)	*Un, deux, trois, quatre…*
Cause	On indique la raison d'une action ou d'un état. *Il est en retard parce qu'il a manqué le bus.*
Circonstancielle (proposition)	Elle indique les circonstances d'une action. *Il est arrivé au moment où je m'en allais. Il est arrivé sans que personne le voie…*
Cohérence du discours	Logique interne du discours qui lui donne un sens pour les locuteurs.
Collectif (nom)	Désigne un ensemble d'éléments. *Un tas de pierres ; une foule de gens ; la majorité des Français…*
Comparatif (adjectif)	*Plus grand, aussi grand, moins grand ; meilleur, pire…*
Complément d'objet direct (COD)	*Les voisins ont acheté un bateau à voile.*
Complément d'objet indirect (COI)	*Je pense à mon frère Denis. Je parle de mon frère.*
Complément d'objet second (COS) ou d'attribution	*On a offert une place de théâtre à tous les étudiants du cours.*
Complément de nom	*Vous aimez ce roman de Balzac ? C'est la nouvelle voiture de son fils Pierre.*
Complément d'agent	Voir **Agent**.
Complétive (proposition)	Proposition subordonnée introduite par la conjonction **que**. *Il affirme qu'il ne comprend rien à cette histoire.*
Comptable (nom) ou **dénombrable**	Nom que l'on peut compter. *Des maisons, des voitures, des pommes…*
Concession	Idée de restriction, d'opposition. *Malgré le froid, il sort en chemise.*
Concordance des temps	Relation entre le temps de la proposition principale et celui de la subordonnée. *Il m'a raconté qu'il était arrivé dimanche dernier et qu'il repartirait en octobre.*

Condition	Idée qu'une action dépend d'une autre action. *Si tu veux*, *je viens avec toi.*
Conditionnel	– Temps (= futur du passé). *Il a dit qu'il reviendrait bientôt.* – Mode exprimant la supposition, l'éventualité (*Le Premier ministre aurait rencontré secrètement un envoyé chinois…*), la possibilité (*S'il faisait beau demain, on pourrait aller au bois de Boulogne*), la politesse (*Vous pourriez fermer la fenêtre ?*).
Conjoint (atone)	Voir **Pronom personnel**.
Conjonction de coordination	Mot reliant deux mots ou deux propositions. Les plus courants : *mais, ou, et, donc, or, ni, car.*
Conjonction de subordination	Mot reliant deux propositions, une principale et une subordonnée. *Il a insisté jusqu'à ce que je dise oui.*
Conséquence	Idée de résultat d'une action ou d'un état. *Il a beaucoup plu depuis quinze jours si bien que les champs sont inondés.*
Consonne	Il y en a vingt : b, c, d, f, g, h, j, k, l, m, n, p, q, r, s, t, v, w, x, z.
Contexte	L'ensemble des circonstances qui entourent un discours : qui parle ? à qui ? pour dire quoi ? de quelle manière ? avec quelle intention ?…
Converse (verbe)	Exemples : *posséder/appartenir ; prêter/emprunter ; donner/recevoir ; vendre/ acheter…*
Défini	Voir **Article**.
Degré de l'adjectif	Voir **Comparatif**, **Superlatif**. Voir aussi **Intensité**.
Démonstratif (adjectif)	Déterminant du nom servant à montrer, à désigner. *Vous voulez ce livre-ci ou plutôt ces deux livres sur l'étagère à gauche ?*
Démonstratif (pronom)	*Je vais prendre celui-là.*
Destinataire	Celui ou celle à qui s'adresse le discours.
Déterminant	Mot placé avant le nom et qui sert à le déterminer (à le préciser, à le qualifier). *Ces deux valises sont à moi, ton sac est là-bas. Et prends la valise rouge, c'est celle d'Anne. Bon, on a tous les bagages ?*
Discours (ou style) direct	On reproduit le discours exactement. *Madame Bonnet a expliqué au directeur du collège : « Mon fils est malade. Voulez-vous un certificat médical ? »*
Discours (ou style) indirect lié	On rapporte, on répète ce que dit quelqu'un. Le discours est subordonné, relié à un verbe qui l'introduit. *Madame Bonnet a expliqué au directeur du collège que son fils était malade. Elle lui a demandé s'il voulait un certificat médical.*
Discours (ou style) indirect libre	On le trouve surtout à l'écrit. C'est un mélange des deux types de discours précédents. Il rend le récit très vivant. *Madame Bonnet alla trouver le directeur du collège. Voilà, elle était désolée mais son fils était malade. Lui fallait-il un certificat médical ?*

Disjoint (tonique)	Voir **Pronom personnel**.
Duratif	Indique une idée de durée, de continuité (voir **Aspect**)
Élision	Suppression de la voyelle et présence de l'apostrophe. Voir **Apostrophe**.
Emphase	Voir **Mise en relief**.
Énoncé	Production verbale écrite ou orale. Il peut s'agir d'un seul mot (un mot-phrase comme *oui, non, bon*...), comme de tout un discours.
Énonciateur	Celui ou celle qui tient le discours (voir **Locuteur**)
Énonciation	C'est le fait de produire un énoncé, l'acte personnel de production d'un énoncé. Cet acte est fait par le locuteur en fonction de telle ou telle situation de communication.
Épithète (adjectif)	Il se trouve placé directement à côté du nom (avant ou après lui). *Une grande fille, un gros nuage, une histoire passionnante*...
Focalisation	Voir **Mise en relief**.
Genre	Il y en a deux : le masculin et le féminin.
Gérondif	C'est un mode impersonnel constitué de **la préposition *en* + participe présent**. Il a une valeur de simultanéité (*En allant faire des courses, j'ai perdu mon portefeuille*) ; mais peut en même temps traduire une idée de manière ou de moyen (*Il a trouvé un travail en cherchant sur Internet*) ; de condition (*En cherchant sur Internet, tu aurais pu trouver un travail plus intéressant*) ; de cause (*En courant vite, elle a réussi à attraper l'autobus*) ; et d'opposition (*Même en courant vite, elle n'a pas pu attraper l'autobus*).
Groupe nominal	C'est l'ensemble déterminant(s) + nom + éléments qualifiants. *La jolie petite chèvre blanche de Monsieur Seguin* soupirait tout en regardant la montagne.
« h » aspiré	Avec le « h » aspiré, on ne fait pas la liaison avec le mot précédent : *les/héros* (différent de : *les zéros* !), *les/haricots, les/Halles, les/hauteurs, en/haut, il vit en/Hongrie*...
« h » muet	On fait la liaison avec le mot précédent : *les_hommes* [lezom], *les_histoires, un_hôtel, l'_hiver*.
Impératif	C'est un mode personnel qui sert à donner un ordre (*Dépêche-toi !*), un conseil (*Va donc voir un spécialiste*), une prière (*Viens vite, s'il te plaît !*). Il n'a pas de sujet exprimé et n'a que trois personnes : *Pars, partons, partez*.
Imperfectif (verbe)	Verbe dont le sens indique que l'action continue. *Il habite à Marseille* (= il continue à habiter à Marseille).
Impersonnelle (forme)	Il peut s'agir d'un mode impersonnel (voir **Infinitif, Participe, Gérondif**) qui n'a pas de sujet exprimé ou d'un verbe impersonnel dont le sujet *il* est impersonnel. *Il faut... Il pleut, il neige*, etc.

— 15 —

Inanimé (nom)	Il désigne une chose. *Une table, un sac, des livres.*
Indéfini	1. Voir **Article**. 2. Déterminants (*aucun, chaque, quelques…*), pronoms (*chacun, quelqu'un*) ou adjectifs (*autre, même…*) utilisés presque toujours pour quantifier de manière imprécise.
Indicatif	Mode exprimant une action ou un état réel, actualisé dans le temps
Infinitif	C'est comme le nom de famille du verbe. Dans le dictionnaire, on trouve le verbe à l'infinitif. C'est un mode impersonnel qui a deux formes : la forme simple (*venir*) et la forme composée (*être venu*).
Intensité (degré d')	Trois degrés d'intensité marqués le plus souvent par un adverbe : l'intensité faible (*Il a peu mangé*), l'intensité moyenne ou suffisante (*Il a assez mangé*), l'intensité forte (*Il a beaucoup mangé*). On pourrait ajouter l'intensité excessive (*Il a trop mangé*).
Interlocuteur	La personne à qui l'on s'adresse.
Interrogative (forme)	Trois manières de poser une question : – par intonation : *Tu as vu Marion ?* – avec « est-ce que » : *Est-ce que tu as vu Marion ?* – par inversion du sujet (c'est plus soutenu) : *As-tu vu Marion ?*
Intransitif (verbe)	Verbe n'acceptant pas de complément d'objet. *Il part.*
Introducteur de discours (verbe)	Verbes utilisés pour introduire le discours indirect : *dire que, affirmer que, prétendre que, demander si, répondre que…*
Inversion du sujet	Dans ce cas, le sujet est placé après le verbe. C'est le cas par exemple avec l'interrogation par inversion. *Où vas-tu ? Que fais-tu ?*
Irréel du présent	*Si j'étais toi, je partirais.*
Irréel du passé	*Si j'avais vécu au XVIIIe siècle, j'aurais peut-être rencontré Voltaire.*
Juxtaposées (propositions)	Propositions présentées sans relation logique explicite. *Il se lève, déjeune, prend sa douche, s'habille* (succession d'actions). *Moi, j'ai faim, je mange* (cause/conséquence).
Liaison	Liaison dans certains cas d'une consonne finale avec la voyelle (ou le « h » muet) du mot suivant. *Les_enfants* [lezãfã]. *C'est pour_Anne* [sepuran].
Locuteur	C'est la personne qui s'exprime.
Locution adverbiale	Deux ou plusieurs mots qui fonctionnent comme un adverbe : *là-bas, peu à peu, d'ailleurs, d'autre part…*
Locution conjonctive	Deux ou plusieurs mots qui fonctionnent comme une conjonction : *de sorte que, de crainte que, afin que…*

Locution prépositionnelle	Deux ou plusieurs mots qui fonctionnent comme une préposition : *à côté de, en face de, au milieu de, à cause de*...
Locution verbale	Deux ou plusieurs mots qui fonctionnent comme un verbe : *avoir faim, avoir envie de, avoir mal, avoir peur, faire mal, faire peur, s'en aller*...
Massif (nom) **ou non comptable**	Se dit des noms de masse (*du vin, du sable*) et des noms « abstraits » non comptables (*du courage, de la force, de la patience*). Avec ces noms, on utilise l'article partitif *du, de la, de l'*.
Mise en relief	On met en valeur, en évidence un élément de la phrase, c'est-à-dire qu'on focalise, qu'on met une certaine emphase sur cet élément. *C'est elle et elle seule qui a fait ça.*
Modalité	La modalité du discours prend en compte l'attitude du locuteur par rapport à ce qu'il dit. Modalité de l'assertion (phrases affirmatives ou négatives), de l'interrogation, de l'exclamation et de l'ordre.
Modaux (verbes)	Il s'agit des verbes *devoir, pouvoir, vouloir, savoir, croire* et leurs synonymes. *Il doit être midi.*
Mode du verbe	Il exprime l'attitude, l'intention du locuteur. On distingue les modes personnels (qui se conjuguent : indicatif, conditionnel, subjonctif, impératif) et les modes impersonnels (infinitif, participe, gérondif), qui ne se conjuguent pas.
Morphologie	Étude des formes de la langue (par exemple les variations d'un verbe selon la personne, le temps, le mode).
Mot composé	Ensemble de mots (nom + nom ; nom + adjectif, verbe + nom ; verbe + verbe ; préposition + nom...) ayant une seule unité de sens. Il y a des mots composés avec un trait d'union (*l'après-midi, le savoir-faire, les grands-parents et les petits-enfants*) et d'autres sans trait d'union (*un jeune homme, une petite fille, le chemin de fer, une machine à laver*).
Ne... (explétif)	Dans certains cas, en français soutenu, on utilise le **ne** sans qu'il ait un sens vraiment négatif. On peut toujours le supprimer : il est facultatif. *J'ai peur qu'il (ne) soit malade. Viens ce soir à moins que tu (ne) sois fatigué(e).*
Négation	Elle peut s'exprimer grâce au lexique (*impossible, illisible, un sans-abri, le point de non-retour*) ou par des procédés grammaticaux (*ce n'est pas possible, ce n'est pas lisible, il n'a pas de logement, on ne peut pas revenir en arrière*). On distingue la négation absolue, qui porte sur tout l'énoncé (*ne ... pas*) ; la négation partielle, qui porte sur une partie, un aspect de l'énoncé (*ne ... rien, ne ... jamais, ne ... personne*) ; la restriction (*ne ... que*).
Nom commun	Il désigne un être animé ou inanimé qui n'est pas unique. *Une femme, un livre.*

Nom propre	Il désigne un être animé ou inanimé unique. *Alain Schmidt, la Seine, Paris, le mont Blanc…*
Nombre	Singulier (*le jardin, la clé*) ou pluriel (*les jardins, les clés*). Voir aussi **Collectif** (**nom**).
Nominalisation	Transformation verbe → substantif. *Représenter → la représentation ; fonctionner → le fonctionnement.*
Non accompli	Le procès est considéré en train de se dérouler. *J'habite à Paris* (je continue à habiter à Paris au moment où je parle). Voir **Imperfectif**.
Opposition	On oppose deux faits parallèlement soit en utilisant par exemple : *au contraire, en revanche, au lieu de…, alors que…, tandis que…* ; soit par une simple juxtaposition (*En cuisine, les Français du Nord utilisent le beurre, ceux du Sud l'huile*).
Ordinal (nombre)	Il indique un ordre de classement. *Premier, deuxième, troisième…*
Participe	C'est un mode impersonnel. Il a trois formes : le participe présent qui se termine en *-ant* (*arrivant, suivant*) ; le participe passé simple (*arrivé, suivi*) et le participe passé composé (*étant arrivé, ayant suivi*).
Participe absolu proposition participe)	C'est une proposition dont le verbe est un participe présent ou passé et (ou qui a son propre sujet. *Son frère ne voulant pas partir seul, elle décida de l'accompagner/Le dîner terminé, ils sortirent de table.* On le rencontre surtout à l'écrit.
Partitif (article)	Voir **Article**.
Passive (forme ou voix)	C'est comme une forme active « renversée » : le sujet devient complément d'agent et le complément d'objet direct devient sujet. Le verbe passif se conjugue toujours avec **être**.

Tout le monde adore Marie → Marie est adorée par (ou *de*) *tout le monde.* |
| **Perfectif** (verbe) | Le sens même du verbe indique que l'action est réalisée, qu'elle a eu lieu. *Il est né en 1900 et il est mort en 2000.* |
| **Phrase** | À l'écrit, elle commence par une majuscule et se termine par un point. C'est un ensemble de mots ordonnés qui présente une unité de sens. La phrase peut avoir un seul mot (*Oui.*) ou se dérouler sur plusieurs pages (comme parfois chez Marcel Proust, par exemple).
On distingue la phrase simple (une seule proposition) et la phrase complexe (par exemple, une proposition principale et une ou plusieurs propositions subordonnées). |
| **Ponctuation** | À l'écrit, la ponctuation apporte des informations sur le rythme de la phrase, sur son organisation et sur son sens. Principaux signes de ponctuation : le point final (.), d'interrogation (?), d'exclamation (!), de suspension (…), la virgule (,), le point virgule (;), les deux points (:), les parenthèses (). |

Ponctuel	C'est le contraire de « duratif ». Il marque un point dans le temps. *Il est arrivé à 13 h 45.* Voir **Aspect**.
Postériorité	Signifie qu'une action se situe après une autre action.
Préfixe	Élément placé avant un mot (verbe, nom, adjectif...) permettant d'en changer le sens. *Défaire, revenir, contresens, minijupe, extraordinaire, immoral...*
Préposition	Mot invariable servant à mettre en relation deux termes. Par exemple : – nom + nom : *La fille aînée de mon frère ; une assiette à soupe...* – nom + verbe : *Une machine à laver, la salle à manger...* – verbe + nom : *Elle vit à Londres ; il rentre chez lui.* – verbe + verbe : *Il refuse de partir ; elle commence à comprendre.* Les prépositions les plus fréquentes sont **à** et **de**.
Procès	Action, état, relation, etc., exprimés par un verbe.
Pronom	Il remplace un nom. Il peut être sujet, objet direct ou indirect, complément circonstanciel...

Pronom personnel atone (conjoint)

	sujet :	je, tu, il, elle, on, nous, vous, ils, elles. *Elle regarde la télévision.*
	objet direct :	me, te, le, la, nous, vous, le, se. *Il nous invite au restaurant.*
	objet indirect :	me, te, lui, nous, vous, leur, se. *Il lui parle d'amour.*
	objet second (ou d'attribution) :	me, te, lui, nous, vous, leur, se. *Il leur a offert un cadeau.*

tonique (disjoint)	moi, toi, lui, elle, nous, vous, eux, elles, soi. *Moi, je vais au théâtre. Pas toi ?/Je pense à vous.*
Pronom relatif simple	Qui, que, quoi, dont, où.
Pronom relatif composé	Lequel, duquel, auquel.
Pronominal (verbe)	Il est précédé d'un pronom personnel complément qui représente la même personne que le sujet. *Je me lève. Nous nous dépêchons.*
Proposition	Ensemble de mots dont le noyau est le plus souvent un verbe. On distingue : – la proposition indépendante, qui se confond avec la phrase. *Il est là ;* – la proposition principale, qui en commande d'autres. *Il insiste pour que je vienne ;* – la proposition subordonnée, qui dépend de la principale. *C'est la maison où il est né.*
Qualification	On peut qualifier (caractériser) un nom par un adjectif (*un beau film*), un complément de nom (*la fille du voisin*), une relative (*la fille qu'il a rencontrée à Moscou*)...

Quantification	Exprime l'idée de quantité pour des êtres nombrables (comptables) ou massifs (non comptables).
Réciproque (pronom)	Toujours pluriel. *Ils se battent. Vous vous disputez toujours.*
Réfléchi (pronom)	Le sujet et l'objet représentent la même chose. *Je me regarde dans la glace. Vous vous levez tôt.*
Registre de langue (ou niveau de langue)	Manières de parler en fonction du sujet et de la situation. Ils concernent aussi bien le lexique que la grammaire. En général, on distingue trois registres de langue : – soutenu : *Il a dérobé une montre. Où se trouve-t-il ?* – standard : *Il a volé une montre. Où est-il ? Où est-ce qu'il est ?* – familier : *Il a piqué une montre. Il est où ?* On ajoute parfois un quatrième registre : le registre vulgaire.
Relatif	Voir **Pronom**.
Semi-auxiliaires (verbes)	Ils sont suivis de l'infinitif et apportent des informations : – d'ordre aspectuel : *Il commence à pleuvoir. Elle vient de sortir. Ils ont fini de dîner ;* – d'ordre modal : *Vous pouvez traduire ce texte ? Ils doivent aller à Nantes ce week-end.*
Semi-voyelle (ou semi-consonne)	Il existe trois semi-voyelles : [j] comme dans *le pied, hier* ; [w] comme dans *trois, le roi, la loi* ; et [ɥ] comme dans *huit, la nuit, le bruit…*
Simultanéité	Les deux actions se déroulent en même temps. *Il parle en dormant.*
Subjonctif	C'est un mode personnel. Il exprime le point de vue du locuteur et surtout l'ordre, le désir ou le souhait, le doute, les sentiments…
Subordonnée (proposition)	Voir **Proposition**.
Substantif	Voir **Nom commun**.
Substitut (du nom)	Voir **Pronom**.
Substitut (du verbe)	Le verbe *faire* peut remplacer un autre verbe. *Marie prend sa douche le soir mais Lucas préfère le faire le matin.*
Suffixe	Élément placé après un mot (verbe, nom, adjectif…). Il modifie le plus souvent la classe des mots. Par exemple : *beau* (adjectif) → *beauté* (nom) ; *intense* (adjectif) → *intensifier* (verbe) ; *vrai* (adjectif) → *vraiment* (adverbe) *accident* (nom) → *accidentel* (adjectif) ; *question* (nom) → *questionner* (verbe) *manger* (verbe) → *mangeable* (adjectif) ; *laver* (verbe) → *lavage* (nom)
Sujet	– Il fait l'action (*Élisa va au cinéma*) ou la subit (*Le petit garçon a été puni par sa mère*). – Le plus souvent, il est placé devant le verbe.

– Ce peut être un nom commun (*L'enfant rit*), un nom propre (*Stanislas rit*), un pronom (*Il rit, chacun rit, quelqu'un rit*), un verbe infinitif (*Rire est bon pour la santé*), une proposition subordonnée (*Qu'elle aime tellement rire m'amusera toujours*).

Superlatif	*Le plus beau, le moins beau ; le meilleur, le pire…*
Support (verbe)	Des verbes comme *faire, donner, mettre, porter…* peuvent perdre leur sens propre quand ils sont utilisés dans des locutions verbales. Par exemple : *Elle a fait un compliment à sa voisine* (= complimenté). *L'armée a donné l'assaut* (= attaqué). *Il a mis l'accent sur ce point* (= insisté). *Cette action a porté atteinte à sa réputation* (= nui).
Surcomposée (forme)	Auxiliaire composé + participe passé. Il exprime l'antériorité par rapport au verbe de la proposition principale. *Après qu'elle a eu déjeuné, elle est retournée au bureau.*
Style direct	Voir **Discours direct**.
Style indirect libre	Voir **Discours indirect libre**.
Style indirect lié	Voir **Discours indirect lié**.
Syllabe	Voyelle ou groupe de sons comportant une voyelle. Exemples : dans le mot *Paris*, il y a deux syllabes : Pa-ris ; dans le mot *agenda*, il y a trois syllabes : a-gen-da ; dans le mot *indiscutablement*, il y en a six : in-dis-cu-ta-ble-ment.
Symétrique (verbe)	Sujet → objet. Exemples de verbes symétriques : *épouser : Pierre épouse Catherine = Catherine épouse Pierre.* *rencontrer : Richard a rencontré Sonia = Sonia a rencontré Richard.* *jouer avec : Léo joue avec Léa = Léa joue avec Léo.*
Synonyme	Deux termes synonymes sont deux termes de même sens (par exemple, *questionner = interroger*). Mais attention, cela dépend aussi du contexte. Par exemple, cela fonctionne dans les énoncés *Le cours commence à 9 h = Le cours débute à 9 h*, mais pas du tout avec *Il commence à pleuvoir* (**débuter de pleuvoir*, impossible).
Syntaxe	Organisation des mots dans la phrase.
Temps	Ce terme a deux sens : 1. Il exprime le concept du temps qui passe. C'est la série des formes grammaticales (ou « tiroirs verbaux ») qui expriment ce concept. 2. Il exprime la **temporalité** (antériorité, simultanéité, postériorité) et aussi l'**aspect** (accompli/inaccompli, perfectif/imperfectif, etc.). On distingue les **temps simples** (un seul mot : *il viendra, il venait*),

les **temps composés** (auxiliaire + participe passé : *il a bu, il aurait bu*) et les **temps surcomposés** (auxiliaire composé + participe passé : *quand j'ai eu compris*).

Tonique (disjoint)

Voir **Pronom personnel**.

Verbe (sujets et accord du)

Le « nom de famille » du verbe est l'infinitif. C'est la forme qu'on trouve dans le dictionnaire. C'est le seul mot qui se conjugue. Il varie selon la personne, le temps, l'aspect, le mode, la forme ou la voix (voir tableaux de conjugaison).
Il s'accorde avec le sujet (personne, nombre et genre).
Ce sujet peut être :
– un nom propre : *Mathilde* est revenue.
– un nom commun : *Ce musée* ne ferme pas le mardi.
– un pronom (je, tu, il/elle, on, nous, vous, ils/elles) : *On* rit beaucoup devant ce film.
– un nom collectif : *Toute la famille* est là et tout le monde va bien.
– une expression de quantité : *Beaucoup de gens* disent une chose et en font une autre.

Voix (ou forme)

Elle exprime la relation existant entre le sujet et le complément d'objet direct.
Carlos aime Rosa = voix (forme) active.
→ *Rosa est aimée par Carlos* = voix (forme) passive.

Voyelle

Deux types de voyelles :
– les voyelles orales : a - e - i - o - u - y ;
– les voyelles nasales : $\tilde{\mathrm{a}}$ - $\tilde{\varepsilon}$ - $\tilde{\mathrm{œ}}$ - $\tilde{\mathrm{o}}$.

I. GÉNÉRALITÉS

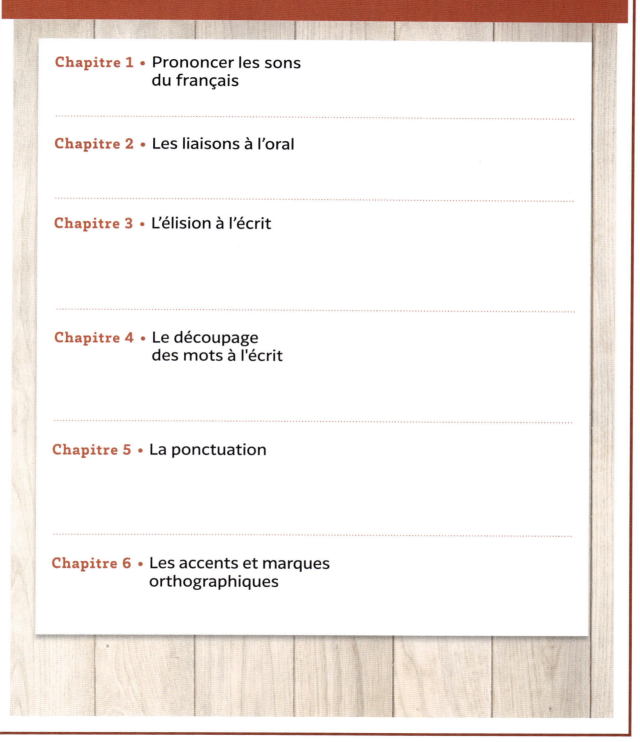

1. PRONONCER LES SONS FRANÇAIS

Il existe en France de nombreux accents. *Fanny* de Marcel Pagnol, *Hôtel du Nord* de Marcel Carné, *Bienvenue chez les Ch'ti*, sont des films qui permettent d'entendre différents accents : accent marseillais pour le premier, accent populaire parisien, « parigot », pour le deuxième et accent des gens du nord de la France, pour le dernier. À Paris, il existe aussi un accent, qu'on appelle « pointu », qui est plutôt celui des bourgeois. De nombreuses régions françaises ont gardé des accents particuliers. À la radio, à la télévision, on entendra le plus souvent un français standard.
C'est la phonétique standard que nous présentons ici.

Les voyelles

Les voyelles simples

[a] *Elsa et Nicolas.*
[ɑ] *un paquet de pâtes.*
[œ] *les couleurs, la fleur.*
[e] *Édouard est là.*
[ɛ] *Claire et Norbert.*
[i] *Sidonie et Yves.*

[ɔ] *Paul et Charlotte.*
[o] *Aude et Baudouin.*
[ø] *Eugénie est heureuse.*
[u] *Allez, Loulou, en route !*
[y] *Julie et Luc.*
[ə] muet : *Anne-Marie et Pierre.*

Les voyelles qui présentent des difficultés de prononciation :

– Les deux A
A bref et ouvert [a] : *madame, ça va, le chat s'est cassé la patte...*
A long et un peu nasalisé [ɑ] : *des pâtes, un bâtiment.*
Pour prononcer le A long, la bouche est un peu plus ouverte et le son vient de la gorge. Souvent, le A long s'écrit avec un accent circonflexe.
Il semble que la différence entre ces deux A tende à s'atténuer..

– Les deux O
O ouvert [ɔ] : *bonne année, elle est folle, le soleil, notre ami Paul.*
O fermé [o] : *c'est trop beau, à gauche, un rôle, le nôtre, le vôtre, c'est notre amie Paule...*
Pour prononcer [ɔ], la bouche est plus ouverte que pour [o].

– La différence entre [ø] et [œ]
• *J'attends ma sœur depuis deux heures.*
        [sœr]   [døzœr]

Pour prononcer le [ø], on ouvre la bouche comme pour le O fermé [o] et on prononce [e].

Pour prononcer le [œ], on ouvre la bouche comme pour le O ouvert [ɔ] et on prononce [ɛ].

– La différence entre le E fermé [e] et le E ouvert [ɛ]

Dans une syllabe, si le E est suivi d'une consonne prononcée, il est toujours ouvert [ɛ] : *la mer* [mɛr], *le fer* [fɛr], *le verre* [vɛr], *elle* [ɛl] est *belle* [bɛl], *la terre* [tɛr], etc.

– Le E muet [ə]

Phonétiquement, il se situe à peu près entre [ø] et [œ] et se prononce toujours très vite. Très souvent, on ne le prononce pas (mais on l'écrit !).

Quand plusieurs **e** se suivent dans un groupe de mots, on ne les prononce pas tous : *Tu n(e) le connais pas ?* ou *Tu ne l(e) connais pas ?* Cela dépend du niveau de langue (on le supprime plus souvent en français familier) et de sa place dans le mot (s'il se trouve entre deux consonnes, on le supprime presque toujours : *sam(e)di, boul(e)vard, av(e)nue...*).

– Le [y]

= *Lucie habite rue Gay-Lussac.*

Pour prononcer le [y], la bouche est arrondie et les lèvres avancées comme pour le [o] et on prononce [i].

Les voyelles nasales

[ɑ̃]   *Il y a un manteau et des gants sur le banc, là, en face.*
[ɛ̃]   *Je voudrais du pain et du vin.*
[œ̃] *Il est brun.*
[ɔ̃]   *Il achète des bonbons.*

Les semi-voyelles

[w] *C'est Louis Clouet ? Mais oui !*
      [wi]   [wɛ]   [wi]
[ɥi] *Et lui ? Lui, il est suisse. C'est Paul Huysmans.*
      [lɥi]   [lɥi]   [sɥis]   [ɥismɑ̃s]
[j] *Elle, c'est Mireille. Mireille Réveillon.*
      [mirɛj]   [mirɛj]   [rɛvɛjõ]

Pour faire la différence entre [wi] et [ɥi], attention à la position de la langue : elle est en arrière dans le premier cas, en avant dans le second.

Les consonnes

[b]   *Bonjour, Brigitte.*
[d]   *C'est difficile.*
[f]   *Florence est pharmacienne.*
[g]   *C'est un grand garçon.*
[ʒ]   *Géraldine est jeune et jolie.*

[ʃ]   *Sacha et Charlotte.*
[k]   *Quentin, Caroline et Karine.*
[l]   *Léon est là ?*
[m] *Moi, c'est Marc Melville.*

[n]   *Nicole et Annie.*
[ɲ]   *Agnès se baigne.*
[p]   *Papa n'est pas là.*
[r]   *René est drôle, il aime rire.*
[s]   *Ce soir, nous commençons le spectacle.*
[t]   *Tu prends du thé ou du café ?*
[v]   *Je voudrais du thé.*
[z]   *Zoé habite au dixième étage.*

On ne prononce pas la terminaison *-ent* de la 3ᵉ personne du pluriel de tous les verbes.
• *Ils décident* [ildesid].

Attention à la prononciation de certains mots comme :
• *monsieur* [mø]
• *nous faisons* [fø]
mais *vous faites* [fɛ].

La distinction entre [ɛ̃] (*un brin*) et [œ̃] (*il est brun*) tend à disparaître.

Faites bien la différence entre :
inutile → i/nutile
inespéré → i/nespéré
(**i** est une syllabe)
et *impossible*
→ im/possible
intéressant → in/téressant
(**im** et **in** sont une syllabe)

Les consonnes qui présentent des difficultés de prononciation

– Le [r]

Cette consonne est difficile surtout au début d'un mot (*René et Richard*) ou en position intervocalique (*en arrière, le garage, Pierrot*).
Pour prononcer le [r], consonne vibrante, la langue se relève et bat légèrement en arrière contre le palais.

– La différence entre [s] et [z]

Les deux consonnes sont sifflantes mais le [s] (*un dessert sans sucre, s'il vous plaît*) est sourd et le [z] (*il est exactement deux heures douze*) est sonore : si l'on met sa main sur la gorge ou si l'on se bouche les oreilles, on sent une vibration des cordes vocales.

– La différence entre [f] et [v]

La position de la bouche est la même mais le [f] est sourd et le [v] est sonore (même test de vibration des cordes vocales que pour [s] et [z]).

– La différence entre [ʃ] et [ʒ]

La position de la bouche est la même mais la consonne [ʃ] (*Chut ! Vous avez un chien ou un chat ?*) est sourde alors que le [ʒ] (*Nadège est jeune et jolie*) est sonore (même test de vibration des cordes vocales que pour [s] et [z]).

– La différence entre [b] et [v]

La consonne [b] est explosive : les lèvres sont absolument fermées puis le son sort brusquement. Pour prononcer le [v], la lèvre inférieure touche légèrement les dents du haut et la bouche n'est pas complètement fermée : l'air passe.

– La différence entre [p] et [b]

Dans les deux cas, les lèvres sont collées mais la consonne [p] est plus forte et plus sourde. Il n'y a pas de vibration des cordes vocales. Le son [b] est sonore et plus doux. Il y a une vibration des cordes vocales. C'est comme un bruit de baiser.

– La différence entre [k] et [g]

Ici encore, c'est une opposition consonne sourde/consonne sonore. La position des lèvres est la même mais le [k] est sourd (pas de vibration des cordes vocales) alors que le [g] est sonore (vibration des cordes vocales).

Attention
– à la prononciation de **ex**
  • *ex* + voyelle = [egz]
• *un examen, un exercice, exister*
  • *ex* + consonne = [eks]
• e*xceptionnel, extraordinaire, expression*

– à la prononciation de **ch**
Selon l'origine et l'évolution du mot, *ch* peut se prononcer [ʃ] ou [k].
  • *ch* = [ʃ]
• *un architecte, des archives*
  • *ch* = [k]
• *archaïque, un orchestre, l'archéologie*

– le son [s] peut s'écrire de différentes façons : **s** (*une veste*), **ss** (*un gosse*), **ç** (*le garçon*), **t** (*punition*).

> Pour certains élèves, il est difficile de distinguer le [r] et le [l]. Pour prononcer le [l], la pointe de la langue est derrière les incisives supérieures et l'air passe des deux côtés.

- *Assez, ça suffit, stop aux punitions !*

– aux mots qui, à l'écrit, se terminent par **ti** + voyelle : *partial, démocratie, essentiel, nation*, etc. On prononce le son [s] :
- *partial* → [parsial]
- *démocratie, aristocratie* → [demokrasi], [aristokrasi]
- *nation, attention* → [nasiõ], [atãsiõ]

Il y a des exceptions : *amitié* [amitje], *pitié* [pitje].

2. LES LIAISONS À L'ORAL

Il y a trois possibilités.
Soit la liaison est obligatoire, soit elle est interdite, soit elle est facultative.

La liaison est obligatoire

Remarques
a) La liaison des mots qui se terminent par **s** ou par **x** se fait en [z].
- *Il y a dix_ans* [dizã].

b) La liaison des mots qui se terminent par **d** se fait en [t].
- *Quand_il arrivera, ce sera* [kãtil]
  un grand_événement. [grãtevɛnmã]

c) Le chiffre 9 (*neuf*) fait la liaison en [v].
- *Il a neuf_ans ; il est neuf_heures.*

– entre le déterminant et le nom : *les_amis ; mon_ami ; cet_été.*

– entre l'adjectif et le nom qui suit : *les petits_enfants ; trois_hommes* dans un bateau (le « **h** » de homme est muet).

– entre le pronom personnel et le verbe : *ils_ont mal ; vous_aimez danser ? elle les_a rencontrés.*

– entre l'adverbe et l'adjectif : *c'est très_aimable.*

– dans des formules figées : *les États-Unis ; de temps_en temps.*
Il peut s'agir de liaisons au sens strict (comme dans les exemples précédents) ou d'enchaînements consonne-voyelle. Par exemple :
- *Paul_est là ? – Oui, il_est là, il_est avec_Alice. Ils sont_arrivés il y a une_heure.*
  – Ils sont_en_avance ! Tu leur_as parlé ?

La liaison est interdite

– « h » aspiré : mots généralement d'origine germanique.
– « h » muet : mots généralement d'origine latine.

– après la consonne qui suit le **r** : *le nord-est ; de part en part ; elle court assez vite ; bord à bord.*

– devant le **h** aspiré : *les Halles, des haricots, des héros, il avait honte.*
Des héros [deero] mais *des héroïnes* [dezeroin]. Dans le cas du mot *héros*, la liaison serait dangereuse : on pourrait confondre des *héros* et des *zéros* !

– devant les mots *onze, oui, yaourt* et *yoga* : *Il est onze heures.*

– après le mot **et** : *Elsa et/Édouard ; toi et/elle.*

La liaison est facultative

Dans les autres cas, la liaison est facultative.
Il faut remarquer qu'en français soutenu on fait plus souvent les liaisons :
pas encore → *pas_encore.*
De plus en plus, surtout au nord de la Loire, le français courant laisse tomber les liaisons quand elles ne sont pas obligatoires.

Les lettres euphoniques : l et t

– Le « **l** euphonique » est utilisé avant le ON dans certains cas, pour éviter l'hiatus entre une voyelle et une nasale ou pour éviter de prononcer [kɔ̃] : *Si l'on veut aller à Bordeaux, il faut que l'on aille à la gare Montparnasse.* Attention : on évite de l'utiliser si le verbe commence par un **l** : *Si on laisse faire* et non *Si l'on laisse faire*.

– Le « **t** euphonique » est placé, la plupart du temps, entre un verbe et le pronom sujet en position inversée : *A-t-elle déjeuné ?* Il est toujours entre deux traits d'union.

Rappel : *A't-elle* ou *A-t'elle*, NON !

Si le verbe conjugué se termine par **t** ou par **d**, il devient inutile puisqu'on entend déjà le son [t] : *Vient-il ?* ; *entend-elle ?*

Attention à ne pas confondre :
– le « **l'** euphonique » (*et l'on dansera*) avec le **l'** pronom complément (*Je l'aperçois*) ;

– le « **t** euphonique » (*Où va-t-elle ?*) avec le **t'** pronom complément (*Je t'écoute*).

3. L'ÉLISION À L'ÉCRIT

Devant une voyelle ou le « **h** » muet, certains mots perdent leur voyelle finale **a**, **e** et **i** :
– les articles **le** et **la** : *l'arbre* ; *l'amour* ; *l'histoire* ; *l'homme* ; *l'obligation* ; *l'Université.*
– les pronoms **je**, **me**, **te**, **le**, **la**, **se** : *Amélie, je l'aime ; elle m'aime aussi ; il s'appelle Bruno.*
– le pronom **ce** : *C'est vrai, c'est bien.*
– la conjonction **que** (et ses composés) : *Dès qu'il est arrivé et qu'elle l'a vu, elle a compris qu'il y avait des problèmes ; elle n'a rien dit jusqu'à ce qu'il parte.*
– le relatif **que** : *C'est le film qu'on a vu hier ; voilà la fille qu'il aime tant.*
– la préposition **de** : *Voilà le journal d'hier ; c'est le frère d'Anna.*
– la négation **ne** : *Elle n'est pas encore arrivée ; il n'écoute rien.*
– le **si** perd son **i** final devant **il** (mais attention, pas devant **elle**) : *S'il veut l'épouser et si elle, elle ne veut pas, c'est difficile !*

❗ Dans « Vas-y » ou « Manges-en », le **s** sert à éviter l'hiatus. Il rappelle le **s** de la 2ᵉ personne du singulier : *tu vas ; tu manges*… Mais ce **s** analogique disparaît si le verbe est suivi d'un infinitif : *C'est une belle expo, va y faire un tour ; pense à éteindre la lumière en partant.*

> ❗ Le mot **qui** ne s'élide jamais : *C'est lui qui a raison ; ce n'est pas moi qui ai fait ça.*
> Vous entendrez parfois, à l'oral familier : *C'est lui* [ka] *raison ; c'est pas moi* [ke] *fait ça.*
> Mais cela ne s'écrit **jamais !** À l'écrit, **qui** reste toujours qui !

4. LE DÉCOUPAGE DES MOTS À L'ÉCRIT

Si l'on veut couper un mot en arrivant à la fin de la ligne d'un texte manuscrit, il y a certaines règles à suivre.

Règle générale : Il faut tenir compte des syllabes (groupes de sons prononcés ensemble).

- On ne sépare pas deux voyelles : *la dou-ceur* ; *la beau-té.*
- S'il y a une consonne entre deux voyelles, on coupe avant la consonne : *le châ-teau* ; *un don-jon.*
- S'il y a deux consonnes à la suite, on coupe au milieu : *as-sas-siner* ; *es-poir*, sauf si les deux consonnes forment un seul son : *elle est mi-gnonne* ; *une ca-chette* ; *la psy-chologie.*
- S'il y a trois consonnes à la suite, on coupe après la deuxième : *comp-tabilité* ; *abs-tention*, sauf si les deuxième et troisième consonnes forment un seul son : *mar-chandise* ; *or-chestre* ou quand la dernière consonne est un **r** ou un **l** : *le mar-bre* ; *op-pression* ; *un souf-fle.*
- Si vous coupez un mot en fin de ligne, le tiret doit être **à côté** de la syllabe en fin de ligne (jamais en dessous).

Remarques

On ne peut pas finir une ligne par une apostrophe (*l'* - *qu'* - *m'* - *t'* - *s'*...).
– On évite, si possible, de commencer ou de finir une ligne par les syllabes *de* - *le* - *je* - *me* - *ce* - *se*, c'est-à-dire par l'ensemble : consonne + *e* muet

5. LA PONCTUATION

Faites bien attention à la ponctuation, c'est la « respiration » de la phrase.
Le sens de la phrase peut en dépendre.
- *Le chien a mangé, Marie.* ≠ *Le chien a mangé Marie.*
- *Le cycliste dit : « Le piéton est un danger public ! »* ≠ *« Le cycliste, dit le piéton, est un danger public ! »*

Les différents points

Certains ferment la phrase : point final, point d'interrogation, point d'exclamation, points de suspension...

– Le point final (.)
On l'utilise pour terminer une phrase.
- *Elle arriva un jeudi. Le lendemain, elle était déjà repartie.*

– Le point d'interrogation (?)
Il est utilisé après une phrase interrogative ou un mot interrogatif.
- *Quelqu'un a-t-il téléphoné ? Qui ?*

– Le point d'exclamation (!)
Il est utilisé après une phrase exclamative ou un mot exclamatif.
- *Vous êtes là ! Déjà !*

– Les points de suspension (...)
Les points de suspension servent à indiquer qu'une phrase ou qu'une partie de la phrase reste en suspens.
- *Dis-moi un peu..., je voudrais savoir... Où as-tu passé la soirée ?*

! Après le point final, le point d'interrogation et le point d'exclamation, la majuscule est en général obligatoire.

Quand les points de suspension sont entre parenthèses (ou entre crochets), cela signifie qu'on supprime une partie de la citation d'un auteur.
- *L'auberge Barque se trouvait à l'entrée de Semoic, dans un vieux moulin. (...) On y venait le soir s'y amuser ; c'était une façon de prendre l'air et de faire une promenade le long du Dior.*
(Marguerite Duras)

Autres signes de ponctuation

A. La virgule, le point virgule

– La virgule (,)

La virgule indique une légère pause entre deux éléments.
- *La jeune fille, soudain inquiète, ferma la fenêtre.*
- *L'appartement se compose de deux chambres, d'une salle à manger, d'une cuisine et d'une salle de bains.*

La virgule peut aussi servir à mettre en relief un élément de la phrase.
- *Moi, j'aime le bleu. Lui, il préfère le noir.*

1. Ne mettez jamais de virgule entre le verbe et le complément d'objet direct s'il vient tout de suite après le verbe.
- *Il a regardé ces tableaux avec beaucoup d'intérêt.*

2. La présence ou l'absence de la virgule peut changer le sens d'une phrase.
- *Il comprend très bien cet enfant* (= quelqu'un comprend l'enfant).
- *Il comprend très bien, cet enfant* (= c'est l'enfant qui comprend).

– Le point virgule (;)

Avec le point virgule, la pause est plus marquée qu'avec une simple virgule mais moins marquée qu'avec un point.
- *Il hésitait à entrer ; elle réussit à le convaincre.*
- *Ils demandèrent leur chemin ; personne ne voulut les renseigner.*

B. Les deux points (:)

Les deux points peuvent avoir plusieurs fonctions :

– ils introduisent le discours direct :
- *Il demanda : « Qui est là ? »*

– ils introduisent une énumération :
- *Je prendrai des légumes : tomates, haricots, poivrons, carottes...*

– ils servent à indiquer un rapport logique entre deux propositions (cause, conséquence, opposition...) ou entre un titre et son développement. Ils ont donc une valeur grammaticale.
- *Il éclata de rire : la blague était excellente !*

C. D'autres signes ont un rôle spécifique

– Les guillemets (« ... »)

Les guillemets encadrent une citation ou des paroles au style direct.
- *Elle déclara : « Maintenant, ça suffit. »*

Ils peuvent aussi indiquer qu'on veut isoler, mettre en relief un mot ou une expression.
- *Ses idées étaient un peu étranges, « spéciales ».*

– Les parenthèses (...)/les tirets (– ... –)/ les crochets ([...])

Les parenthèses ou les tirets encadrent un élément de la phrase qui n'est pas indispensable.
- *Sa tante (ou plus exactement sa grand-tante) s'appelait Mélanie.*
- *Il avait passé toute la soirée – du moins c'est ce qu'il affirmait – à regarder un film à la télévision.*

Les crochets ou les parenthèses sont souvent utilisés pour indiquer que l'on coupe une partie du texte.

6. LES ACCENTS ET MARQUES ORTHOGRAPHIQUES

Les accents, qui existent en français depuis le XVIᵉ siècle, sont importants : ils indiquent comment on doit prononcer les voyelles mais ils permettent souvent aussi de distinguer deux mots.

Par exemple, **a** (*il a, elle a, on a*) et **à** (*je vais à Londres*) ; **ou** et **où** (*Qui va avec lui, toi ou moi ? Ça dépend où on va !*) ; **sur** et **sûr** (*Je suis sûr que j'ai posé ce livre sur la table. Qui l'a pris ?*), etc.

L'accent aigu

Jamais d'accent devant les lettres finales **d**, **f**, **r**, **z** :
• *le pied, la clef, aller, le nez, vous voulez.*
Jamais d'accent (grave ou aigu) devant deux consonnes (*estimer, servir, une veste, elle est belle, une maisonnette*) ou devant un **x** : *un exercice, un examen*

L'accent aigu (**é**) se place sur un [e] fermé : *C'est l'été ; il a été malade.*

L'accent grave

L'accent grave (**è**) se place le plus souvent sur un [e] ouvert soit à l'intérieur du mot (*la mère, le père, le frère*), soit à la fin du mot devant un **s** (*après, le succès, l'accès, le progrès*).

Il marque l'indicatif présent de certains verbes :
• *acheter* → *j'achète, tu achètes… ; amener* → *j'amène, tu amènes…*

– Pas d'accent grave si le mot se termine par **t** :
• *un volet, un coffret, un jouet, un bracelet.*

Il marque aussi le féminin de certains noms communs :
• *un boulanger* → *une boulangère*
• *un pâtissier* → *une pâtissière*
• *un charcutier* → *une charcutière*

Mais on le trouve aussi :
– sur le **a** : il permet de distinguer le verbe (*il a*) de la préposition (*il va à Paris*) ; l'article **la** de l'adverbe **là** (*la maison est là*) ;
– sur le **u** : il permet de distinguer la conjonction (*Qui ira à Rio ? Elle ou lui ?*) du relatif (*Je connais bien la région où tu vas*).

L'accent circonflexe

L'accent circonflexe (^) a deux fonctions principales.
C'est l'« accent du souvenir » : il remplace par exemple le **s** latin : *la bête, la fête, un hôpital, la forêt, une fenêtre.*
Il évite de confondre des mots : *le mur/il est très mûr ; je suis sûr/il est sur la table ; la tache d'encre/accomplir une tâche difficile.*

On peut aussi mentionner la disparition du **e** et son remplacement par un accent circonflexe dans les adverbes : *continûment, assidûment…*

Le tréma

Le tréma (¨) se place sur les voyelles **e**, **i** et **u**, en deuxième position.
Il indique que l'on doit prononcer les deux voyelles : *C'est Noël (No/ël) ; il est naïf (na/ïf) ; un épi de maïs (ma/ïs) ; un pays la/ïc.*

I. GÉNÉRALITÉS

Il permet de distinguer un groupe de lettres ayant habituellement une autre prononciation.

Comparez :
On prononce le son [gy] :
• *Une douleur aiguë [egy]*
• *Cette question est ambiguë* [ãbigy]

On prononce le son [g] avec : *une figue* [fig], *une ligue* [lig], *une digue* [dig], *une bague* [bag], *une vague* [vag].

II. LA SPHÈRE DU NOM

Le nom

Qu'est-ce qu'un **nom** ?

Le soleil et la lune

Le soleil a rendez
avec *la* lune
Mais *la* lune
n'est pas là
et *le* soleil l'attend...

Charles TRENET,
Éditions Raoul BRETON

Le nom peut désigner des êtres animés (personnes ou animaux) ou des choses (objets concrets, mais aussi idées, sentiments, actions, événements, phénomènes...).
- *Les enfants prennent le bus tous les jours pour aller à l'école.*
- *Pierre et ses sœurs habitent dans une ferme en Provence.*
- *Monsieur Ribeyrolles a montré du courage et de la détermination dans cette affaire.*

Il existe deux types de noms :

– les noms communs :
les enfants, le bus, l'école, ses sœurs, une ferme, du courage, de la détermination, cette affaire...

– les noms propres :
Pierre, Provence, monsieur Ribeyrolles...

! Le nom commun s'emploie avec un déterminant, masculin ou féminin. Le neutre n'existe pas. Le genre est arbitraire, c'est une difficulté pour tous les apprenants.
L'orthographe des mots peut induire en erreur : ce n'est pas parce qu'un mot se termine par **e** qu'il est féminin (*le manque, le fleuve...*) ni parce qu'il se termine par **s** qu'il est pluriel (*le temps, le corps...*).
Le nom propre s'écrit avec une majuscule et peut être précédé d'un déterminant (*Lucie, Pierre, la Suisse, les Baléares...*).

Le nom commun désigne tous les êtres (personnes ou choses) appartenant à la même espèce.
– *Il porte un manteau noir* (= un manteau appartenant à la catégorie générale des manteaux).

Remarque 1. Beaucoup de verbes et d'adjectifs peuvent être transformés en noms.
– *Elle a un très joli* *sourire*.
– *Tout le monde était là :* *les grands*, *les petits*, *les jeunes*, *les vieux*.

Remarque 2. On peut classer les noms communs selon trois critères distinctifs :
– **comptables** (on peut les compter, les dénombrer) ou **massifs** (il s'agit d'une substance continue ; on ne peut pas la compter) :
• *Pour faire un gâteau, il faut de la farine, du beurre, du lait, du sucre et du sel* (= massif), *des œufs et des fruits confits* (= comptables).
– **animés** (personnes ou animaux) ou **non animés** (objets) :
• *Chez lui, il y a des enfants qui courent partout, des chiens et des chats qui se battent tout le temps, des milliers de livres…*
– **abstraits** (*la bonté, la sagesse, le courage, la persévérance…*) ou **concrets** : (*la table, la chaise, les fauteuils …*).

Le genre des noms communs

Règle générale

Les noms communs sont soit féminins, soit masculins. Cela de manière arbitraire. Par exemple, on dit *le fleuve* mais *la rivière ; la chaise* mais *le fauteuil ; la chemise* mais *le chemisier*… Cependant, le fait qu'un mot soit masculin ou féminin est très important symboliquement. Par exemple, les Français imaginent et représentent toujours *la lune*, *la nation*, *la vérité*, *la république*, etc., sous une apparence féminine, *le soleil*, *le peuple*, *le courage*, etc., sous une apparence masculine.

– **Généralement, pour former le féminin d'un nom animé, on ajoute un –e au masculin :** *un ami, une amie.*

Certains féminins ont une terminaison différente de celle du masculin :
• *un chanteur, une chanteuse - un vendeur, une vendeuse*
• *un acteur, une actrice - un directeur, une directrice*
• *un boulanger, une boulangère*
• *un musicien, une musicienne*

Remarque : souvent, on peut connaître le genre du nom en regardant sa terminaison.

– **Sont masculins les noms qui se terminent par :**
  -age (*le fromage, le ménage*)
Exceptions : *la cage, la page, la plage, la rage, la nage, l'image.*
  -ail (*le travail*)
  -al (*l'animal, le végétal, le journal*)
  -ament (*le médicament*)
  -as (*le tas, le bras, l'amas*)

La prononciation peut changer !
• *un étudiant, une étudiante* (+ [t])
• *un Japonais, une Japonaise* (+ [z])
• *un Allemand, une Allemande* (+ [d])

-eil (*le réveil, le soleil*)
-ement (*l'armement, le département*)
-euil (*le fauteuil*)
-ier (*le fermier, le pâtissier*) ou -er (*le boucher, le boulanger*)
-in (*le câlin, le matin*)
-is (*un gâchis*)
-isme (*le nationalisme, le capitalisme*)
-oir (*le parloir, le couloir*)

Et les noms de jours (*le lundi, le mardi...*), de mois (*en juin dernier*), de saisons (*le printemps*), de langues (*le français, le russe*), d'arbres (*le chêne, le pin*).

Les noms des jours sont masculins et ne prennent pas de majuscules :
• *La bibliothèque est fermée le dimanche et le lundi.*

– **Sont féminins les noms qui se terminent par :**
-ade (*la glissade, la rigolade*)
-aille (*la bataille*)
-aison (*la terminaison, la raison*)
-ance (*la vaillance, l'élégance*)
-ée (*la bouchée, l'arrivée, la destinée*)   Exceptions : *le lycée, le musée*
-eille (*une bouteille, une groseille*)
-ence (*la patience, la prudence*)   Exception : *le silence*
-erie (*la boulangerie, la charcuterie*)
-esse (*la paresse, la faiblesse*)
-ette (*la cigarette, la fillette*)
-euille (*la feuille*)
-ie (*la jalousie, l'envie, la philosophie*)
-ière (*la fermière, la pâtissière*) ou -ère (*la bouchère, la boulangère*)
-ise (*la gourmandise, la franchise*)
-oire (*la foire, la gloire*)
-sion, -tion, -xion (*la passion, la nation, la réflexion*)
-té (mots abstraits : *la beauté, la bonté, la charité*)
-tié (*la pitié, l'amitié*)
-ude (*la solitude, l'habitude*)
-ure (*la lecture, l'écriture, l'ouverture, la fermeture*)

Beaucoup de mots terminés par **-eur** sont féminins (*la douceur, la chaleur, la pâleur, la rougeur...*) mais il existe de nombreuses exceptions (*le bonheur, le malheur, le professeur, l'ingénieur,* etc.).

Les cas particuliers

Certains noms sont identiques au masculin et au féminin (c'est le déterminant seul qui indique le genre) :
• *un fonctionnaire, une fonctionnaire - un enfant, une enfant - le secrétaire, la secrétaire - cet élève, cette élève – mon stagiaire, ma stagiaire*

Certains noms ont un féminin totalement différent du masculin :
• *l'homme, la femme – le père, la mère – le mari, la femme – le garçon, la fille – l'oncle, la tante*
• *le mâle, la femelle* (attention : seulement pour les animaux !) – *le cheval, la jument – le coq, la poule – le cochon, la truie*

Certains noms existent seulement au masculin :
• *un vainqueur, un témoin, un cordon bleu...*

un fils/un garçon
une fille/une fille
• *Ils ont deux enfants : un garçon et une fille. Leur fils s'appelle Lucas, leur fille s'appelle Florence.*

D'autres noms existent seulement au féminin (même s'il s'agit d'hommes) :

- *une personne, une victime, une personnalité, une vedette, une brute, une canaille, une sentinelle...*

Officiellement, depuis 2017, la France a décidé de féminiser tous les noms de métiers et de fonctions :

- *La maire de cette ville est une jeune femme ; les députées sont encore trop peu nombreuses ; c'est une excellente cheffe d'orchestre...*

Lorsque la féminisation peut prêter à confusion (*le médecin/la médecine*, par exemple), on dira : *une femme médecin.*
Parfois, le déterminant indique le genre : *la prof, ma dentiste...*

Certains mots ont des sens différents au masculin et au féminin :

- *un livre intéressant/une livre de café ; il termine son mémoire de maîtrise/il a une bonne mémoire ; le mode de vie des Français/cette couleur est à la mode ; on va faire un petit tour et voir la tour Eiffel...*

Le nombre des noms communs

Règle générale

On ajoute un **-s** au nom singulier : *un élève, des élèves ; une femme, des femmes ; un enfant, des enfants ; un livre, des livres ; une maison, des maisons...*

On ne prononce pas ce **-s** du pluriel : *les enfants/ont déjeuné à la cantine ; les étudiants/arrivent.*
Les noms de jours se mettent au pluriel :

- *Elle va à la piscine tous les samedis.*

Les cas particuliers

– Quand le nom singulier se termine par **-s**, **-x** ou **-z**, il n'y a pas de **-s** final au pluriel : *un Français, des Français ; une voix, des voix ; un gaz, des gaz.*

– Quand le nom singulier se termine par **-al**, le pluriel se termine presque toujours en **-aux** : *un journal, des journaux ; un cheval, des chevaux...*
Il y a quelques exceptions comme *des carnavals, des festivals...*

– Quand le nom singulier se termine par **-au**, **-eau**, **-eu**, le pluriel se termine presque toujours en **-aux**, **-eaux**, **eux** : *un tuyau, des tuyaux ; un gâteau, des gâteaux ; un cheveu, des cheveux...*
Exceptions : *les landaus, les pneus, les bleus...*

– Quand le nom singulier se termine par **-ou**, le pluriel est en **-ous** : *un clou, des clous ; un trou, des trous...*
Quelques exceptions : *des bijoux, des cailloux, des choux, des genoux...*

Un pluriel est vraiment irrégulier : *un œil, des yeux.*

- *Laura a un œil vert et un œil bleu. C'est original : elle a des yeux magnifiques.*

Certains noms existent seulement au pluriel : *les frais* (masc.) ; *les fiançailles* (fém.) ; *les funérailles* (fém.) ; *les représailles* (fém.)...

Une curiosité : *amour(s), délice(s)* et *orgue(s)*, masculin au singulier et féminin au pluriel !

Les noms composés

1er cas : nom + nom ; adjectif + nom ; nom + adjectif ; adjectif + adjectif → en général, les deux mots varient :
- *un bateau-mouche, des bateaux-mouches ; un grand-père, des grands-pères ; un coffre-fort, des coffres-forts ; un sourd-muet, des sourds-muets...*

2e cas : nom + préposition + nom → le second reste invariable :
- *des pommes de terre ; des tasses à café ; des armoires à linge ; des chefs-d'œuvre...*

3e cas : verbe + nom désignant des éléments nombrables → le nom seul varie :
- *un tire-bouchon, des tire-bouchons ; un essuie-glace, des essuie-glaces...*

4e cas : verbe + nom désignant quelque chose d'abstrait ou de non nombrable ou verbe + verbe → le tout est invariable :
- *des savoir-faire ; des faire-part ; des laissez-passer...*

> Les expressions figées restent invariables.
> - *des va-t-en guerre* (personnes belliqueuses)
> - *des va-et-vient*
> - *des tête-à-tête*
> - *des face-à-face*
> - *des on-dit* (rumeurs)
> - *des m'as-tu-vu* (personnes prétentieuses)...

1.2 LE NOM PROPRE

Le nom propre désigne quelqu'un ou quelque chose d'unique.
Il s'écrit avec une majuscule.

Lorsqu'il désigne une personne, habituellement, il n'a pas de déterminant :
- *Je vous présente Pierre Dupond. Pierre, c'est Marc Lorry.*

Mais on peut dire par exemple :
- *Je connais deux Dupond, un Dupond à Lyon et un Dupond à Paris.*
- *Vous préférez les Dupond ou les Colin ?* (= la famille Dupond, la famille Colin) (Le nom de famille reste invariable.)

Lorsqu'il désigne un lieu (sauf les noms de villes), il est précédé de l'article défini :
- *Mona connaît bien l'Italie et la Grèce, elle est allée à Rome, à Venise, à Athènes...*
- *La Seine, la Loire, le Rhône et la Garonne sont les plus grands fleuves de la France.*
- *On va faire du ski dans les Alpes ou dans les Pyrénées.*

Certains noms propres sont devenus des noms communs :
- *C'est un vrai don Juan.*
- *Merci au préfet Poubelle pour la création des poubelles de rues.* et aussi des mots comme : *renard, diesel, guignol, pantalon, sosie...*

> **!** Le nom de quelques villes est précédé d'un article défini :
> - *Le Havre, Le Mans, La Rochelle...*

 **articles page 41**

Le cas des noms de pays : masculin ou féminin ?

Les noms de pays sont presque toujours précédés d'un article défini : **le** ou **la**.
- *J'adore le Brésil, l'Allemagne, la Grèce et l'Italie.*

Il existe cependant quelques exceptions pour certaines îles : *Cuba, Malte, Chypre, Madagascar...* n'ont pas d'article :
- *Vous connaissez Cuba ? Vous aimez Madagascar ?*

– Sont féminins les noms de pays qui se terminent par un **-e** : *la France, la Bolivie, la Suède, la Suisse, l'Italie, l'Allemagne, la Hongrie...*
Exceptions : *le Cambodge, le Mexique, le Mozambique.*

– Sont masculins les autres : *le Nigéria, le Ghana, le Brésil, le Portugal, le Rwanda, le Danemark, le Pérou, les États-Unis...*

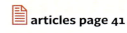 **articles page 41**

Le nom peut être **sujet**.
Il est alors presque toujours placé avant le verbe.

• *Les chiens et les chats* se disputent souvent.

Il peut être **complément** :

objet direct • *Lisa adore* *la peinture moderne.*
ou **indirect** • *J'ai apporté un cadeau* *à mon fils.*

Le nom objet se place le plus souvent après le verbe.

Il peut exprimer **une circonstance** :

– liée au temps   • *Je suis arrivé* *ce matin* *et mon amie viendra* *en mars.*
– liée au lieu   • *Elle préfère rester* *à la maison* *quand il est* *en mer.*
– liée à la manière   • *Travaillez* *en silence*, *s'il vous plaît !*
– liée au moyen   • *Tu es venu* *en train* *ou* *en voiture* ?
– liée à la cause   • *En raison de la grève du métro*, *le trafic sera perturbé jusqu'à ce soir minuit.*
– liée à la conséquence   • *Il a travaillé* *avec succès.*
– liée à l'opposition   • *Malgré ses efforts*, *il a été battu.*
– liée au but   • *Si je te dis ça, c'est* *pour ton bien !*
– liée à la supposition   • *En cas de divorce*, *qui gardera les enfants ?*
– liée au prix   • *Ça coûte* *2,55 euros.*
– liée à la mesure   • *Son studio est très joli mais il mesure à peine* *huit mètres carrés.*

— *En contexte* —

Dans Paris il y a **une rue** ;
Dans **cette rue** il y a **une maison** ;
Dans **cette maison** il y a **un escalier** ;
Dans **cet escalier** il y a **une chambre** ;
Dans **cette chambre** il y a **une table** ;
Sur **cette table** il y a **un tapis** ;
Sur **ce tapis** il y a **une cage** ;
Dans **cette cage** il y a **un nid** ;
Dans **ce nid** il y a **un œuf** ;
Dans **cet œuf** il y a **un oiseau**.

L'oiseau renversa **l'œuf** ;
L'œuf renversa **le nid** ;
Le nid renversa **la cage** ;
La cage renversa **le tapis** ;
Le tapis renversa **la table** ;
La table renversa **la chambre** ;
La chambre renversa **l'escalier** ;
L'escalier renversa **la maison** ;
La maison renversa **la rue** ;
La rue renversa **la ville** de Paris.

Paul Éluard

2 Les déterminants et les substituts du nom

Qu'est-ce qu'un déterminant ?
Qu'est-ce qu'un substitut du **nom ?**

Le déterminant est un mot qui **précède un nom** commun avec lequel il constitue le **groupe du nom.** Donc : **groupe du nom ou groupe nominal** = déterminant + nom.

Le substitut du nom (ou **pronom**) est un mot qui **remplace** ou qui **reprend un groupe nominal** dans toutes ses fonctions. Parfois ce **substitut** ne **reprend** pas le groupe nominal lui-même, mais **l'idée, le concept** évoqués par ce groupe nominal.

• *Mes amis seront là.* →
Un nom peut être accompagné d'un ou de plusieurs déterminants.

• *Les miens* mais pas *les vôtres.* (« les miens » remplace « mes amis », « les vôtres » désigne d'autres amis ; ce substitut renvoie au concept « ami »)

• *Mes amis, tous mes amis seront là.*

Parmi les déterminants figurent :

Parmi les substituts du nom figurent :

– les articles
• *Les spectateurs sont mécontents.* →

– les pronoms personnels
• *Il faut les calmer.*

– les adjectifs démonstratifs
• *Ce film est passionnant !* →

– les pronoms démonstratifs
• *Celui-là aussi.*

– les adjectifs possessifs
• *Votre fille est actrice ?* →

– les pronoms possessifs
• *La mienne est danseuse.*

– les adjectifs indéfinis
• *As-tu vu tous les films de Woody Allen ?* →
• *N'y a-t-il pas une certaine ressemblance entre eux ? Il me semble que quelques films* → *racontent la même histoire.*
• *Est-ce que tous les autres metteurs en scène* → *que tu aimes sont américains ?*

– les pronoms indéfinis
• *Oui, je les ai tous vus.*
• *Non, certains sont drôles, d'autres mélancoliques, et quelques-uns dramatiques ; ils racontent, chacun, autre chose.*
• *Non, les uns sont américains, les autres sont japonais, iraniens, anglais et aussi français.*

– les adjectifs interrogatifs et exclamatifs
• *Quel film veux-tu voir aujourd'hui ?* →

– les pronoms interrogatifs et exclamatifs
• *N'importe lequel !*

– les pronoms relatifs
• *Un film qui me fera rire et rêver.*

N.B. : *les déterminants et substituts de la quantité seront traités dans le chapitre sur la quantification, p. 89.*

Les cornichons

« On est parti, samedi,
dans **une** grosse voiture
Faire tous ensemble
un pique-nique dans **la** nature
En emportant **des** paniers,
des bouteilles, **des** paquets et **la** radio !
Des cornichons,
des p'tits oignons…
de la moutarde, **du** pain, **du** beurre

Nino Ferrer

Lequel choisir ?	*Un, une, des, de, d' ? le, la, les, l' ? du, de la, de l', d' ?...*
Pourquoi dit-on ?	*une table de jardin et la table du jardin, une histoire de famille et une histoire de la famille ou l'histoire de la famille ?*
Et pourquoi ?	*le vin est-il bon pour la santé et j'ai bu du vin, j'ai bu un vin délicieux et je ne bois pas de vin….. ?*

Et pourquoi parfois n'y a-t-il pas d'article ? Un vrai casse-tête !

L' article est un déterminant du nom. Il s'accorde en genre et en nombre avec ce nom. C'est l'article qui marque la différence entre un nom **virtuel** dont la définition est proposée par le dictionnaire et un nom intégré dans une **réalité** donnée.
• *Vin* (nom masculin) (on se situe dans le virtuel, c'est le mot tel qu'il apparaît dans le dictionnaire).
• *J'ai bu un excellent vin* (on se situe dans le réel).

C'est l'article qui fait qu'un mot de n'importe quelle catégorie grammaticale (infinitif, participe présent, participe passé, adjectif, pronom, préposition, expression…) passe dans la catégorie du nom.
• *Le rire, un étudiant, des résumés, le rouge et le noir, le pour et le contre, le qu'en dira-t-on…*

Il y a trois sortes d'articles :
l'article indéfini
• *Tu veux une pomme ? Une pomme ronde, rouge, ferme, appétissante.*
Première apparition de l'objet « pomme », première présentation ➜ article indéfini.
l'article défini
• *Lave la pomme avant de la manger !*
Deuxième présentation de l'objet pomme ; reprise du mot pomme ; on sait de quelle pomme il s'agit ➜ article défini
l'article partitif
• *Qu'y a-t-il dans cette tarte ? De la pomme ou de la poire ? Mystère !*
Le mot **pomme** n'est pas considéré comme un objet ayant une forme, une couleur, mais comme un élément indénombrable, pris dans une masse, dans une matière « pomme ».

L'article indéfini

L' article indéfini **extrait** un élément d'un ensemble que l'on peut compter.
Il introduit à l'existence un être, une chose ou une notion.

Formes

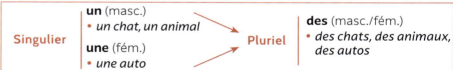

| Singulier | **un** (masc.) • *un chat, un animal* **une** (fém.) • *une auto* | Pluriel | **des** (masc./fém.) • *des chats, des animaux, des autos* |

Remarque 1

> un, une, des à la forme négative absolue → **de** ou **d'** + voyelle.

• *Pour le bœuf bourguignon, il te faut un morceau de bœuf, un gros oignon, une gousse d'ail et des carottes.*
– Mais je n'ai pas d'oignon, pas de gousse d'ail et pas de carottes.
– Alors, pas de bœuf bourguignon !

Remarque 2

> des + adjectif + nom → **de** ou **d'** + voyelle.

Observez et comparez :
• *Nous avons passé des vacances bien reposantes, de bonnes vacances, oui vraiment, nous avons passé d'excellentes vacances.*
• *Vous avez posé des questions pleines de bons sens, vous avez d'autres questions ?*
– Non, je n'ai pas d'autres questions.

Il arrive que l'adjectif forme avec le nom qui suit un nom composé. Dans ce cas, l'article pluriel **des** ne change pas. Il fonctionne comme devant un nom simple.
• *Dans la salle de cinéma, il y avait des adultes ; des grandes personnes, des jeunes gens, des jeunes filles, mais il y avait aussi des enfants : des petits garçons, des petites filles.*

Fonctionnent de même :
• *des petits pois* (nom de légumes), *des petits fours* (petits gâteaux), *des petites cuillères* (des cuillères à café), *des petits-suisses* (fromage blanc), *des petits-déjeuners*...

Remarque 3

> de (préposition) + des (article) → **de** ou **d'** + voyelle.

L'article **des** disparaît devant le nom introduit par la préposition **de**. Il ne reste que **de** ou **d'** + voyelle..

Observez et comparez :
• *J'ai des outils* **mais** *: J'ai besoin d'outils plus perfectionnés pour réparer l'électricité.*

Le verbe (ou locution verbale) est « avoir besoin de » :
Suivi d'un complément singulier → *avoir besoin d'un outil.*
Suivi d'un complément pluriel → « *avoir besoin* ~~de des~~ *outils* », cette structure cacophonique est impossible. Donc, « avoir besoin d'outils ».
• *Elle portait des bottes en cuir* **mais** *Elle était chaussée de bottes en cuir.*

Le complément d'agent du verbe passif est introduit par la préposition « de » ; « *être chaussé **des** bottes* » est impossible. Donc « être chaussé **de** bottes ».
• *Il se promène avec des amis américains* **mais** *Il se promène en compagnie d'amis américains.* Le nom qui suit la locution prépositive est introduit par la préposition « de » ; « *en compagnie **de des** amis* est impossible ». Donc « en compagnie **d'**amis ».
• *Elle avait acheté des livres d'art* **mais** *Elle avait fait l'achat de livres d'art.* « Elle avait fait l'achat d'un livre d'art » (nom + **de** + nom) → « *elle avait fait l'achat **des** livres...* » est impossible. Donc « Elle avait fait l'achat *de* livres... »

Avec le verbe **être**, l'article indéfini ne change pas à la forme négative.
• *Ce n'est pas une affaire !*

Ou : *je n'ai ni oignon, ni gousse d'ail, ni carottes.*

 **négation page 238**

• *Voilà d'autres enfants.* (indéfini)
• *Où sont les mères des autres enfants ?* (des = de + les)

 **forme passive page 129**

Valeurs et emplois

– Valeur généralisante
L'article indéfini peut marquer l'appartenance à une espèce.
- *Un être humain est un bipède* (= n'importe quel être humain, tout être humain).
- *Un chat miaule, un chien aboie* (= n'importe quel chat, chaque chien).

 L'article indéfini pluriel (**des**) ne peut avoir de valeur généralisante. On ne peut pas dire : « **des escargots sont des invertébrés.* »

– Valeur de présentation
(≠ valeur de détermination de l'article défini)
Il désigne une personne, un objet réels mais que le locuteur (celui qui parle) introduit, présente pour la première fois à l'interlocuteur (celui à qui on parle).
- *Un jeune homme a sonné à ma porte aujourd'hui : il venait me vendre des livres, une encyclopédie …*

– Valeur de l'adjectif numéral
- *Elle a un ami. Elle n'a qu'un ami* (= un seul ami).

– Valeur « particularisante »
Le nom est souvent accompagné d'un adjectif, d'une expression à valeur d'adjectif, d'une relative qui a la valeur d'un adjectif.
- *Dans la vie, on rencontre des gens généreux, des gens de cœur, des gens qui pensent aux autres ; des gens égoïstes, des gens qui ne pensent qu'à eux-mêmes.*

– Valeur emphatique
À la valeur de réalité s'ajoute une valeur de qualité ou une valeur de quantité.
- *Je suis allée à la soirée donnée par mes amis. On avait l'impression d'être dans le métro à 6 heures du soir. Il y avait un monde !* (= il y avait beaucoup de monde).

L'article défini

L'article défini **dirige l'attention** sur une personne, un objet ou une notion, déjà connus, soit parce qu'ils sont présents dans le texte, soit parce qu'ils sont présents dans la pensée.

Formes

Singulier		
le [lə] (masc.) *le jardin*	l' + voyelle *l'arbre* (masc.) *l'étoile* (fém.) (article élidé masc./fém.)	la (fém.) *la fleur*

Pluriel
les [le] + consonne ou [lez] + voyelle
les jardins, les fleurs, les‿arbres, les‿étoiles

Attention aux articles contractés :

Préposition	**de** + **le** → **du** **de** + **les** → **des**

- *Dans l'entreprise, c'est la secrétaire du (de + le) directeur qui s'occupe du (de + le) courrier.*

Ambiguïté
- *Un chien aboie*
= un chien, ça aboie.
C'est la classe des chiens.
ou
- *Un chien, là, en ce moment, aboie.*
C'est un chien particulier.

Devant un nom de peintre, de sculpteur, d'écrivain, de cinéaste… :
- *On a volé un Matisse, un Kandinsky, un Picasso*
(= on a volé un tableau de Matisse…).
- *J'ai vu un Fellini très peu connu* (= un film de Fellini).

À l'oral

Il y avait un de ces mondes !
(familier = il y avait beaucoup de monde).

J'ai une de ces faims !
(familier = j'ai très faim).

Il n'y a pas d'élision avec **un, huit, onze, oui, yaourt, yoga**.
- *le un, le huit, le onze, le yaourt, le yoga.*

Remarquez la différence entre le **h** aspiré :
- *le hasard, la hache*
et le **h** muet :
- *l'homme* (m.), *l'hélice* (f.)

• *Selon la publicité, voici le shampooing des (de + les) gens pressés.*

Préposition	**à** + **le** ➜ **au**
	à + **les** ➜ **aux**

• *Il fait très chaud, ne reste pas trop longtemps au (à + le) soleil !*
• *Elle vient d'emménager et elle a déjà placé des rideaux aux (à + les) fenêtres.*

Valeurs

– Valeur généralisante
L'article défini marque l'appartenance à une espèce.
• *L'*être humain est un bipède* (l'Homme en général).
• *Le chien aboie, le chat miaule* (tous les chiens, tous les chats).

Dans ce cas, le nom accompagné de l'article défini a la même valeur que le nom accompagné de l'article indéfini à valeur généralisante. Il désigne un concept, une catégorie plus qu'une réalité (*un être humain est un bipède, un chat miaule, un chien aboie*).

– Valeur d'unicité
L'article défini met en évidence un nom connu, parce qu'il est unique.
• *Le Soleil est une étoile, la Terre est une planète.*
• *Dis-moi la vérité !*

– Valeur anaphorique
L'article défini accompagne un nom qui reprend un mot déjà évoqué.
• *J'ai trouvé des clés dans la rue. Les clés étaient près d'une voiture en stationnement.*

– Valeur de détermination
a. L'article défini se met devant un nom qui désigne quelque chose ou quelqu'un de connu, d'habituel, ou qui est déterminé, repéré par le contexte, par la situation.
• *Le président présentera ce soir ses vœux au pays.* (= le président du pays)
• *Allez, les enfants, au lit !* (= des enfants qu'on connaît, le lit habituel)
• *Va chercher le pain, s'il te plaît !* (= le pain qu'on achète chaque jour)
• *Tu peux sortir le plat qui est dans le four ?* (= le nom est déterminé par le contexte)

b. L'article défini se place devant un nom déterminé par un autre nom.
• *Je te laisse les clés de la maison.*

Cette phrase peut avoir deux sens. Le mot « clé » est défini ici parce qu'il prend une valeur spécifique. Ce ne sont pas n'importe quelles clés. Ce sont **les** clés **de la maison**.

Cela peut signifier aussi qu'il n'y a que ces clés-là, qu'il n'y a pas d'autres clés. Avec l'article indéfini, la phrase prendrait un autre sens. *Je te laisse des clés de la maison* (= des clés parmi d'autres, il y en a d'autres).

– Valeur démonstrative
L'article défini peut avoir la valeur d'un adjectif démonstratif :
• *Passe-moi la bouteille, s'il te plaît !* (= passe-moi cette bouteille).

Ambiguïté
• *Le chien aboie.*
= tous les chiens aboient.
= le chien qui est là aboie.

• *C'est un spécialiste du haut Moyen Âge* (= un parmi d'autres spécialistes) / *C'est le spécialiste du haut Moyen Âge* (= emphase : le seul, l'unique)

Pas d'article devant les prénoms ni devant **Madame, Monsieur**. Mais on utilise l'article ou l'adjectif démonstratif devant **monsieur** quand il a le sens de « homme ».
• *Maman, regarde ce monsieur, il est drôle avec son grand chapeau !*
Ou devant **dame** (et non madame).
• *… Et cette dame avec son parapluie !*

Les noms de villes ne prennent pas l'article, mais :
• *Le Havre, La Havane* (l'article fait partie du nom de la ville).

Certains noms de pays et de petites îles d'Europe, de noms masculins d'îles lointaines ne prennent pas d'article :
• *Noirmoutier, Israël, Cuba, Madagascar.*

---

 prépositions page 180

On peut dire aussi :
• *Parler anglais, parler français…*
ou, avec un adjectif :
• *Parler un anglais parfait.*

Le nom du mois s'écrit sans article.
• *Septembre est le mois de la rentrée des classes.*

– Valeur possessive

L'article défini peut prendre la valeur d'un adjectif possessif :
– quand il accompagne le nom des parties du corps ou du vêtement, d'une façon claire :
• *Elle a les cheveux longs* (= ses cheveux sont longs).
– quand ce nom des parties du corps est complément d'un verbe pronominal :
• *Les enfants, brossez-vous les dents !* (= vos dents).
– quand le complément renvoie à un pronom personnel indirect :
• *Avant de partir, il m'a cordialement serré la main* (= *il a serré ma main).
– quand le contexte implique la valeur de « possession » :
• *Après des années de lutte et de travail, je peux dire que la vie n'a pas toujours été facile* (= ma vie).

– Valeur exclamative

L'article défini peut prendre la valeur de l'adjectif exclamatif ! **quel, quelle, quels, quelles !**
• *Le beau jardin ! La jolie petite fille ! L'horrible bonhomme ! L'imbécile ! La chance qu'il a !*

Emplois

L'article défini s'emploie :

– devant les noms de famille
• *Nous sommes invités chez les Windsor* (= la famille Windsor).
Attention, le nom de famille ne prend pas de « **s** ».

– devant les noms d'habitants de pays ou de ville
• *Est-ce que les Français seront présents aux prochains championnats du monde de judo ?*
• *Les Lyonnais ont fait match nul face aux Munichois.*

– devant les noms de continents, de pays, de régions, de montagnes, de mers, de fleuves, de grandes îles
• *La capitale de l'Australie est Canberra et non Sydney.*
• *Je ne connais pas le Japon.*
• *Les États-Unis forment une fédération.*
• *La Seine traverse Paris.*
• *La Nouvelle-Zélande est aux antipodes de la France.*

– devant les noms de langues
• *Elle parle parfaitement trois langues : l'anglais, le français et le portugais.*

– devant les dates, les noms de fêtes, de saisons
• *La Toussaint tombe un lundi cette année.*
• *Le 8 mai, nous célébrons la fin de la Seconde Guerre mondiale.*
• *Le printemps est souvent pluvieux dans cette région.*

– devant les adjectifs de couleur, pour former des noms de couleur
• *Le bleu est sa couleur préférée.*

– devant les superlatifs
• *C'est la plus belle fille du monde.*
• *Le Danube est le fleuve le plus long d'Europe* (≠ Le Danube est un fleuve).

– dans certains cas, devant un nom de jour ou de mesure, avec une valeur distributive
- • *J'ai mon cours de piano le mardi.*   (= chaque mardi)
- • *J'ai payé les tomates 4 euros le kilo.*   (= chaque kilo)
- • *Cette voiture consomme 7 litres au cent.*   (= tous les cent kilomètres)

> **le mardi** = tous les mardis.
> **mardi** = ce mardi.

– après les verbes d'appréciation comme :
aimer, accepter, admirer, adorer, apprécier, estimer, excuser, préférer, supporter, blâmer, critiquer, détester, haïr, mépriser... avec une valeur généralisante.
- • *Elle aime la pluie et les chansons tristes.*
- • *Je préfère la chaleur au froid.*

– devant des noms de nombre, il indique une approximation
- • *Ils m'ont dit qu'ils passeraient vers les huit heures du soir* (= un peu avant ou un peu après huit heures).
- • *Une robe de grand couturier ? Oh, ça doit bien coûter dans les 2000 euros !* (= environ 2000 euros).
- • *Cette femme a bien la soixantaine !* (= elle a au moins 60 ans).

Remarque
Il faut noter un emploi assez curieux de l'article défini et de l'article indéfini. Après des verbes indiquant un mouvement, une direction comme : **aller**, **se rendre**... on trouvera généralement l'article défini après la préposition « **à** » et l'article indéfini après la préposition « **dans** ».
Ainsi, on dira : *je vais au cinéma, elle se rend au lycée, et non pas : je vais à un cinéma, elle se rend à un lycée*, mais : *je vais dans un cinéma du quartier latin, elle se rend dans un restaurant connu.*
Dans ce cas, le nom est suivi d'une précision. Ce n'est pas n'importe quel cinéma ou n'importe quel restaurant.

L'article partitif

Comme les autres déterminants indéfinis, l'article partitif **extrait** une partie d'un **ensemble**. Mais avec l'article partitif, cet ensemble est **indénombrable**, on ne peut le compter. Il est pris dans une masse.
- • *Je mange du poisson. Elle achète de la bière.*

Formes

Singulier	
du (masc.) *du pain*	**de la** (fém.) *de la joie*
de l' + voyelle (masc./fém.)	
de l'eau (fém.)	*de l'amour* (masc.)

Valeurs et emplois

Avec l'article partitif, on considère donc **une partie indéfinie extraite d'un tout, d'un ensemble, d'une masse.** L'article partitif singulier ne s'emploie que devant des noms de matière et des noms abstraits qui renvoient à des éléments que l'on ne peut pas compter.

Lorsque **faire** signifie « pratiquer », il est suivi de l'article partitif :
- • *faire du tennis, de la voile, du français, de la grammaire, du piano.*
Avec un nom de musicien :
- • *écouter, jouer du Mozart, du Chopin...*

- *du sucre* (m.), *de la farine* (f.), *de l'alcool* (m.), *de l'eau* (f.).
- *du courage, de la force, de l'espoir, de l'énergie, de la musique.*

Remarques : ces groupes nominaux sont rarement en position de sujet. On ne dira pas : **De l'eau se trouve dans la carafe*, mais *Il y a de l'eau dans la carafe.*

Y a-t-il un article partitif pluriel **des** qui accompagne un nom de personnes ou de choses pris dans un ensemble ? La plupart des grammairiens classent **des** uniquement dans les indéfinis **un, une, des**, et cependant on peut se poser la question.

Observez la différence :
- *Tiens ! Il y a des étudiants qui manifestent sur le boulevard* (certains étudiants : article indéfini).
- *Mais ce sont des étudiants de mon cours !* (une partie prise dans un ensemble : article partitif).

Remarque 1

> **du, de la, de l'** → **de**, à la forme négative absolue

- *Voulez-vous du sucre ? – Non, merci je ne prends pas de sucre, je suis au régime.*
- *Elle fait de la gymnastique ? – Non, elle ne fait pas de gymnastique, elle est trop paresseuse.*
- *De l'énergie ? Non, je n'ai pas d'énergie, je n'ai plus d'énergie.*

Remarque 2

> **de + du, de la, de l'** → **de**

Pour éviter une rencontre cacophonique, l'article partitif disparaît devant un nom introduit par la préposition **de**.

« **De** » qui fait partie d'un verbe, qui introduit le complément d'agent, qui appartient à une expression de quantité ou qui appartient à une locution prépositive :

- *J'ai besoin de* ~~du~~ *sel*   – *J'ai besoin de sel.*
- *Le sol était couvert de* ~~de la~~ *neige*   – *Le sol était couvert de neige.*
- *La carafe était pleine de* ~~de l'~~ *eau*   – *La carafe était pleine d'eau.*
- *Faute de* ~~du~~ *temps*   – *Faute de temps, je n'ai pas pu visiter tout le musée.*

RAPPEL

Ne confondez pas : **du** = article partitif

C'est   du   pain.

> article + nom

et **du (article contracté)** = préposition **de** + **le**

C'est le pain   du   boulanger de mon quartier.

> nom + article contracté + nom

des = article indéfini pluriel

Ce sont   des   professeurs.

> article + nom

et **des (article contracté)** = préposition **de** + **les**
Quel est le salaire   des   professeurs ?

> nom + article contracté + nom

<hr>

Pour aller plus loin

Alternance entre **pas de**, négation absolue, et **pas un, pas une, pas des, pas du, pas de la, pas de l'**..., négation relative.

+ *Elle ne boit pas de lait, elle n'en boit jamais.*
La négation est absolue et porte sur le mot **lait**.

+ *Elle ne boit pas du lait pasteurisé, elle boit du lait cru.*
La négation ne porte pas sur le mot **lait**, mais sur l'adjectif. Elle boit du lait, le lait n'est pas pasteurisé mais cru.

L'article + noms de maladie. On dira :
+ *J'ai la rougeole, la varicelle, les oreillons...*
article défini avec les maladies infantiles. On n'a la maladie qu'une fois.

+ *Il vaut mieux ne pas attraper la variole, la peste, la fièvre jaune...*
article défini avec les maladies graves, qui pouvaient être mortelles, qu'on n'avait qu'une fois.

+ *Tu as encore la migraine* (= ta migraine habituelle)
donc, **article défini.**

+ *Elle a eu une bronchite, un rhume, une pneumonie...*
article indéfini avec les maladies qui peuvent revenir.

+ *Il a de l'herpès, de l'asthme, du paludisme...*
article partitif avec des maladies qui surviennent par accès, par crise, qui sont chroniques.

Pour introduire le nom de la maladie, on utilise généralement le verbe :
avoir ou **attraper** qui est plus familier ou **souffrir de** ; mais ce verbe renvoie plutôt à une idée d'accès, et donc on l'utilisera plutôt avec les noms des maladies chronique ou récidivantes :
+ *Elle souffre d'arthrose, de rhumatisme, de diabète...*

<hr>

Absence de l'article (article zéro)

 **prépositions page 180**

En général, l'absence d'article indique une généralisation. À l'inverse, la présence de l'article indique une précision.
On omet l'article dans certains cas.

– Après la préposition **de** qui marque :
• l'attribut
• *La ville de New York* = New York est une ville.

Dans cette catégorie, on trouve des expressions comme :
• *Cette folle de Cécile, cet idiot de Marc, ils ont oublié leurs clés chez moi !*
  (Cécile est une folle, Marc est un idiot).

• le complément du nom
• *Les monuments de Paris* = Paris a des monuments.
• *L'Histoire de France* = la France a une histoire.

> À la différence avec :
> *L'histoire de la France du XVIIIe siècle.*
> Le nom « France » est déterminé par le complément
> **→ article défini.**

Avec les noms de pays ou de régions masculins, on emploie l'article défini.
• *Yuko vient du* (= de le) *Japon.*

• la quantité
• *un verre plein de vin ; il y a beaucoup de fruits cette année ; une boîte d'allumettes ; un paquet de cigarettes...*
• la caractéristique
• *des chaussures de marche ; une table de nuit ; une table de jardin ; un soleil d'hiver ; une journée d'automne ; une tenue de soirée...*
• la matière
• *des chaussures de cuir ; une robe de soie, un manteau de fourrure ; un chapeau de paille ; un vase de cristal ; une feuille de papier...*
• l'origine avec les noms de pays ou de régions féminins
• *D'où venez-vous ? – Nous, nous venons de Pologne, et elles, de Belgique.*

– Après la préposition **à** pour marquer une qualité, une caractéristique, un usage
• *Des bateaux à voile descendaient le fleuve.*   (= avec une voile ou des voiles)
• *Il y avait sur la table des verres à eau*   (= pour l'eau)
  et des verres à vin.   (= pour le vin)
• *Elle portait une robe à fleurs*   (= avec des fleurs)
  et des chaussures à talons.   (= avec des talons)

– Après la préposition **en** pour marquer :
• le lieu
• *Nous étions en classe, nous habitons en France.*
• *Il va en classe* (= il est scolarisé). / *Il est dans la classe de monsieur Le Cornu (dans une classe particulière).*

• la couleur
• *Elle s'est mariée en blanc. Nous avons vu le 1er film en couleurs.*

• la matière
• *J'ai acheté une table en bois, un sac en cuir.*

• le temps
• *Nous sommes en septembre, les feuilles commencent à roussir. Elle a fait l'exercice en dix minutes.*

• la manière
• *Ils se sont rendus à l'invitation en tenue de soirée.*

Mais :
• *Ils se sont rendus à l'invitation dans une tenue tout à fait extravagante* (l'adjectif redonne au mot **tenue** toute sa valeur de nom ➜ article).
• *Il ne se déplace qu'en avion.*

Mais :
• *Ils se sont rencontrés dans un / l'avion qui allait à New-York.* (la présence de la relative redonne au mot « avion » sa valeur de nom, d'où l'utilisation de l'article).

– Avec la préposition **par** et **pour** à valeur causale
• *Elle l'a épousé par amour.*
• *Il a été condamné pour vol.*

– Avec la préposition **sans** ou **avec**
• *Par le froid le plus intense, elle sortait sans gants, sans écharpe, sans manteau.*
• *C'était un homme sans scrupules, sans courage.*
• *Vous voulez une chambre avec télévision ou sans télévision ?*

 prépositions page 180

Mais :

Il s'est conduit avec courage, avec un courage sans égal. Sans le courage qu'il a montré, nous ne serions plus ici.

– Après certaines prépositions pour former des locutions adverbiales :
• *Il a agi avec rapidité.*　　　　　　　　　(= rapidement)
• *Dans une bibliothèque, on travaille en silence.*　　(= silencieusement)

Mais avec un adjectif :
• *Il a agi avec rapidité, avec une rapidité remarquable. On travaille en silence, dans un silence total.*

– Après le mot « comme » = en tant que, pour :
• *Comme collègue Jean est parfait, mais comme compagnon de voyage il est insupportable.*

– Avec des expressions coordonnées par **et** ou par **ou**
• *Regarde le menu ! Est-ce que c'est fromage et dessert ?*
• *Non, c'est fromage ou dessert.*

– Avec la négation **ne... ni... ni**
On peut omettre l'article générique (article indéfini, article partitif).
• *Je ne bois pas de vin ni de bière ou Je ne bois ni vin ni bière.*
• *Je n'ai pas de stylo, pas de crayon ou Je n'ai ni stylo ni crayon.*

– Dans des locutions verbales
• *J'ai peur, tu me fais peur, elles ont sommeil, ils ont faim, ils ont soif, elle a envie d'un gâteau, nous avons besoin de tendresse.*

Mais :
• *Tu m'as fait une peur bleue, tu m'as fait la peur de ma vie, j'ai une faim de loup...*

– Avec les noms attributs (généralement des noms de profession)
• *Il était professeur, musicien, architecte, ministre, médecin...*

Mais :
• *Tu es un vrai musicien.*

– Dans les énumérations
• *Tables, chaises, commodes, tapis, tableaux, tout avait été enlevé, tout avait disparu.*

– Dans les adresses
• *Depuis vingt ans, il habite rue du Commerce.*

– Dans les apostrophes
• *Hep taxi !*

– Dans les petites annonces
• *Jeune homme cherche jeune fille pour affection solide.*
• *Particulier loue appartement grand, clair, sur cour, avec ascenseur...*

– Sur les vitrines, façades, panneaux indicateurs
• *Boulangerie, pâtisserie.*
• *Liberté, égalité, fraternité.*
• *Entrée, sortie.*
• *Palais des expositions. Musée d'Art moderne.*

– À la une des journaux, dans les gros titres des journaux
• *Inondations catastrophiques dans l'ouest du pays.*
• *Cambriolage rue des Quatre-Voleurs.*

La présence de l'adjectif redonne aux mots **rapidité** et **silence** leur pleine valeur de nom, d'où l'utilisation de l'article.

Comparez.

- *La patience devrait être la qualité de tous les éducateurs*   (article défini : valeur généralisante)
- *La patience **de cet** éducateur est bien connue.*   (article défini : valeur déterminative, spécifique)
- *Il a **une grande** patience avec les enfants.*   (article indéfini : le nom accompagné d'un adjectif, prend une valeur particulière)

- *Il a **de la** patience.*   (article partitif : devant les noms abstraits qui ne sont pas nombrables)

- *Il n'a **pas de** patience.*   (article partitif à la forme négative)
- *Il manque **de** patience.*   (article partitif qui disparaît derrière la préposition **de** : le verbe est **manquer de**)

- *Le jeune homme portait **des** chaussures épaisses.*   (**le**, article défini à valeur démonstrative/**des**, article indéfini devant un nom accompagné d'un adjectif)

- *Le jeune homme portait **d'**épaisses chaussures.*   (**d'**, article indéfini + adjectif pluriel + nom)
- *Le jeune homme était chaussé **de** bottes de cuir.*   (l'article indéfini **des** disparaît derrière la préposition **de** introduite par le verbe passif **être chaussé de**)

En contexte

En été, il aimait flâner, **le nez au vent**, **dans les rues** de **la petite ville**. **Par toutes les fenêtres ouvertes** se déversaient **des flots de musique**, se répondaient **des voix**. **Les jardins** étaient pleins d'enfants ; **des petits garçons aux genoux écorchés, aux joues rouges d'excitation**, **des petites filles aux cheveux longs ou courts** ; il y avait aussi **de vieux messieurs** assis sous **de grands arbres aux feuillages épais**, **de jeunes mamans** qui bavardaient **avec d'autres mères**. Il y avait **du bonheur dans ces allées**. Parfois, il s'arrêtait **dans un café** et commandait **du vin**, il commandait **un vin léger et frais**. Autour de lui, **des jeunes gens** bavardaient, riaient en buvant **du coca-cola** ou **de la bière**. Il faisait beau, **le ciel** était couvert **de légers nuages blancs**. C'était **l'été**, **un été** rempli **de promesses**.

Écoutez-*les*, ces paroles…
elles *en* valent la peine,
je vous assure…
Je vous les avais déjà signalées,
j'avais déjà attiré sur *elles*
votre attention.
Mais *vous* n'aviez pas voulu *m'*entendre…
Vous vous les rappelez ?
J'avoue que c'est là pour *moi*,
une vraie surprise,
vraiment *je* ne *m'y* attendais pas…

Nathalie Sarraute, *L'Usage de la parole*

De tous les pronoms, les pronoms personnels sont les plus employés dans la langue écrite ou orale. Mais ces petits mots sont souvent bien difficiles à maîtriser.

Pourquoi « lui » est masculin dans : *Lui, c'est Hector ; je vais chez lui, on dîne avec lui*, et pourquoi est-il masculin ou féminin dans : *Donne-lui la main* (à qui ? à elle ou à lui ?) ; *je lui ai téléphoné hier* (à elle ou à lui ?).

Pourquoi : *Il me le donne, il te le donne, il nous le donne, il vous le donne ?* Mais : *Il le lui donne, il le leur donne ?*

Il y a inversion du pronom COD « le » à la 3e personne.

Et pourquoi ? : *Elle veut des informations ? – Oui, donnez-lui-en.*

Mais : *Vous voulez des informations ? – Oui, donnez-m'en* et non pas : *~~Oui, donnez moi-en~~.*

De tous les pronoms, **les pronoms personnels** sont **les plus employés** dans le discours écrit ou oral. Ils remplacent le plus souvent un nom et permettent d'assurer la continuité de ce qui est exprimé et donc la cohérence du discours.

• *Marion et Mona font du cheval ; elles en font depuis l'enfance et, aujourd'hui, elles participent à des concours. Marion s'est spécialisée dans le saut d'obstacles, elle n'a peur de rien. Mona a choisi le dressage, elle a plus de patience. Grâce à ce sport, elles voyagent beaucoup.*

⚠ à la clarté. Si vous ne précisez pas ce que représente le pronom, la phrase est impossible à comprendre. Observez :

• *Marion et Mona font du cheval ; elles en font depuis l'enfance et, aujourd'hui, elles participent à des concours. Elle s'est spécialisée dans le saut d'obstacles, elle n'a peur de rien. Elle a choisi le dressage, elle a plus de patience. Grâce à ce sport, elles voyagent beaucoup.*

Qui est « elle » ? Marion ou Mona ?

Le pronom remplace le plus souvent un nom mais il peut remplacer aussi :
– un autre pronom : *J'ai perdu mes gants. Prête-moi les tiens, je te les rendrai demain.*
– un adjectif : *Il est encore timide, mais il l'est beaucoup moins que l'année dernière.* En ce cas, on utilise le pronom neutre **le** (ou **l'**).
– toute une proposition : *Nous savions que vous seriez en retard : votre secrétaire nous l'avait dit.* Dans ce dernier cas, on utilise les pronoms **le** (ou **l'**), **en** ou **y**.

Il y a plusieurs types de pronoms personnels qui ont différentes fonctions : sujet, objet direct, objet indirect ou, dans le cas des pronoms toniques, complément circonstanciel.

Les différents pronoms personnels

Le pronom personnel sujet **atone** : « je, tu, il, elle, on, nous, vous, ils, elles »

		SINGULIER	PLURIEL
1ʳᵉ personne		je	nous
2ᵉ personne		tu	vous
3ᵉ personne	masculin	il	ils
	féminin	elle	elles
	indéfini	on	

📄 adverbes page 195

À l'oral spontané, les Français ne prononcent pas toutes les lettres. Par exemple :
a) suppression du « u » :
• *Tu arrives samedi ?* ➔ [tariv]
Parfois, on trouve cette forme à l'écrit quand on veut imiter le français parlé (dans la langue de la publicité, par exemple), mais aussi :
• *T'as raison Suzon*, dans une pièce de théâtre de Jean-Marie Cauët.
b) suppression du « l » :
• *Ils sont là* ➔ [isɔ̃la].
• *Ils arrivent samedi* ➔[izariv].

Les pronoms **il, elle, ils, elles** peuvent remplacer des personnes des animaux ou des choses. Le pronom « **on** » ne remplace que des personnes.

Par politesse, le pronom **moi** est toujours en dernière position.

✳ Orthographe

Le **je** est le seul pronom sujet qui s'élide devant une voyelle ou un **h** aspiré. J'arrive. J'habite à Lyon.

Le pronom personnel sujet atone est toujours lié au verbe. On ne peut rien glisser entre lui et le verbe (sauf un autre pronom personnel ou la négation **ne**). Par exemple, on peut dire :
• *De la bicyclette, vous en faites souvent.*
• *Vous ne faites pas de bicyclette.*

❗ Le pronom sujet est obligatoire, sauf à l'impératif. Cependant, on peut le supprimer si, dans une phrase, plusieurs verbes ont le même sujet.
• *Ils sont arrivés vers cinq heures, ont pris le thé et sont repartis deux heures plus tard.*

❗ Parfois, le pronom personnel sujet est inversé :
– à la forme interrogative • *Où allez-vous ? D'où viens-tu ?*
– après une citation (à l'écrit) • *« Je vais à la pêche », dit-il.*
• *« J'adore le rock », affirma-t-elle.*
– après **peut-être, aussi, ainsi, sans doute...** (à l'écrit) :
• *Il faisait très froid. Aussi ont-ils décidé de rester chez eux.*
• *Peut-être avons-nous eu raison de ne pas sortir.*

❗ Ne confondez pas le **il** personnel (*Hier, j'ai vu Michel, il allait à la pêche*) avec le **il** impersonnel qui ne remplace rien (*Il pleut, il neige, il fait froid...*).

Remarque 1 : nous = je + tu ou **je + vous** ou **je + lui/elle** ou **je + ils/elles**.
• *Toi et moi, nous sommes d'accord.*
• *Pierre et moi, nous avons les mêmes idées.*

Remarque 2 : le **vous** est ambigu car il peut représenter plusieurs personnes (*Les enfants, vous êtes prêts ?*) ou une seule (le **vous** de politesse) :
• *Vous avez l'heure, s'il vous plaît, madame ?*

Remarque 3 : le pronom **tu**.
Lorsqu'on s'adresse à quelqu'un, on peut lui dire **tu** (le tutoyer) ou **vous** (le vouvoyer). Cela dépend de plusieurs facteurs : âge, position sociale, type de relations... Savoir quand il faut dire **vous** ou **tu** est souvent délicat, même pour des Français.

En résumé et en général :
– un adulte dit **tu** aux enfants, aux membres de sa famille et à ses amis proches ;

II. LA SPHÈRE DU NOM

– un enfant dit **tu** aux autres enfants, aux membres de sa famille et aux adultes très proches.

Deux conseils :
• Si vous avez un doute, il vaut mieux dire **vous**.
• Avant de dire **tu** à quelqu'un, attendez qu'on vous le propose.

Remarque 4 : le pronom **on**.
On est toujours sujet. Il est extrêmement pratique car il peut remplacer :

– nous   • *Alice, Vincent et moi, on va au cinéma ce soir.*
– les gens   • *À Paris, on passe beaucoup de temps dans le métro.*
– quelqu'un   • *Chut, écoutez. On frappe à la porte.*
et aussi, plus rarement :
– tu ou vous   • *Alors, on fait ses petites courses, monsieur Taupin ?*
– je   • *Oui, patience, on arrive ! Une minute !*
mais il ne remplace jamais un animal ou une chose.

Remarque 5 : le pronom **on** à l'oral.
À l'oral, c'est sans doute cette capacité de **on** à remplacer les autres pronoms qui fait son succès. Il est de plus en plus fréquent à la place de **nous**.

Le pronom personnel **tonique** : « moi, toi, lui, elle, nous, vous, eux, elles »

– Sujet
• *Moi*, *je vais au cinéma. – Et toi ?*
Ces pronoms sont autonomes par rapport au verbe.

	SINGULIER	PLURIEL	
1re personne	moi	nous	Pour les personnes
2e personne	toi	vous	
3e personne masculin	lui	eux	Pour les personnes et les choses
3e personne féminin	elle	elles	

– Ils servent :
• à mettre en relief un autre pronom :
• *Moi, je t'adore. Et toi, tu m'aimes ?*

• à répondre avec un mot-phrase :
• *Alors, qui veut répondre ? – Moi, monsieur.*

• à insister :
• *Lui aimerait faire du théâtre mais ses parents, eux, ne veulent pas.*

– On les utilise aussi :
• avec des mots de coordination :
• *Qui met la table ? Toi ou moi ? – Ni toi ni moi, c'est le tour de Michaël.*

• après *c'est...* (ou *ce sont...*) :
• *Qui a cassé le vase de Chine ? – Ce n'est pas moi, c'est lui !*
• *C'est moi qui suis arrivée la première.*

• avec les comparatifs :
• *Ils sont plus riches que moi. Elle est aussi grande que toi.*

Le **tu** devient de plus en plus fréquent, surtout parmi les jeunes ou entre collègues, au travail.

Même quand il remplace un pronom pluriel comme **nous**, le **on** est toujours suivi d'un verbe au singulier.
• *Luc et moi on est frères.*
Au passé composé, si le **nous** est clairement sous-entendu, on accorde le participe passé, même si l'auxiliaire reste au singulier.
• *Victor, Jules et moi, on est allés à la piscine.*
• *Rose, Mia et moi, on est parties tôt ce matin.*

À la différence des autres pronoms, **moi** et **toi** ne peuvent pas s'utiliser seuls. Ils doivent être accompagnés de **je** ou **tu**.
• ** Moi suis belge, toi es suisse* (impossible).
• *Moi, je suis belge, toi, tu es suisse* (correct).

À l'oral

À l'oral spontané, on entend très souvent des phrases comme :
Moi, mes voisins, eh bien la femme travaille au ministère de la Justice et lui aux Impôts.
On part du plus proche (moi, vous) au plus éloigné.

Le verbe s'accorde avec le pronom tonique.
• *C'est vous qui irez chez nous.*

 accord sujet-verbe page 22

- après une préposition :
- *Il est sorti avec nous et il est rentré chez lui à l'aube.*

Remarque 1 : les pronoms toniques sont souvent renforcés par l'adjectif **même**.
- *Ils ont construit eux-mêmes leur maison ? – Il a fait faire les plans par un architecte mais, ensuite, il a tout fait lui-même.*

Remarque 2 : s'il s'agit d'un être indéterminé (*on, tout le monde, personne, chacun...*), on utilisera le pronom **soi**.
- *Chacun pour soi et Dieu pour tous !*
- *Allez, tout le monde rentre chez soi !*

Le pronom personnel complément d'objet direct (COD)
- *Vous connaissez Pierre Baron ? – Non, je ne le connais pas. Qui est-ce ?*
- *Lui, vous ne le connaissez peut-être pas mais sa femme, vous la connaissez sûrement, elle est très célèbre. Béatrice Baron ! – Oui, elle, bien sûr, tout le monde la connaît.*

	SINGULIER	PLURIEL
1re personne	me, m'	nous
2e personne	te, t'	vous
3e personne masculin	il, l'	les
féminin	la, l'	les
	en	en

Le pronom COD est inséparable du verbe et toujours placé avant lui.

 À l'impératif affirmatif, il est placé après le verbe. À l'impératif négatif, il est placé avant le verbe.
- *Maman, j'ai vu un livre génial. Je l'achète ? – Non, ne l'achète pas, il est très cher. Prends-le à la bibliothèque.*

Me, te, nous, vous représentent des personnes ; **le, la, les,** des personnes ou des choses.

Le, la, les peuvent remplacer :
– des noms communs définis, c'est-à-dire précédés d'un article défini, d'un adjectif possessif ou d'un adjectif démonstratif :
- *Tu as vu le dernier film de Nanni Moretti ? – Non, je ne l'ai pas encore vu.*
- *Vous prenez vos billets maintenant ? – Non, je les prendrai demain.*
- *Je mets cette chemise dans ta valise ? – Non, je la déteste !*

– ou encore des noms communs définis par le contexte, par la situation :
- *Vous avez une carte de réduction ? – Oui mais je ne l'ai pas sur moi. Je l'ai oubliée à la maison.*

– des noms propres :
- *Vous avez rencontré Marie, à Londres ? – Oui, je l'ai vue plusieurs fois.*

Entre un nombre ou une expression de quantité et un pronom tonique, il faut ajouter d'entre.
- *Beaucoup d'entre eux viendront.*

Ne confondez pas le, l', pronom masculin singulier avec le, l', pronom neutre.
→ page 59

Avec voici ou voilà, on emploie toujours les pronoms personnels COD.
- *Où est Pierre ?*
- *– Le voici !*
- *Tu as la clé ?*
- *– La voilà !*

✳ Orthographe

Devant une voyelle, **me, te, le** et **la** deviennent **m', t', l'**.
Tu **m'**aimes ?
– Mais oui, je **t'**aime !

Le pronom **en** est un pronom personnel COD un peu particulier : il est toujours invariable. Mais, comme les autres COD, il est toujours placé devant le verbe (sauf à l'impératif affirmatif).

Il peut remplacer :
– un nom de personne ou de chose précédé d'un article indéfini (*un, une, des*) :
• *Vous avez des enfants ? – Oui, j'en ai deux. – Non, je n'en ai pas.*
• *Vous avez des amis en France ? – Oui, nous en avons quelques-uns.*

– un nom précédé d'un article partitif (*du, de la, des*) :
• *Vous voulez du sucre dans votre café ? – Oui, merci, j'en veux bien. – Alors, tenez, prenez-en.*

– un nom précédé d'un terme de quantité (*un, deux, trois, vingt, mille… ; beaucoup de, trop de, assez de… ; quelques, plusieurs, certains, aucun(e)… ; un kilo de, un litre de, un paquet de, une bouteille de…*).

 Dans ce cas, à la forme affirmative, il faut reprendre cet élément ou le préciser. Mais on ne le fait pas à la forme négative. Observez :
• *Tu as une idée ? – Une idée ? J'en ai mille !* (= mille idées) – *Tu as de la chance, moi, je n'en ai aucune !*
• *Alors, qu'est-ce qu'il me faut ? Du beurre, des œufs, de la crème… Ah oui, du lait ! J'en voudrais un litre, s'il vous plaît* (= un litre de lait). – *Désolé, je n'en ai plus.*

Bien différencier :
• *Tu as acheté une voiture ? – Oui, j'en ai acheté une.*
• *Tu as acheté la voiture de ton frère ? – Oui, je l'ai achetée.*

• *Il fait froid ? Vous voulez un pull ? – Oui, j'en veux bien un. Je suis gelé(e).*
• *Vous voulez mon pull bleu ? – Oui, je le veux bien, il est superbe !*
• *Vous mangerez ces gâteaux ? – Oui, je les mangerai avec plaisir.*
• *Vous mangerez des gâteaux ? – Oui, j'en mangerai avec plaisir.*

Les pronoms personnels complément d'objet indirect (COI) / compléments d'objet second (COS)

Les pronoms remplacent des noms introduits par la préposition « à ».

	SINGULIER	PLURIEL
1re personne	me (m')	nous
2e personne	te (t')	vous
3e personne masculin	lui	leur
3e personne féminin	lui	leur

Ces pronoms représentent toujours des personnes.
Ils sont compléments d'un verbe suivi de la préposition **à.** Ils sont placés devant ce verbe. Ce sont des pronoms conjoints.
• *Il me téléphone tous les soirs.*
• *Tu leur as beaucoup plu.*
• *Il nous a demandé de sortir.*

adverbes page 195

Avec **voici** ou **voilà**, le **en** est toujours placé avant.
• *Vous voulez du lait ?*
  En voici.
• *Et du sucre ? En voilà.*

Remarquez la différence d'accord :
Avec **en** → pas d'accord
• *Tu as acheté une voiture ?*
– *Oui, j'en ai acheté une.*
Avec **le**, **la**, **les** → accord
• *Tu as acheté la voiture de ton frère ?*
– *Oui, je l'ai achetée.*

accord du participe passé page 126

Ne confondez pas **lui**, pronom COI (*Je lui parle*), qui peut être masculin ou féminin, avec le pronom tonique **lui/elle**.
• *Milena ? Je lui écrirai. Elle répondra mais Pol, lui, n'écrit jamais !*

Ne confondez pas **leur**, pronom COI, toujours invariable (*Je leur parle*), avec l'adjectif possessif **leur/leurs** qui s'accorde avec le nom.
• *À qui sont ces livres ? Aux enfants ?*
– *Oui, ce sont leurs livres.*

En général ces verbes expriment l'idée de :
– parler **à quelqu'un** (*dire, ordonner, recommander*, etc.).
• *Elle m'a téléphoné hier soir.*
Dans ce cas, le pronom personnel est COI.
– donner quelque chose **à quelqu'un** (*apporter, offrir, céder, laisser*, etc.).
• *Elle lui a laissé sa place.*

Dans ce cas le pronom est COS, à cause de la présence du COD « sa place ».

Tous ces verbes impliquent un rapport de proximité entre deux ou plusieurs personnes. Quand je donne, quand je parle, j'ai en face de moi quelqu'un, il y a échange. Il y a toujours au moins deux personnes en présence ; il y a l'idée d'une interaction, d'une réciprocité.

 Attention

• aux verbes suivants :
être à qqn, penser à qqn, songer à qqn, rêver à qqn, faire attention à qqn, tenir à qqn, avoir recours à qqn, etc.
Avec ces verbes, la présence physique des deux personnes n'est pas nécessaire, je peux penser à quelqu'un sans qu'il soit là ou même sans qu'il le sache.

• aux verbes pronominaux suivis de la préposition **à** :
s'adresser à, s'intéresser à, s'attacher à, se joindre à, se fier à, etc.
Ils peuvent concerner une personne ou une chose.

Quand le complément représente une personne, on emploie le pronom tonique en gardant la préposition **à**.
• *Je pense à mon ami qui a été licencié. → Je pense à lui.*

Quand il représente une chose, on emploie le pronom **y**, qui se place **avant le verbe**.
• *Il pense à son avenir. → Il y pense.*
• *Il s'intéresse à la peinture du XVIIIe siècle. → Il s'y intéresse.*

Remarque : le pronom **y** remplace aussi un nom complément de lieu introduit par la préposition : **à, dans, en, sur, sous,** etc.
• *Depuis quand êtes-vous en France ? – Nous y sommes depuis deux ans.*

Les pronoms remplacent des noms introduits par la préposition « de »

Ils peuvent représenter des personnes.

Dans ce cas, on emploie le pronom tonique en gardant la préposition **de**.
• *Il nous a beaucoup parlé de cet écrivain qu'il admire.*
→ *Il nous a beaucoup parlé de lui.*

Ils peuvent représenter des choses.

Dans ce cas, on emploie le pronom **en**, qui se place **avant le verbe**.
• *Il nous a longuement parlé du roman qu'il avait lu, il n'a pas cessé de nous en parler.*
• *Depuis quand joue-t-elle du piano ? Elle en joue depuis l'âge de 4 ans.*

Remarque : le pronom **en** remplace aussi un nom qui exprime le lieu d'où l'on vient, l'origine.
• *À quelle heure êtes-vous sortis de l'atelier ? – J'en suis sorti à 6 h du matin.*

Récapitulation à propos de trois pronoms particuliers : « en », « y » et « le »

La principale difficulté des pronoms **en** et **y**, c'est qu'ils n'ont en général pas d'équivalent exact dans votre langue maternelle. Vous les oubliez donc souvent. Il faut modaliser : on ne connaît pas toutes les langues…

En français, ils sont obligatoires. Si l'on vous demande : *Tu prends du café ?* ou *Vous allez à l'université ?* vous ne pouvez pas répondre : **Oui, je prends* ou **Oui, je vais.*
Vous êtes obligé(e) de dire : *Oui, j'en prends* (*j'en prendrai volontiers*) et *Oui, j'y vais.*

– En
Rappel

Il peut remplacer un nom animé ou inanimé précédé de **un, une, des - du, de la**.
• *Vous avez une cigarette ? – Oui, j'en ai une.*
• *Il a des enfants ? – Oui, il en a huit !*
• *Il a de la chance, il en a toujours eu.*

Il peut remplacer un nom de chose précédé de la préposition de.
Comparez :
• *Il est bien ton ordinateur ? Oui, j'en suis très content* (être content, fier, heureux… de qqch).
• *Il s'occupe de ses dossiers = Il s'en occupe.*
Mais
• *Il s'occupe de sa grand-mère = Il s'occupe d'elle.*

Il peut aussi remplacer un complément de nom (après une expression de quantité).
• *Tu as vu l'émission sur les sectes, hier soir ? – J'en ai vu une partie seulement* (= une partie **de l'émission**).

Il peut également remplacer un complément de lieu (indiquant l'origine, la provenance) :
• *Tu es déjà allé chez Francine ? – Oui, j'en arrive juste à l'instant* (= j'arrive de chez elle).

Il peut enfin remplacer toute une proposition ou un infinitif.
• *Il a enfin pris sa décision et je m'en réjouis.*

– Y
Rappel

Y représente toujours quelque chose d'inanimé (précédé de la préposition **à**).
• *Il participera à ce congrès ? – Oui, il y participera sûrement.*
• *Elles s'intéressent à la politique ? – Kate s'y intéresse mais pas Clara.*

Y peut représenter également un lieu indiquant la situation ou la destination.
• *Tu vas à Paris ? – Oui, j'y vais demain et j'y reste trois jours* (**y** = à Paris).
• *Patrice est chez lui ? – Non, il n'y est pas, il est sorti* (**y** = chez lui).
• *Vous connaissez le Pérou ? – Non, je n'y suis jamais allé* (**y** = au Pérou).

Y peut enfin remplacer toute une proposition ou un infinitif.
• *Vous vous attendiez à ce que le gouvernement accepte ? – Non, je ne m'y attendais pas.*

> ### À l'oral
> Les Français ne marquent pas toujours cette différence et ils utilisent souvent, à l'oral, **en** et **y** pour les personnes et les choses.

> Avec le verbe **aller** au futur et au conditionnel, jamais de **y**.
> • *Il ira à Paris ?*
>   – *Oui, il ira.*

Manières de dire

- **s'en aller** (= commencer à partir) : *Allez, les enfants, on s'en va !*
- **en avoir assez** (= ne plus supporter) ou **en avoir marre** (fam.) : *Métro, boulot, dodo, j'en ai assez, j'en ai marre de cette routine !*
- **s'en ficher** (= être indifférent à, registre familier) : *Il pleut mais tant pis, je m'en fiche, je sors quand même !*
- **ne plus en pouvoir** (= être à bout de forces ou de patience) : *Les enfants ont été odieux, la baby-sitter n'en peut plus.*
- **en vouloir à quelqu'un** (= avoir de la rancune contre quelqu'un) : *Les voisins ont signé une pétition pour protester contre son chien qui hurle toutes les nuits. Depuis, elle leur en veut énormément.*
- **ne pas s'en faire** (= ne pas s'inquiéter) : *Ne t'en fais pas, si ton fils ne répond pas au téléphone, c'est qu'il est allé se promener.*
- **en faire toute une histoire** (= exagérer) : *Il a un petit bobo de rien du tout mais il en fait tout un plat, toute une histoire.*
- **s'en prendre à quelqu'un** (= incriminer, accuser) : *Ne t'en prends qu'à toi-même si tu n'as pas réussi !*
- **ça y est** (= c'est fait) : *Alors, ça y est ? Vous avez terminé l'exercice ?*
- **vas-y, allons-y, allez-y** (= pour commencer quelque chose) : *Allez, vas-y, décide-toi !*
- **s'y faire** (= s'habituer à) : *Le changement est difficile, mais il s'y fera vite.*
- **s'y prendre bien ou mal** (= savoir ou non faire quelque chose) : *C'est une bonne infirmière, elle sait bien s'y prendre avec les malades.*
- **s'y connaître en...** (= être expert en...) : *Ce critique s'y connaît en art japonais.*
- **y être pour quelque chose** (= être responsable, au moins en partie) : *Mais ce n'est pas de ma faute ! J'y suis pour rien, moi !*
- **y être** (= comprendre brusquement quelque chose) : *Ah, ça y est, j'y suis !*
- **y tenir / ne pas y tenir** (= ne pas avoir envie) : *Un whisky à cette heure-ci ? Non, merci, je n'y tiens pas.*

– Le, l' neutre

Il représente l'idée exprimée :
- soit par un adjectif ou par un nom attribut :
- *Il est jaloux comme un tigre mais elle, elle ne l'est pas* (**l'** = jalouse).
- *Elle n'est pas encore directrice mais elle finira par l'être un jour* (**l'** = directrice).
- soit par un verbe :
- *J'ai envie de passer mon permis de conduire. – Mais oui, tu devrais le faire* (**le** = passer ton permis).
- soit par toute une proposition :
- *Tu sais, ça y est, Jacques et Léa divorcent ! – Non ! Je ne peux pas le croire !* (**le** = qu'ils divorcent).

Manières de dire

- **l'emporter sur...** (= triompher de quelqu'un) : *Il l'a facilement emporté sur son adversaire.*
- **l'échapper belle** (= échapper à un danger imminent) : *La foudre est tombée à deux mètres de moi ! Je l'ai échappé belle !*

Les pronoms personnels réfléchis et réciproques :
« me, te, se, nous, vous, se »

Le **pronom réfléchi** représente la même personne que le sujet.
Il est complément d'objet direct : *Elle s'est levée très tôt* (= elle a levé elle-même)
ou complément d'objet indirect : *Elle se parle toute seule* (= elle parle à
elle-même).

Le **pronom réciproque**, comme son nom l'indique, exprime une idée
d'interaction. Il renvoie toujours à un pluriel et peut être COD ou COI.
• *Sonia et Gérard s'aiment passionnément* (= chacun aime l'autre).
• *Pourquoi vous disputez-vous sans arrêt ?* (= chacun se dispute avec l'autre).

	SINGULIER	PLURIEL
1ʳᵉ personne	me, m'	nous
2ᵉ personne	te, t'	vous
3ᵉ personne — masculin	se, s'	se, s'
3ᵉ personne — féminin	se, s'	se, s'

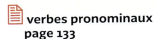

On n'emploie **à soi** et
de soi que si le sujet
est indéterminé (= **on,
personne, tout le monde,
chacun**...).
• *On pense souvent d'abord
à soi.*

📄 **verbes pronominaux
page 133**

Ambiguïté
Souvent, la phrase est
ambiguë. Seul le contexte
peut aider à lever
l'ambiguïté.
• *Sonia et Gérard
se regardent.*
Chacun regarde soi-même
ou chacun regarde l'autre ?
On ne le sait pas.

La place des pronoms personnels compléments

C'est un point un peu difficile en français, surtout lorsqu'il y a deux
compléments, l'un direct (*le, la, les*) et l'autre indirect (*me, te, lui, nous, vous, leur*).

Premier cas : un seul pronom complément

– Avec un verbe à un temps simple
Le pronom est toujours avant le verbe.
• *Tu appelleras Anne ce soir ? – Oui, promis, je l'appelle.*
• *Tu veux du thé ? – Oui, j'en prendrai volontiers une tasse.*
• *Vous écrirez à vos parents ? – Non, on leur téléphonera.*
• *Elle habite à Marseille ? – Oui, elle y vit depuis dix mois.*

– Avec un verbe à un temps composé
Le pronom est toujours avant le verbe.
• *Tu as vu Henri ? – Non, je ne l'ai pas vu aujourd'hui.*
• *Vous êtes allés au cinéma ? – Oui, nous y sommes allés à six heures.*

– Avec un verbe à l'impératif affirmatif
Le pronom est placé après le verbe.

Il y a toujours un trait d'union entre le verbe et le pronom.
- *Tu as déjà écouté ce CD ? Écoute-le, il est super !*
- *J'ai besoin de farine. Achètes-en un kilo.*
- *Si votre frère est malade, téléphonez-lui !*

❗ À la 1re et à la 2e personne du singulier, on utilise les pronoms toniques **moi** et **toi**.
- *Écoutez-moi tous. Et toi, Enzo, tais-toi, s'il te plaît !*
- *Au revoir ! Téléphonez-moi quand vous serez arrivés*

COD	COI
Écoutez-moi	Écrivez-moi
Écoutez-le, écoutez-la	Écrivez-lui (*masc. ou fém.*)
Écoutez-nous	Écrivez-nous
Écoutez-les	Écrivez-leur (*masc. ou fém.*)

– Avec un verbe à l'impératif négatif
Le pronom est placé avant le verbe.
- *Je t'appelle demain ? – Non, ne m'appelle pas, c'est moi qui t'appellerai.*

– Avec deux verbes
Le pronom est placé entre le verbe conjugué et l'infinitif.
- *Tu connais Gaëlle ? – Non, mais j'aimerais la connaître.*
- *Tu as besoin d'un manteau ? – Oui, j'ai besoin d'en acheter un.*
- *Il vient avec nous à Londres ? – Non, il ne veut pas y aller.*

Deuxième cas (1) : deux pronoms compléments
- *Pierre me prête ses clefs* = Il me les prête.
- *Pierre te prête ses clefs* = Il te les prête.
- *Pierre prête ses clefs à sa sœur* = Il les lui prête.
- *Pierre nous prête ses clefs* = Il nous les prête.
- *Pierre vous prête ses clefs* = Il vous les prête.
- *Pierre prête ses clefs à tous ses amis* = Il les leur prête.

Vous remarquerez qu'à la 3e personne du singulier et du pluriel, il faut inverser l'ordre des pronoms, **dans tous les cas**.
- *Il m'a prêté ses clefs = Il me les a prêtées.*
- *Il a prêté ses clefs à sa sœur = Il les lui a prêtées.*
- *Il refuse de te prêter ses clefs = Il refuse de te les prêter.*
- *Il refuse de prêter ses clefs à sa sœur =Il refuse de les lui prêter.*
- *Ne me les prête pas = Ne les lui prête pas.*
- *Ne nous les prête pas = Ne les leur prête pas.*

Une exception : à l'impératif affirmatif, le pronom indirect est toujours en seconde position.
- *Prête-les-moi. Prête-les-nous. Prête-les-lui. Prête-les-leur.*

Deuxième cas (2) : deux pronoms compléments
- *Il me raconte des histoires* = Il m' en raconte.
- *Il te raconte des histoires* = Il t' en raconte.
- *Il raconte des histoires à son fils* = Il lui en raconte.
- *Il nous raconte des histoires* = Il nous en raconte.

Orthographe

Devant **en** et **y**, les verbes terminés par **-er** prennent un **-s** à l'impératif afin d'éviter l'hiatus entre deux voyelles.
Observez :

Tu veux du chocolat ?
Manges-en.
Tu veux aller à Rome ?
Eh bien, vas-y !

❗ Si le premier verbe est **faire, laisser, voir, regarder, entendre, écouter, envoyer,** le pronom complément est alors placé avant les deux verbes.
- On **l'**écoute jouer du piano.
- Ils **la** laissent sortir toute seule.
- Tu **nous** fais visiter ta maison ?

II. LA SPHÈRE DU NOM

61

• Il vous raconte *des histoires*	= Il vous	*en* raconte.
• Il raconte *des histoires à ses enfants*	= Il leur	*en* raconte.

En est **toujours en seconde position**. C'est vrai **dans tous les cas.**

• Il nous a raconté *des histoires*	= Il nous	*en* a raconté.
• Il a raconté *des histoires aux enfants*	= Il leur	*en* a raconté.
• Il va nous raconter *des histoires*	= Il va nous	*en* raconter.
• Il va raconter *des histoires aux enfants*	= Il va leur	*en* raconter.
• Raconte-nous *des histoires*	= Raconte-nous-*en*.	
• Raconte *des histoires aux enfants*	= Raconte-leur-*en*.	
• Ne nous raconte pas *d'histoires*	= Ne nous	*en* raconte pas.
• Ne raconte pas *d'histoires aux enfants*	= Ne leur	*en* raconte pas.

Y est **toujours en seconde position.** (Exception : *il y en a*)

• Il emmène ses enfants *au zoo*	= Il les	*y* emmène.
• N'emmène pas les enfants *au zoo*	= Ne les	*y* emmène pas.

Omission du pronom personnel

Dans quel cas peut-on omettre ou supprimer le pronom personnel neutre « le » ?

Après certains verbes suivis d'un infinitif avec ou sans complément : *accepter, aimer, apprendre, commencer, continuer, essayer, finir, oser, oublier, pouvoir, réussir, vouloir,* etc.

Quelques exemples :

- *Acceptez-vous de prendre pour époux/épouse M./ Mme X ? – Oui, j'accepte* (de le/la prendre pour époux/épouse).
- *Il a osé lui dire la vérité ? – Non, il n'a pas osé* (la lui dire).
- *Tu as fini d'arroser le jardin ? – Non, une minute, je n'ai pas fini.*
- *Finalement, il a pu s'inscrire ? – Non, il n'a pas pu, c'était trop tard.*
- *Tu as pensé à m'acheter le livre que je t'ai demandé ? – Oh zut, j'ai complètement oublié !*
- *Tu veux venir avec nous faire des courses ? – D'accord, je veux bien.*

❗ Rappel

Attention à la différence d'accord :

- *Les histoires, il nous **les** a raconté**es**.*
- *Des histoires, il nous **en** a racont**é**.*

À l'oral

Les Français simplifient souvent et disent, à l'oral familier :

Ses clefs, il lui a prêté(es)

ou

Ses clefs, il leur a prêté(es).

au lieu de :

Ses clefs, il les lui a prêtées ou Ses clefs, il les leur a prêtées.

En effet, il est difficile de prononcer trois **l** à la suite : **il les lui…** ou **il les leur…**

2.3. LES ADJECTIFS ET PRONOMS DÉMONSTRATIFS

Oui, *cela* pourrait
commencer ainsi, ici, comme *ça*…
dans *cet* endroit neutre qui est à tous et
à personne, où les gens se croisent
presque sans se voir…
De *ce* qui se passe derrière les lourdes
portes des appartements, on ne perçoit…
que *ces* petits bruits… que le tapis de
laine rouge… étouffe.

Georges Perec, *La vie mode d'emploi*

Pourquoi écrit-on : *ce boulevard*, mais *cette avenue*… ?
Pourquoi *cet espace* mais *cette espèce* ?
Et que faut-il penser de *cet artiste* et *cette artiste* ?

L'adjectif démonstratif désigne une personne, une chose, une notion présentes, annoncées ou reprises.

L'adjectif démonstratif, comme l'article, s'accorde en genre et en nombre avec le nom qu'il accompagne.

Le pronom démonstratif reprend un nom de chose, de personne ou de notion déjà évoqué, ou annonce un nom qui va suivre. Il prend le genre et le nombre de ce nom.

L'adjectif démonstratif

Formes

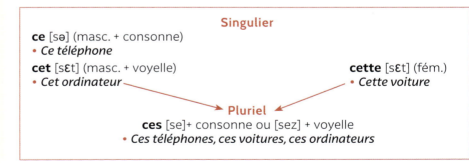

Singulier

ce [sə] (masc. + consonne)
• *Ce téléphone*

cet [sɛt] (masc. + voyelle)
• *Cet ordinateur*

cette [sɛt] (fém.)
• *Cette voiture*

Pluriel
ces [se]+ consonne ou [sez] + voyelle
• *Ces téléphones, ces voitures, ces ordinateurs*

Valeurs et emplois

L'adjectif démonstratif a une valeur déterminative, comme l'article défini.
• La vendeuse : *Vous désirez ?*
• La cliente : *Je voudrais essayer ce pull-over, oui, c'est ça, le bleu.*

Comme son nom l'indique, il montre. Quelquefois, un geste de la main ou de la tête l'accompagne.

Il indique une chose ou une personne qu'on vient de nommer ou dont on va parler.

- *Qui est la personne que tu viens de saluer ? – Cet homme ? Je ne sais plus.*

Avec l'adverbe **-ci**, il marque la proximité dans le temps (le présent), dans l'espace.

- *Quel mauvais temps, ces jours-ci !* (= hier, avant-hier, un jour de cette semaine-ci).

Mais l'adverbe **-ci** n'est pas nécessaire quand le contexte montre bien cette proximité.

- *J'ai rendez-vous ce soir avec mes amis* (= ce ne peut être que le soir d'aujourd'hui).

Avec l'adverbe **-là**, il marque l'éloignement dans le temps (le passé), dans l'espace.

- *Ce matin-là, il avait fait une rencontre qui allait changer sa vie.*
- *Dans ces régions-là, les hivers sont très froids et les étés brûlants.*

L'adverbe **-là** n'est pas nécessaire quand le contexte montre bien cet éloignement.

- *À cette époque, on ne connaissait pas encore l'électricité.*

Observez la différence entre les expressions « **en ce moment** », qui se situe dans le présent, et « **à ce moment-là** », qui se situe dans le passé ou dans le futur.

- *Non, n'allez pas dans sa chambre, il se repose en ce moment, il n'a pas dormi cette nuit.*
- *Il allait sortir, mais à ce moment-là un de ces amis est arrivé.*
- *Tu étudieras attentivement le contrat et, à ce moment-là seulement, tu pourras le signer.*

Il faut noter que « **à ce moment-là** » peut servir aussi à marquer un enchaînement logique sans valeur temporelle. Il a alors le sens de « dans ce cas-là ».

- *Je sais que tu as eu pas mal de problèmes mais à ce moment-là, on demande de l'aide !*

Avec les adverbes **-ci** et **-là**, il sert également à opposer, à préciser.

- Le prestidigitateur à un spectateur : *Choisissez une carte au hasard ! Décidez-vous, monsieur ! Vous choisissez cette carte-ci* (= ici) *? Non ? Alors cette carte-là ?*

Il peut avoir une valeur de présentatif.
Il a alors parfois un aspect emphatique.

- *Admirez ces montagnes couvertes de neige, ce ciel pur, ces arbres majestueux !*

Il sert à exprimer des sentiments : la colère, le mépris, le respect, une très grande politesse.

- *Mais regardez ce désordre !*
- *Ces messieurs-dames désirent-ils autre chose ?*
- *Mais il se prend pour qui, ce type-là ?*
- *Qu'est-ce que c'est que cette histoire à dormir debout ?*

Le pronom démonstratif

Formes

Singulier		
Masculin		féminin
celui...		*celle...*
celui-ci		*celle-ci*
celui-là		*celle-là*
Pluriel		
ceux...		*celles...*
ceux-ci		*celles-ci*
ceux-là		*celles-là*
Neutre		
ce, c'+ voyelle, *ceci, cela / ça* (familier)		

> ⓘ Ne pas confondre **ça** pronom neutre démonstratif *(N'oublie pas ça !)* et **çà** adverbe de lieu *(Elle allait çà et là).*

Valeurs et emplois

– Les formes simples : *celui, ceux, celle, celles*
Elles sont accompagnées :

- soit de la préposition **de**
« de » + nom (ces formes expriment alors la possession) :
- *Il y avait deux parapluies dans le porte-parapluie et par erreur j'ai pris celui de mon amie, j'ai pris celui de Catherine.*

« de » + adverbe :
- *Le journal d'aujourd'hui nous donne les mêmes nouvelles que celui d'hier.*

« de » + infinitif :
- *Avec l'âge, il avait pris certaines habitudes, notamment celle de faire la sieste.*

- soit d'un pronom relatif
- *J'ai vu ce fameux spectacle, tu sais, celui que tu m'as conseillé, celui qui fait scandale.*

– Les formes composées : *celui-ci, celui-là, ceux-ci, ceux-là, celle-ci, celle-là, celles-ci, celles-là*
Elles s'emploient seules et elles remplacent :

- un nom déterminé par le contexte :
- *Elle bavarda pendant des heures avec ses amis ; ceux-ci rentraient d'un long voyage et avaient beaucoup de choses à raconter.*

- un nom accompagné de l'adjectif démonstratif :
- *Ce dictionnaire est très clair, mais celui-là me semble plus complet.*

> ⓘ Attention à la confusion entre : *ceux qui, que, dont...* et *ce qui, que, dont...*
> - *J'ai vu ceux que je voulais voir.* (= les gens que je voulais voir)
> - *J'ai acheté ce que je voulais.* (= les choses que je voulais)

Ces formes composées peuvent s'utiliser pour opposer ou distinguer quelqu'un ou quelque chose de proche (**celui-ci**) de quelqu'un et de quelque chose d'éloigné (**celui-là**) ou pour renvoyer au premier nommé (**celui-là**) et au dernier nommé (**celui-ci**).
- *Hum, ces gâteaux ont l'air vraiment délicieux. Je voudrais celui-ci, non, celui-là, non, non celui-ci... oh et puis tant pis donnez-moi celui-ci, celui-là et puis celui-là aussi...*
Ces formes s'utilisent aussi avec la valeur de l'un/l'autre.
- *Quand on a une décision importante à prendre, on demande souvent conseil à celui-ci, à celui-là, et finalement on prend sa décision tout seul.*

> Dans le français contemporain, cette opposition n'est pas toujours respectée et on utilise plutôt les formes en **-là.**

II. LA SPHÈRE DU NOM

– Les formes neutres : *ceci, cela, ça, ce, c'*.

Elles ne remplacent jamais un nom, elles remplacent une proposition.

En principe, **ceci** annonce ce qu'on va dire, ce qui est présent, **cela** renvoie à ce qui a été dit.
Les pronoms **ceci** et **cela** appartiennent à la langue écrite et à une langue orale soutenue.

Dans la langue courante orale, on utilisera plutôt le pronom **ça** (sauf dans l'expression figée : **cela dit**).
• *Écoute bien* ceci *: je ne partirai pas avec toi.*
• *Nous avons bien rendez-vous demain soir, n'est-ce pas ?*
  – *Oui, oui, c'est bien* cela, *nous avons rendez-vous à 8 heures. Pourquoi ris-tu ?*
  – *Je trouve «* cela *» un peu snob !* Cela dit, *tu as parfaitement le droit de parler comme tu le fais.*

Le pronom **ça** est la forme familière, orale de **cela** (et aussi de **ceci**).
• *Je ne répondrai pas à tes reproches,* ça *(= cela) n'en vaut pas la peine.*
• *Alors, ton entretien avec le chef du personnel,* ça *s'est bien passé,* ça *a marché ?*
• *Qu'est-ce que c'est que* ça *? (utilisé pour exprimer l'étonnement, la colère…)*
• ça *va ? – Oui* ça *va bien, et toi ? (formule de politesse très courante après les salutations. On n'attend pas de réponse.)*

Normalement le pronom **ça** renvoie à des inanimés, mais s'il renvoie à une personne, il prend une valeur péjorative.
• *Regardez-vous dans la glace, est-ce que cette coiffure vous plaît ? – C'est moi* ça *?*

On utilise également **ça** avec des verbes impersonnels accompagnés d'un pronom complément.
• *Quelle coiffure ! Mais qu'est-ce que c'est que* ça *?* Ça *me change trop !* Ça *ne me plaît pas du tout.*

Le pronom **ce** introduit une proposition relative neutre.
• *Voilà* ce que *je te propose (= voilà la chose, l'idée que je te propose).*
• *Répète* ce que *tu as dit ! (= répète les mots que tu as dits, la phrase que tu as dite).*

Comme sujet des verbes **être**, **pouvoir être**, **devoir être**, il sert à présenter ou à mettre en relief.
• *Qui est ton écrivain préféré ? – C'est Proust.*
• *Qui est là ? – C'est moi !*
• *Quel spectacle ! C'était magnifique !*
• *J'ai raccourci la robe ;* ce *(ou* ça*) doit être maintenant la bonne longueur.*
• *Ce n'est qu'en 1945 que les femmes françaises ont obtenu le droit de vote.*

Remarques
Emploi de **il est**, **c'est**.

Observez les phrases suivantes :
• *Il est évident qu'il a compris.*
• *Il est dommage qu'il soit parti.*
• *Il serait utile de réfléchir avant d'agir.*

Le verbe impersonnel **il est** + adjectif + **que** introduit une proposition attribut,
ou   **il est** + adjectif + la préposition **de** introduit un infinitif.

Mais on peut inverser l'ordre des propositions.

Parfois **cela**, **ça**, **c'** renvoient à un nom générique.
• *Un bébé, c'est si mignon !*

Remarque
• *Ça a marché ?*
On pourrait s'étonner qu'il n'y ait pas d'élision entre **ça** et **a**. Mais **ça** étant déjà la contraction de **cela**, il semblerait peut-être difficile de multiplier les modifications d'un mot et d'ajouter l'élision à la contraction.
Au restaurant, on entend très souvent le maître d'hôtel s'informer à la fin du repas :
• *Alors, messieurs dames, ça a été ?*

C'est moi, c'est toi, c'est lui, c'est elle, c'est nous, c'est vous, ce sont eux, ce sont elles (ou à l'oral : c'est eux, c'est elles).

mise en relief page 251

forme impersonnelle page 136

Dans ce cas, on a :

- *Il a compris, c'est évident* (le pronom **ce** reprend tout à fait régulièrement ce qui vient d'être dit, ici : *il a compris*).
- *Il est parti ? C'est dommage* (le pronom **ce** reprend ce qui vient d'être dit : *il est parti*).
- *On réfléchit et on prendra une décision demain ! Oui, ce serait mieux, je crois.* (le pronom **ce** reprend : *réfléchir et prendre une décision*)

Cette structure est tout à fait logique, puisque nous avons vu que le pronom démonstratif **ce** reprend normalement ce qui a été déjà évoqué.

Mais la langue orale a adopté cette forme du verbe impersonnel **c'est**..., même lorsqu'il n'y a pas d'inversion des propositions.

- *C'est évident qu'il a compris.*
- *C'est dommage qu'il soit parti.*
- *Ce serait utile de réfléchir avant d'agir.*

 Attention à la différence de construction :

- *Il est (c'est) facile de réussir ce plat* mais *Ce plat est facile à réussir.*
- *Il est (c'est) intéressant d'étudier une langue* mais *Une langue, c'est intéressant à étudier.*
- *Il est important de savoir comment sera financée la transition écologique* mais : *Comment sera financée la transition écologique, c'est important à savoir.*

> En français soutenu, on dira :
> - *Il est dommage qu'elle réagisse ainsi.*
>
> En français courant, on dira :
> - *C'est dommage qu'elle réagisse comme ça.*

📄 adjectif page 107

2.4. LES ADJECTIFS ET PRONOMS POSSESSIFS

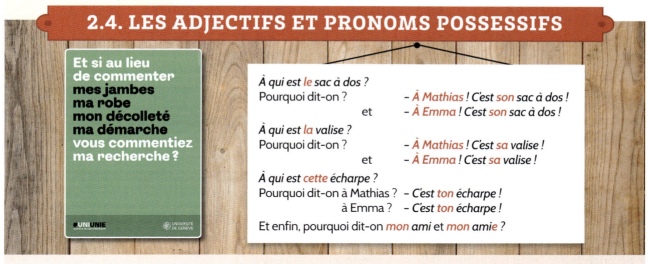

L'adjectif possessif remplace l'article devant un nom. Il accompagne donc un nom et marque un rapport de possession (*ton livre*), d'appartenance (*ton pays, sa famille*) ou une relation de situation (*notre voyage, leur départ*).

Dans ce cas, le possessif remplace une proposition relative. *Je vous montrerai les photos de notre voyage* (= du voyage que nous avons fait) ; *Il a raté son train* (= le train qu'il devait prendre).

L'adjectif possessif, comme l'article ou l'adjectif démonstratif, s'accorde en genre et en nombre avec le nom devant lequel il est placé.

- *Je te laisse mes clés.*
- *Sophie, si tu en as besoin, tu peux te servir de mon iphone.*
- *Tu as emprunté la voiture de Marc ? – Oui, j'ai emprunté sa voiture, comme d'habitude.*
- *Tu sais, Louis, j'ai rencontré tes amis Michaux hier. J'ai visité un appartement dans leur immeuble.*

Le pronom possessif remplace un nom accompagné de l'adjectif possessif et, comme celui-ci, il marque la possession, l'appropriation, l'appartenance.
- *As-tu pensé à remplir ta fiche d'inscription au judo ? Moi, j'ai déjà envoyé la mienne* (= ma fiche d'inscription).

L'adjectif possessif

Formes

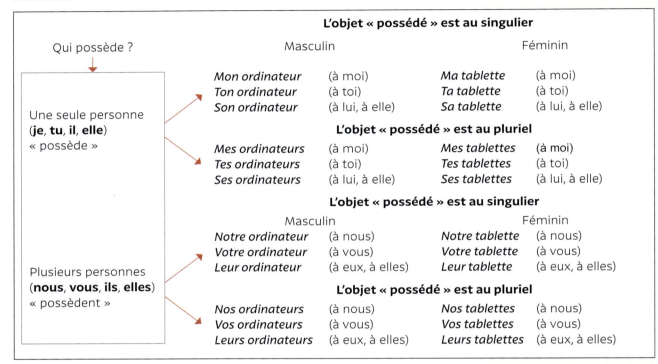

	L'objet « possédé » est au singulier			
Qui possède ?	Masculin		Féminin	
Une seule personne (**je**, **tu**, **il**, **elle**) « possède »	*Mon ordinateur* (à moi)		*Ma tablette* (à moi)	
	Ton ordinateur (à toi)		*Ta tablette* (à toi)	
	Son ordinateur (à lui, à elle)		*Sa tablette* (à lui, à elle)	
	L'objet « possédé » est au pluriel			
	Mes ordinateurs (à moi)		*Mes tablettes* (à moi)	
	Tes ordinateurs (à toi)		*Tes tablettes* (à toi)	
	Ses ordinateurs (à lui, à elle)		*Ses tablettes* (à lui, à elle)	
	L'objet « possédé » est au singulier			
	Masculin		Féminin	
Plusieurs personnes (**nous**, **vous**, **ils**, **elles**) « possèdent »	*Notre ordinateur* (à nous)		*Notre tablette* (à nous)	
	Votre ordinateur (à vous)		*Votre tablette* (à vous)	
	Leur ordinateur (à eux, à elles)		*Leur tablette* (à eux, à elles)	
	L'objet « possédé » est au pluriel			
	Nos ordinateurs (à nous)		*Nos tablettes* (à nous)	
	Vos ordinateurs (à vous)		*Vos tablettes* (à vous)	
	Leurs ordinateurs (à eux, à elles)		*Leurs tablettes* (à eux, à elles)	

Pour éviter la rencontre de deux voyelles, les adjectifs féminins : **ma**, **ta**, **sa**
➔ **mon**, **ton**, **son** + nom féminin qui commence par une voyelle ou **h** muet.
- *ma maison* (f.)   *mais mon adresse* (f.),   *mon université* (f.),   *mon école* (f.).
- *ta conduite* (f.)   *mais ton attitude* (f.),   *ton opinion* (f.),   *ton idée* (f.).
- *sa vie* (f.)   *mais son histoire* (f.),   *son habitude* (f.)   *son émotion* (f.).

Il faut bien faire la différence entre **son**, **sa**, **ses** et **leur**, **leurs**.
- *Le père* (singulier) *parle à son fils et à sa fille, il parle à ses enfants.*
- *La mère* (singulier) *parle à son fils et à sa fille, elle parle à ses enfants.*
- *Les parents* (pluriel) *parlent à leur fils* (1 personne), *à leur fille* (1 personne), *à leurs enfants* (2 ou plusieurs personnes).

Avec un **h** aspiré :
sa hauteur.

Remarque
- *Les deux amies d'enfance ont passé la plus grande partie de leur vie dans la même ville. Elles ont partagé leurs espoirs, leurs joies.*
(« Leur vie » est au singulier, parce que les deux amies n'ont qu'une vie chacune, mais « leurs espoirs et leurs joies » sont au pluriel, parce qu'elles ont

connu sans doute de nombreux espoirs et de nombreuses joies ; cette règle n'est pas toujours respectée.)

Ne confondez pas **leur(s)**, adjectif possessif, et **leur**, pronom.
1. L'adjectif peut prendre la forme du singulier et du pluriel, le pronom n'a qu'une forme, invariable.
2. L'adjectif se place toujours devant un nom, le pronom toujours devant un verbe.

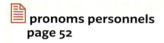
**pronoms personnels
page 52**

Remarque à propos du pronom ON
Si **on** représente « **ils** », « **les gens** », l'adjectif possessif est **son**, **sa**, **ses**.
• *Dans la vie, généralement,* on *aime* son *confort,* sa *maison,* ses *amis.*

Mais si **on** = « **nous** », l'adjectif possessif qui correspond est **notre**, **nos**.
• *Qu'est-ce que vous aimez dans la vie ? – Nous ?* On *aime* notre *confort,* notre *maison,* nos *amis* (langue plutôt orale).

Valeurs et emplois

L'adjectif possessif marque bien sûr la possession. Il a la valeur d'un complément du nom.
• *Benjamin a un chien. C'est* le chien de Benjamin*. C'est* son *chien.*
• *Sylvie et Jack ont une maison de campagne, c'est* la maison de Sylvie et de Jack*, c'est* leur *maison.*

L'adjectif possessif peut marquer une relation plus vague de situation, d'habitude.
• *Elle a passé* ses *examens.*   (Il n'y a pas de rapport de possession, mais un rapport de situation.)

• *Tu vas acheter* ton *pain ?*   (Le pain que tu achètes habituellement.)
• *Je bois* mon *café et au travail !*   (Le café que je bois chaque jour.)

Il peut avoir une valeur affective et exprimer :
– le respect, l'affection : *Alors* mon *petit Pierrot, tu vas bien ?*
– l'ironie et le mépris : *Oh, il n'est pas très malin,* ton *monsieur Machin ! Ne vous occupez pas d'elle. Elle boude, elle fait* son *intéressante !*

Pour aller plus loin

L'adjectif possessif a des équivalents :
– **L'article défini** remplace l'adjectif possessif quand il n'y a pas de doute sur le possesseur. Par exemple, devant les parties du corps :
+ *J'ai mal à* la *tête.*
+ *Il s'est fracturé* la *jambe en faisant du ski.*

Mais si le nom est modifié par un adjectif (ou une construction équivalente) on utilisera le déterminant possessif :
+ *Elle s'est lavé* ses *longs cheveux blonds.*

+ Le pronom personnel « **en** » + **article défini** + **nom de chose** peut remplacer l'adjectif possessif.
+ *J'habite dans cette ville depuis 20 ans et j'*en *connais toutes* les *rues*
(= Je connais toutes ses rues).
(Ce pronom personnel est réservé aux choses, il n'est pas utilisé pour les personnes.)

Le pronom possessif

Formes

Relation avec la personne	Le nom représenté est masculin singulier	Le nom représenté est féminin singulier	Le nom représenté est masculin pluriel	Le nom représenté est féminin pluriel
moi	le mien	la mienne	les miens	les miennes
toi	le tien	la tienne	les tiens	les tiennes
lui elle	le sien	la sienne	les siens	les siennes
nous	le nôtre	la nôtre	les nôtres	les nôtres
vous	le vôtre	la vôtre	les vôtres	les vôtres
eux elles	le leur	la leur	les leurs	les leurs

Rappel

Attention à la contraction des prépositions **de** et **à** et des articles :

- *J'ai des idées complètement différentes **des vôtres**.* (préposition **de** + **les**)
- *Elle ne pense pas à mes difficultés, elle ne pense qu'**aux siennes**.* (préposition **à** + **les**)

Le pronom possessif est formé de l'article défini suivi de **mien, tien**…
Il varie en genre, en nombre et en personne.
- *Voici ma place et voilà la tienne* (= ta place).
- *Ah ! voici nos bagages, je vois nos valises, les miennes et puis la vôtre.*

Notez bien la différence entre l'adjectif possessif **notre, votre, nos, vos** (sans accent sur le **o**) et le pronom possessif **le nôtre, le vôtre, la nôtre, la vôtre, les nôtres, les vôtres** (avec l'accent circonflexe sur le **o**).
- *C'est votre voiture ? – Oui, c'est la nôtre, et la vôtre, où est-elle ?*

dans **notre**, **votre**, le « **o** » est ouvert [ɔ].
dans **nos**, **vos**, **le/la nôtre**, **le/la vôtre**, **les nôtres**, **les vôtres**,
le « **o** » est fermé [o].

Valeurs, emplois et fonctions

Le pronom possessif remplace donc un nom précédé de l'adjectif possessif pour éviter la répétition.
- *Je posterai ta lettre avec les miennes* (= mes lettres).

Le pronom possessif a toutes les fonctions du nom.
- *Tu l'as depuis quand ta voiture ? La mienne semble plus récente* (sujet).
  – J'ai acheté la mienne l'année dernière (complément d'objet direct).
- *Ne t'occupe pas de ses problèmes ; pense plutôt aux tiens* (complément d'objet indirect).

Le pronom possessif peut avoir la valeur d'un nom.
- *On s'inquiète toujours pour les siens* (= sa famille).
- *Qui a gagné ? – Les nôtres* (= notre équipe).

Manières de dire

- *Si vous voulez réussir, il faudra y mettre **du vôtre** !* (que vous fassiez des efforts).
- *Cet enfant a encore fait **des siennes** à l'école, il faut convoquer ses parents* (= il a fait des bêtises, des sottises).
- *À **la nôtre, à la tienne, à la vôtre** !* (= à notre santé, à ta santé, à votre santé !).

La possession s'exprime par :

– des verbes : **avoir**, **être à**, **posséder**, **appartenir à** :
- *On l'apprécie pour les qualités qu'elle a*   (= pour ses qualités).
- *À qui est ce sac ? Il est à toi, à lui ?*   (= c'est ton sac, c'est son sac ?).
- *Cet homme possède une très belle collection de tableaux du xxe siècle* (= il a à lui).
- *Quand j'étais enfant, j'écrivais sur tous mes livres : « Ce livre m'appartient »* (= ce livre est à moi, c'est mon livre).

– un adjectif possessif   • *Il n'y a plus d'huile dans mon bidon.*
– un pronom possessif   • *Prends le mien.*
– un article défini   • *Attention, l'huile coule, tu vas te tacher les doigts.*

– nom + **de** + nom   • *J'ai pris le livre de Marie* (= son livre) (style soutenu).
– pronom démonstratif + **de** + nom   • *Mais non, c'est celui de Noé.*
– préposition **à** + un nom ou un pronom   • *Ah, ce livre est à Noé, tu es sûr qu'il est à lui ?*

Observez bien !

Après la préposition **à**, on peut utiliser le nom ou le pronom personnel pour marquer la possession.
- *Ce téléphone portable est à Jean, il est à lui.*
- *Cette maison est à mes amis, elle est à eux.*
- *Et ça, à qui est-ce ? C'est à Luc ? C'est vraiment à lui ? – Non, c'est à moi.*

Mais : après la préposition **de,** on ne peut **jamais** utiliser de pronom personnel pour marquer la possession.
- *Ce portable est le portable de Marie, c'est le portable de Marie, c'est celui de Marie.*
- *Cette voiture est la voiture de Lucas, c'est la voiture de Lucas, c'est celle de Lucas.*

❗ Ne confondez pas :

Ce tableau est de moi (je suis l'auteur du tableau ; **de** + le pronom personnel est possible), *mais il n'est plus à moi, je l'ai donné à mon ami, maintenant il est à lui* (**il est *de lui**, possessif, est impossible).

Une fois *rien*...
C'est *rien* !
Deux fois *rien*...
Ce n'est pas beaucoup !
Mais trois fois *rien*…
Pour trois fois *rien*…
On peut déjà acheter
quelque chose...
Et pour pas cher !

Raymond Devos

Comment choisir entre *quelques* et *plusieurs* ?
Pourquoi *certain(e)* ou *différent(e)* changent de sens selon leur place dans la phrase ?
Quelle différence entre *chaque* et *chacun(e)* ?
Pourquoi *chaque* s'écrit-il avec « que » et *chacun* avec un « c » ?
Et pourquoi prononce-t-on parfois *tous* et parfois *tou(s)* ?

L'adjectif indéfini comme tous les déterminants est accompagné d'un nom. Il peut renvoyer à des animés ou à des inanimés, ou aux deux à la fois. Il peut se présenter sous une forme variable ou invariable.
- *Il n'a plus* aucun *souvenir de son enfance.* Toutes *les images de son passé ont disparu.*
- *Il lui reste pourtant* plusieurs *photos qui évoquent pour lui* certains *événements,* quelques *visages.*

Le pronom indéfini remplace un nom et un adjectif indéfini. L'adjectif indéfini et le pronom indéfini peuvent marquer une quantité nulle (= zéro), partielle ou vague, une quantité totale ou une qualité.
- *Elle a longtemps attendu mais* personne *n'est venu ; il ne s'est* rien *passé.*
- *De tous les rêves de son adolescence,* aucun *ne s'est réalisé. Elle a vu ses amis la quitter ;* quelques-uns *ont voyagé,* certains *se sont engagés dans des combats politiques,* d'autres *se sont simplement mariés, mais* tous *semblaient mener une vie plus passionnante que la sienne.*

L'adjectif indéfini

Formes

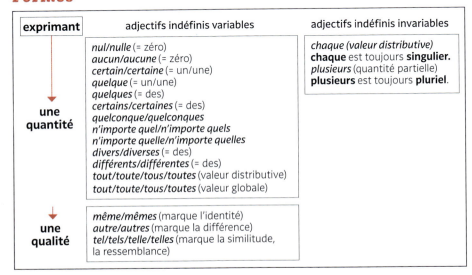

exprimant	adjectifs indéfinis variables	adjectifs indéfinis invariables
une quantité	*nul/nulle* (= zéro) *aucun/aucune* (= zéro) *certain/certaine* (= un/une) *quelque* (= un/une) *quelques* (= des) *certains/certaines* (= des) *quelconque/quelconques* *n'importe quel/n'importe quels* *n'importe quelle/n'importe quelles* *divers/diverses* (= des) *différents/différentes* (= des) *tout/toute/tous/toutes* (valeur distributive) *tout/toute/tous/toutes* (valeur globale)	*chaque* (valeur distributive) **chaque** est toujours **singulier.** *plusieurs* (quantité partielle) **plusieurs** est toujours **pluriel.**
une qualité	*même/mêmes* (marque l'identité) *autre/autres* (marque la différence) *tel/tels/telle/telles* (marque la similitude, la ressemblance)	

Valeurs et emplois

– Les adjectifs indéfinis qui marquent une quantité « zéro »

négation page 241

• **Aucun(e)** = pas un, pas une
Accompagné des adverbes **ne**, **ne… plus**, **ne… jamais**, ou précédé de la préposition **sans**.
• *Elle n'a aucune patience. Ils n'ont plus aucun espoir. Elle partira sans aucun doute.*

• **Nul(le)** = pas un, pas une (appartient à la langue soutenue)
S'emploie avec **ne** et **sans**.
• *Elle a bien travaillé, elle est bien préparée, elle réussira, sans nul doute.*
• *Je n'ai nul besoin de ces affaires, tu peux les donner !*

– Les adjectifs indéfinis qui marquent une quantité partielle, positive

Placé après le nom, ou après le verbe **être**, **nul** est adjectif qualificatif et signifie « sans aucune valeur ».
• *Ce devoir est nul.*
• *Elle est nulle en anglais.*
• *Tes remarques sont nulles* (= sans intérêt).
À l'oral :
• *Trop nul !*

• **Certain(e)**
– Au singulier, cet adjectif s'emploie accompagné de l'article **un(e)** et il peut prendre des sens différents selon le contexte.
• *Un certain nombre de scientifiques affirment que la planète se réchauffe* (= un nombre imprécis, difficile à fixer).
• *Il faut un certain courage pour affronter cette situation difficile* (= du courage).
• *Une femme est venue vous voir, c'était une femme d'un certain âge* (= assez âgée).

– Au pluriel, s'emploie sans article (= quelques-uns parmi d'autres).
• *Certaines personnes prédisent des changements importants dans les années à venir* (= des personnes).

Certain placé après le nom ou après le verbe **être** est un adjectif qualificatif et signifie « sûr », « assuré ».
• *Son succès aux élections est certain.*
(voir l'adjectif, p. 98)

• **Quelque(s)**
– Au singulier, s'emploie seul et a le sens de « un » ou de « une quantité indéterminée ».
• *J'ai passé quelque temps dans cette région* (= un peu de temps, un certain temps).

– Au pluriel, il peut s'employer avec un déterminant et il a le sens de « un petit nombre de », « un certain nombre de ». Il a souvent une valeur restrictive.
• *Le café était presque vide ; seuls, quelques clients traînaient encore au bar.*
• *À la fin du trajet, les quelques passagers qui restaient dans le wagon avaient lié connaissance et bavardaient avec animation.*
• *Les quelques articles encore exposés en vitrine seront bientôt soldés.*

Quelque placé devant un nom de nombre est un adverbe invariable et signifie « environ ».
• *Il y a quelque vingt kilomètres entre ces deux villes.*
(voir l'adverbe, p. 198)

• **Plusieurs**
A le sens de « plus de deux » ; il exprime un pluriel imprécis, mais il n'a pas le sens restrictif de « quelques ».
Observez bien la différence entre **plusieurs** et **quelques** dans les phrases suivantes.
• *J'avais invité plusieurs personnes, seules quelques personnes sont venues.*
• *Après plusieurs jours passés à la montagne nous sommes revenus tout bronzés et bien reposés, alors que nos amis qui n'y ont passé que quelques jours ont gardé leur mine pâle et fatiguée.*

Rappelez-vous que « plusieurs » est invariable et qu'il ne s'utilise jamais avec un article.

II. LA SPHÈRE DU NOM

- **Différents, divers**

Devant un nom au pluriel, ce sont des déterminants
Ces deux adjectifs ont le sens de « plusieurs ».
- *J'ai visité différents pays. Nous avons pu rencontrer différentes personnes.*
- *Les assistants ont proposé diverses solutions.*

Parfois, le nom associé à ces adjectifs est défini. Dans ce cas-là, on notera la présence d'un déterminant.
- *Nous avons passé en revue les différents avantages et les différents inconvénients d'un déménagement à la campagne.*

– Les adjectifs indéfinis qui marquent une totalité

- **Chaque**

Cet adjectif montre que, dans un ensemble, les éléments sont pris un par un.
Chaque s'emploie toujours sans déterminant et il est toujours suivi d'un nom au **singulier**. Il a la même forme au masculin et au féminin.
Il renvoie à des personnes ou à des choses.
- *Chaque Français peut voter s'il s'est inscrit sur les listes électorales.*
- *Chaque jour, je prends le métro pour me rendre au bureau.*
- *Chaque année, nous passons une semaine à la montagne.*

- **Tout(e)**

– Montre que dans un ensemble les éléments sont pris un par un.
Tout [tu], **toute** [tut], masculin, féminin, au singulier et sans déterminant
a le même sens que « chaque », mais il est moins usuel.
- *Toute peine mérite salaire.*
- *Tu es insupportable, cesse de m'interrompre à tout instant, à tout propos.*
Tous [tu], **toutes** [tut], au pluriel, avec un déterminant, devant un nombre,
a la même valeur distributive.
- *Cette vieille voiture consomme beaucoup d'essence. Je dois faire le plein tous les cent kilomètres.*
- *Tous les deux jours, elle téléphone à ses parents.*
- *Il ne peut pas se concentrer longtemps sur un travail ; il s'arrête toutes les cinq minutes.*

– Montre que dans un ensemble les éléments sont pris globalement.
Au singulier, **tout** [tu], **toute** [tut] désignent une totalité. Ils sont suivis d'un déterminant défini.
- *Quand elle est nerveuse, elle mange tout le temps.*
- *Je sais bien que nous sommes à la période des soldes, mais tu as vu tout ce monde !*
- *Tout le monde est parti ? Il ne reste plus personne ?* (remarquez bien : **tout le monde** + verbe au singulier).
- *Il vient de créer son entreprise et il y consacre tout son temps.*

Mais comparez :
- *J'ai passé toute l'année à étudier le sanskrit* (cette année-ci, l'année qui vient de s'écouler).
- *J'ai passé toute une année à étudier le sanskrit* (une seule année, indéfinie, on ne précise pas laquelle).

– Au pluriel, **tous** [tu], **toutes** [tut] désignent un ensemble. Ils sont suivis d'un déterminant défini.
- *J'ai lu tous les livres au programme.*
- *Il a plu tous ces jours-ci.*
- *Tous ses parents étaient présents à son mariage, tous ses oncles, toutes ses tantes...*

Différent, **divers**, placés après le nom, sont des adjectifs qualificatifs et signifient « qui n'est pas semblable ».
- *Au cours de la réunion, nous avons entendu des opinions différentes des nôtres.*
(voir l'adjectif, p. 106, et la quantification, p. 97)

On ne peut pas dire :
* chaque cinq minutes.

Il n'y a pas de déterminant devant un nom propre.
- *Elle a lu tout Proust, tout Kafka, tout Mishima.*
Sauf devant les noms de famille :
- *Les Martin sont arrivés hier.*

Remarque : suivi d'un chiffre, généralement **deux** et **trois**, l'adjectif **tous**, **toutes** peut s'utiliser avec un déterminant ou sans déterminant.
• *Mon amie a deux filles :* toutes (les) deux *sont étudiantes.*

– Les adjectifs indéfinis qui marquent qu'une personne ou une chose est complètement indéterminée
• **N'importe quel, n'importe quels** (masculin singulier, pluriel)/**N'importe quelle, n'importe quelles** (féminin singulier, pluriel)

Utilisés sans déterminant.
• *Alors, qu'est-ce qu'on va voir ? – Oh !* n'importe quel *film, mais un film drôle et récent.*
• *Il est imprudent, il sort seul à* n'importe quelle *heure de la nuit.*
• *Elle est vraiment naïve, elle est prête à croire* n'importe quelles *histoires.*

• **Quelconque** (masculin ou féminin) se place de préférence après le nom avec un déterminant.
• *Tu as une préférence pour une marque de lessive ? – Oh, non, prends une marque* quelconque *(= n'importe quelle marque).*

Cet acteur est très célèbre mais moi, je le trouve quelconque (= insignifiant).

– Les adjectifs indéfinis qui marquent l'identité ou la différence
• **Tel, tels** (masculin singulier, pluriel)/**Telle, telles** (féminin singulier, pluriel)

Ces adjectifs, précédés ou non d'un déterminant indéfini, expriment la similitude, la comparaison.

 Attention à l'accord de **tel**. Il se fait toujours avec le terme qui sert de comparaison :
• *Certaines attitudes,* telle *l'ironie, peuvent blesser.*
• *Je la laisse passer, je lui tiens la porte, je l'aide à porter ses paquets et je n'ai même pas droit à un merci. Je n'ai jamais vu* une telle *impolitesse (= une impolitesse comme l'impolitesse de cette personne).*

 conséquence page 320

La comparaison peut s'exprimer aussi par la répétition du mot **tel**.
• Tel *père,* tel *fils.* Tel *maître,* tel *chien (= un fils est comme son père, un chien comme son maître).*

Tel associé à la conjonction **que** permet d'exprimer l'idée de la qualité et l'idée de la conséquence.
• *Il est d'une* telle *gentillesse (ou d'une gentillesse* telle*)* qu'*il est toujours prêt à aider les gens.*

• **Même** (masculin, féminin singulier)/**Mêmes** (masculin, féminin pluriel)
Ils sont accompagnés d'un déterminant défini et, placés avant le nom, ils expriment la similitude.
• *Nous avons* le même *âge, nous portons* le même *nom de famille, nous avons* la même *taille, nous partageons* les mêmes *goûts, nous aimons* les mêmes *choses. Normal, nous sommes de vrais jumeaux.*

• **Autre** (masculin, féminin singulier)/**Autres** (masculin, féminin pluriel)
Placés entre le nom et son déterminant, ils distinguent une personne ou une chose d'une autre personne, d'une autre chose.
• *Bonjour, comment vas-tu ? Je ne te vois plus ! – Je n'habite plus ici, j'ai déménagé dans* un autre *quartier (= un quartier différent).*
• *C'est ton avis, mais moi j'ai* une autre *opinion (= une opinion différente).*

Placé après le nom, **même** exprime une insistance.
• *Cet homme est la bonté même.*
Placé après le pronom personnel tonique, **même** exprime un renforcement.
• *C'est elle-même qui me l'a dit.*

II. LA SPHÈRE DU NOM

! au pluriel :
- *Quand il est malade, il consulte son médecin de famille, mais il consulte aussi d'autres médecins.*

(**Rappel :** l'article indéfini pluriel **des** devant l'adjectif ➜ **de** ou **d'** + voyelle : *un autre médecin ➜ d'autres médecins.*)

Le pronom indéfini

Formes

Pronoms exprimant la quantité nulle	Pronoms exprimant la singularité	Pronoms exprimant la pluralité	Pronoms exprimant la totalité plurielle ou singulière	Pronoms exprimant l'identité ou la différence
Aucun/Aucune	*Un/Une*			*Le même* *La même*
Pas un/Pas une	*Un(e) autre*	*D'autres*	*Tout* (neutre) *Tous* [tus] *Toutes*	*Les mêmes*
Personne/Nul	*Quelqu'un*	*Quelques-un(e)s*	*Chacun(e)*	*L'un(e), l'autre* *Les un(es), les autres*
Rien	*Quelque chose*	*Quelques autres* *Plusieurs* *Certain(e)s*		*D'autres* *Autrui* *Autre chose*
	N'importe qui *N'importe quoi* *N'importe lequel* *N'importe laquelle*	*N'importe lesquels* *N'importe lesquelles*		

 négation page 236

Valeurs et emplois

– Les pronoms indéfinis de la quantité nulle

• Aucun(e)/Pas un(e)
S'emploient avec un verbe à la forme négative. Ils sont donc associés à **ne**. Ils renvoient à des choses ou à des personnes.
- *Le bureau de vote est ouvert depuis 8 heures du matin, mais où sont les électeurs ? Aucun ne s'est encore présenté. Pas un ne s'est encore manifesté.*
- *Les bulletins de vote sont à la disposition des électeurs, mais aucun n'a encore été glissé dans l'urne.*

• Personne (invariable)/Nul (rare, appartient à la langue soutenue)
Personne renvoie uniquement à une personne. Ce pronom est d'ailleurs dérivé du mot : une personne.
- *Qui est venu pendant mon absence ? Personne n'est venu. (ou) Personne.*
- *Est-ce que quelqu'un est venu ? Non, personne n'est venu. (ou) Non, personne.*

Nul (invariable quand il remplace **personne** dans une langue soutenue)
- *Nul n'est prophète en son pays.*

• Rien (invariable)
Renvoie à une chose.
- *Que vois-tu ? – Je ne vois rien.*
- *Qu'est-ce que tu as trouvé ? – Je n'ai rien trouvé.*

Tous ces pronoms de la quantité nulle peuvent être suivis d'un complément introduit par la préposition **de**.
- ***Aucun d'entre vous** n'est venu.*
- ***Pas un de mes camarades** n'a voulu m'accompagner.*
- ***Pas un d'entre eux** n'a voulu m'accompagner.*
- *Je ne vois **personne d'autre à prévenir**.*
- *Je n'ai **rien d'autre à dire**, rien **de plus**.*
- *Je n'ai croisé **personne de connu** à cette soirée* (L'adjectif ou le participe passé sont au masculin.)
- *Quoi de neuf aujourd'hui ? – Il n'y a **rien de neuf**.*

• *Est-ce que tu sais quelque chose ? – Non, je ne sais rien.*

– Les pronoms indéfinis de la singularité

• **Quelqu'un**
Désigne une personne, homme ou femme, dont l'identité est indéterminée.
• *Ouh ! Ouh ! Il y a quelqu'un ?*
• *Je dois voir quelqu'un à la mairie pour un dossier.*

(!) **Quelqu'un de** + adjectif masculin ou adverbe.
• *Mon amie ? Oui, c'est quelqu'un de bien. C'est quelqu'un d'intelligent.*
Quelqu'un à + infinitif.
• *J'ai quelqu'un à voir* (= je dois voir quelqu'un).

• **Quelque chose**
Désigne une chose d'identité inconnue.
• *J'ai faim. Je voudrais manger quelque chose.*

(!) **Quelque chose de** + adjectif masculin.
• *J'ai entendu à la radio quelque chose de très intéressant, de très bien.*
Quelque chose à + infinitif.
• *Je n'irai pas avec vous au cinéma : j'ai quelque chose à faire, j'ai quelque chose
d'autre à faire.*

• **N'importe qui**
Désigne une personne indéfinie.
• *Demandez à n'importe qui, vous verrez que j'ai raison.*
• *N'importe qui vous dira que j'ai raison.*

• **N'importe quoi**
Désigne une chose indéfinie.
• *Vous pourrez bien faire n'importe quoi, dire n'importe quoi, vous ne le
convaincrez pas.*
• *Mais tu dis n'importe quoi !* (= tu dis des bêtises).

• **N'importe lequel/N'importe laquelle**
Renvoient à une personne ou à une chose indéfinie.
• *Quelle robe mettras-tu pour la cérémonie ? – N'importe laquelle.*
• *C'est une rue très connue dans le quartier. Arrêtez un passant, n'importe lequel,
il saura vous montrer le chemin.*

– Les pronoms indéfinis de la pluralité

• **Quelques-uns/Quelques-unes**
S'utilisent pour des personnes ou des choses dont le nombre est indéterminé,
mais restreint, limité.
• *Attention les enfants, parmi ces bonbons au chocolat, quelques-uns sont à la
liqueur !*
• *Les voyageurs sont nombreux dans le métro à 8 heures du matin. Quelques-uns
dorment encore, assis sur leur siège.*

• **Plusieurs** (toujours invariable, toujours utilisé sans déterminant)
Comme l'adjectif, le pronom indique une quantité indéterminée mais
supérieure à deux.
S'utilise pour les personnes ou les choses.
• *Avez-vous eu le temps de visiter quelques musées à Paris ? – Oh oui,
et même plusieurs.*

• Certain(e)s

Ne s'emploie qu'au pluriel et sans aucun déterminant.

S'utilise pour les personnes et pour les choses. Indique une quantité ou une qualité indéterminée.

- *Parmi les visiteurs de ce musée d'art contemporain, certains admirent sincèrement les tableaux, d'autres font semblant.*

• N'importe lesquels/N'importe lesquelles

Renvoient à des personnes ou à des choses indéterminées.

- *Si vous suivez un régime amaigrissant, il faut manger des légumes verts. N'importe lesquels, mais des légumes verts.*

– Les pronoms indéfinis de la totalité

• Tout [tu]

Voir l'adjectif **tout**, p. 74, et l'adverbe **tout**, p. 203.

Au singulier, ne s'emploie qu'avec une valeur neutre.

Il s'applique à un ensemble, à une totalité.

Il a toutes les fonctions du nom.

- *Ne vous inquiétez pas, tout va bien* (sujet).
- *Le poulet est au four, les légumes sont sur le feu, la tarte est cuite, la table est mise, tout est prêt pour le dîner* (sujet).
- *Mon enfant n'est pas difficile, il aime tout* (complément d'objet direct).
- *Cette femme est vraiment extraordinaire, elle pense toujours à tout, elle s'occupe de tout* (complément d'objet indirect).

Mais :

- *Il faut tout dire, tu dois tout me dire* (le pronom **tout** se place avant l'infinitif présent).
- *J'ai tout lu, tout vu* (à la forme composée, il se place entre l'auxiliaire et le participe passé).
- *Je crois avoir tout fait* (à l'infinitif passé, il s'utilise comme aux autres formes composées).

• Tous [tus] (le « s » final se prononce)/**Toutes** [tut]

Au pluriel, renvoient à des personnes ou à des choses.

- *J'ai lu les romans de cet écrivain contemporain. Tous sont intéressants* (ou) *Ils sont tous intéressants.*
- *J'écris régulièrement à mes amis. Tous me répondent.* (ou) *Ils me répondent tous* (**tous**, sujet).
- *Je pense à vous tous.*

Tout peut être aussi **adverbe**, il a alors le sens de « très », « tout à fait », « complètement », « entièrement », « totalement ».
- *L'enfant est resté tout seul dans un coin.*

❗ Lorsque le pronom **tous** est complément d'objet direct, il se place :

– après le verbe à la forme simple :

- *Est-ce que tu utilises tous ces outils ? – Oui, je les utilise tous.*

– entre l'auxiliaire et le participe passé à la forme composée du verbe :

- *Mes amis d'enfance ? Je les ai presque tous perdus de vue.*
- *Tu as toujours mes lettres ? Les tiennes, je les ai toutes gardées !*

Dans les deux cas, ce pronom demande la présence du pronom **les.**

• Chacun(e)

❗ Attention à la différence d'orthographe entre l'adjectif **chaque** et le pronom **chacun (e)**.

Ces pronoms sont toujours au singulier. Ils renvoient à des personnes ou à des choses.

Chacun(e) peut s'utiliser seul ou suivi des prépositions **de** ou **d'entre** + pronom qui renvoie au sujet.

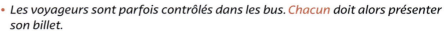

- *Les voyageurs sont parfois contrôlés dans les bus. Chacun doit alors présenter son billet.*
- *Soyez sages et chacun de vous ou chacun d'entre vous aura une surprise.*

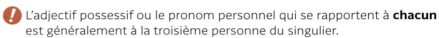 L'adjectif possessif ou le pronom personnel qui se rapporte à **chacun** est généralement à la troisième personne du singulier.

- *Les enfants, à table ! Ne vous bousculez pas, chacun aura sa part du gâteau.*
- *Dans la vie aujourd'hui, c'est souvent « chacun pour soi » et non « chacun pour tous ».*

> ### Pour aller plus loin
>
> Observez bien et comparez.
> + *Les enfants ! Dans cette grande maison, chacun aura sa chambre.*
> Mais :
> + *Nous aurons chacun notre chambre.*
> + *Vous aurez chacun votre chambre.*
> + *Ils auront chacun leur chambre.*

– Les pronoms indéfinis de l'identité ou de la différence
- **Le même, la même/Les mêmes** (m., f.)
Renvoient à des personnes ou à des choses.
- *Montre-moi ta nouvelle robe ! Oh, mais j'ai la même.*
- *Ah les enfants ! Tous les mêmes !*

- **Même** peut être adverbe et il a alors le sens de « aussi », « y compris ».
- *Tout le monde était présent, même les enfants.*

- **L'un(e), l'autre/Les un(e)s, les autres**
Marquent un parallélisme ou une opposition.
- *Ces deux frères sont très différents : l'un est calme, l'autre est agité, l'un aime la lecture, l'autre préfère le sport. Mais ils ont une grande affection l'un pour l'autre.*

- **Un(e) autre/D'autres**
- *Ce pantalon ne me plaît pas, j'aimerais en voir un autre ou d'autres.*

 • *Quel est le prix des autres ?* (des autres = de + les autres)

- **Autre chose**
S'emploie pour les choses (sans article).
- *Je m'ennuie, j'ai envie d'autre chose dans la vie (= quelque chose d'autre).*

Manières de dire

Quelques expressions avec **tout**.
- *Cette couleur va avec tout* (= avec n'importe quoi).
- *Ce sera tout ? Vous ne désirez pas un dessert ou un café ?* (= vous ne voulez rien d'autre ?)
- *J'ai fait des courses aujourd'hui, et ce soir il ne me reste en tout et pour tout que quelques pièces de monnaie* (= au total).
- *Prenez le pantalon, la jupe et le tee-shirt et je vous laisse le tout pour 30 euros* (avec l'article : **le tout** = l'ensemble).

Quelques expressions avec **rien**.
- *Cela ne sert à rien, il n'y a rien à faire* (= cela est inutile).
- *Rien que d'y penser, j'en tremble encore* (= le fait de penser à ce qui s'est passé suffit à me faire trembler).

« Chaque » devrait s'écrire comme « chacun, chacune, aucun, aucune » avec un « **c** », mais si on l'écrivait avec « **c** », on aurait *chace, donc on entendrait « *chas » et on aurait l'impression d'une racine différente de « chacun, chacune, etc. ».

📄 **adverbes page 204**

II. LA SPHÈRE DU NOM

« Autrui » (= les autres)

S'emploie pour les personnes et uniquement comme complément et sans déterminant. Est toujours singulier.

+ *Ne fais pas à **autrui** ce que tu ne voudrais pas qu'on te fasse.*

+ *Vivre en société, c'est penser d'abord aux autres, penser à **autrui**.*

« Je ne sais qui » / « je ne sais quoi »

On peut également compter parmi les indéfinis des expressions comme : **je ne sais qui, je ne sais quoi.**

+ *Elle avait un **je ne sais quoi** (= quelque chose) qui la rendait très séduisante.*

+ *Il est parti avec **je ne sais qui** (= quelqu'un d'inconnu).*

En contexte

Il était une fois un Roi et une Reine qui étaient… fâchés de n'avoir point d'enfants. … Vœux, pélerinages,… **tout** fut mis en œuvre et **rien** n'y faisait. Enfin pourtant la Reine … accoucha d'une fille ; on fit un beau baptême ; on donna pour Marraines à la petite princesse **toutes** les Fées qu'on pût trouver dans le Pays, afin que **chacune** d'elles lui faisant un don… la Princesse eût par ce moyen **toutes** les perfections… Après les cérémonies… **toute** la compagnie revint au Palais du Roi.

La belle au bois dormant, Conte de Charles Perrault

2.6. LES ADJECTIFS ET PRONOMS INTERROGATIFS ET EXCLAMATIFS

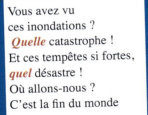

Vous avez vu ces inondations ?
Quelle catastrophe !
Et ces tempêtes si fortes, *quel* désastre !
Où allons-nous ?
C'est la fin du monde

Quelle différence y a-t-il entre *Qui est-ce que* tu connais dans cette ville et *Qu'est-ce que* tu connais dans cette ville ?

Dans quelle situation peut-on répondre à une question posée : *Quoi ?* ou *Comment ?*

Y a-t-il plusieurs sens à cette exclamation : *Quel homme !*

Notons tout d'abord que les adjectifs et pronoms interrogatifs et exclamatifs ont les mêmes formes.
Dans la langue orale, ils se distinguent par le ton et dans la langue écrite par la ponctuation :
Le point d'interrogation (**?**) pour les adjectifs et pronoms interrogatifs.
Le point d'exclamation (**!**) pour les adjectifs et pronoms exclamatifs.

📄 **Phrase interrogative page 228 et phrase exclamative page 248**

Les adjectifs interrogatifs et exclamatifs

Formes

Quel(s) (masculin, singulier pluriel)/**Quelle(s)** (féminin, singulier pluriel).

Valeurs et emplois

Les interrogatifs interrogent sur l'identité ou la qualité d'une personne ou d'une chose.
- *Quel âge as-tu ? Quelle est ton adresse ? Quels sont tes projets ? Quelles décisions as-tu prises ?*
- *Finalement, quel homme est-il, généreux ou avare, altruiste ou égoïste ?*

Les exclamatifs ont toujours une valeur affective et c'est l'intonation qui exprime la sympathie, l'antipathie, l'admiration, le mépris, la satisfaction, la colère, la surprise.
- *Quel temps !* (= quel beau temps ! ou quel mauvais temps !)
- *Quelle femme !* (= quelle femme admirable ou quelle femme méprisable !)

—— *En contexte* ——

Dialogue entre un optimiste et un pessimiste à un arrêt d'autobus :

L'optimiste : Bonjour monsieur ! Comment allez-vous ? Bien, j'imagine avec ce soleil ! **Quel** temps ! **Quelle** magnifique journée ! Et regardez les gens ! **Quels** visages joyeux ! **Quelles** mines réjouies !

Le pessimiste : Ah oui, vous trouvez ! Moi, je transpire. **Quelle** chaleur ! **Quel** soleil aveuglant ! Et ces gens qui nous entourent ! **Quelles** mines stupides ! Et regardez-les comme ils courent ! **Quel** monde ! **Quelle** société !

Les pronoms interrogatifs et exclamatifs

Le pronom interrogatif est utilisé quand on attend une réponse qui désigne :
– une ou plusieurs personnes ;
– une ou plusieurs choses ;
– une ou plusieurs personnes/une ou plusieurs choses.

On attend une réponse qui désigne une ou plusieurs personnes

Les pronoms sont :
- **Qui… ?** (langue soutenue)
- **Qui est-ce qui… ?** (langue courante)

Ces pronoms ont toutes les fonctions du nom. Ils peuvent être :
– attribut
- *Qui es-tu ? – Je suis un homme… une femme… un enfant… je suis Paul… Isabelle… Qui est-ce ? Luc.*

– sujet
- *Qui est venu ?* (ou) *Qui est-ce qui est venu ?*
  – Un ami, ta sœur, notre professeur…

– COD
- *Qui connais-tu ici ?* (ou) *Qui est-ce que tu connais ?*

– COI
- *De qui parlez-vous ? – De Paul, d'Isabelle…*
- *À qui je peux m'adresser ? À qui est-ce que je peux m'adresser ?*

Attention à la différence entre :
- *Qui est-ce qui… ? pour le sujet*
- *Qui est-ce que… ? pour le COD*
- *Qui est-ce qui veut jouer avec moi ?*
- *Qui est-ce que tu choisis ?*

On attend une réponse qui désigne une ou plusieurs choses
Les pronoms sont :
- **Que… ?** (langue soutenue)
- **Qu'est-ce que… ?** (langue courante)
- **Qu'est-ce qui… ?**
- **Quoi ?**

Ces pronoms ont toutes les fonctions du nom. Ils peuvent être :
– attribut
- *Qu'est-ce que c'est ?*
   – *Un tableau, une table, une chaise…*

– sujet
- *Qu'est-ce qui est arrivé ? Qu'est-ce qui se passe ?* (avec les verbes impersonnels).

– COD
- *Que fais-tu ? Que veux-tu ?* (ou) *Qu'est-ce que tu fais ? Qu'est-ce que tu veux ?*

– COI
- *De quoi as-tu besoin ? De quoi est-ce que vous parlez ?*
- *À quoi songez-vous ? À quoi est-ce que tu penses ?*

Attention au pronom interrogatif **quoi ?**
On le trouve :
– après une préposition :
- *De quoi te mêles-tu ?*
- *Sur quoi serez-vous interrogés ?*
- *À quoi bon ? À quoi bon travailler ?* (= cela ne sert à rien, cela est inutile).
- *Pour quoi faire ?*

– devant un adjectif précédé de la préposition **de** :
- *Quoi de neuf aujourd'hui ?*

– devant un infinitif :
- *Je ne sais pas quoi dire ni quoi faire* (dans la langue soutenue, on dira : *je ne sais que dire ni que faire*).

Il sert aussi d'exclamation ou d'interrogation d'insistance pour faire répéter la personne qui parle (langue familière).
- *Quoi ? Qu'est-ce que tu dis ? Je ne t'entends pas, il y a trop de bruit.*
- *Quoi ! Cet homme si gentil, si aimable, si discret, c'est celui que toutes les polices recherchent !*

On attend une réponse qui désigne une ou plusieurs personnes, une ou plusieurs choses.
Les pronoms sont : **Lequel, laquelle ?/Lesquels, lesquelles ?**
- *Il y avait de nombreux candidats pour ce poste. Lequel a été choisi ?*

À l'oral

On entend :
Qui c'est qui est venu ?
Tu connais qui ici ?
Tu penses à qui ?

- *Qu'est-ce qui se passe ici ?* quelque chose
- *Qu'est-ce que tu fais ce soir ?* quelque chose

À l'oral

À la place de :
Que fais-tu ce soir ?
(soutenu) ou Qu'est-ce que tu fais ce soir ?
(standard), on entend souvent : Tu fais quoi ce soir ? (familier).

À l'oral

À quoi bon
= bof , souvent dit avec un haussement d'épaules (familier).

Remarque
En français, poli on ne répond pas avec « quoi ? » ou « hein ? » mais avec « **comment ?** ».

• *De tous les romans de cet écrivain, lequel préférez-vous ?*

 Ces pronoms se combinent avec les prépositions **à** ou **de** et donnent en un seul mot : **auquel, auxquels, auxquelles ? duquel, desquels, desquelles ?**
• *Parmi tous ces jeunes acteurs, auquel pensez-vous pour le rôle de Roméo ?*

« Que », « qu'est-ce que », « ce que », « comme » sont aussi exclamatifs.
• *Que tu es beau ! Qu'est-ce qu'il est gentil ! Ce qu'il est bête !* (fam.)
• *Comme vous avez grandi, les enfants !*

2.7. LES PRONOMS RELATIFS

Le pronom relatif est un mot qui remplace un nom, un autre pronom ou toute une proposition.
Il sert à relier deux propositions : la proposition principale et la proposition subordonnée relative.
• *Nous avons écrit le scénario du film ; elle a réalisé ce film.*
• *Nous avons écrit le scénario du film qu'elle a réalisé.*

Dans cette phrase le mot « film » (c'est **l'antécédent**) est repris par le pronom relatif « que ».
Faites attention : généralement, le pronom relatif doit suivre immédiatement son antécédent.
• *Cette chanteuse a une voix qui plaît à un très large public.*
Le pronom relatif « qui » a pour antécédent le mot « voix ».

Mais lorsque l'antécédent est un pronom personnel complément, le relatif est séparé de son antécédent par le verbe.
• *Le voleur ? Je l'ai vu qui s'enfuyait par là.*

L'antécédent est généralement :
– un nom ou un groupe de nom :
• *Les enfants chantaient de vieilles chansons de France que tout le monde connaissait.*

– un pronom personnel ou démonstratif :
• *C'est moi qui ai cassé le vase, celui que mes amis m'ont offert pour mon anniversaire.*

– il peut être aussi un adverbe de lieu :
• *J'irai là où tu iras.*

– toute une proposition :
• *Lave-toi les mains, après quoi tu pourras te mettre à table.*

Le pronom relatif comporte deux séries de formes, des formes simples et des formes composées.

Les formes simples

– « Qui »

C'est le pronom relatif **sujet** du verbe de la proposition qui suit.
L'antécédent peut être un animé ou un inanimé.
Il peut être masculin, féminin ou sans genre déterminé (neutre).
Il peut être singulier ou pluriel.
• *J'ai une amie ; elle vient du Japon.* → *J'ai une amie qui vient du Japon* (animé).
• *Ils ont adopté un chien qui mord tout le monde* (animé).
• *Il a visité plusieurs studios qui ne lui convenaient pas* (inanimé).
• *J'ai trouvé quelque chose qui te plaira* (neutre).
• *Elle a vu tout de suite ce qui n'allait pas* (neutre).

proposition
subordonnée relative
page 260

« Qui » ne s'élide jamais.
• *C'est toi qui es passé hier ?*
• *C'est Ken qui arrive.*

– « Que » ou « qu' » + voyelle

C'est le pronom relatif **complément d'objet direct** du verbe qui suit.

L'antécédent peut être un animé ou un inanimé.

Il peut être masculin, féminin ou neutre.

Il peut être singulier ou pluriel.

Le pronom relatif **que** s'élide devant une voyelle.

• *Nous avons engagé un employé : nous apprécions cet employé (ou nous l'apprécions) pour ses grandes qualités.* → *Nous avons engagé un employé que nous apprécions pour ses grandes qualités.*

• *Il a acheté un canapé et des fauteuils que je trouve très confortables.*

• *Écoute ce qu'il a à te dire.*

• *Elle m'a confié quelque chose que je ne peux pas répéter.*

– « Dont »

Ce pronom remplace un nom ou un pronom introduits par la préposition simple **de**.

L'antécédent peut être un animé ou un inanimé.

Il peut être masculin, fém@inin ou neutre.

Il peut être singulier ou pluriel.

Le pronom **dont** remplace :

– un nom ou un pronom complément indirect d'un verbe :

• *J'ai sorti les ustensiles ; j'avais besoin de tous ces ustensiles pour faire la fondue.*
→ *J'ai sorti tous les ustensiles dont j'avais besoin pour faire la fondue.*

• *Il achète tout ce dont il a envie* (= il a envie de tout cela).

– un nom complément d'un autre nom :

• *Elle porte une jupe dont la couleur ne va pas avec celle de son chemisier* (= la couleur de **la jupe**).

– un nom complément d'un adjectif :

• *Voici la jeune fille dont mon ami est très amoureux* (= mon ami est amoureux **de cette jeune fille**).

– un nom complément d'un nom de nombre :

• *Il y avait trente étudiants dont dix étaient américains* ou *dont dix Américains* (dix **de ces trente étudiants**, dix **parmi ces trente étudiants** sont américains).

– un nom sous-entendu :

• *C'est un écrivain dont on dit qu'il sera le plus grand de sa génération* (= on dit **de cet écrivain** qu'il sera…).

Remarque 1

• *Elle écoutait une chanson ; elle en connaissait l'auteur* (**en** = l'auteur de la chanson).

On entend souvent **C'est de cet homme dont je veux te parler* mais ce n'est pas correct ni logique : on ne peut pas avoir en même temps « **de** cet homme » et « **dont** ».

On peut remplacer **dont** par le pronom relatif **de qui** avec des verbes qui marquent l'origine.

• *Voici le journaliste **dont*** (ou plutôt) ***de qui** je tiens cette information.* **De qui** ne s'utilise que pour des personnes.

Dans l'usage moderne « duquel, de laquelle, desquel(le)s » s'utilisent de moins en moins au profit de « dont » sauf quand il est précédé d'une préposition composée.
→ **page 86**

- *Elle écoutait une chanson dont elle connaissait l'auteur* (**dont** = l'auteur de la chanson).

Les deux pronoms **en** et **dont** reprennent le même groupe de mots, il est donc impossible de les utiliser ensemble dans la même phrase

Remarque 2
- *Ils s'installèrent dans cette région ; ils appréciaient son climat* (**son** = le climat **de cette région**).
- *Ils s'installèrent dans cette région dont ils appréciaient le climat* (**dont** = le climat **de cette région**).

L'adjectif possessif **son** et le pronom relatif **dont** reprennent le même groupe de mots, il est donc impossible de les utiliser ensemble dans la même phrase.

– « Où »

C'est le pronom relatif **complément de lieu** ou **complément de temps**.
L'antécédent est toujours inanimé. Il peut être masculin ou féminin, singulier ou pluriel.
Il peut être présent sous la forme d'un nom, d'un adverbe. Il peut même être implicite après certaines prépositions.

– Complément de lieu
- *Nous sommes revenus dans cette petite ville ; nous avions passé notre enfance dans cette petite ville.* → *Nous sommes revenus dans cette petite ville où nous avions passé notre enfance.*
- *Mon frère part pour le Brésil ; il passera plusieurs années au Brésil.* → *Mon frère part pour le Brésil où il passera plusieurs années* (l'antécédent est un nom).
- *Elle reviendra là où elle a vécu des moments heureux* (l'antécédent est un adverbe).
- *Explique-moi par où tu es passé pour venir* (= par quel chemin, par quelles routes).

– Complément de temps
- *Nous nous sommes rencontrés un jour : le métro était en grève ce jour-là.* → *Nous nous sommes rencontrés un jour où le métro était en grève.*
- *Mon petit garçon est né l'année où j'ai soutenu ma thèse.*
- *Je sors de chez moi à l'heure où les garçons de café installent leurs tables.*

– « D'où » (= duquel, de laquelle, desquel(le)s)

C'est le pronom relatif qui **marque l'origine**.
- *Montez jusqu'au troisième étage de la tour Eiffel d'où vous pourrez avoir une vue superbe sur Paris* (à partir de ce point-là, depuis le troisième étage, vous pourrez avoir une vue…).

❗ Ne confondez pas **d'où**, pronom relatif qui a une valeur concrète, et **d'où**, expression de la conséquence qui a une valeur abstraite.
- *J'aime me tenir sur mon balcon d'où je peux voir le spectacle toujours changeant de la rue* (pronom relatif).
- *Il a grandi dans une famille très engagée politiquement, d'où son rejet de toute action politique* (conséquence).

Les formes composées

– Préposition + « qui » ou « lequel », « lesquels »,
« laquelle », « lesquelles » (pour les animés)
Préposition + « lequel », « lesquels », « laquelle »,
« lesquelles » (pour les inanimés)

Les pronoms **lequel, lesquels, laquelle, lesquelles** sont formés de l'article **le, la, les + quel(le)s**.

à + lequel/à laquelle	➔ **auquel/à laquelle**
à + lesquels/lesquelles	➔ **auxquels/auxquelles**
de + lequel/laquelle	➔ **duquel/de laquelle**
de + lesquels/lesquelles	➔ **desquels/desquelles**

- *Je te présenterai ces personnes ; j'habite chez ces personnes.*
  - ➔ *Je te présenterai les personnes chez qui j'habite (ou chez lesquelles j'habite).*

- *Les amis à qui (ou auxquels) je t'ai présenté habitent à l'étranger.*
- *Le jeune homme avec qui (ou avec lequel) elle a fait ce long voyage est devenu plus tard son mari.*
- *Elle parle souvent de ses grands-parents pour qui (ou pour lesquels) elle éprouvait une grande affection.*

- *La compagnie pour laquelle je travaille a son siège à Amsterdam.*
- *Le film dans lequel cette jeune actrice a joué a connu un succès international.*
- *Attention, la chaise sur laquelle tu montes pour changer l'ampoule électrique n'est pas très solide.*
- *Le spectacle auquel nous avons assisté était très ennuyeux.*

> ❗ Lorsque la préposition est composée (**à côté de, auprès de, grâce à**...), on utilisera pour les personnes la forme composée du relatif plutôt que la forme simple (qui reste cependant possible).
> - *Le jeune homme à côté duquel (de qui) je me suis assise était un peintre connu.*
> - *Je vous présente le professeur grâce auquel (ou à qui) j'ai pu faire la carrière que j'ai faite.*

– Attention aux pronoms relatifs neutres

Le pronom relatif neutre a pour antécédent les pronoms neutres :
ce, quelque chose, autre chose, rien.

Il peut être :

- sujet :
  ce qui, quelque chose qui, autre chose qui, rien qui :
- *Je sais ce qui te gêne.*
- *Je n'ai rien trouvé qui lui plairait.*

- complément d'objet direct :
  ce que, quelque chose que, autre chose que, rien que :
- *Je cherche à acheter quelque chose que tu aimerais.*
- *Elle imagine ce qu'elle fera plus tard.*

- complément d'objet indirect avec la préposition **de** :
  ce dont, quelque chose dont, autre chose dont, rien dont :
- *Voilà exactement ce dont j'ai besoin.*

- complément avec une autre préposition :
  ce à / contre / pour / vers... quoi / quelque chose à / contre / pour / vers... quoi / rien à / contre / pour / vers... quoi
- *Voilà ce pour (contre) quoi je me suis battu toute ma vie (= la chose, les idées...).*
- *C'est quelque chose à quoi vous devez être attentif.*
- *Je vais t'expliquer ce à quoi je pense pour notre projet.*

Il peut se retrouver dans quelques expressions figées sans antécédent qui renvoient à toute une proposition (**sans quoi, faute de quoi, après quoi, moyennant quoi, grâce à quoi...**) :

• *Achetez vos billets de train à l'avance,* *sans quoi* *vous paierez le tarif le plus cher.*
• *N'oubliez pas de valider votre billet, avant de monter dans le train,* *faute de quoi* *vous risquez de payer une amende.*
• *Reposez-vous,* *après quoi* *nous pourrons bavarder.*
• *Partez immédiatement,* *sans quoi* *vous arriverez en retard.*
• *Nous avons commencé nos révisions bien à l'avance ;* *grâce à quoi* *nous avons pu nous présenter à l'examen sans inquiétude.*

La présence ou l'absence du pronom **ce** avant le groupe préposition + pronom relatif **quoi** pourrait s'expliquer ainsi :

– le pronom **ce** peut être présent lorsque la préposition est simple, monosyllabique : **ce pour quoi, ce vers quoi, ce à quoi, ce contre quoi**...

– il est absent lorsque la préposition comporte plus d'une syllabe ou qu'elle est composée : **après quoi, moyennant quoi, grâce à quoi, faute de quoi**... ; ou lorsqu'elle pourrait sembler cacophonique avec ce pronom : **sans quoi (ce sans quoi).**

> **!**
>
> Ne confondez pas les pronoms relatifs et les pronoms interrogatifs :
>
> **Pronom interrogatif**
> • *Qui est venu ?*
> • *Que veux-tu ?*
> • *À quoi penses-tu ?*
>
> **Pronom relatif**
> *Je ne connais pas la personne qui est venue.*
> *Je devine ce que tu veux.*
> *Je te dirai (ce) à quoi je pensais.*

Pour aller plus loin

1. Distinguez bien :

+ *Admirez cette pièce ; la décoration de cette pièce est remarquable* (le nom est introduit par la préposition simple **de**).

→ *Admirez cette pièce* **dont** *la décoration est remarquable.*

+ *Admirez cette pièce : un architecte célèbre a participé* à *la décoration* de *cette pièce* (le nom est introduit par le groupe prépositionnel *à la décoration de*. Un groupe prépositionnel est formé de l'ensemble : préposition + nom + préposition).

→ *Admirez cette pièce* *à la décoration de laquelle* *un architecte célèbre a participé.*

+ *Devant le bouquiniste, il feuilletait un livre ; certaines pages de ce livre étaient encore non coupées.*

→ *Devant le bouquiniste, il feuilletait un livre* *dont* *certaines pages étaient encore non coupées.*

+ *Il feuilletait un livre ;* entre *les pages* de *ce livre, il a découvert une lettre jaunie.*

→ *Il feuilletait un livre* *entre les pages duquel* *il a découvert une lettre jaunie.*

2. Absence d'antécédent

Dans des expressions figées, on utilise le pronom relatif **qui** sans antécédent à la place de :

– **celui qui, la personne qui :**
+ *Qui vivra, verra* (= celui qui vivra, verra).

– **celui que, la personne que :**
+ *Embrassez qui vous voulez !* (= embrassez la personne que vous voulez).
+ *J'interroge qui je veux* (= j'interroge celui que je veux interroger).

– **à celui à qui, à la personne à qui :**
+ *Je parle à qui je veux* (= je parle à la personne à qui je veux parler).

3. Inversion dans la proposition relative

Après un pronom relatif complément (complément direct, indirect, de lieu, de temps, etc.), on peut faire l'inversion du verbe et du sujet.

+ Regarde le magnifique bouquet *que mes amis m'ont offert* (ou *que m'ont offert mes amis*).

+ Elle est arrivée sur une place *au milieu de laquelle* **une statue de Balzac s'élevait** (ou *au milieu de laquelle* **s'élevait** *une statue de Balzac*).

On fait l'inversion pour une raison de rythme.

3 La quantification

Qu'est-ce que **c'est** ?

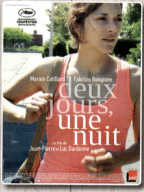

Pourquoi *Ça coûte deux cents euros* ou *deux cent cinquante euros* ?

Et pourquoi *Cent mille personnes ont manifesté place de la République* ?

Quand utiliser *plusieurs, quelques* ?

La quantification est le fait de déterminer la quantité de quelque chose, d'exprimer une idée de mesure, de grandeur, de poids…

Pour exprimer l'idée de quantité, on peut utiliser le pluriel du nom (*un livre, des livres ; la table, les tables*) mais cela ne suffit pas quand on souhaite préciser de quelle quantité il s'agit.

Aussi, pour compter, classer ou mesurer, utilise-t-on des chiffres (0 à 9) ou des nombres (18, 25, 250), ou d'autres termes dérivés des nombres comme *une dizaine, un million*.

Il existe d'autres termes dérivés des nombres : *Je voudrais une douzaine d'œufs, s'il vous plaît. Il a une trentaine d'années.*

On peut également exprimer la quantité en utilisant des noms (*une foule, une masse de gens*), des adjectifs (*nombreux*), des adverbes (*énormément*)…

Nous commencerons par aborder la question des nombres (cardinaux et ordinaux) puis viendront les termes dérivés des nombres et enfin les autres expressions de la quantité.

1. les nombres cardinaux (déterminants ou pronoms) : ils indiquent un nombre précis et sont, généralement, invariables (*trois, dix, mille*) ;

2. les nombres ordinaux (adjectifs) : ils indiquent l'ordre, le rang et sont variables (*Le musée est fermé tous les deuxièmes jeudis du mois*).

II. LA SPHÈRE DU NOM

3.1. LES NOMBRES CARDINAUX (déterminants et pronoms)

Ils sont composés de tous les chiffres et de tous les nombres ; ils apportent des précisions chiffrées. Ce sont des mots simples ou composés.
- *Mon ami est très grand, il mesure deux mètres, alors que moi je ne fais qu'un mètre soixante-huit.*
- *Ce panier est trop lourd pour elle : il pèse au moins quinze kilos.*
- *Au vingt-deux, c'est un magasin de cycles mais en face, au vingt-cinq, vous trouverez le coiffeur que vous cherchez.*

Utilisation

Ils peuvent être utilisés **seuls comme déterminants du nom**.
- *Ils ont quatre enfants.*
- *Ce bébé a dix-huit mois dans quelques jours.*

Ils peuvent être **associés à un autre déterminant**.
- *Leurs deux fils sont musiciens. Les deux filles sont comédiennes.*
- *Ces quatre enfants sont charmants.*

Ils se placent alors toujours devant le nom, sauf quand ils expriment un ordre de succession.
- *Henri III n'est pas le père de Henri IV.*
- *Ouvrez le livre au chapitre trois, page cinquante-cinq.*

Lorsqu'ils sont pronoms, ils peuvent être utilisés tout seuls ou précédés de l'article défini pluriel **les**.
- *Ils ont quatre enfants : deux sont chanteurs, deux sont guitaristes. Les quatre vont au conservatoire.*
- *Paris compte beaucoup de monuments. Deux datent de la fin du XXᵉ siècle : la Bibliothèque de France et l'Arche de la Défense. Tous deux ont été très controversés à l'époque de leur construction.*

 **déterminants page 38**

Orthographe et accords

Les nombres sont invariables, sauf : *un/une ; vingt et un/vingt et une ; trente et un/trente et une,* etc.

! Attention à **vingt** et à **cent**.

Ils prennent un **s** quand ils sont multipliés (**deux cents**) et redeviennent invariables quand ils sont suivis d'un autre chiffre (**deux cent dix**).
- *J'ai besoin de neuf cents euros pour passer mon permis de conduire et mes parents ne m'en ont prêté que six cent cinquante.*

Mille est toujours invariable.
- *As-tu lu « Les Mille et Une Nuits » ? C'est passionnant !*
- *Il a fait sept mille kilomètres pendant les vacances.*

En dessous de cent, tous les nombres composés s'écrivent avec un trait d'union : *vingt-cinq, trente-huit, quarante-trois,* sauf dans la forme avec **et** : *trente et un, soixante et onze.*

Prononciation

Neuf (9) se prononce [nœv] seulement devant **ans** et **heures**.

Six (6) et **dix** (10) :
– ils se prononcent [sis] et [dis] quand ils sont utilisés seuls :
- *Combien de bananes ? – Six* [sis]*, s'il vous plaît.*
- *Combien serez-vous dimanche chez Laura ? – Dix* [dis]*.*

– ils se prononcent [siz] et [diz] devant une voyelle ou un **h** muet :
- *Il est six* [siz] *heures.*
- *Son fils a dix* [diz] *ans.*

– ils se prononcent [si] et [di] devant une consonne :
- *Il vit en France depuis six* [si] *mois.*
- *J'arrive dans dix* [di] *minutes.*

Cinq (5), **sept** (7) et **huit** (8) :
– on prononce la dernière lettre de **cinq** [k], de **sept** [t] et de **huit** [t] lorsqu'ils sont seuls ou suivis d'une voyelle ou d'un **h** muet ;
– on ne la prononce pas en général lorsqu'ils sont suivis d'une consonne (même si beaucoup de Français le font).
- *Combien valent les kiwis ? – Trois euros les cinq* [sɛ̃k]*. – Et les pamplemousses ? – Les cinq* [sɛ̃] *pamplemousses, six euros.*

> On fait la liaison quand on prononce : *vingt et un, soixante et un*. Mais il n'y a ni **et** ni **liaison** quand on prononce : *quatre-vingt-un, quatre-vingt-onze, cent un, cent onze.*

> On peut prononcer les dates de deux façons :
> - *1515 : quinze cent quinze – mille cinq cent quinze.*
> - *1914 : dix-neuf cent quatorze – mille neuf cent quatorze.*
> La première façon est un peu vieillie.

> En Suisse et en Belgique, on ne dit pas soixante-dix mais **septante**, *quatre-vingt-dix* mais **nonante**.
> - *Sa grand-mère a **nonante-neuf** ans.*

Écriture

Quand on écrit les nombres en chiffres, un espace marque les milliers sauf pour les dates.
- *En 1987, les travaux nous avaient coûté 13 000 francs, 2 000 euros actuels.*
- *Dans Paris intra muros, il y avait 2 229 621 habitants en 2017.*

La virgule marque les décimales.
- *Elle a eu douze et demi (12,5) sur vingt à son devoir*

Les anglophones utilisent le point à la place de la virgule.

3.2. LES NOMBRES ORDINAUX (adjectifs)

Ils sont formés en ajoutant le suffixe « ième » au chiffre ou au nombre (sauf *premier/première*).
- *deux* ➜ *deuxième*
- *cent* ➜ *centième*
- *mille* ➜ *millième*

On emploie la forme régulière « unième » dans : 21e (*vingt et unième*), 31e (*trente et unième*), 41e (*quarante et unième*), etc.
- *Au concours, il a été reçu vingt et unième sur deux cents candidats.*

En tant qu'adjectifs, les nombres ordinaux peuvent être attributs ou épithètes. Attention au changement de sens !
- *L'équipe japonaise est arrivée première (attribut).*

— 91 —

En ce sens, **premier**, **première** signifie « en tête », à la première place.
- *La première équipe était japonaise* (épithète).

Ici, **premier**, **première** signifie celle qui est présentée d'abord.

Ils peuvent être précédés d'un déterminant (article, adjectif possessif ou adjectif démonstratif).
- *Le café est délicieux ici, j'en prendrais bien un deuxième.*
- *Mon troisième enfant entre au collège à la rentrée.*

Quand **premier** et **dernier** accompagnent un nombre cardinal, ils se placent après lui.
- *Vous ferez les deux premiers exercices et vous lirez les trois derniers chapitres du livre.*

Accord

Ils s'accordent au pluriel.
- *Ce sont les troisièmes jeux Olympiques auxquels il participe.*

Remarque
Des adverbes en **-ment** peuvent être créés à partir des nombres ordinaux.
- *Tu dois te faire vacciner contre la grippe : premièrement, c'est recommandé de le faire avant l'hiver et, deuxièmement, c'est gratuit à ton âge.*

(!) Attention à **dernièrement** qui n'est pas le contraire de **premièrement** mais qui signifie « récemment, il y a peu de temps ».
- *Je n'ai pas de nouvelles de Xavier mais je sais que dernièrement, il était en Irlande.*

On distingue parfois **deuxième** (dans une série de plus de deux) et **second** (s'il y a seulement deux éléments). **Second** se prononce « segond ».
- *Il a été classé deuxième sur trente au second semestre.*

3.3. TERMES DÉRIVÉS DES NOMBRES

Certains termes servant à exprimer la quantification sont dérivés des nombres.

Les fractions et les pourcentages

- Les fractions les plus courantes sont : **un demi** (1/2), **un tiers** (1/3), **un quart** (1/4), **un dixième** (1/10). Elles sont précédées d'un article défini ou indéfini.
- *Les trois quarts du temps, je vis en province.*
- *Le loyer représente souvent un tiers du budget d'une famille.*

Demi est un adjectif qui s'accorde avec le nom féminin singulier quand il est placé après celui-ci :
- *Ils seront là dans une demi-heure mais nous, nous ne serons pas là avant une heure et demie.*

Le nom correspondant à **demi** est la **moitié**.
- *Un demi-litre, c'est la moitié d'un litre, une demi-journée, la moitié d'une journée.*

- Les pourcentages expriment également une partie d'un tout. Comme les fractions, ils peuvent être suivis de **de** + nom. Généralement, il n'y a pas d'article devant les pourcentages :
- *En 2016, 84 % des centenaires français étaient des femmes.*

Mais si l'on veut préciser, on utilise l'article défini :
- *En France, les 10 % les plus riches possèdent la moitié des richesses.*

Si vous demandez un demi dans un café, vous n'aurez pas un demi-litre de bière, mais seulement un verre de bière qui correspond à environ un quart de litre.

Les nombres collectifs

Ils sont formés en ajoutant **-aine** à certains nombres cardinaux.
- *douze* → *une douzaine*

 Tous les nombres ne peuvent pas servir à former des nombres collectifs. On ne peut pas dire, par exemple :
- **Un enfant d'une treizaine d'années.*
- **Il a une soixante-dizaine d'années.*

Voici la liste des nombres « transformables » :
- *huit* → *une huitaine*
- *dix* → *une dizaine*
- *douze* → *une douzaine*
- *quinze* → *une quinzaine*
- *vingt* → *une vingtaine*
- *trente* → *une trentaine*
- *quarante* → *une quarantaine*
- *cinquante* → *une cinquantaine*
- *soixante* → *une soixantaine*
- *cent* → *une centaine*
- *mille* → *un millier*

On peut dire : *une* vingtaine, *une* cinquantaine, etc., mais non **deux* vingtaines, **deux* cinquantaines, etc.

Avec **centaine** et **millier**, on peut dire : *une* centaine, *un* millier ; *des* centaines, *des* milliers ; *quelques* centaines, *quelques* milliers ; *plusieurs* centaines, *plusieurs* milliers, etc., mais non **deux* centaines, **cinq* centaines, etc.
Exception : **douzaine** :
- *Je voudrais deux douzaines d'œufs et cinq douzaines d'huîtres.*

Ils sont généralement suivis de **de** + nom.
- *Dans ce cours, il n'y a qu'une trentaine d'inscrits pour le moment mais on attend une centaine d'étudiants.*
- *Il y a quelques centaines d'années…*

Ils expriment généralement l'approximation.
- *C'était un enfant d'une douzaine d'années (= de 12 ans environ).*
- *Une quinzaine d'étudiants sont inscrits dans ce cours (= environ 15).*
- *Il arrivera dans une huitaine de jours (= environ 8 jours).*
- *Ça pèse une centaine de kilos (= environ 100 kilos).*

Mais si vous demandez **une douzaine d'œufs**, on vous donnera exactement 12 œufs et non 11 ou 12 ou 13 !

Les noms dérivés des nombres

- **Million, milliard** prennent un « s » quand ils sont multipliés. Ils peuvent être suivis de **de** + nom.
- *La population française dépasse soixante-sept millions d'habitants.*
- *La Terre compte plus de sept milliards d'habitants.*

- Les noms en *-aire* : *trentenaire, quadragénaire, quinquagénaire, sexagénaire, septuagénaire, octogénaire, nonagénaire, centenaire* concernent toujours l'âge.
- *Un quinquagénaire est un homme qui a environ cinquante ans.*

Dizaine et non **dixaine*

Huitaine n'existe que dans l'expression :
*une **huitaine** de jours.*

Pour commémorer un événement, on dit :
*le **cinquantenaire**,*
*le **centenaire**,*
*le **bicentenaire**, etc.*
- *En 1989, on a fêté le **bicentenaire** (l'anniversaire des 200 ans) de la Révolution française.*

Les noms collectifs

- **Un duo, un couple** (pour les personnes), **une paire** (surtout pour les objets)
= deux éléments.
- *Une paire de chaussures.*
- **Un trio** = trois éléments.
- *Eva, Marine et Éléonore, quel trio d'enfer !*
- **Un quatuor** = quatre éléments.
- **Un quintette** = cinq éléments.

Ces deux derniers termes appartiennent au domaine musical (quatre ou cinq instruments ou voix).

- **Un quinquennat** = un mandat de 5 ans.
- **Un septennat** = un mandat de 7 ans.
- *Avant 2000, la durée du mandat présidentiel en France était de 7 ans
(un septennat). Il est aujourd'hui de 5 ans (un quinquennat).*

> **!**
> **Des jumeaux, des jumelles**
> (nés ensemble de la
> même mère) – **des triplés,
> des quadruplés**...

Les termes multiplicatifs : double, triple, quadruple, etc.

- *Prenez une feuille double (= deux feuilles).*
- *J'ai payé le triple du prix prévu (= trois fois le prix).*
- *Avec ces vitamines, vos forces vont être décuplées (= multipliées par 10).*
- *Je te le rendrai au centuple (= cent fois plus).*

Manières de dire

- *Ne partez pas, j'ai juste deux mots à vous dire !* (= je voudrais vous parler).
- *Attends-moi, je reviens dans cinq minutes* (= très rapidement).
- *J'en ai pour une seconde* (= j'ai bientôt fini ce que je suis en train de faire).
- *Il a gagné des mille et des cents* (= beaucoup d'argent).
- *Ça fait dix fois que je le répète !* (= j'en ai assez de répéter).
- *Je suis tombé dans l'escalier et j'ai vu trente-six chandelles* (= être étourdi par le choc).
- *Faire les quatre cents coups* (= faire de grosses bêtises).
- *Ça m'a coûté trois fois rien* (= très peu cher).
- *Il avait le moral à zéro* (= être déprimé).
- *Je ne vais pas attendre cent sept ans* (= longtemps).
- *Arrête de couper les cheveux en quatre !* (= être trop précis, trop compliqué).
- *Je te le donne en mille !* (= tu n'arriveras jamais à deviner).

3.4. AUTRES EXPRESSIONS DE LA QUANTITÉ

La quantité n'est pas nécessairement une notion exacte, ce peut être une approximation qui varie entre zéro et l'infini et qui peut être exprimée par des adjectifs, des noms, des adverbes ou des verbes.

négation page 239

déterminants page 74

déterminants page 74

La quantité zéro

Elle se traduit par des adjectifs comme **aucun/aucune**, **nul/nulle** (= pas un/ pas une) ; ou encore par le mot **rien**.
- *Qu'est-ce que tu as acheté ? – Rien !*
- *La réunion a été annulée, aucune conférencière n'était libre ce jour-là.*
- *Pas un bus, pas un taxi, comment faire pour rentrer ?*

> ❗ On peut renforcer, l'expression « pas un, pas une » par l'adjectif, « seul(e) » *pas un seul/ pas une seule.*

La quantité égale à un

Chaque, **chacun**, **tout**, **n'importe quel** mettent en évidence une unité (la quantité un) par rapport au groupe auquel elle appartient.

– « Chaque », « chacun/chacune ».
- **Chaque** est un adjectif qui accompagne toujours un nom.
- *Le facteur passe chaque jour, à 11 heures, dans ma rue.*
- *Quand il bricole, il se coupe ou s'écrase un doigt à chaque fois !*

- **Chacun/chacune** est un pronom. Il peut s'employer seul ou suivi de **de** + nom ou **de** + pronom.
- *En démocratie, chacun est libre de ses opinions.*
- *Dans ce village, il y a trois églises. Chacune a son style et son charme propres.*
- *Devant cette situation, chacun de nous a réagi différemment.*

> ✱ **Orthographe**
>
> Écrivez bien **chacun, chacune** en un seul mot.

– « Tout(e) » (toujours au singulier dans ce cas).
Tout est suivi d'un nom au singulier.
- *Tout être humain a droit au respect de son intégrité physique et mentale.*
- *Toute infraction à la loi sera punie.*

Remarques

1. Tout est équivalent à « n'importe quel(le) » et signifie « quel qu'il soit », c'est-à-dire qu'il ne différencie pas les personnes ou les objets concernés. On l'utilise pour exprimer des vérités générales.

2. Chaque est utilisé plus fréquemment et dans des contextes plus ordinaires. Il permet de séparer les éléments d'un groupe et d'insister sur **chacun** d'eux, d'où l'impossibilité d'associer chaque avec un nombre : **Chaque deux ans, je viens en France* (impossible).

Pour exprimer une distribution répétée, on utilise **tous/toutes** + article + nombre.
- *Tous les deux ans, ils font un voyage à l'étranger.*

La quantité totale

Elle peut être exprimée :
– par un adverbe : **tout**, **entièrement**, **totalement**, **pleinement**, **absolument**, **définitivement**, **complètement**.

Ces adverbes peuvent modifier un verbe ou un adjectif.
- *Le chien a entièrement vidé son assiette.*
- *C'est un enfant pleinement heureux.*

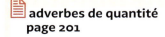
adverbes de quantité page 201

– par un adjectif : **plein**, **vide**.
• *Quand on part en vacances, la voiture est* *pleine*.

Ces adjectifs peuvent être suivis de **de** + nom.
• *La vie est* *pleine de surprises* !

– par **tout/toute**, **tous/toutes**.

Tout adverbe signifie « très, tout à fait, totalement ».
• *Des gens* *tout simples*.

Tout adjectif indéfini placé devant un nom précédé d'un déterminant signifie « tout entier », il représente la totalité du groupe concerné.
• *Toute la ville était illuminée pour les fêtes.*

Tous/toutes pronom, employé seul, signifie « toutes les personnes, toutes les choses ». Dans ce cas, le « **s** » final du masculin s'entend à l'oral.
• *Venez tous* [tus] *voir le feu d'artifice.*

Précédé de l'article **le**, **tout** a le sens de « l'ensemble, la totalité ».
• *C'est combien pour* *le tout* ?

> L'adjectif **plein** est souvent utilisé comme adverbe (en français un peu familier).
> • *Depuis qu'elle a ouvert sa galerie d'art, elle gagne* ***plein*** *d'argent* (= beaucoup d'argent).

La quantité subjective ou partielle

– Rappel
Elle est souvent exprimée simplement par l'article partitif **du** ou **de l'**, **de la** ou **de l'** (selon que le mot suivant commence par une voyelle ou une consonne) :
– devant des noms de masse prise globalement : *du sable, de l'or, de la farine…*
– devant des noms abstraits : *du courage, de l'amour, de la gaieté…*

– Elle peut aussi être exprimée par des adverbes comme :
beaucoup, **énormément**, **tellement**, **tant**, **assez**, **peu**, **trop**, **moins**, **suffisamment**. Ces adverbes s'utilisent aussi bien pour des objets ou des personnes dénombrables que pour des masses.
• *Il y a* *trop de livres* *sur cette étagère ; il faut en enlever quelques-uns.*
• *Il y a* *trop de haine* *entre eux, ils ne s'entendront jamais.*

Employé seul, l'adverbe modifie le verbe et se place après lui à un temps simple et entre l'auxiliaire et le participe passé à un temps composé.
• *Tu travailles* *trop*, *tu ne sors* *pas assez*, *tu as* *énormément* *maigri : tu m'inquiètes* *beaucoup* !

Employé avec **de**, il est suivi d'un nom.
• *J'ai* *beaucoup de travail* *et* *peu de temps*. *Dès que j'aurai* *moins de travail et donc* *plus de temps* *pour moi, j'irai au théâtre, je verrai mes amis.*

 Ne confondez pas :
(ne) … plus et **plus de** : le premier exprime une négation, le second exprime une quantité supplémentaire.
• *Voulez-vous encore du riz ? – Non merci, je* *n'en veux plus*.
• *Que voulez-vous ? – Je voudrais* *un peu plus de riz*, *s'il vous plaît.*

peu de et **un peu de** : le premier est une manière d'exprimer la quasi absence de quelque chose ou une quantité négligeable ; le deuxième signifie une petite quantité ou une quantité atténuée.
• *J'ai* *peu d'intérêt* *pour ces histoires-là* (= pas beaucoup d'intérêt).
• *Elle ne demande pas grand-chose, juste* *un peu d'attention.*

📄 **article partitif page 46**

> ❗ On n'emploie jamais **très** ou **trop** avec des adjectifs ou des adverbes exprimant déjà une idée de superlatif : **très beaucoup ; *très terrible ; *très délicieux*

> **Pas mal de** et **bien des** sont deux expressions de même sens mais la première s'emploie dans une langue familière et la seconde dans une langue soutenue.
> • *J'ai* ***pas mal de*** *boulot* (= beaucoup de travail) *en ce moment.*
> • *Il y a* ***bien des*** *années* (= il y a longtemps), *j'ai habité là.*

📄 **adverbes page 202**

– La quantité subjective ou partielle peut également être exprimée par un nom indéterminé : **la plupart, une part/ une partie, une majorité**...

• **La plupart** s'emploie seul ou suivi de **de** + nom ou suivi de **de** + nom pluriel (sauf dans l'expression **la plupart du temps**). Le verbe se met au pluriel.
• *Les jeunes Français aiment le cinéma en général mais la plupart vont voir des films américains.*
• *La plupart des gens se préoccupent d'écologie.*
• *On dit que les Parisiens sont désagréables. En réalité, la plupart d'entre eux sont serviables quand on s'adresse à eux gentiment.*

• **Une part/une partie** s'emploient seuls ou suivis de **de** + nom.
On utilise **part** lorsqu'il s'agit d'un tout divisible (un gâteau, par exemple) :
• *Il est bon ce gâteau, j'en mangerais bien une part,*
et le mot **partie** lorsqu'il s'agit d'un tout non divisible en morceaux :
• *Une partie de la maison a été rénovée.*

• **La plus grande partie, la majeure partie** : expressions suivies le plus souvent d'un nom au singulier et d'un verbe au singulier.
• *La plus grande partie du livre est consacrée à la biographie de l'auteur.*
• *Ils ont passé la majeure partie de leur vie à l'étranger.*

• **La majorité des...** : expression suivie d'un verbe au pluriel ou, plus rarement, d'un verbe au singulier.
• *La majorité des provinciaux préfèrent vivre en province.*
• *La majorité des Parisiens vient de province.*

Rappels
• **Plusieurs** (adjectif ou pronom) exprime une quantité supérieure à deux.
Il souligne l'idée de quantité et peut s'utiliser seul.
• *Avez-vous des amis en Suisse ? – Oui, plusieurs.*

• **Quelques** : toujours adjectif et toujours au pluriel quand il exprime une quantité indéterminée mais limitée.
• *J'ai réuni quelques amis pour fêter la nouvelle année.*

• **Divers** ou **différents** placés devant un nom expriment la diversité en même temps que la quantité.
• *Dans cette ville, vous rencontrerez divers exemples du style « art nouveau ».*

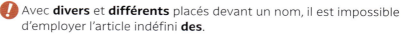 Avec **divers** et **différents** placés devant un nom, il est impossible d'employer l'article indéfini **des**.

Remarques
La quantité peut être exprimée par un nom spécifique à un domaine.
un kilo (*de farine, de sucre, de beurre*)
un litre (*d'eau, de vin, d'huile*)
un tas (*de bois, de sable*)
une boîte (*de chocolats, de biscuits*)
un morceau (*de pain, de fer*)
un bouquet (*de fleurs*)
un vol (*d'oiseaux*)
un essaim (*d'abeilles*)
un troupeau (*de moutons, de vaches*), etc.

Ces termes peuvent être suivis de **de** + nom.

✳ Orthographe

Dans l'expression
« la plupart »,
plupart s'écrit
en un seul mot
et sans -s.

 Quand « la plupart » est suivi de **de** + pronom, on doit utiliser « d'**entre** eux, d'**entre** elles » (et non *la plupart d'eux, *la plupart d'elles*).

📄 **place de l'adjectif page 106, déterminants page 73**

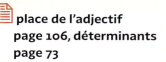 Le mot « **gens** » est un **nom collectif** pluriel qui désigne un nombre indéterminé de personnes ; il représente une masse indivisible, donc il ne peut être accompagné ni d'un adjectif numéral (*deux, quatre,* etc.) ni d'un adjectif indéfini à valeur numérale (*quelques, plusieurs*).

Certains noms collectifs comme **la famille**, **la foule**, **le monde** sont suivis d'un verbe au singulier.

- *Toute la famille* est réunie pour l'anniversaire de Tommy.
- *Tout le monde* est arrivé à l'heure.
- *La foule* me fait peur.

• Certains verbes expriment une idée de quantité : **remplir, combler, vider, diminuer, augmenter, décimer, décupler, croître, décroître, accumuler, amasser**…

- *Ils* ont rempli le réfrigérateur avant de partir.
- *Les gens sont contents : le gouvernement a promis de* diminuer *les impôts.*
- *Le chômage* a *légèrement* augmenté *en avril.*

Ne confondez pas **nombre** et **numéro**.
Tous les deux s'expriment par des chiffres ou des nombres mais leur usage diffère.

- Un **numéro** indique une place dans une succession.
- *Tu as* le numéro de téléphone *de Katia ? – Oui c'est le 05 03 23 67 90.*
- *Quel est* le numéro de la chambre*, s'il vous plaît ? – Le 27, au 2ᵉ étage.*
- *Le numéro gagnant* à la loterie est le 34 45 67 84 98 856.

- Un nombre indique une quantité.
- *Le nombre de personnes* autorisé dans cet ascenseur est 6.
- *Quel est* le nombre de places *disponibles ? – Seulement trois.*

Manières de dire

- *Arrête ton numéro !* (= arrête ton cinéma, arrête de faire l'intéressant).
- *C'est un drôle de numéro !* (= quelqu'un d'original)
- *Elle a tiré le bon numéro* (= elle a eu de la chance, elle a bien choisi).

— *En contexte* —

Recette de la mayonnaise

Au-dessus d'un bol,
cassez un œuf.
Séparez le blanc du jaune
et mettez le jaune dans le bol.
Ajoutez **une pincée de sel**,
**une petite cuillerée
de moutarde.**
Tout en tournant, ajoutez
un filet d'huile de tournesol.
Continuez jusqu'à ce que
le mélange soit consistant
et reste accroché sur le fouet
ou la fourchette. Ajoutez alors
quelques gouttes de vinaigre.

4 La qualification du nom

On peut qualifier quelqu'un ou quelque chose **de différentes manières.**

Pourquoi *une robe à fleurs* mais *un jardin fleuri* ? *une bague en or* mais *une ceinture dorée* ?

Pourquoi *une chose merveilleuse* mais *quelque chose de merveilleux* ?

Pourquoi *des yeux bruns* mais *des yeux noisette* ?

Pourquoi *Elle avait l'air innocente* mais *Elle avait un air innocent* ?

Pourquoi *une belle maison* mais *une maison blanche* ?

Par exemple :

• *Antonio a construit la maison*

de ses enfants (complément de nom : relation de possession)

blanche, là-bas (adjectif qualificatif).

en pierre du pays (complément nom exprimant la matière).

qui est là, en face de vous (proposition relative).

Nous aborderons d'abord le complément du nom, puis l'adjectif qualificatif et enfin la proposition relative.

Le nom peut être suivi d'une préposition (le plus souvent *de*, mais aussi *à*, *en*, **pour**…).

📄 prépositions page 180

+ un nom commun ou un nom propre : *une robe de cuir, la robe de Brigitte*
+ un pronom : *des amis à elle*
+ un adverbe : *le journal d'hier*
+ un infinitif : *le désir de vivre, la machine à laver*

Le complément du nom peut avoir des sens très différents. Il peut exprimer :

– la matière	*un sac de cuir, un sac en cuir*
– la possession	*la maison des voisins, le vélo de Paola*
– l'origine	*le thé de Chine, le train de Rome*
– la direction	*le train de Rome, le train pour Rome*
– l'usage, la destination	*une tasse à café, une machine à café*
– le contenu	*une tasse de café, un flacon de parfum*
– la relation tout/partie	*un litre de vin, un kilo de pommes, une part de gâteau*
– la cause	*un éclat de rire, un geste de colère*
– les caractéristiques	*une robe à fleurs, un homme d'affaires, une femme d'une grande beauté*
– le temps, la saison	*les soldes d'hiver, un temps d'été*
– le sujet, l'auteur	*une minute de silence, une heure de cours, un mois de travail, dix ans de mariage*
– l'auteur,	*un tableau de Francis Bacon, un roman de Marguerite Duras*
– l'objet d'une action	*l'accueil des touristes, la location d'un studio*

❗ La préposition **de** peut avoir des sens différents et faire naître l'ambiguïté.

Par exemple :
• *La peur du lion était si forte qu'il s'enfuit.*
Hors contexte, on ne sait pas qui a peur. Est-ce le lion ou un autre « il » ?
Pour lever l'ambiguïté, on dira :
• *Sa peur du lion était si forte qu'il s'enfuit.*

❗ Attention **des amis d'elle* : impossible.

• *C'est un sac de cuir.*
• *C'est un sac en cuir.*
(on peut dire les deux)
Mais :
• *Mon sac est en cuir.* et non
*Mon sac est de cuir.

Qu'est-ce qu'un adjectif qualificatif ?
C'est un mot qui qualifie (précise, caractérise) un nom commun :
• *un beau film, un livre intéressant, une histoire stupide…*

Il s'accorde avec ce nom :
• *un beau jardin, de beaux jardins ; une fille jeune et jolie, des filles jeunes et jolies.*

Le genre de l'adjectif

Plusieurs cas se présentent.

Les adjectifs qui se terminent par un **-e** ont la même forme au masculin et au féminin.
- *Il est sympathique, elle est sympathique ; il est drôle, elle est drôle ; il est jeune, elle est jeune…*

Pour les autres adjectifs, **en général**, on forme l'adjectif féminin en ajoutant un **-e** à l'adjectif masculin.
- *un grand jardin, une grande maison.*

Parfois, la prononciation est la même : **joli**, **jolie** ; **espagnol**, **espagnole** ; **bleu**, **bleue** ; **national**, **nationale** ; **meilleur**, **meilleure**.

Mais attention, souvent elle change :
– au féminin, on entend la consonne finale : **gros**, **grosse** (+ [s]) ; **français**, **française** (+ [z]) ; **grand**, **grande** (+[d]) ; **petit**, **petite** (+ [t]) ; **blanc** [blɑ̃], **blanche** [blɑ̃ʃ] ;
– au masculin, il y a une voyelle nasale et, au féminin, la consonne [n] : **plein** [plɛ̃], **pleine** [plɛn] ; **marocain** [marokɛ̃], **marocaine** [marokɛn] ; **bon** [bõ], **bonne** [bɔn].

> ❗ Beaucoup d'adjectifs ont la forme d'un verbe au participe présent ou passé.
- *Cet enfant est amusant. C'est une histoire très émouvante. C'est étonnant !*
- *Ils sont fatigués. Elles sont fâchées. Il était désespéré. Elle semblait amusée.*

Beaucoup de féminins se forment autrement :
– masculin en **-f**, féminin en **-ve** : *actif, active ; positif, positive ; neuf, neuve.*
– masculin en **-c**, féminin en **-que** : *public, publique ; laïc, laïque ; turc, turque ; grec, grecque.*
– masculin en **-g**, féminin en **-gue** : *long, longue.*
– masculin en **-er**, féminin en **-ère** : *premier, première ; dernier, dernière.*
– masculin en **-eur**, féminin en **-euse** : *travailleur, travailleuse ; moqueur, moqueuse.*
– masculin en **-eux**, **-oux**, féminin en **-euse**, **-ouce**, **-ousse** ou **-ouse** : *heureux, heureuse ; doux, douce ; roux, rousse ; jaloux, jalouse.*
– masculin en -**teur**, féminin en **-teuse** (si le verbe d'origine se termine en **-ter**) : *chanter ➜ chanteur, chanteuse.*
– masculin en **-teur**, féminin en **-trice** (autres adjectifs) : *novateur, novatrice ; conservateur, conservatrice.*

Les adjectifs suivants ont trois formes (deux masculins selon la première lettre du mot qui suit, et un féminin).
- *un amour fou, un fol amour, une folle aventure.*
- *un beau printemps, un bel été, une belle journée.*
- *un homme très vieux, un vieil ami, une vieille amie.*
- *un nouveau film, un nouvel élève, une nouvelle élève.*

Quelque chose de… + adjectif masculin singulier.
- *J'ai vu **quelque chose** de beau, de grand, de cher.*

Le nombre de l'adjectif

En général, comme pour le nom, le **-s** est la marque du pluriel.
• *les petits garçons, les petites filles.*

Il y a quelques cas particuliers :
– le masculin singulier en **-s** ou **-x** ➜ masculin pluriel identique :
• *un navire suédois, des navires suédois ; un homme heureux, des hommes heureux.*
– le masculin singulier en **-al** ➜ masculin pluriel en **-aux** :
• *un problème général, des problèmes généraux.*

Si l'adjectif renvoie au pronom démonstratif neutre **ce** (ou **c'**), pas d'accord, même si **ce** représente un pluriel.
• *Les vacances, c'est génial !*

Accord du nom et de l'adjectif

En général, l'adjectif s'accorde en genre et en nombre avec le nom qu'il qualifie.
• *un garçon intelligent, des garçons intelligents ; une fille intelligente, des filles intelligentes.*

Si l'adjectif qualifie des noms masculins et féminins, il est au masculin pluriel :
• *Élena, Maria, Cristina, Julia, Sophia et Nathan sont beaux et intelligents.*

Avec les adjectifs de couleur, le nom et l'adjectif s'accordent en général :
• *Elle a les yeux bleus et les cheveux noirs.*

Mais :
– s'il s'agit d'un nom « adjectivé », il peut rester invariable :
• *des yeux marron, des yeux noisette, des jupes orange…*
Il faut dire cependant que très souvent, les Français ne font pas cette distinction et accordent dans ce cas-là aussi l'adjectif avec le nom.

– si l'adjectif est composé, l'adjectif est invariable :
• *des yeux bleu clair, des jupes bleu marine, des draps vert bouteille, des chaussures rouge cerise…*

Si l'adjectif qualifie :
– deux noms reliés par **ou** ou bien par **ni**, le pluriel est toujours possible (même si l'on rencontre parfois le singulier, ce qui serait souvent plus logique).
• *Elle porte toujours un pull ou une jupe noirs.*
• *Ni Pierre ni Paul ne sont très beaux, mais ils sont sympathiques.*

Avec les noms collectifs, faites attention au sens :
• *La foule déchaînée était enthousiaste* (la foule est considérée comme une masse compacte).
• *Un grand nombre de supporters étaient présents* (on considère les supporters dans leur individualité).

Avec un groupe nom + **de** + nom (ou nom + **en** + nom), faites attention au sens. Comparez :
• *une chaîne d'argent massif / une chaîne d'argent ravissante.*
• *deux robes en soie sauvage / deux robes en soie décolletées.*

Remarque
La règle veut que l'accord se fasse au masculin mais de plus en plus, cette règle est remise en question. On choisit alors souvent de séparer les éléments féminins des éléments masculins :
• *Elena, Maria, Cristina, Julia et Sophia sont belles et intelligentes ; Nathan aussi.*

S'il y a une énumération de plusieurs noms repris par une expression comme **tout**, **tout le monde**, **chacun**, etc., l'adjectif est au singulier.
• *Son père, sa mère, ses sœurs, tout le monde **est content** de la réussite de Matéo.*
• *Les mathématiques, la biologie, la littérature, les langues, tout **est intéressant**.*

Avec des expressions telles que **une espèce de** + nom, **une sorte de** + nom, **un genre de** + nom, etc., on accorde l'adjectif avec le deuxième nom.
- *Cet homme était une espèce de géant haut de deux mètres.*
- *Elle ne sortait jamais sans une sorte de sac, grand et informe, qui lui servait de fourre-tout.*

Avec le mot **air**. Attention, on peut dire :
- *Elle a l'air heureux* (on considère alors que c'est l'air qui est heureux).

Ou, plus souvent :
- *Elle a l'air heureuse* (on considère alors que la locution verbale **avoir l'air** est équivalente des verbes **être**, **sembler**, **paraître** = elle est heureuse, elle semble heureuse, elle paraît heureuse).

Mais avec **un air**…, on accorde toujours l'adjectif avec **air**. Comparez :
- *Elle a l'air fatigué/fatiguée* (on accepte les deux formes).
- *Elle a un air fatigué* (seule forme possible).

 L'adjectif peut avoir une valeur d'adverbe. En ce cas, il reste invariable, comme tous les adverbes.
- *Ils chantent juste ; ils parlent fort ; ils s'arrêtèrent net ; ils rient jaune* (= en se forçant, à contrecœur) ; *ils voient rouge* (= ils sont furieux) ; *ça sent bon, ça sent mauvais ; ils travaillent dur…*

📄 **adverbes page 198**

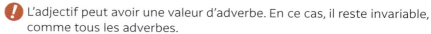
Préfixes et suffixes des adjectifs

Remarquons d'abord que les verbes et les noms sont souvent eux aussi construits :
– avec un préfixe :
- *dépeupler → le dépeuplement*
- *reprendre le travail → la reprise du travail*

– ou un suffixe :
- *électrifier → l'électrification*
- *idéaliser → l'idéalisation*

– parfois, ils peuvent avoir à la fois un préfixe et un suffixe :
- *embellir → l'embellissement*
- *enrichir → l'enrichissement*

Préfixes des adjectifs

– Certains préfixes expriment une idée de négation. Ils servent à former le contraire des adjectifs.

a- *anormal, amoral*
anti- *anticolonialiste, anticonstitutionnel*
contre- *contre-productif, contre-révolutionnaire*
dés- *désagréable, désordonné* ou **dis-** *discontinu, dissemblable*
il- *illogique, illisible* ou **im-** *immobile, impossible*
in- *inégal, inefficace* ou **ir-** *irréaliste, irréel, irrégulier*
mal- *malheureux, malhonnête* ou **mé-** *mécontent*

– Autres préfixes fréquents :
archi- *Le bus est toujours archiplein* (= complètement plein).
bi- *biculturel*
hyper- *Il est hyperactif* (= très actif).

inter- *Les relations internationales* (= entre les nations).
multi- *multinational*
pluri- *pluridisciplinaire*
sous- ou **sub-** *Il est sous-estimé* (= estimé trop peu) ; *les pays subtropicaux* (= au-dessous des tropiques…).
sur- *Le prix a été surévalué* (= évalué trop cher) ; *une ville surpeuplée* (= trop peuplée).
tri- *tridimensionnel*
ultra- *ultra-sensible*
uni- *unilatéral*

Suffixes des adjectifs

– À partir d'un nom :

-ique	*la chimie*	→ *une réaction chimique* ;
	la démocratie	→ *un vote démocratique*
-el, -al	*la commune*	→ *une décision communale* ;
	l'industrie	→ *une production industrielle*
-aire	*un million*	→ *être millionnaire* ;
	une banque	→ *une carte bancaire*
-if	*une revendication*	→ *être revendicatif*

> ⓘ Ne confondez pas **partiel** (≠ total) et **partial** (≠ objectif, neutre), **originel** (= initial, premier) et **original** (≠ banal).

– À partir d'un verbe : les suffixes **-able** et **-ible** :
Quelque chose qu'on peut faire = quelque chose de **faisable.**
Quelque chose qu'on ne peut pas lire = quelque chose d'**illisible.**

L'employé : – Que pensez-vous de mon projet ?
Patron 1 : – Oui, c'est faisable, c'est réalisable, c'est envisageable, c'est possible et même souhaitable. Je pense que votre idée est commercialisable. Vous êtes vraiment un employé incomparable ! irremplaçable !
Patron 2 : – Non, c'est tout à fait discutable, c'est impensable, irréalisable, c'est même un projet détestable, inadmissible ! Et d'abord, il est illisible, incompréhensible, ce projet.

Remarque

Ces adjectifs en **-able** et **-ible** sont très utiles car ils permettent d'alléger les phrases. Observez :
• *Votre attitude ne peut vraiment pas être tolérée* → *Votre attitude est intolérable.*
• *Je ne vois pas très bien comment on pourrait accepter ce projet* → *Ce projet me semble inacceptable.*
• *Il y avait une odeur qu'on n'arrivait pas à définir* → *Une odeur indéfinissable.*
• *C'est une plage à laquelle on ne peut pas accéder* → *Une plage inaccessible.*

Cette construction en **-able** et **-ible** est facile à reproduire. C'est pour cette raison que les Français, même si ce n'est pas totalement « correct », fabriquent beaucoup d'adjectifs sur ce modèle :
• *Ces chaussures sont inlaçables… C'est une histoire. irracontable…*

> Certains suffixes donnent à l'adjectif une valeur :
> – péjorative : **-âtre** (*verdâtre, bleuâtre, noirâtre*) ;
> – de diminutif : **-et, -ette** (*maigrelet, jeunette…*).

Les fonctions de l'adjectif

L'adjectif peut être juste à côté du nom (avant ou après) : il est alors **épithète**.
• *un joli petit bateau blanc ; deux grandes maisons isolées.*

Lorsqu'il est séparé du nom par une virgule, il est **apposé**.
Il peut se trouver avant ou après le nom.

• *Les promeneurs, fatigués, s'arrêtent un moment.*
• *Malade, M. Hermann ne pourra pas assurer son cours.*

Il peut aussi être séparé du nom par les verbes **être**, (**paraître, sembler, avoir l'air, devenir, rester**) : il est alors **attribut** du sujet.

• *Je suis ravi que tu sois là.*
• *L'enfant paraissait contente, elle était satisfaite et rassurée.*

La place de l'adjectif épithète

C'est l'une des grandes difficultés du français car l'adjectif épithète peut être placé avant, après, ou indifféremment avant ou après le nom, en fonction d'un certain nombre de critères (longueur de l'adjectif, sens abstrait ou concret, etc.). Les règles sont complexes et, avouons-le, assez souvent floues. Nous allons cependant essayer d'en dégager quelques-unes.

Remarque générale

Le plus souvent, l'adjectif épithète se place après le nom. Si l'on examine l'évolution de la langue française, on constate que cela est de plus en plus vrai. Mais (et c'est là la difficulté) ceux qui se placent avant sont les adjectifs les plus courants.

Sont généralement placés après le nom :

– les adjectifs qui ont un sens « plein », littéral, qui sont en relation avec un domaine spécialisé, par exemple technique ou scientifique. Ils caractérisent le nom de manière objective :

• *un adjectif qualificatif, une décision économique, une analyse médicale, une élection municipale, une enquête démographique...*

On pourrait dire que le nom et l'adjectif font corps, sont un ensemble soudé. Il est impossible de glisser entre le nom et l'adjectif un adverbe comme **un peu** ou **très** ou **trop**. Il serait absurde de dire : **une élection très municipale*, par exemple. Ces adjectifs sont généralement assez longs (plus de deux syllabes) ;

– les adjectifs de couleur :
• *un chat noir, une fille rousse, une jupe bleue...*

– les adjectifs de forme :
• *une table ronde, un chapeau pointu, un plafond bas...*

– les adjectifs de nationalité (ou dérivant d'un nom propre) :
• *une ballade irlandaise, un chat siamois, une étudiante japonaise, une rue parisienne, les guerres napoléoniennes...*

– les participes présents ou passés à valeur d'adjectifs :
• *une histoire surprenante, un air étonné...*

– les adjectifs suivis d'un complément :
• *un devoir facile à faire.*

Remarque

La longueur de l'adjectif par rapport à celle du nom joue également un rôle. Si le nom est monosyllabique (une seule syllabe) et l'adjectif polysyllabique (plusieurs syllabes), l'adjectif sera presque toujours placé après le nom :

- *un cas remarquable, un jeu dangereux, un lit confortable, un mot impoli, un pas hésitant, une vie impossible...*

Si nom et adjectif sont tous les deux monosyllabiques, l'adjectif vient en général après le nom :
- *un pas lent, un lit dur, la vie chère.*

Sont généralement placés avant le nom :

– quelques adjectifs courts et très fréquents comme **jeune, vieux, beau, bon, grand, petit, gros...** ;
- *C'était une belle maison ancienne située au fond d'un grand jardin.*

– les adjectifs ordinaux : **premier**, **deuxième**...
- *Il a réussi à la troisième fois.*

Certains adjectifs peuvent se placer avant ou après le nom.

Deux cas se présentent alors :
– ou bien ils ne changent pas vraiment de sens :
- *une superbe voiture = une voiture superbe.*

Il s'agit en général d'adjectifs exprimant un jugement, une appréciation ;

– ou bien ils changent de sens selon leur place. Par exemple :
- *un grand homme* (= célèbre, connu) / *un homme grand* (= de grande taille)
- *un brave garçon* (= gentil) / *un garçon brave* (= courageux)
- *un sale individu* (= malhonnête) / *un individu sale* (= pas propre)
- *mon ancienne maison* (= celle où je vivais avant) / *une maison ancienne* (= d'une époque ancienne).

Vous remarquerez qu'en général les adjectifs sont plutôt subjectifs s'ils sont avant le nom et plutôt objectifs (avec un sens littéral) s'ils sont après le nom.

Remarque

Certains adjectifs sont presque des déterminants.
- *J'ai vu différentes* (ou *diverses*) *personnes = j'ai vu des personnes.*

Mais ces adjectifs placés après le nom prennent leur sens plein.
- *Les avis étaient très divers* (= variés).
- *Paul et Louis sont très différents* (= ne se ressemblent pas).

Lorsqu'il y a plusieurs adjectifs, les plus spécifiques, les plus étroitement liés au nom viennent en premier :
- *une décision ministérielle importante ; un échec scolaire probable ; un conseil municipal agité ; une route nationale inondée.*

Certains adjectifs sont complètement solidaires d'un nom.
- *Tu veux des petits suisses ou du fromage ? – Un petit suisse mais je n'ai pas de petite cuillère pour le manger.*

Ce sont des expressions figées. On ne peut pas glisser un adverbe (**très**, **trop**...) entre le nom et l'adjectif.

Le plus souvent, ces adjectifs sont antéposés (placés avant le nom).
- *une petite fille et sa grand-mère ; une jeune fille et un jeune homme ; le petit déjeuner...*

Mais ce n'est pas toujours le cas :
- *une chaise longue ; une voiture décapotable ; un abri anti-atomique...*

Au pluriel, l'article **des** devient **de** si l'adjectif est placé avant le nom.
- *J'ai des amis charmants / J'ai de charmants amis.*

Ne confondez pas :
- *Il est parti la semaine dernière* (= il y a une semaine)
et
- *C'est la dernière semaine de vacances* (= l'ultime).

 **indéfinis page 74**

 **articles page 37**

La construction de l'adjectif

L'adjectif peut être suivi d'un complément introduit par une préposition (le plus souvent **à** ou **de**).

– Il peut s'agir de la structure : **adjectif + préposition + nom**.

• *Il est fier de sa victoire. Elle est fidèle à ses idées. Ils sont opposés à tout changement. Je suis favorable à ton projet.*

– ou de la structure : **adjectif + préposition + infinitif.**

• *Il est fier d'avoir gagné. Je suis ravie de vous voir. C'est facile à comprendre.*

– ou encore de la structure :

adjectif + que (*à ce que, de ce que, pour ce que...*) **+ verbe** (indicatif ou subjonctif).

• *Il est content que tu sois là. Il est indifférent à ce qu'on pense de lui. Je suis fier de ce que vous avez fait.*

> **!**
> Attention à la différence entre les deux structures :
> • *C'est un problème difficile à comprendre* ➜ nom + adjectif + **à** + infinitif.
> • *Il est difficile de comprendre ce problème* ➜ adjectif + **de** + infinitif + nom.

📄 **adverbes page 202**

> **!**
> • *C'est **le plus beau** garçon du monde.*
> • *C'est le garçon **le plus beau** du monde.*
> • *C'est **le meilleur** livre de l'année.*
> • *C'est le livre **le meilleur** de l'année.*
> Les structures diffèrent, mais le sens est le même.

📄 **expression de la comparaison pages 341-342**

Le degré d'intensité et de comparaison de l'adjectif

Le degré d'intensité de l'adjectif

L'adjectif peut exprimer :

– une intensité absolue :

• *Ils sont totalement satisfaits.*

– une intensité très forte, soit avec un adverbe :

• *Il est très sympathique, il est complètement fou, elle est fort riche...*

soit parce que l'adjectif lui-même exprime une idée d'intensité forte :

• *un excellent repas, un bruit terrifiant, un énorme scandale, un immense plaisir...*

– une intensité moyenne :

• *Elle est assez sympathique, il est plutôt gentil...*

– une intensité faible,

soit avec un adverbe :

• *Il est peu aimable...*

soit parce que l'adjectif lui-même exprime une idée de faible intensité :

• *un léger bruit, une note médiocre, un faible sourire...*

– l'intensité peut aussi être nulle :

• *Je ne suis pas du tout satisfait. Il n'est nullement d'accord.*

Le degré de comparaison

– Le comparatif

On peut comparer des personnes ou des choses entre elles ou bien comparer une même personne ou une même chose à différents moments ou dans différents lieux.

• *Marion est plus sérieuse que Laura.*

• *Le temps est plus froid à Lille qu'à Marseille.*

La comparaison peut marquer :   la supériorité : **plus** + adjectif + **que**
l'égalité : **aussi** + adjectif + **que**
l'infériorité : **moins** + adjectif + **que**

! **Attention aux comparatifs irréguliers**
Bon ➜ **meilleur :** *Le chocolat suisse est meilleur que le chocolat français.*

Mauvais → pire : *Tes résultats sont* pires *que ceux de Léonard.*
Petit (dans son sens abstrait) **→ moindre :** *Jeanne est* plus petite *que Chloé /
À la* moindre *sottise, vous serez privés de télé.*

– Le superlatif
On établit la comparaison par rapport à l'ensemble.
• *C'est* la meilleure blague *que j'aie jamais entendue.*
• *C'est* la blague la meilleure *que j'aie jamais entendue.*

Manières de dire

Certains adjectifs sont utilisés dans des expressions figées.
• Par exemple, dans les **comparaisons** entre les hommes et les animaux.
  • *être têtu comme un âne*
  • *fidèle comme un chien*
  • *muet comme une carpe*
  • *malin comme un singe*
  • *bavard comme une pie*
  • *doux comme un agneau*

📄 **expression de la comparaison page 345**

• Les **couleurs** sont également souvent utilisées dans des expressions figées.
  • *avoir une peur bleue*
  • *être dans une colère noire*
  • *avoir les idées noires*
  • *passer une nuit blanche* (= sans dormir)
  • *rire jaune* (= sans en avoir vraiment envie)
  • *voir la vie en rose* (= être optimiste)
  • *Quand j'ai entendu ça, j'ai vu rouge* (= je me suis mis en colère)

4.3. LA PROPOSITION RELATIVE

Une proposition relative permet également d'apporter des informations sur le nom (de personne ou d'objet), c'est-à-dire de le qualifier.

Comparez :

📄 **de la phrase simple à la phrase complexe page 256**

• *Ce spectacle n'a pas eu beaucoup de succès.*
• *Ce spectacle,* qui a coûté une fortune, *n'a pas eu beaucoup de succès.*
• *Ce philosophe est remarquable.*
• *Ce philosophe,* que très peu de gens connaissent, *est remarquable.*
• *La maison est à vendre.*
• *La maison* où j'ai passé mon enfance *est à vendre.*
• *J'ai acheté deux livres.*
• *J'ai acheté deux livres* dont j'avais vraiment besoin.

Dans les phrases précédentes, les pronoms relatifs **qui**, **que**, **où** et **dont** représentent les noms *ce spectacle, ce philosophe, la maison, deux livres*...
La proposition qui suit le pronom relatif apporte des informations supplémentaires sur la personne ou l'objet dont on parle.

**participe présent
page 174**

Pour aller plus loin

L'adjectif verbal

Observez et comparez :

+ *Cette vente aux enchères,* interessant *très peu de monde, a été annulée.*

(complément d'objet)

+ *Il a prononcé un discours* interessant (adjectif verbal).

• Dans la deuxième phrase, le participe présent a une valeur d'adjectif (*un discours* interessant*,* clair*,* remarquable…). En ce cas-là, il ne peut pas avoir de complément.

• L'adjectif verbal, comme tous les adjectifs :
– s'accorde en genre et en nombre avec le nom :
+ *un discours* interessant*, des remarques* interessantes.

– peut varier en intensité, en comparaison :
+ *un discours vraiment très* interessant*, plus* interessant *que celui du premier conférencier.*

– peut être épithète, apposé ou attribut :
+ *Il a prononcé un discours* interessant (épithète).
+ Interessant*, son discours a captivé l'auditoire* (apposé).
+ *Son discours était* interessant (attribut).

❗ Quelquefois, l'orthographe du participe présent et celle de l'adjectif verbal sont différentes.

Certains participes présents en **-quant** ➜ adjectif verbal en **-cant**.
+ *Ses paroles* provoquant *la colère du public, on l'a fait sortir de la salle./Il a prononcé un discours très* provocant (= agressif).

Certains participes présents en **-guant** ➜ adjectif verbal en **-gant**.
+ *Les bruits,* intriguant *tout le monde, devenaient de plus en plus forts./ C'est un film bizarre,* intrigant (mystérieux).
+ *Le temps était lourd,* fatiguant *tout le monde./Arrête, tu es* fatigant (= pénible).

Certains participes présents en **-ant** ➜ adjectif verbal en **-ent**.
+ *Il gagne un salaire* équivalant *à celui de sa femme./Leurs salaires sont* équivalents (= identiques).
+ *La voiture officielle,* précédant *le cortège, allait lententement./Je l'avais vu le mois* précédent.

En contexte

Un étrange personnage, Vautrin

Il (Vautrin) était un de ces gens dont le peuple dit : Voilà un **fameux** gaillard ! Il avait les épaules **larges**, le buste bien **développé**, les muscles **apparents**, des mains **épaisses**, **carrées** et fortement **marquées** aux phalanges par des bouquets de poils **touffus** et d'un roux **ardent**.

Le père Goriot, Honoré de Balzac

II. LA SPHÈRE DU NOM

III. LA SPHÈRE DU VERBE

Généralités

Qu'est-ce qu'un **verbe** ?

Même s'il existe en français des phrases sans verbe, celui-ci est comme le pivot, le cœur de la phrase. C'est lui qui donne véritablement son sens et sa cohérence à la phrase. Il permet d'exprimer un « procès » (une action, un événement) ou un état.

Le verbe varie selon :

– la personne
Six personnes à l'indicatif et au subjonctif (*je, tu, il/elle/on, nous, vous, ils/elles*). Trois personnes seulement à l'impératif (*tu, nous, vous*) ;

– le temps
Le procès est situé par rapport à un repère temporel. Il s'inscrit dans le passé, dans le présent ou dans le futur ;

– l'aspect
L'aspect indique la manière dont le procès se déroule ;

– le mode
Il indique comment la personne qui parle envisage le procès ;

– la voix
Le sujet « grammatical » du verbe est-il actif ou passif ?

III. LA SPHÈRE DU VERBE

1.1 LES TROIS TYPES DE VERBES

Il existe trois types de verbes :
les verbes pleins, les verbes auxiliaires et les verbes semi auxiliaires.

Les verbes pleins

Ce sont les plus nombreux. Ils sont le plus souvent suivis d'un adverbe ou d'un ou plusieurs compléments.
- *Il marche vite, il se dépêche, il tremble de froid.*
- *Elle regarde la télévision tous les soirs en préparant le dîner.*
- *On travaille jusqu'à dix heures et après, on sort prendre un verre. D'accord ?*

Les verbes auxiliaires *être* et *avoir*

Ils sont utilisés (avec un participe passé) pour former les temps composés.
- *Quand nous sommes arrivés, il avait déjà préparé le dîner.*
- *Quand tu auras fini tout ton travail, tu pourras sortir.*
- *Si tu étais venu avec nous à Lyon, tu aurais pu voir ma sœur Hélène et son mari.*

Les verbes semi-auxiliaires

En tant que semi-auxiliaires, ils sont toujours suivis d'un infinitif et peuvent avoir différentes valeurs.

– Une valeur de temps (passé ou futur) : « venir de, aller »
- *Elle vient juste de sortir ; on va partir dans dix minutes.*

– Une valeur d'aspect (début, déroulement ou fin d'une action) : « se mettre à, commencer à / être en train de, continuer à / finir de, s'arrêter de »
- *Bon, alors, tu te mets à travailler, oui ou non ?*
– *Oui, oui... je commencerai à réviser mon contrôle dans cinq minutes. Promis !*
– *Je suis sûr que tes amis ne sont pas en train de regarder la télé, eux !*
– *D'accord ! Dès que j'aurai fini de regarder mon film, je travaillerai. C'est presque fini !*

– Une valeur de cause : « laisser, faire »
- *À la cantine, hier, Christian a laissé tomber son plateau et il a fait rire tous ses copains.*

– Une valeur passive : « se laisser, se faire, se voir, s'entendre, se sentir »
- *Il s'est fait attaquer par son adversaire mais il ne s'est pas laissé faire : il a vivement réagi.*

 **passif page 132**

– Une valeur de mode
- exprimant l'obligation : **devoir, falloir**...
- *Tu dois venir avec moi tout de suite, il faut absolument que tu m'accompagnes.*

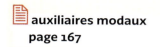
**auxiliaires modaux
page 167**

- exprimant la possibilité, l'éventualité : **pouvoir, devoir**…
- *Quand je l'ai rencontré, il pouvait être environ trois heures.*
- *Tiens, Alex n'est pas là ! C'est rare. Il doit être malade.*

1.2 MODE, TEMPS, ASPECT

Le verbe peut se caractériser de trois manières : par son mode, par son temps ou par son aspect.

Le mode

Le mode est l'une des caractéristiques du verbe.
Il permet d'exprimer l'attitude de la personne qui parle par rapport à ce qu'elle dit.

Observez :
- *Christophe vient* (mode indicatif : on énonce un fait, une réalité).
- *Je voudrais que Christophe vienne* (mode subjonctif : on énonce un souhait).
- *Christophe, viens !* (mode impératif : on énonce un ordre).

Mais une même attitude, une même intention de communication peut s'exprimer différemment.
Par exemple, pour l'ordre :
- *Fermez la porte !* (impératif)
- *Vous fermez la porte, s'il vous plaît ?* (indicatif)
- *Vous pourriez fermer la porte ?* (conditionnel)
- *Je veux que vous fermiez la porte.* (subjonctif)
- *Fermer la porte en sortant.* (infinitif)
- *Ne pas laisser la porte ouverte* (infinitif négatif)…

On distingue deux types de modes :
– **les modes personnels** qui ont des sujets personnels et se conjuguent : l'indicatif, le subjonctif et l'impératif ;
– **les modes impersonnels** qui n'ont pas de sujets personnels et sont invariables : l'infinitif, le participe et le gérondif.

> Le conditionnel est à la fois un mode (expression de l'hypothèse, de la condition) et un temps de l'indicatif (c'est le « futur dans le passé »).

Le temps

Le mot français « temps » est ambigu : il désigne à la fois le temps vécu (comme en anglais *time*) et le temps grammatical (comme en anglais *tense*). On doit distinguer le **temps chronologique** (le temps « vécu ») et le **temps verbal** (grammatical). Ces deux « temps » ne se recouvrent pas toujours.
Par exemple, dans la phrase : *Si tu venais l'été prochain, ce serait merveilleux*, le verbe **venir** exprime un futur mais se conjugue à un temps du passé, l'imparfait.

Autre exemple. Dans la phrase : *Tiens, Pierre n'est pas là : il aura encore oublié de se réveiller !*, le verbe **oublier** exprime une supposition, une conjecture portant sur un événement passé mais se conjugue à un temps du futur, le futur antérieur.

On peut définir le temps par rapport à deux points de repère :
– le moment où l'on parle (le « moment de l'énonciation ») ;
– le moment où se situent l'événement ou l'action dont on parle.

III. LA SPHÈRE DU VERBE

Soit ces deux moments coïncident (*Je suis là*), soit ils ne coïncident pas, l'événement pouvant se situer avant le moment où l'on parle (*Hier, je suis allé le voir*) ou après (*J'irai le voir demain*).

moment de l'énonciation

L'aspect

Il faut tenir compte également de l'aspect du verbe, c'est-à-dire de la manière dont se déroulent l'action, l'événement.
Plusieurs caractéristiques sont à considérer.

a. Il peut s'agir d'une action qui dure (**vivre**, par exemple) ou d'une action ponctuelle (**arriver**, **sortir**).
Parfois, un même verbe peut exprimer l'une ou l'autre valeur :
• *Mon frère peint* (= il est peintre, aspect duratif).
• *Mon frère peint ses volets en vert* (aspect ponctuel).

b. L'action peut également être en train de se réaliser ou être déjà achevée.
• *On dîne – On est en train de dîner.*
• *Je n'ai plus faim, on a bien dîné.*

c. L'action peut se réaliser dans un avenir proche.
• *Ce soir, on va dîner au restaurant.*

d. Elle peut être sur le point de se réaliser.
• *On se met à dîner.*

e. Elle peut venir d'avoir lieu (passé récent).
• *On vient de dîner – On vient juste de dîner.*

f. Elle peut se répéter.
• *Tous les soirs, on dîne à 8 h.*

g. Elle peut être considérée comme se situant au tout début de son déroulement.
• *On commence à dîner.*

Remarques

1. L'aspect est souvent indiqué par le sens même du verbe.
Quelques exemples :
• **exploser** ou **mourir** sont ponctuels, **attendre** ou **vivre** sont duratifs ;
• **s'endormir** signifie : commencer à dormir ; **s'en aller** : se mettre à partir ;
• **s'enfuir** : se mettre à fuir ;
• **s'envoler** : se mettre à voler ;
• **sautiller** : sauter de manière répétée ;
• **grossir / vieillir**... : action de devenir plus gros, de devenir plus vieux... ;
• **agrandir, approfondir**... : action de faire devenir, de rendre plus grand, plus profond...

2. Les temps aussi servent à exprimer l'aspect.
Par exemple, on emploie le passé simple pour signifier que le procès est déjà accompli dans sa totalité ; on emploie l'imparfait pour exprimer l'inachèvement (le procès est en train de se dérouler : on ne lui assigne ni début ni fin de manière précise).
• *De 1976 à 1989, il vécut à Rome* (le procès est considéré comme un tout terminé dans le passé ; on en connaît le début et la fin).
• *À cette époque-là, il vivait à Rome* (on considère le procès comme en train de se dérouler dans le passé, sans tenir compte de son début ni de sa fin).

La syntaxe du verbe

Le verbe peut se construire de diverses manières.

Pourquoi dit-on	*Je redoute de rencontrer ces gens*	→ *Je le redoute.*
Mais	*Je me réjouis de rencontrer ces gens*	→ *Je m'en réjouis ?*
Pourquoi dit-on :	*Elle est italienne.*	
Mais :	*C'est une Italienne ?*	
Pourquoi dit-on :	*Ils sont descendus à toute vitesse.*	
Mais	*Ils ont descendu l'escalier à toute vitesse.*	
Pourquoi écrit-on :	*Quelle énergie vous avez eue pour mener à bien ce projet !*	
Mais	*Quelle énergie il vous a fallu pour mener à bien ce projet ?*	
Pourquoi :	*Elles se sont coupées.*	
Mais	*Elles se sont coupé les ongles ?*	
Et pourquoi dit-on :	*Elle prendra son nouveau poste l'année prochaine.*	
Et	*Elle va prendre son nouveau poste dans quelques jours ?*	

Il peut :
– être employé tout seul, (sans complément d'objet) :
• *Jeanne travaille.*

– avoir un complément qui lui est directement rattaché (un complément d'objet direct) :
• *Jeanne regarde un plan.*

– avoir un complément précédé d'une préposition (un complément d'objet indirect) :
• *Jeanne participe à toutes les réunions.*

– avoir deux compléments, l'un direct, le second indirect :

• *Jeanne montre son projet à ses collaborateurs.*

– avoir deux compléments, tous les deux indirects :
• *Jeanne a parlé de ses idées à ses collègues de travail.*

– être suivi d'un nom ou d'un adjectif attribut :
• *Jeanne est architecte, Jeanne est sérieuse, efficace.*

– être suivi d'un autre verbe à l'infinitif :
• *Jeanne aime imaginer de nouveaux bâtiments.*

Il y a très peu de verbes réellement, totalement intransitifs, c'est-à-dire n'acceptant jamais de complément d'objet.
Il s'agit souvent de verbes de mouvement (*venir, aller, marcher, arriver...*), ou qui expriment un changement d'état (*naître, mourir...*).

De nombreux verbes peuvent être transitifs ou intransitifs (avec un sens un peu différent).
• *Il travaille / Il travaille le bois.*
• *Il boit* (= il est alcoolique) */ Il boit de l'eau gazeuse.*
• *La cheminée fume / Il fume le cigare.*
• *On passe te voir ce soir / On passe nos vacances à la campagne.*

Il arrive aussi que des verbes intransitifs, pris dans un sens figuré (métaphorique), acceptent un complément d'objet direct.
• **cracher** est un verbe intransitif mais on peut dire : *cracher une insulte.*
• **aboyer** : *aboyer un ordre.*
• **grimacer** : *grimacer un sourire.*
• **pleuvoir** : *Il va pleuvoir des gifles !*

Manières de dire

• *Il a pleuré toutes les larmes de son corps* (= beaucoup).
• *Elle vit sa vie* (= elle fait ce qu'il lui plaît).
• *Passez votre chemin !* (= allez-vous-en !).

Le verbe est suivi d'un complément d'objet direct (COD).
Il répond à la question **qui ?** (personne) ou **quoi ?** (chose ou proposition).

Plusieurs possibilités :

– Le complément est un nom (nom commun ou nom propre).
• *Il écoute la radio. Il regarde Laurence.*

– Le complément est un pronom (**pronom direct : le, la, les, se** ou **en**).
• *Laurence ? Il la connaît depuis des années.*
• *Des pommes, s'il vous plaît. J'en voudrais un kilo.*

– Le complément est un infinitif.
• *J'aimerais partir avec vous à Cannes.*

– Le complément est une proposition subordonnée introduite par **que.**
On trouve cette construction après les verbes de déclaration (**dire, affirmer**...), d'opinion (**penser, estimer, croire**...), d'ordre affirmatif ou négatif (**ordonner, interdire**...), de crainte (**craindre, redouter**...), etc., ou d'attribution.

- *J'aimerais que vous partiez avec nous à Cannes.*
- *Le témoin affirme que l'accusé était absent le jour du crime.*

Cette proposition répond à la question **quoi ?** et peut être remplacée par le pronom invariable **le**.
- *Le témoin affirme que l'accusé était absent le jour du crime ?*
- *– Oui, il l'affirme, Votre Honneur.*
- *Je crois qu'il va y avoir un énorme orage.*
- *– Oui, je le crains ! Regarde le ciel.*

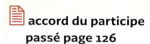 Mais après les verbes **demander** et **savoir**, la proposition subordonnée peut aussi commencer par le **si** de l'interrogation indirecte.
- *Ces jeunes filles veulent savoir si le bus passe ici.*
- *Les commerçants se demandent s'ils vont ouvrir le dimanche.*

– Le complément est une proposition relative.
- *J'aimerais bien savoir où tu vas et ce que tu vas faire.*

 Attention
Monter, **descendre**, **sortir**, **(r)entrer**, **passer** peuvent être intransitifs (avec l'auxiliaire **être**) ou transitifs directs (avec l'auxiliaire **avoir**).
- *Elle est montée se coucher à dix heures.*
- *Elle a monté ses valises (= COD) dans sa chambre.*

> Seuls les verbes construits avec un COD – sauf exception ! – peuvent se mettre à la forme passive (voir p. 129).

📄 **accord du participe passé page 126**

2.3 VERBES TRANSITIFS INDIRECTS (*obéir à, avoir besoin de*)

Remarque
La grande majorité des verbes transitifs indirects se construisent avec **à** ou **de** mais certains se construisent avec d'autres prépositions comme **sur** (**compter sur qqn** ou **sur qqch** : *Je compte sur toi*) ou **en** (**croire en qqn** ou **en qqch** : *Il croit en l'avenir*). Ou encore **chez**, **avec** (**habiter chez qqn**, **avec qqn**).

Rappel
Pour savoir comment se construit un verbe, reportez-vous à la page 409.

– Le complément est introduit par la préposition **à** :
- *Ils obéissent à leurs parents ; ils s'intéressent à Euripide.*
- *Elle s'habitue bien à son travail…*

ou par la préposition **de** :
- *Vous avez besoin d'aide ?*
- *Il nous a parlé de Julia, sa sœur aînée.*

– Le complément peut être un nom (nom commun ou nom propre).
- *Il nous a parlé de sa jeunesse.*
- *Il nous a parlé de Laurence.*

– Le complément peut être un pronom (pronoms indirects conjoints = placés avant le verbe : **lui**, **en**, ou **y**, ou pronoms indirects disjoints = placés après le verbe et la préposition : **à lui**, **à elle**, **de lui**, **d'elle**…).
- Préposition **à** :
- *Laurence, il ne lui parle plus* (l'objet est animé).
- *Il ne pense même plus à elle* (l'objet est animé).
- *Ses projets ? Il n'y pense plus !* (l'objet est inanimé).

- Préposition **de** :
- *Il ne parle plus d'elle* (l'objet est animé).
- *Ses projets ? Il n'en parle plus* (l'objet est inanimé).

– Le complément peut être un infinitif.
- *Les touristes ont renoncé à se promener sous la pluie.*

• *Il s'est excusé d'être en retard.*

– Le complément peut être une proposition.
• *Tu dois penser à ce que tu veux faire plus tard.*
• *Mes parents tiennent à ce que j'aille au ski avec eux.*

> **ⓘ Le pronom soi, à soi, de soi.** Généralement après **un verbe à l'infinitif** ou avec « **on** », **sujet**.
> • *On se montre impoli, quand **on** parle sans cesse de soi.*

2.4 VERBES À DOUBLE CONSTRUCTION (*donner quelque chose à quelqu'un*)

> Après des verbes exprimant l'idée de **dire** ou de **donner**, par exemple, on peut avoir deux compléments d'objet : le complément d'objet direct (COD) et le complément d'objet second (COS) ou d'attribution et qui est toujours animé.

Le COS, contrairement au COI qui peut être seul après un verbe (par exemple *Je parle à mon voisin*), est toujours accompagné d'un COD et il exige que le verbe soit suivi de la préposition **à** :
• *Ma voisine demande des conseils à tout le monde.*

• Voici quelques verbes acceptant la double construction COD + COS avec **à**.
– verbes du « dire » : **dire**, **demander**, **proposer**, **conseiller**, **promettre**, **expliquer**, **indiquer**, **raconter**, **répondre**, **reprocher**, etc., quelque chose à quelqu'un.
• *Il a reproché à ses enfants mille choses : leur désordre, leur paresse, leur insolence....*
• *Elle n'a pas prévenu ses parents de son arrivée.*

– verbes du « donner » : **donner**, **offrir**, **apporter**, **prêter**, **vendre**, **louer**, **rendre**, **envoyer**, **emprunter**, **refuser**, etc., quelque chose à quelqu'un.
• *À Noël, je vais prêter mon appartement à mon frère.*

• Voici quelques verbes acceptant la double construction avec **de**.
Accuser, **excuser**, **avertir**, **prévenir**, **informer**, **féliciter**, **charger**, **récompenser**, **dispenser**, etc., quelqu'un **de** quelque chose.

❶ Attention au verbe **manquer**, qui peut avoir plusieurs constructions (et plusieurs sens).

Observez :
• *Zut ! J'ai manqué le train* (= rater).
• *Je manque à mes parents* (= ils sont malheureux à cause de mon absence).
• *Mes parents me manquent* (= je suis malheureux à cause de leur absence).
• *Elle manque souvent de patience* (= ne pas avoir, être privé[e] de).
• *Il manque cent euros dans la caisse* (= ne pas être là ; ici, le verbe « manquer » est impersonnel).
• *Cent euros manquent dans la caisse* (= ne pas être là).

❶ au verbe **tenir**, qui peut avoir plusieurs constructions (et plusieurs sens).

Observez :
• *Elle tient un livre à la main.*
• *Il se tient très droit.*
• *Elles tiennent à leurs affaires, elles ne les prêtent pas.*
• *Tu tiens vraiment à aller à cette fête ?* (= c'est important pour toi, tu veux)
• *Elle tient de sa mère par le caractère* (= elle lui ressemble).

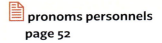 **pronoms personnels page 52**

Certains verbes peuvent être suivis d'un attribut (nom ou adjectif).
L'attribut indique une qualité donnée ou reconnue au sujet ou au complément d'objet.

On distingue :

– les verbes suivis d'un attribut du sujet
L'attribut du sujet se rencontre après les verbes :
• **être :**
• *Elle est étudiante.*
• ou après des verbes comme : **paraître**, **sembler**, **avoir l'air**, **passer pour**, **être considéré comme**...
• *Il passe pour un expert mais il ne l'est pas.*
• *Tu sembles un peu fatigué.*
• **devenir**, **rester**, **vivre**, **tomber**, **se trouver**, **se faire**...
• *À vingt ans, elle reste encore une enfant par bien des côtés.*
• *Ma grand-mère se porte bien, mais elle commence à se faire vieille.*
• après certains verbes passifs ou intransitifs
• *Aux dernières élections, elle a été élue maire de Strasbourg.*
• *Mes enfants tombent malades chaque hiver.*

– les verbes suivis d'un attribut du complément d'objet
L'attribut du complément d'objet se rencontre après des verbes comme :
croire, estimer, juger, penser, nommer, rendre, voir, trouver, etc.
• *On a jugé l'homme responsable de ses actes.*
• *On l'a nommée directrice du journal.*

Remarque
L'attribut du sujet ou de l'objet peut être précédé d'une préposition (**pour**, **en**, **de**) ou du mot **comme** :
• *On le prend pour un idiot mais il est loin de l'être.*
• *Cet ouvrier est considéré comme un spécialiste.*
• *Pendant notre séjour, les voisins nous ont traités en amis.*

 Attention aux structures **C'est...** et **Il est...**

• **C'est...** + nom ou + **adjectif** ou + **pronom tonique**
• *Tiens, il y a quelque chose pour toi, c'est une surprise.*
  – *Qu'est-ce que c'est ? Ah, c'est une gravure. Oh là là, c'est superbe ! Qui l'a achetée ? C'est toi, papa ?*
  – *Non, ce n'est pas moi, c'est ta mère.*

• **Il** ou **elle est** + **adjectif** seulement
• *Il est grand, beau, brun, toujours gai. Qui est-ce ?*

Ne confondez pas ces deux structures.
• *Il s'appelle Paul Fournier, il est médecin à Bordeaux.*
  – *C'est un médecin généraliste ?*
  – *Non, il est cardiologue.*
• *Je vous présente Susana. Elle vit à Barcelone.*
  – *Elle est espagnole ou catalane ?*
  – *Elle habite à Barcelone mais c'est une Espagnole.*

> **Attention à l'accord :**
> • *Elle a l'air fatiguée* (= elle est fatiguée, elle paraît fatiguée, elle semble fatiguée...). Ici, « avoir l'air » est considéré comme un seul verbe, comme un bloc.
> Mais
> • *Elle a un air mystérieux* : c'est l'air qui est mystérieux.

III. LA SPHÈRE DU VERBE

→ **C'est un(e)** + activité, profession ou nationalité.
- *C'est un Anglais*, *c'est un musicien*.
→ **Il (elle) est** + activité, profession ou nationalité.
- *Il est anglais, il est musicien*.

Remarque

Dans la phrase : *Il est musicien*, « musicien » est considéré comme un adjectif.
- *Elle a rencontré l'homme de sa vie. Il est beau, il est riche, il est intelligent et en plus, c'est un artiste : il est musicien*.

2.6 CAS PARTICULIERS

Trois types de verbes sont un peu particuliers :
les verbes supports, les verbes symétriques et les verbes converses.

Les verbes supports

Certains verbes (**avoir, faire, mettre, donner**…) perdent leur sens propre lorsqu'ils forment avec un nom ou avec un adjectif une locution verbale.

Par exemple, dans la phrase :
- *Il a fait un gâteau au chocolat* : le verbe **faire** a son sens plein (= fabriquer, confectionner).

Mais dans la phrase :
- *Il a fait un résumé rapide de la situation* : le verbe **faire** est « vide », c'est le mot **résumé** qui est important.

On dit dans ce cas-là que le verbe **faire** n'est là que pour « supporter » le nom qui suit.
On pourrait aussi bien dire : *Il a résumé rapidement la situation*.

Autres exemples :
- *J'ai une maison à la campagne* (**avoir** = sens « plein » : posséder).

Mais
- *J'ai de l'admiration pour cet écrivain* (**avoir** = sens « vide », c'est un verbe support ; on pourrait dire : *J'admire cet écrivain*).
- *Il a donné cent euros à son fils* (**donner** = sens « plein » : offrir).

Mais
- *Il a donné à son fils la permission de sortir* (donner = sens « vide », c'est un verbe support ; on pourrait dire : *Il a permis à son fils de sortir*).
- *Elle a jeté toutes mes affaires par la fenêtre* (jeter = sens « plein »).

Mais
- *Elle a jeté un simple coup d'œil à mon travail* (jeter = sens « vide ». On pourrait dire : *Elle a regardé très rapidement mon travail*).

Les verbes symétriques (« réversibles »)

Dans ces verbes, il y a une idée de réciprocité obligatoire, de symétrie nécessaire.

Par exemple :
• *Paul a épousé Nicole* suppose nécessairement : *Nicole a épousé Paul.*
• *J'ai rencontré mon voisin au marché* suppose : *Mon voisin m'a rencontré au marché.*

Quelques verbes symétriques : **épouser**, **rencontrer**, **croiser**, **égaler**, **ressembler à**, **correspondre avec**…

Les verbes converses

Ces verbes expriment la même chose, mais considérée de deux points de vue opposés.
• *Laurence m'a prêté mille euros / J'ai emprunté mille euros à Laurence.*
• *Il possède un studio dans les Alpes / Ce studio lui appartient depuis dix ans.*
• *Un incident technique a entraîné une coupure électrique/Cette coupure électrique est due à un incident technique.*

Quelques couples de verbes converses : **prêter/emprunter**, **vendre/acheter**, **donner/recevoir**, **comprendre/faire partie de** (ou inclure), **entraîner/être dû à**, **posséder/appartenir à**, **suivre/précéder**…

Remarque
Les verbes **louer** et **apprendre** sont très particuliers : ils peuvent avoir deux sens opposés.
• *Ils ont eu un 3e enfant et ont dû louer un appartement plus grand* (ils = les locataires).
• *J'ai loué mon appartement à des touristes canadiens* (je = moi, le propriétaire).
• *Elle a appris l'italien toute seule* (= étudier).
• *Elle a appris l'italien à ses enfants* (= enseigner).

3 Formes active/passive, forme pronominale, forme impersonnelle

Être ou **avoir** :
comment choisir le bon auxiliaire ?

Pour toutes les formes verbales, qu'elles soient actives, passives, pronominales ou, dans certains cas, impersonnelles, vous allez rencontrer le même problème, le choix de l'auxiliaire.

En français il y a deux auxiliaires possibles, alors que dans la plupart des autres langues il n'y en a qu'un seul ou pas du tout.

Ces deux auxiliaires sont **être** et **avoir**.

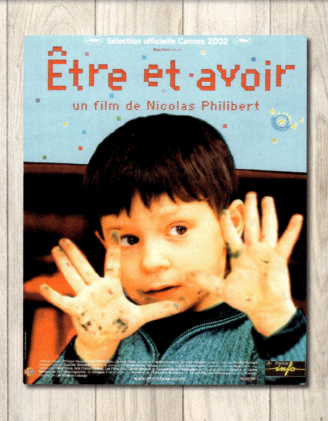

La plupart des verbes se conjuguent avec l'auxiliaire **avoir**. Cependant, d'autres verbes, peu nombreux mais très courants, se conjuguent avec l'auxiliaire **être**.

Attention : choisir l'auxiliaire **être** ou l'auxiliaire **avoir** est important, en particulier pour l'accord.

En effet, selon l'auxiliaire utilisé dans la forme composée, l'orthographe du participe passé varie. La première question à se poser est donc : avec tel ou tel verbe, quel auxiliaire doit-on employer ? **avoir** ou **être** ?

Par commodité, nous allons utiliser, dans tous les exemples, un temps de l'indicatif : le passé composé.

Le choix de l'auxiliaire

Se conjuguent avec « être »

– tous les verbes pronominaux (*se...*)
• *Je me suis levé, elle s'est coiffée, nous nous sommes regardés, ils se sont aimés...*

– les verbes intransitifs indiquant un changement de lieu, un déplacement du corps dans l'espace

• **aller**	• *Tu es allé au cinéma hier soir ?*
• **venir**	• *Elle est venue nous voir.*
• **arriver**	• *Vous êtes arrivés quand ?*
• **partir**	• *Ils sont partis à quelle heure ?*
• **entrer**	• *Il est entré chez Fiat en 1975.*
• **sortir**	• *Elle est déjà sortie ?*
• **monter**	• *Nous sommes monté(e)s à pied.*
• **descendre**	• *Je suis descendue à la cave.*
• **passer**	• *Elles sont passées par la fenêtre.*
• **tomber**	• *Elle est tombée dans l'escalier.*

> Se conjuguent aussi avec « être » les verbes formés sur **venir** comme : **revenir**, **intervenir**, **parvenir**... Exception : **prévenir**, qui se conjugue avec « avoir ».

• des verbes d'état : **rester**, **devenir**, **naître** et **mourir**.
• *Il est né en 1802, il est devenu célèbre très jeune grâce à ses poésies, il est resté en exil une bonne partie de sa vie, il est mort en 1884.*
• *Qui est-ce ?* réponse : oguH rotciV

Cinq verbes peuvent se conjuguer avec **être** ou avec **avoir**. Observez :

• **monter**	• *Elle est montée à la tour Eiffel.*
	• *Elle a monté ses bagages au 6ᵉ étage.*
• **descendre**	• *Tu es descendu à la cave ?*
	• *Tu as descendu la poubelle ?*
• **sortir**	• *Il est sorti à six heures, ce soir.*
	• *Il a sorti le chien, comme chaque matin.*
• **(r)entrer**	• *À quelle heure êtes-vous rentrés ?*
	• *Tu as rentré la voiture au garage ?*
• **passer**	• *Elle est passée le voir mais il n'était pas là.*
	• *Vous avez passé de bonnes vacances ?*

Règle : quand ces verbes sont suivis d'un complément d'objet direct, on emploie l'auxiliaire **avoir**.

– tous les verbes à la forme passive
• *Il a été licencié sans préavis.*
• *Elles ont été récompensées pour leurs découvertes scientifiques.*

Se conjuguent avec « avoir »

– tous les autres verbes
- *Elle a visité Paris, elle a vu une pièce de théâtre, elle a assisté à un concert, elle a pris le bateau-mouche, elle a acheté des souvenirs…*

Participes passés des verbes les plus fréquents

- Tous les verbes en **-er** ➜ le participe passé est en **-é** : *allé, mangé, chanté, acheté, trouvé*, etc.

- Autres verbes (ordre alphabétique) :

admettre	*admis*	**finir**	*fini*	**promettre**	*promis*
apercevoir	*aperçu*	**mettre**	*mis*	**recevoir**	*reçu*
apprendre	*appris*	**mourir**	*mort*	**reconnaître**	*reconnu*
avoir	*eu*	**naître**	*né*	**rendre**	*rendu*
comprendre	*compris*	**obéir**	*obéi*	**répondre**	*répondu*
conduire	*conduit*	**obtenir**	*obtenu*	**résoudre**	*résolu*
connaître	*connu*	**offrir**	*offert*	**réussir**	*réussi*
craindre	*craint*	**ouvrir**	*ouvert*	**savoir**	*su*
croire	*cru*	**permettre**	*permis*	**sentir**	*senti*
descendre	*descendu*	**plaindre**	*plaint*	**servir**	*servi*
devoir	*dû*	**plaire**	*plu*	**souffrir**	*souffert*
dire	*dit*	**pleuvoir**	*plu*	**suffire**	*suffi*
écrire	*écrit*	**pouvoir**	*pu*	**suivre**	*suivi*
entendre	*entendu*	**prendre**	*pris*	**surprendre**	*surpris*
être	*été*	**prévenir**	*prévenu*	**traduire**	*traduit*
faire	*fait*	**prévoir**	*prévu*	**valoir**	*valu*

Faites bien attention aux participes passés des verbes suivants :

- **voir** ➜ *il a vu*   mais **recevoir** ➜ *il a reçu.*
  apercevoir ➜ *il a aperçu.*
- **naître** ➜ *il est né* ; **vivre** ➜ *il a vécu* ; **mourir** ➜ *il est mort.*
- **devoir** ➜ *il a dû* ; **pouvoir** ➜ *il a pu* ; **savoir** ➜ *il a su.*
- **avoir, boire, lire, (se) taire, voir** ➜ *il a eu, il a bu, il a lu, il s'est tu, il a vu.*
- **offrir** ➜ *il a offert* ; **ouvrir** ➜ *il a ouvert* ; **souffrir** ➜ *il a souffert.*
- **plaire** ➜ *il a plu* ; **pleuvoir** ➜ *il a plu* (même participe passé).

> **!** « **été** », le participe passé du verbe **être**, est toujours invariable.

> **!** **voir** ➜ *j'ai vu* mais
> **apercevoir** ➜ *j'ai aperçu*
> **croire** ➜ *j'ai cru* mais
> **croître** ➜ *le chômage a crû* (même prononciation)
> **plaire** ➜ *ça m'a beaucoup plu* mais **pleuvoir** ➜ *Il a plu ce matin* (même orthographe et même prononciation)

L'accord du participe passé

C'est un point d'orthographe difficile aussi bien pour les Français que pour vous. Cependant, ce n'est pas aussi arbitraire qu'on le dit : il y a certaines règles à connaître.
Première question à se poser : quel est l'auxiliaire ? **avoir** ou **être** ?

Auxiliaire « avoir »

Avec l'auxiliaire **avoir**, le participe passé ne s'accorde jamais avec le sujet. C'est **la place du complément d'objet direct** (quand il y en a un) qui compte :
– s'il n'y a pas de COD, pas d'accord : *Ils ont couru.*
– s'il y a un COD **après** le verbe, pas d'accord : *Ils ont gagné la course.*
– s'il y a un COD **avant** le verbe, on accorde le participe passé avec le COD.

Dans quels cas est-ce possible ?
– quand le COD est un pronom personnel ;
• *Ta sœur, je l'ai rencontrée hier* (le COD est un pronom personnel).
– quand le COD est un pronom relatif ;
• *Regarde les photos que j'ai prises cet été* (COD = pronom relatif **que**).
– dans des phrases interrogatives ;
• *Combien de livres as-tu lus cette semaine ?* (COD = interrogatif).
– dans des phrases exclamatives.
• *Quelle belle journée nous avons passée !* (COD = exclamatif).

Remarques
Il existe quelques cas particuliers où le participe reste invariable.

1. Le cas des verbes impersonnels : **il y a**, **il faut**, etc. :
• *Quand on compte toutes les guerres qu'il y a eu dans le monde depuis 1900 !*
• *J'imagine l'énergie qu'il vous a fallu pour faire ce travail.*

2. Le cas des verbes suivis de l'infinitif (exprimé ou sous-entendu) :
• *Je vois bien toute l'énergie qu'il a dû dépenser pour arriver à ce résultat.*
• *Il a fait tous les efforts qu'il a pu (faire).*
• *Ramasse les livres que tu as fait tomber.*

3. Lorsque le COD est le pronom **en**, on ne fait pas l'accord :
• *Des difficultés, ils en ont rencontré beaucoup.*

 Depuis un arrêté du 28 décembre 1976, on tolère cet accord quand le référent est pluriel :
• *Des difficultés, ils en ont rencontré(es) beaucoup.*

4. Lorsqu'il s'agit d'un faux COD exprimant une idée de quantité :
• *Les derniers kilomètres qu'ils ont couru ont été les plus durs.*
• *Ça ne vaut pas les mille euros que ça m'a coûté.*

 On tolère, ici aussi, l'accord (même arrêté de décembre 1976) :
• *Ça ne vaut pas les mille euros que ça m'a coûté(s).*

5. Quelques formules figées. Attention à la place du participe passé.
Observez les différences :
• *Veuillez trouver ci-joint les photocopies de mes diplômes./Veuillez trouver les photocopies de mes diplômes ci-jointes.*
• *J'ai tous les documents demandés, excepté une lettre de recommandation./ J'ai tous les documents demandés, une lettre de recommandation exceptée.*

Auxiliaire « être »
Avec l'auxiliaire **être**, on accorde en général le participe avec le sujet du verbe.
• *Elles sont arrivées à huit heures et elles sont reparties très vite.*
• *Ils ont été bien accueillis.*

Le cas des verbes pronominaux est assez difficile.
Tous les verbes pronominaux se conjuguent avec l'auxiliaire **être**. Donc, en principe, on accordera le participe avec le sujet. C'est le cas des verbes « essentiellement pronominaux ».
• *Elle s'est évanouie, elle s'est absentée…*

Ou des pronominaux à sens passif.
• *Les jupes à fleurs se sont beaucoup portées cet été.*

 Il existe deux grandes exceptions à cette règle générale.

Rappel
Lorsque **on** a le sens de **nous**, on fait l'accord au pluriel :
• *Laura, Ben et moi, on est partis camper une semaine.*

– Le participe passé reste invariable si le verbe pronominal est suivi d'un complément d'objet direct. Comparez :

- *Elle s'est lavée en dix minutes* (= elle a lavé elle-même).
- *Elle s'est lavé les cheveux* (= elle a lavé ses cheveux).

On obtient donc, logiquement, si le COD est placé avant le verbe :

- *Ses cheveux, elle se les est lavés hier soir* (= *elle les a lavés hier soir*)

ou

- *Elles se sont serrées pour lui faire de la place* (= elles ont serré elles-mêmes).
- *Elles se sont serré la main* (= chacun a serré la main de l'autre).

– Le participe reste invariable si le verbe, quand il est à la forme non pronominale, se construit avec la préposition **à** comme par exemple :
téléphoner à quelqu'un, plaire à quelqu'un, parler à quelqu'un, sourire à quelqu'un, ressembler à quelqu'un, mentir à quelqu'un...

Comparez :

• *Ils se sont regardés.*	mais	• *Ils se sont téléphoné.*
• *Ils se sont admirés.*	mais	• *Ils se sont souri.*
• *Elles se sont amusées.*	mais	• *Elles se sont plu.*
• *Ils se sont aimés.*	mais	• *Ils se sont parlé, ils se sont écrit.*
• *Elles se sont promenées.*	mais	• *Elles se sont menti.*

Pour aller plus loin

Les pronominaux du type : **se faire, se laisser, se voir, s'entendre** + infinitif.

Trois cas sont possibles.

+ *Elle s'est fait punir* (sens passif = elle a été punie).
+ *Elle s'est fait faire une robe* (= elle a fait faire une robe pour elle par quelqu'un d'autre).
+ *Ils se sont fait rire l'un l'autre* (sens réciproque = chacun a fait rire l'autre).

On observera que dans les trois cas, le participe passé **fait** est invariable. C'est toujours le cas avec le verbe **faire**.

La règle est un peu plus difficile avec les autres verbes. Il faut réfléchir au rôle joué par le pronom personnel.

Observez :

+ *Elle s'est laissée tomber par terre.*
+ *Elle s'est laissé convaincre d'acheter une nouvelle voiture.*

Dans la première phrase, elle a laissé elle-même tomber. Dans la seconde, elle a laissé quelqu'un (par exemple, un garagiste ou un concessionnaire ou ses amis...) la convaincre. Elle a été convaincue (par quelqu'un).

(Pour les accords sujet-verbe, voir le chapitre 7.)

Observez cet exemple que l'on trouve dans toutes les grammaires depuis des siècles.
• *Le chat **a mangé toutes les souris.***
• *Toutes les souris **ont été mangées par le chat.***

Le sens de ces deux phrases est le même. Mais dans la première, à la forme active, on focalise sur l'« agent », sur celui qui fait l'action, et dans la seconde, à la forme passive, sur celui qui subit cette action (on l'appelle parfois « patient » – ici, on pourrait dire : la « victime »).

! Le terme « subir » ne correspond pas toujours à une réalité :
• ***Les portes ont été fermées à 20 h.*** (Les portes ne « subissent » rien du tout !)

La forme passive permet de présenter un événement ou un fait en changeant de point de vue. Il s'agit d'un échange de rôles entre les actants. Choisir la forme active ou la forme passive, c'est mettre en valeur tel ou tel aspect du procès.

Formation du passif et contraintes

Formation du passif
Le passage de la forme active à la forme passive entraîne des modifications.
• *Le chat*   *a mangé*   *toutes les souris.*
• *Toutes les souris*   *ont été mangées*   *par le chat.*

L'objet (**toutes les souris**) devient le « sujet grammatical » du verbe.
Le sujet devient le complément d'agent (**par le chat**).
Le verbe passif est toujours conjugué avec l'auxiliaire **être** qui se met au même temps et au même mode que dans la forme active.
• *Les pompiers aident les personnes en difficulté* ➜ *Les personnes en difficulté sont aidées par les pompiers.*
• *La tempête a arraché plusieurs toits* ➜ *Plusieurs toits ont été arrachés par la tempête.*
• *On va refaire la toiture* ➜ *La toiture va être refaite.*
• *La municipalité replantera trois cents chênes* ➜ *Trois cents chênes seront replantés par la municipalité.*

! Attention à l'accord : le passé composé se conjugue avec l'auxiliaire **être**. On accorde donc le participe passé avec le sujet :
• *Les souris ont été mangées par le chat.*

! Il ne faut pas confondre les « vrais passifs » et les verbes perfectifs qui expriment un état, un résultat.
• *La maison a été démolie* (par quelqu'un) (= on a démoli la maison).
• *La maison est démolie* (on ne sait pas si quelqu'un l'a démolie, si c'est à cause d'une tempête, d'un orage… ou si elle s'est démolie toute seule).
Ici, le participe a une valeur d'adjectif attribut. On peut comparer cette phrase avec :
• *La maison est vieille, petite, etc.*
On constate un fait, un résultat.

Conditions et contraintes
– Les verbes qui peuvent être mis à la forme passive :
dans presque tous les cas, **les verbes transitifs directs** (les verbes suivis d'un complément d'objet direct) **peuvent être mis à la forme passive.**

Seuls **deux verbes transitifs indirects** sont dans ce cas : **pardonner à quelqu'un** et **obéir à quelqu'un** (en ancien français, en effet, ils se construisaient directement).
- *J'aimerais être obéi.*   *Ils ont tous été pardonnés.*

– Attention aux verbes : **contraindre, obliger, forcer**.
À la forme active, ils sont suivis de la préposition **à** :
- *On l'a obligé à faire du latin.*
Mais à la forme passive, ils sont suivis de la préposition **de** :
- *Il a été obligé de faire du latin.*

– Deux verbes n'existent qu'à la forme passive :
- **être censé(e)** + *infinitif*
- **être tenu(e) de** + *infinitif*
- *Tout le monde est censé connaître la loi.*
- *Les soldats sont tenus d'obéir au capitaine.*

– Les verbes qui ne peuvent pas être mis à la forme passive :
- les verbes **avoir**, **posséder** :
- *Son oncle possède une fortune* (forme passive impossible).

- les verbes qui servent à exprimer la mesure :
faire + mesure, **mesurer**, **coûter**, **valoir**, **peser**, **vivre**, **durer**… quand ils sont toujours suivis d'un chiffre ou d'un nombre.

On peut dire qu'il s'agit de verbes faussement transitifs ; le complément n'est pas un vrai complément d'objet. Des phrases comme :
- *L'appartement fait 50 m²* (**faire** + complément de mesure).
- *Le cours a duré une heure* (**durer** + complément de temps).
- *Mon grand-père a vécu cent ans* (**vivre** + complément de temps).
- *Ce livre coûte 22 euros* (**coûter** + complément de prix).
ne peuvent pas être mises à la forme passive.

Avec certains verbes comme **peser** ou **mesurer**, il y a deux possibilités.
- *La vendeuse pèse les tomates* (COD) ➜ *Les tomates sont pesées par la vendeuse* (forme passive possible).
- *La vendeuse est mince, elle pèse cinquante kilos* (complément de mesure, forme passive impossible).

- les verbes **présenter** (un avantage, un inconvénient, un intérêt, une difficulté), **comporter** et **comprendre** (dans le sens de **avoir**, **comporter**).
Des phrases comme :
- *Votre proposition présente un intérêt certain.*
- *Mon plan comportera deux parties.*
- *La France comprend 18 régions* (*13 métropolitaines et 5 d'outre-mer*).
ne peuvent pas être mises à la forme passive.

- le verbe **regarder** pris dans un sens figuré (sujet non animé = concerner).
- *Michaël regarde attentivement les enfants qui jouent dans la cour* (forme passive possible).
- *Cette question regarde la police.* (forme passive impossible).

- des locutions verbales comme : **prendre la fuite, perdre la tête, faire la grasse matinée, faire l'idiot**…

Le complément d'agent

Qu'est-ce qu'un complément d'agent ?

Le complément d'agent, comme son nom l'indique, précise en général qui est responsable de l'action. Il est le plus souvent introduit par la préposition **par**.

• *Le premier prix a été remporté par Mathieu Renard.*
• *La France a été visitée par plus de 89 millions de touristes étrangers en 2018.*

Cependant, on peut rencontrer aussi la préposition **de**.

• *Le président était accompagné de son épouse et de sa fille.*

Lorsque l'agent (le sujet de la phrase active) est un pronom personnel, le passage à la forme passive est difficile, presque impossible.

• *Ils ont acheté une voiture* ➜ *Une voiture a été achetée par eux. (?)* (forme passive très difficile)
• *Elle accompagne le président* ➜ *Le président est accompagné par elle. (?)* (forme passive très difficile)

Excepté si l'on veut fortement insister sur l'agent véritable de l'action :

• *Attention, ce tableau a été peint par moi et non par elle.*

Quand peut-on utiliser « de » à la place de « par » ?

– Avec des verbes de sentiment, d'appréciation (**aimer, estimer, apprécier**...).

• *Cette secrétaire est très appréciée de ses collègues.*

– Avec des verbes exprimant des opérations intellectuelles (**connaître, savoir, oublier**...).

• *Les événements de 1968 en France sont connus de tous.*

– Avec des verbes permettant de se situer dans le temps ou dans l'espace (**précéder**, **suivre**, **accompagner**, **entourer**...).

• *La cérémonie sera suivie d'une réception au palais de l'Élysée.*

Dans tous les cas, vous pouvez remplacer **de** par **par**, mais non l'inverse.

• *La cérémonie sera suivie d'une réception au palais de l'Élysée.*
  = La cérémonie sera suivie par une réception au palais de l'Élysée.

L'absence de complément d'agent

Souvent, la phrase passive n'a pas de complément d'agent.

– soit parce qu'il est évident :

• *Les voleurs ont été arrêtés* (par la police).
• *La loi a été votée* (par les députés, par le Parlement).
• *La maison a été cambriolée* (par des cambrioleurs !).

– soit parce qu'on ne peut pas ou qu'on ne veut pas le mentionner :

• *Des mesures sévères seront prises prochainement* (par qui ? on préfère ne pas le préciser).

– soit parce que l'agent est un indéfini, **on** par exemple.

• *On a volé ma bicyclette* ➜ *Ma bicyclette a été volée* (*par on = impossible).

Les emplois du passif

On dit souvent que le passif est lourd, peu élégant et qu'il est préférable d'employer la forme active. C'est souvent vrai à l'oral, mais le passif reste très fréquent à l'écrit.

Quand préfère-t-on utiliser la forme passive ?

a. Quand on ne souhaite pas ou qu'on ne peut pas donner d'indication précise sur le responsable d'une action, d'un événement.

• *Un vaccin aurait été découvert récemment* (par qui ? on ne sait pas).

b. Quand on préfère insister sur le procès plutôt que sur l'agent (par exemple dans les textes scientifiques ou dans les textes administratifs).

• *Diverses expériences ont été effectuées entre mai et octobre.* (les expériences sont présentées comme plus importantes que les gens qui les ont faites).

c. Si le « patient » est humain, on préfère le mettre en évidence. On dira :

• *Les agriculteurs ont été durement éprouvés par la crise.*

plutôt que :

• *La crise a durement éprouvé les agriculteurs.*

Pour aller plus loin

Autres manières d'exprimer le passif

Le « renversement » de la forme active à la forme passive, avec ou sans complément d'agent, n'est pas la seule façon d'exprimer la notion de passif. Il y a d'autres possibilités.

a. Les formes pronominales. Dans ce cas, l'agent est considéré comme peu important ou évident, donc très souvent absent.

! Dans ces phrases, le sujet est toujours inanimé.

+ *Ces livres se sont très bien vendus* (= … ont été très bien vendus).
+ *Ce vin blanc doit se boire assez jeune* (= … doit être bu assez jeune).
+ *Un bon matelas s'achète chez TRIM* (= … est acheté, doit être acheté).

b. Les constructions avec **se faire, se laisser**, **se voir**, **s'entendre** + infinitif.

Ces formes peuvent parfois avoir une valeur de passif.

+ *Il s'est fait renvoyer du lycée* (= il a été renvoyé du lycée).
+ *L'animal s'est laissé capturer* (= il a été capturé).

! Dans ces phrases, le sujet est le plus souvent animé. Mais ce n'est pas toujours le cas.

+ *Les résultats des experts se sont fait attendre plusieurs jours.*

Lorsqu'on utilise la construction **se faire** + infinitif, on sous-entend que le sujet porte une certaine responsabilité.

Lorsqu'on utilise la construction **se laisser** + infinitif, on sous-entend que le sujet s'est résigné. Comparez :

+ *Il a été injurié* (ce simple passif est « neutre », on ne sait pas comment la personne injuriée a réagi).
+ *Il s'est fait injurier* (on a l'idée qu'il s'est comporté de telle manière qu'on l'a injurié).
+ *Il s'est laissé injurier* (il a été complètement passif, il n'a rien répondu).

📄 **Pour les accords, voir pronominaux page 135**

Dans les constructions **se voir** + infinitif et **s'entendre** + infinitif, l'idée de voir et d'entendre est présente. Observez :

+ *Elle s'est vu interdire l'entrée de la maison* (elle a réellement vu quelqu'un lui interdire l'entrée).
+ *Soudain, il s'est entendu appeler mais il n'a vu personne* (il a réellement entendu quelqu'un l'appeler).

c. Les adjectifs en **-able** et **-ible**.

+ *Cette action est totalement condamnable* (= doit être condamnée).
+ *La maison est irréparable* (= ne peut pas être réparée).
+ *Ce livre est incompréhensible* (= ne peut pas être compris).
+ *Ces champignons ne sont pas comestibles* (= ne peuvent pas être mangés).

adjectifs page 102

d. Certains verbes ou locutions verbales qui portent en eux-mêmes un sens passif : **subir**, **souffrir**, **endurer**, **être l'objet de**, **être la victime de**, **être la cible de**…

Dans la phrase : *Mon voisin a subi une opération des yeux*, le sujet grammatical **mon voisin** n'est pas l'agent responsable de l'action mais bien le « patient ».

3.3 LA FORME PRONOMINALE

Qu'est-ce qu'une forme pronominale ?
C'est une forme qui a deux caractéristiques :

– le verbe est précédé d'un pronom personnel complément qui représente la même chose ou la même personne que le sujet et varie donc avec lui :

- *Je me lève*   *Nous nous levons*
- *Tu te lèves*   *Vous vous levez*
- *Il/elle se lève*   *Ils/elles se lèvent*
- *Le matin, elle se lève à six heures* (**elle** et **se** renvoient à la même personne) *;*

– aux temps composés, l'auxiliaire est toujours être :

- *Longtemps, je me suis couché de bonne heure* (M. Proust).

On peut distinguer quatre catégories de verbes pronominaux.

Les verbes essentiellement pronominaux

– Certains verbes sont exclusivement pronominaux. Ils existent seulement à cette forme et ils sont tous intransitifs : **s'absenter, s'abstenir, s'écrier, s'écrouler, s'effondrer, s'emparer de, s'en aller, s'enfuir, s'envoler, s'évader, s'obstiner, se méfier de, se moquer de, se repentir, se souvenir de, se suicider**.

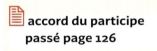accord du participe passé page 126

On ne peut pas dire **enfuir* ou **méfier de* ou **souvenir de*

– Les autres verbes sont des verbes qui peuvent s'employer soit à la forme non pronominale soit à la forme pronominale.

a. les deux formes ont des sens légèrement différents. On remarquera que, dans ce cas, la préposition change le plus souvent :

- **décider de / se décider à :**
- *Il a décidé de partir* (on ne donne aucune indication sur la manière dont la décision a été prise).
- *Il s'est décidé à partir* (sous-entendu : après des hésitations, après avoir bien réfléchi).

- **attendre quelque chose / s'attendre à quelque chose**
- *J'attends les résultats de l'examen.*
- *Attends-toi à une surprise* (= prépare-toi mentalement, psychologiquement).

- **échapper à quelque chose** (un danger, une menace...) / **s'échapper de** (un lieu fermé).
- *Heureusement, il a réussi à échapper à l'attentat.*
- *Les deux détenus se sont échappés de la prison de la Santé.*

- **plaindre quelqu'un** (= avoir pitié de) / **se plaindre de quelque chose** ou **de quelqu'un** (= protester contre)
- *Je plains beaucoup les gens qui sont obligés de dormir dans la rue.*
- *Si tu n'es pas content, va te plaindre au directeur !*

b. les deux formes ont des sens complètement différents :
- **apercevoir quelque chose** ou **quelqu'un** (= voir de loin peu disctintement) / **s'apercevoir de quelque chose** (= remarquer, constater).
- *J'aperçois quelqu'un à la fenêtre. Qui est-ce ?* (= je vois).
- *Quand j'ai ouvert mon sac, je me suis aperçu(e) qu'on m'avait volé mon portefeuille* (= j'ai constaté).
- **douter de quelque chose** ou **de quelqu'un** (= avoir des doutes)/ **se douter de quelque chose** ou **se douter que** (= soupçonner quelque chose, ne pas être étonné par quelque chose)
- *Elle doute de la fidélité de son mari* (= elle a des doutes).
- *Il est acteur ? Je m'en doutais* (= ça ne m'étonne pas), *il a une voix si extraordinaire !*

❗ Ces verbes s'accordent avec le sujet du verbe.

Les verbes pronominaux réfléchis

- *Le matin, elle se lève à six heures.*
L'action « revient » sur le sujet : elle « lève elle-même » à six heures (**se** est un COD).

❗ **Attention à l'orthographe**
Avec les temps composés, regardez bien si le verbe a un complément d'objet direct ou non. S'il a un COD placé après le verbe, pas d'accord sujet participe !
- *La petite fille s'est lavée toute seule* (= elle a lavé elle-même).
- *La petite fille s'est lavé les cheveux* (= elle a lavé ses cheveux).

On ne peut pas dire **Elle se lave ses dents* ou **Il s'est cassé son bras*.

Quand le sujet fait l'action sur une partie de son corps, on n'emploie pas le possessif.
- *Elle se lave les dents. Il s'est cassé le bras.*

❗ Le participe passé s'accorde avec le COD placé avant le verbe.

📄 **accord du participe passé page 126**

📄 **adjectifs possessifs page 67**

📄 **articles page 41**

Les verbes pronominaux réciproques

• *Ils se sont rencontrés et ils se sont aimés immédiatement.*
Le sujet est toujours pluriel et il y a toujours une idée de réciprocité :
A aime B et B aime A.

Parfois, un énoncé peut être ambigu. Le verbe pronominal est-il réfléchi ou réciproque ?
Par exemple, la phrase : *Pierre et Catherine se regardent* peut avoir deux sens : chacun se regarde soi-même (réfléchi), chacun regarde l'autre (réciproque).

❗ Le participe passé s'accorde avec le COD placé avant le verbe.

> Certains verbes donnent par leur sens même une idée de réciprocité :
> **se réunir, se rencontrer, s'épouser, s'entraider...**

Les verbes pronominaux à sens passif

Ces verbes ont été vus précédemment (p. 125). Donnons à nouveau un exemple.
• *Cette année, le champagne s'est très bien vendu.*
Bien entendu, le champagne ne s'est pas vendu lui-même, il a été vendu par les viticulteurs ou par les négociants en vin.

❗ Le participe passé s'accorde avec le sujet du verbe.

• *Cette pièce s'est jouée au Festival d'Avignon l'année dernière.*
Rappelons que, dans ce cas, la forme pronominale peut exprimer : un fait mais également un ordre, une obligation (*L'omelette ne se mange pas avec un couteau.*), un souhait, une possibilité (*Ça se comprend tout seul !*).

3.4 LA FORME FACTITIVE

Cette forme est composée du verbe « faire » qui joue ici le rôle d'un auxiliaire et d'un infinitif.
Cette forme peut concerner :
– **les verbes transitifs :**
• *C'est elle qui m'a fait connaître la littérature japonaise.*
– **les verbes intransitifs :**
• *Cette histoire l'a fait mourir de rire.*
– **les verbes pronominaux :**
• *Un bruit soudain les fit s'arrêter net.*

❗ Attention au pronom :
– si le verbe est intransitif (*l'élève travaille*)
• *Le professeur fait travailler son élève.* ➜ *Il le fait travailler.*
– si le verbe est transitif (*l'élève travaille son solfège*)
• *Le professeur fait travailler le solfège à son élève.* ➜ *Il lui fait travailler le solfège.*

Il pleut, il mouille
C'est la fête à la grenouille

Dans les formes impersonnelles, le **il** sujet est une forme « vide ». C'est comme s'il n'y avait pas d'agent responsable de l'action, de l'événement, comme s'il était effacé, mis de côté.
- *Il est exigé des élèves de se conduire correctement en cours.*

Qui exige ? On ne le dit pas (même si l'on sait que c'est l'administration du collège).

Le verbe est toujours à la troisième personne du singulier, même si le sujet « réel » est au pluriel. Le participe passé est invariable.
- *Dans ce garage, il s'est vendu cette année 200 voitures.*
- *Il existe des gens qui détestent les chats.*

Les deux catégories de verbes impersonnels

Il existe deux sortes de phrases impersonnelles :

– celles dont le verbe existe seulement à la forme impersonnelle
- les verbes utilisés pour parler du temps : *il pleut, il neige, il tonne*…
mais aussi : *il fait beau, il fait chaud, il fait gris, il fait sombre*…
- le verbe **être** + heure. • *Il est cinq heures, Paris s'éveille.*
- **il y a** • *Il y a cent ans, la télévision n'existait pas.*
- **il faut** (+ nom ou + infinitif ou + **que** + subjonctif) • *Il faut de la patience ; il faut partir ; il faut qu'on parte.*
- **il vaut mieux que** + subjonctif • *Si tu es pressé, il vaut mieux que tu fasses tes courses au supermarché.*
- **il s'agit de** • *Dans ce livre, il s'agit de la Révolution française.*
- **il est** + adjectif + **de** + infinitif • *Il est important de terminer ce travail.*
- **il est** + adjectif + **que** + indicatif ou subjonctif • *Il est important que tu finisses ce travail.*

 Dans ces phrases, le verbe de la subordonnée est le plus souvent au subjonctif (**il est normal que**…, **il est essentiel que**, **il est préférable que**, etc. + subjonctif).

Mais si l'adjectif exprime un fait certain, on emploie alors l'indicatif :
- *Il est évident qu'il est venu. Il est sûr qu'il viendra demain.*
- **il semble que** + subjonctif • *Il semble qu'il fasse plus froid qu'hier.*
Il semble que est le plus souvent suivi du subjonctif, mais on emploie parfois l'indicatif.

 Au sens figuré, on rencontre parfois des expressions comme :
- *Il pleut des cordes* (= très fort).

 Il s'agit de… Le seul sujet possible est **il**.
Ne dites jamais :
*Le texte s'agit de…

À l'oral

À la place de **il est**, on utilisera plutôt :
c'est + adjectif + **de** + infinitif
c'est + adjectif + **que** + indicatif ou subjonctif.
Tu sais, c'est important d'aller voter dimanche. – Ah bon, tu crois que c'est vraiment utile que j'y aille ?

proposition subordonnée complétive page 269

Il **me** semble que
+ indicatif :
• *Il me semble qu'il est déjà venu hier.*
Il semble que + subjonctif :
• *Il semble qu'il soit déjà venu hier.*
Dans la seconde phrase, l'incertitude est plus grande.

Attention à deux verbes : **sembler** et **paraître**.
Ils sont synonymes quand le sujet est personnel.
• *Elle semble fatiguée = Elle paraît fatiguée.*
Mais ils ont des sens différents quand le sujet est le **il** impersonnel.
• *Il semble que Maud* soit amoureuse (elle a l'air amoureuse)
est différent de :
• *Il paraît que* Maud est amoureuse (= on m'a dit qu'elle est amoureuse, j'ai entendu dire qu'elle est amoureuse).

– celles qui ont un verbe qui peut exister à la forme personnelle ou à la forme impersonnelle
• verbes servant à exprimer un événement :
• *Il s'est produit des faits très graves la nuit dernière.*
• *Il m'est arrivé une drôle d'histoire.*
• *Il se passe des choses bizarres dans cette maison.*
• *Il reste encore quelques spectateurs dans la salle.*
• *Il manque deux élèves ce matin.*

Tous ces verbes existent aussi à la forme personnelle. Le sens des phrases ne change pas. Observez :
• *Des faits très graves se sont produits la nuit dernière. Une drôle d'histoire m'est arrivée. Des choses bizarres se passent dans cette maison. Quelques spectateurs restent encore dans la salle.*
• *Deux élèves manquent ce matin.*

• il **suffit que** + subjonctif :
• *Il suffirait que tu dises oui, c'est tout ce que je demande.*
  (= Ton accord me suffirait.)

• il **vaut mieux** + infinitif :
• *Il vaudrait mieux prendre le car, c'est plus économique.*

• il **vaut mieux que** + subjonctif :
• *Il vaut mieux que tu viennes mardi. Demain, je suis occupé.*

Pour aller plus loin
Les formes impersonnelles du passif

Observez :
+ *Hier, il a été décidé de reporter la réunion.*
+ *L'été dernier, à cause de la sécheresse, il a été interdit d'arroser tous les jours.*
+ *Le 18 mars, il sera procédé à la vente de douze tableaux de Picasso.*
Ces formes sont fréquentes dans la langue administrative mais elles sont assez lourdes et nous vous conseillons de les éviter dans vos textes.

III. LA SPHÈRE DU VERBE

La tribu des YAKAFAUCONS

(transcription phonétique de **il n'y a qu'à…**, **il faut qu'on…**)

Qui sont les « yakafaucons » ? Ce sont tous les donneurs de leçons qui sont sûrs de tout savoir, d'avoir toujours raison, qui proposent aux autres des solutions très simples mais irréalistes et très vagues pour résoudre les problèmes.

> – C'est pas compliqué,
> pour réduire les embouteillages,
> il n'y a qu'à [yaka]
> interdire aux gens
> de prendre leur voiture.

> – Bien sûr,
> vous avez raison ! Et puis,
> pour éviter la pollution,
> il faudrait qu'on [fodrɛkõ]
> mette la campagne
> à la ville !

4 Le mode indicatif et ses temps

Qu'est-ce que le **mode indicatif ?**

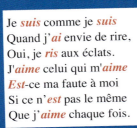

Je *suis* comme je *suis*
Quand j'*ai* envie de rire,
Oui, je *ris* aux éclats.
J'*aime* celui qui m'*aime*
Est-ce ma faute à moi
Si ce n'*est* pas le même
Que j'*aime* chaque fois.

Jacques Prévert

C'est le seul mode qui donne une indication (« indicatif ») sur le moment où se déroule l'action. Il permet de situer le procès dans le temps.

• *Il est sorti. Il sortit* → **temps passé**
• *Il sort* → **temps présent**
• *Il sortira* → **temps futur**

Il comporte cinq formes simples et cinq formes composées correspondantes.

Formes simples

• présent : *il marche*
• imparfait : *il marchait*
• passé simple : *il marcha*
• futur simple : *il marchera*
• futur simple dans le passé : *il marcherait*

Formes composées

• passé composé : *il a marché*
• plus-que-parfait : *il avait marché*
• passé antérieur : *il eut marché*
• futur antérieur : *il aura marché*
• futur antérieur dans le passé : *il aurait marché*

L'opposition formes simples/formes composées est très importante puisqu'elle permet de différencier les temps exprimant une action en train de se faire (formes simples) et les temps exprimant une action déjà accomplie, achevée (formes composées).

En d'autres termes, elle donne des indications sur l'aspect du procès.

Qu'est-ce que le présent ?

Pour les grammairiens, le moment présent s'identifie principalement à :

– une forme simple : le présent proprement dit

• *Je range ma chambre en ce moment.*

– une forme composée : le passé composé

• *J'ai rangé ma chambre, tout est maintenant en ordre.*

– des expressions verbales

• *Je suis en train de ranger ma chambre.*

Le présent

Le présent est un temps simple, c'est-à-dire formé d'un seul mot (pas d'auxiliaire).

Comme pour tous les temps simples du système verbal, la valeur principale du présent, c'est **l'action en cours d'accomplissement**. On se situe au cœur de l'action. Nous sommes dans ce que nous pouvons appeler aussi **l'inaccompli**. L'adverbe **encore** donne bien cette idée d'inachèvement.

• *Je marche* (= je marche encore ; je ne dis pas quand j'ai commencé à marcher ni quand je m'arrêterai).

L'action se produit au moment de la parole.

Mais on peut dépasser cette valeur et situer l'action à un moment qui déborde celui de la parole.

Nous avons ainsi diverses nuances du présent, selon le contexte.

Valeurs temporelles

– Le présent marque l'action en cours d'accomplissement :

• *Il pleut.*
• *Elle est à son bureau et elle travaille.*

– Il sert à planter un décor, à décrire et à montrer les caractéristiques d'une personne :

Et d'une certaine manière, c'est aussi un état continu.

• *Il fait beau aujourd'hui, le ciel est bleu et on sent le printemps.*
• *Rimbaud est un grand poète français.*
• *Elle aime la musique.*

– Il montre une action dans sa continuité :

• *Elle travaille depuis l'âge de 16 ans.*
• *Il ne fume plus depuis plusieurs mois déjà.*

– Il met l'accent sur les habitudes d'une personne :

• *Elle chante toujours sous la douche.*
• *Il sort de chez lui tous les matins à la même heure.*

– Le présent est aussi le temps des vérités générales, des maximes :
- *Le Soleil est une étoile.*
- *Quatre et quatre font huit.*
- *Les êtres humains naissent libres et égaux en droit.*

– Enfin il peut montrer l'action instantanée, ponctuelle, qui porte en elle-même ses limites.

En cela, il est différent des valeurs précédentes qui renvoient à une idée de continuité.
- *La porte claque.*
- *Je pose mon stylo.*
- *Il éteint l'ordinateur.*

– Le présent peut exprimer d'autres temps que le présent proprement dit.
- Il peut donner l'idée d'un futur plus ou moins proche, surtout dans la langue parlée (souvent renforcé par un adverbe de temps) :
- *Ne quittez pas la classe, le professeur arrive.*
- *Je pars demain.*
- *Elle se marie dans une semaine.*

Le présent à la place du futur donne une plus grande réalité à l'action ; le futur n'est pas toujours sûr, alors que le présent apporte une sorte de certitude.

- Il peut prendre aussi la valeur d'un passé récent (souvent renforcé par un adverbe de temps) :
- *Mon amie ? Mais je la quitte à l'instant* (= je viens de la quitter).
- *La chambre est pleine de valises, j'arrive tout juste de l'aéroport* (= je viens d'arriver de l'aéroport).
- Quand on rapporte des faits, des événements historiques, le présent peut remplacer le passé simple et apporter ainsi au texte toute la force de la présence immédiate de l'action. Par cet effet de style, il rend le lecteur contemporain de ces événements.

On l'appelle alors présent historique :
- *Louis XIV prend le pouvoir en 1661.*
- *Napoléon se fait sacrer empereur des Français en 1804.*
- *L'année 1870 voit la fin du second Empire.*

On l'appelle présent de narration quand il s'agit d'un simple récit :
- *Il était minuit, tout dormait. Soudain un cri horrible réveille tout le voisinage* (dramatisation renforcée).

Valeurs modales

– Dans le système conditionnel, hypothétique, le présent a en réalité la valeur d'un futur :
- *Si tu grimpes au sommet du mont Blanc, tu te prouveras que tu es courageuse* (mais l'action de grimper est à venir).
- *Si tu sors sans manteau par ce froid, tu t'enrhumeras* (mais tu n'es pas encore sorti...).

Le présent a aussi la valeur d'un futur, plus précisément d'un futur éventuel, d'un futur hypothétique dans une structure un peu particulière : il s'agit de phrases elliptiques (= où il manque certains mots), qui donnent plus de force à l'expression.

- *Attention, un faux mouvement et tu tombes de l'échelle* (= si tu fais un faux mouvement, tu tomberas de l'échelle).
- *Encore une bêtise et tu vas dans ta chambre sans dessert !* (= si tu fais ou dis encore une bêtise, tu iras dans ta chambre sans dessert).

– Le présent peut s'employer à la place d'un impératif :
- *Je vous laisse seuls, mais vous faites attention à votre petit frère, n'est-ce pas ?* (= faites attention…).
- *Tu ne fumes pas pendant mon absence !* (= ne fume pas…).

Là encore, le présent donne à l'action une certaine intensité, puisque l'impératif nous place généralement dans un futur plus ou moins proche et que le présent, par sa valeur d'actualité, rend l'action plus directe.

Formes

On pense souvent que le présent, un temps simple, est plus facile à apprendre que les autres temps. Non ! Les formes du présent sont les plus compliquées. Aussi, si vous avez un doute, reportez-vous à la conjugaison des verbes !

Verbes du 1er groupe Verbes en **-er**	Verbes du 2e groupe Verbes en **-ir** (**-iss-**) (type *finir*)	Verbes du 3e groupe Verbes en **-ir** (type *venir*), **-oir, -re**	Verbes du 3e groupe Verbes en **-re** (type *prendre*, *vaincre, rompre*)	Verbes du 3e groupe en **-ir** (type *offrir*)
radical + *e*	radical + *s*	un radical + *s* ou *x*	un radical + *s*	radical + *e*
es	*s*	qui peut *s* ou *x*	qui peut *s*	*es*
e	*t*	changer *t*	changer *d, t, c*	*e*
ons	*ssons*	*ons*	*ons*	*ons*
ez	*ssez*	*ez*	*ez*	*ez*
ent	*ssent*	*ent*	*ent*	*ent*

Le passé composé, accompli du présent

Le passé composé, qui est un temps formé d'un auxiliaire **au présent** et du participe passé du verbe, appartient à la sphère du présent lorsqu'il exprime l'accompli du présent (ou présent terminé).
Vous le trouverez également dans le chapitre consacré au passé.

Valeurs

Il ne montre pas l'action en train de se réaliser, il montre :

– le résultat d'une action terminée dans le présent
- *J'ai faim, je mange ce que j'ai dans mon assiette* (le présent montre l'action dans son accomplissement)./*J'ai mangé, je n'ai plus faim* (il n'y a pas d'action, il n'y a qu'un résultat, l'assiette est vide, l'estomac est plein).
- *J'ai froid, je ferme la fenêtre* (l'action de fermer est en cours)./*Voilà, j'ai fermé la fenêtre* (il n'y a plus que le résultat, une fenêtre qui est fermée).

– l'antériorité d'une action par rapport à une autre action au présent
- *Je mange le gâteau que j'ai préparé* (ici, le passé composé marque bien une action achevée, mais c'est une action antérieure à un présent).

Comme le présent, il peut avoir :

– valeur de futur (mais d'un futur accompli, c'est-à-dire d'un futur antérieur)
- *Attendez, j'ai fini dans une minute* (= j'aurai fini dans une minute).

On fait croire à la personne qui attend que l'action de « finir » est déjà achevée, alors qu'elle est située dans le futur et on espère ainsi que cette personne voudra bien attendre encore un peu plus longtemps, en tout cas bien plus d'une minute.

– valeur d'accompli dans les phrases hypothétiques
• *Si vous avez bu pendant le dîner, demandez à quelqu'un de vous raccompagner.*

Ainsi toutes les valeurs, tous les emplois du passé composé que nous venons de passer en revue nous montrent bien que ce passé composé n'est pas seulement un temps du passé comme on le pense souvent. Il est donc différent du passé simple, et par conséquent différent du passé composé lorsqu'il remplace le passé simple dans la langue orale ou écrite. C'est un tout autre temps

Lexique du présent

Les expressions verbales

Il existe une série d'expressions verbales qui expriment **l'action en cours d'accomplissement** :
• **être en train de** + infinitif • *Où est Marie ? – Elle est en train de lire.*
• **continuer à/de** + infinitif ; **ne pas cesser de** + infinitif ; **ne pas arrêter de** + infinitif • *Malgré le bruit, il continue à travailler./Ils ne cessent pas de rire. Que faire ? Ce bébé n'arrête pas de pleurer.*
• **être en voie de** + nom ; **être en cours de** + nom • *Ces espèces végétales sont en voie de disparition./Le conflit est en cours de règlement.*
• **ne pas/plus en finir de** + infinitif • *Tout le monde bâille, ce discours est trop long, il n'en finit plus.*

Les expressions de temps

Certains adverbes aussi nous situent dans le présent : **actuellement, maintenant, à présent, en ce moment, en cet instant, aujourd'hui, ce jour-ci, cet après-midi, ce soir.**
• *Il est maintenant exactement 10 heures 32.*
• *À présent, les enfants sont partis et ce couple se retrouve face à lui-même.*
• *Autrefois, les gens prenaient le temps de vivre, aujourd'hui tout va très vite.*
• *Ce soir, nous dînons sur la terrasse.*
• *Cette nuit est une nuit de pleine lune et on y voit comme en plein jour.*
• *Où est le médecin ? – En ce moment, en cet instant, il opère.*

4.2 L'EXPRESSION DU FUTUR

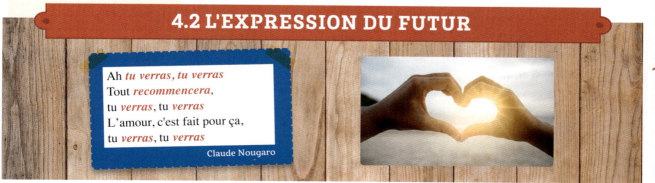

Ah *tu verras, tu verras*
Tout *recommencera,*
tu *verras*, tu *verras*
L'amour, c'est fait pour ça,
tu *verras*, tu *verras*

Claude Nougaro

À quoi sert le futur ?

Un verbe au futur exprime un fait situé dans un avenir plus ou moins proche par rapport au moment de l'énonciation.

Ce « moment futur » n'est pas précisé sauf par des adverbes (*demain, bientôt...*) ou par une proposition circonstancielle de temps.

Il existe plusieurs formes verbales pour exprimer cette idée de futur :

– une forme simple : le futur
- *Bientôt, tu seras grand.*
- *Quand tu voudras, on y va !*

– une forme composée : le futur antérieur
- *Ils déjeuneront à une heure et, à deux heures, ils seront sortis de table.*

– des formes verbales autres : le futur proche, le présent...
- *Le train va partir dans cinq minutes.*
- *Le train part dans cinq minutes.*

Le futur simple

Valeurs temporelles

Il exprime un fait ou une action postérieurs par rapport au moment de l'énonciation.

Il peut s'agir :
- d'un fait précis, ponctuel :
- *Ils se marieront le 24 septembre prochain, juste une semaine après nous.*

- ou d'un fait supposant une certaine durée :
- *L'année prochaine, nous passerons quelques semaines à Madrid.*

- ou d'une action future qui se répète :
- *Tous les matins, vous ferez une heure de gymnastique, puis vous irez courir vingt minutes. Ensuite, vous pourrez déjeuner mais légèrement !*

Il est souvent renforcé ou précisé à l'aide d'un adverbe ou d'un complément circonstanciel.
- *Je reviendrai demain.*
- *Elle prendra sa retraite dans deux ans.*
- *Quand nous reverrons-nous ? Dans un mois, dans un an ?*

Lorsqu'il s'agit d'un événement proche et presque certain, il est très souvent en concurrence avec le présent ou avec le futur proche (construction **aller** au présent + infinitif) qui, surtout à l'oral, tend à le remplacer.
- *Je descends dans dix minutes.* (présent)
- *Cet après-midi, on va aller se baigner. Tu viens avec nous ?* (futur proche)

 Les deux formes (futur simple et futur proche) ne sont pas totalement équivalentes.

Le futur proche reste lié au moment de l'énonciation immédiate. Il exprime un fait qui va se réaliser.
- *Ma sœur Louise va avoir un bébé* (c'est une réalité : elle est enceinte).

Il exprime souvent un résultat, une conséquence.
- *Regarde, le ciel est presque noir : il va certainement pleuvoir.*

À l'écrit (dans un texte historique, par exemple), on rencontre parfois un futur « narratif » qui anticipe sur ce qui va se passer.
- *En 1890, Van Gogh s'installa à Auvers-sur-Oise, où il mourra le 27 juillet.*

Remarque
Autres manières d'exprimer un futur proche :
– **être sur le point de** + infinitif :
- *Je ne peux pas recevoir ce client maintenant, je suis sur le point de partir.*
– **être près de** + infinitif.
- *J'ai eu très peur : nous avons été près d'avoir un accident !*

Ne confondez pas :
- *Il est près de partir* (= sur le point de...)

et :
- *Il est prêt à partir* (= préparé à...).

Cette notion de proximité a parfois une valeur plus impérative.
• *Maintenant, vous allez m'écouter* (= écoutez-moi).

 Il n'est pas toujours possible de remplacer un futur proche par un futur simple.

On peut dire : *Ma sœur Louise va avoir un bébé.*
Mais on peut difficilement dire : *Ma sœur Louise aura un bébé.*

Pour pouvoir utiliser le futur simple dans ce cas, il faudrait compléter la phrase par une précision d'ordre temporel :
• *Ma sœur Louise aura un bébé en mai prochain.*
ou avec une proposition en **si** :
• *Si le test de grossesse est positif, ma sœur Louise aura enfin le bébé qu'elle désire tant.*

Ne confondez pas :
– le **si** de condition, après lequel on n'utilise jamais de verbe au futur ou au conditionnel :
• *Si ce voyage te plaît, on le fera en mai.*

– et le **si** de l'interrogation indirecte, qui accepte un verbe au futur ou au conditionnel :
• *Je me demande si ce voyage te plaira.*
• *Je me demandais si ce voyage te plairait.*

Valeurs modales

Puisque le futur exprime quelque chose qui n'est pas encore réalisé, il comporte souvent une part d'incertitude : selon le contexte, la probabilité que ce fait se réalise est plus ou moins grande. Comparez :
• *J'arriverai mardi à Orly par le vol de 16 h 45.*
• *Dans cent ans, on ira en vacances sur Mars.*

– Le futur peut exprimer une certitude
• le futur exprime une certitude assez grande :
• *Dimanche, on ira au zoo avec les enfants.*

• il peut exprimer un ordre, une obligation, une règle :
• *Tu feras la vaisselle et ensuite tu rangeras ta chambre.*
• *Tu honoreras ton père et ta mère.*

• futur « éternel » : on ne croit pas à un changement possible :
• *Tu ne changeras jamais !*
• *Il y aura toujours des pauvres et des riches !*

– Le futur peut exprimer une incertitude
• il peut exprimer l'éventualité, la probabilité (presque toujours avec les auxiliaires **être** ou **avoir**) :
• *Elle n'est pas venue travailler ? Elle aura encore sa migraine et elle sera restée au lit* (= elle a probablement une migraine, comme d'habitude…).
• *Paul n'a pas pris son petit déjeuner ? Il dormira encore* (= probablement, il dort encore).

• ou anticiper un fait, une réaction (dans une argumentation) :
• *Vous m'objecterez peut-être que…* (mais…).

• il peut exprimer une émotion (colère, par exemple) :
• *Hein ? Elle me mentira encore et je ne dirai rien ! Tu plaisantes !*

• ou exprimer la politesse (surtout à l'oral) :
• (au marché) *Ça sera tout, ma petite dame ? Alors, ça vous fera 10,20 euros.*

Le futur antérieur

Il exprime un fait qui sera accompli dans le futur.
Comparez :
- *Demain, on finira de repeindre la cuisine.*
- *Demain soir, on aura fini de repeindre la cuisine* (= ce sera terminé, accompli).

Comme le futur simple, le futur antérieur peut avoir :

– une valeur temporelle : il exprime l'antériorité par rapport au futur
- *Quand tu auras fini de travailler, tu pourras sortir* (= d'abord tu finis de travailler, et tu sors ensuite).

– une valeur modale
Comme le futur simple, le futur antérieur employé seul (sans adverbe de temps) exprime une éventualité, une supposition, une probabilité.
Il a la valeur d'un passé composé :
- *Il revient : il aura oublié quelque chose.*
- *Les enfants sont en retard : ils seront restés plus longtemps que prévu chez leurs amis. Ou bien ils auront oublié l'heure.*

Le futur simple et le futur antérieur dans le passé

Le futur dans le passé

Ce temps a la forme du conditionnel présent. Il correspond à un futur simple dans un contexte de présent.
Observez :
- *Je sais qu'il viendra. / Je savais qu'il viendrait.*

Il donne au procès une valeur non encore accomplie dans l'avenir.
- *Déjà une heure ! Hier, au téléphone, le livreur m'avait promis qu'il passerait avant midi.*

Le futur proche dans le passé

Au futur proche correspond un futur proche du passé. L'auxiliaire est à l'imparfait.
- *On annonce que le train va partir dans cinq minutes*
→ *On a annoncé que le train allait partir dans cinq minutes.*

Le futur antérieur dans le passé

Ce temps a la forme du conditionnel passé (auxiliaire **avoir** ou **être** au conditionnel présent + participe passé). Comme les autres temps composés, il marque un procès accompli, avec très souvent une valeur de résultat.
- *Le professeur nous a assuré qu'il aurait fini de corriger les copies avant le prochain cours.*

📄 **concordance des temps page 155**

Formation

Les futurs sont des formes en « **r** ».
S'il s'agit des verbes du premier et du deuxième groupe :
– **Futur simple** → vous ajoutez à l'infinitif : *-ai, -as, -a, -ons, -ez, -ont.*
- **travailler :** *je travailler-ai, tu travailler-as*, etc. ; *je finir-ai, tu finir-as*, etc.

Pour les verbes du troisième groupe, en général, vous partez du radical du verbe et vous ajoutez les terminaisons : *-rai, -ras, -ra, -rons, -rez, -ront.*
je prend-rai ; tu boi-ras ; elle li-ra ; nous descend-rons ; vous attend-rez.

(!) • **mourir** : *ils mourront*   • **courir** : *il courra*

Mais quelques verbes ont une base différente même si le « r » est toujours présent :
• **aller** : *j'irai / j'irais*   • **vouloir** : *je voudrai / je voudrais*
• **avoir** : *j'aurai / j'aurais*   • **savoir** : *je saurai / je saurais*
• **tenir** : *je tiendrai / je tiendrais*   • **faire** : *je ferai / je ferais*
• **valoir** : *je vaudrai / je vaudrais*   • **pouvoir** : *je pourrai / je pourrais*
• **envoyer** : *j'enverrai / j'enverrais*   • **venir** : *je viendrai / je viendrais*
• **être** : *je serai / je serais*   • **voir** : *je verrai / je verrais*
• **falloir** : *il faudra / il faudrait*

(!) Attention aux verbes terminés en **-ier, -uer, -éer, -ouer**.

Le « i », le « u », le « é » et le « ou » se prononcent seuls. En effet, le « e » de la terminaison est muet.
• **remercier** : *je remercierai / je remercierais*
• **continuer** : *je continuerai / je continuerais*
• **créer** : *je créerai / je créerais*
• **avouer** : *j'avouerai / j'avouerais*

– Le **futur antérieur** (comme le futur antérieur dans le passé) est un temps composé (auxiliaire **être** ou **avoir** au futur simple ou au conditionnel présent + participe passé).
• **manger** • *Dès que j'aurai mangé, nous sortirons.*
• *Je vous ai promis que, dès que j'aurais mangé, nous sortirions.*

• **arriver** • *Aussitôt que je serai arrivé à Nice, je t'appellerai pour te rassurer.*
• *Il n'a pas appelé et pourtant, il avait bien dit que, dès qu'il serait arrivé à Nice, il téléphonerait.*

– **Futur dans le passé** ➜ vous ajoutez à l'infinitif : *-ais, -ais, -ait, -ions, -iez, -aient.*
je travailler-ais, tu travailler-ais, etc. ; *je finir-ais, tu finir-ais,* etc.

Lexique

• Du plus proche au plus lointain
Tout de suite, immédiatement, tout à l'heure, dans un moment, dans quelque temps (minutes, heures, jours, années)**, d'ici peu, demain, après-demain, bientôt, un de ces jours, plus tard, à l'avenir...**
• *Milo est fou de joie : il passe à la télé après-demain dans une pub et il a rendez-vous tout à l'heure avec un producteur pour signer le contrat. Bientôt, il sera riche et célèbre ! Il veut voir immédiatement son amie Olivia pour lui raconter ça. Il part à l'instant même chez elle. Hélas, Olivia est absente. Un mot sur sa porte dit :*
« Je reviens tout de suite. »
Tout de suite ! D'accord, mais quand a-t-elle mis ce mot ?
Milo ne peut pas attendre, il reviendra plus tard. À l'avenir, il téléphonera avant de se précipiter chez les gens sans prévenir.

Manière de dire

- *Quand est-ce que tu me rends mon argent ? À la Saint-Glinglin ?*
  (= probablement jamais, saint Glinglin n'ayant jamais existé ! ; familier).
- *Je te croirai quand les poules auront des dents* (= jamais ; familier).
- *Alors, finalement, cette réunion ? Elle aura lieu quand ? – Encore une fois, elle
  a été renvoyée aux calendes grecques* (= dans un avenir très vague).

Les proverbes, les sentences utilisent volontiers le futur simple.

- *Rira bien qui rira le dernier* (= il faut se méfier, celui qui croyait gagner
  pourrait bien perdre, à la fin).
- *Qui rit vendredi dimanche pleurera* (= rien n'est jamais assuré définitivement).
- *Qui vivra verra* (= l'avenir est incertain).
- *Tu ne tueras point* (c'est l'un des dix commandements).
- *Un « Tiens ! » vaut mieux que deux «Tu l'auras ! ».*

4.3 L'EXPRESSION DU PASSÉ (1)

Hier encore, *j'avais* vingt ans
Mais j'*ai perdu* mon temps
À faire des folies…

Charles Aznavour,
Éditions Musicales DJANIK

Il existe six temps du passé : deux formes simples (l'imparfait et le passé simple) et quatre formes composées, avec l'auxiliaire **être** ou avec l'auxiliaire **avoir** (le passé composé, le plus-que-parfait, le passé antérieur et le passé surcomposé).

L'imparfait

Valeurs temporelles

L'imparfait exprime un temps continu, de durée indéfinie, sans que soient indiqués, sauf par le contexte, un début ou une fin de manière précise.
Il a quatre valeurs essentielles.

– Il sert à décrire le « présent » d'une époque antérieure :
- *Au Moyen Âge, les femmes qui travaillaient avaient plus de liberté qu'on ne
  le pense : elles parlaient haut et fort, aimaient les plaisanteries même très
  « osées » et se faisaient respecter, voire craindre, chez elles.*

– Il sert à planter le décor sur lequel vont se détacher des actions, des événements (au passé composé ou au passé simple) :
- *Le bar était plein, tout le monde fumait, buvait, riait. Tout à coup, la porte
  s'ouvrit brusquement et trois hommes, revolver au poing, firent irruption.*

ou à les commenter (souvent avec une valeur causale) :
- *Le voyage a été épouvantable : il y avait des embouteillages, il neigeait et les
  enfants étaient insupportables.*

– Il peut exprimer la répétition dans le passé ou l'habitude :
- *Chaque matin, il allait faire son marché à Saint-Ouen où, selon lui, tout était beaucoup moins cher.*

– L'imparfait de « rupture » ou imparfait « pittoresque » ou imparfait « stylistique » sert à dramatiser un fait précis, ponctuel, à le mettre en relief :
- *Miracle ! À la 88ᵉ minute, le milieu de terrain marquait un but magnifique, donnant ainsi la victoire aux Tricolores.*
- *Le roi s'adressa une dernière fois à la foule qui était là. Une minute plus tard, sa tête tombait dans le panier.*

Remarque
Lorsque l'on rencontre cet imparfait de « rupture », il y a toujours une indication temporelle précise, ce qui montre bien qu'il est utilisé à la place d'un passé composé ou d'un passé simple.

Valeurs modales

– L'hypothèse possible
- *S'il faisait beau demain, on irait pique-niquer dans la forêt* (= il est possible qu'il fasse beau demain).

– L'irréel du présent
- *Si j'étais toi (si j'étais à ta place), j'accepterais sa proposition* (= ni maintenant ni plus tard ; je ne suis pas à ta place).

– L'imparfait modal peut également traduire l'expression

• du souhait	• *Ah, si tu m'aimais !*
• du regret	• *Si j'étais plus jeune !*
• de la suggestion	• *Bon, et si on se mettait au travail ?*
• de l'éventualité	• *Et si cette histoire était vraie ?*

– L'imparfait de politesse
On fait une demande de manière détournée, atténuée. Par discrétion, la personne qui fait une demande prend comme une distance avec sa question. Cet imparfait s'utilise avec des verbes de désir ou avec le verbe **venir**.
- *Pardon, monsieur. Je voulais vous demander un tout petit renseignement.*
- *Bonjour, madame, je venais pour l'appartement. Il est toujours libre ?*
(Dans ces deux phrases, le locuteur, par discrétion, formule sa demande au passé au lieu de le faire au présent, ce qui semblerait trop brutal.)

– L'imparfait « dramatique »
On évoque un fait qui ne s'est pas produit mais qui a failli se produire.
- *Je suis arrivé à la gare juste à l'heure. J'ai couru, couru… Une minute de plus et je manquais mon train.*
- *Sans la rapidité des pompiers, la maison flambait complètement. Heureusement, ils sont arrivés très vite et on a évité la catastrophe* (on présente le fait de manière dramatique, comme s'il s'était réellement passé).

Cet imparfait « dramatique » correspond à un conditionnel passé.
C'est un « irréel du passé ».
- *Si je n'avais pas couru, j'aurais manqué mon train.*
- *Si les pompiers n'étaient pas arrivés si vite, la maison aurait flambé.*

expression
de l'hypothèse et de
la condition page 333

Formation

L'imparfait est un verbe dont la forme est très régulière. On prend le radical de la 1ʳᵉ personne du pluriel du présent de l'indicatif et on ajoute les terminaisons : *-ais, -ais, -ait, -ions, -iez, -aient.*

Exemple : **vouloir** ➜ *nous voul-ons*

je voulais	*nous voulions*
tu voulais	*vous vouliez*
il voulait	*ils voulaient*

Un seul verbe est irrégulier : **être**

j'étais	*nous étions*
tu étais	*vous étiez*
il était	*ils étaient*

! Attention à l'imparfait des verbes qui se terminent en **-ier** et **-yer**.
À la 1ʳᵉ et à la 2ᵉ personne du pluriel, l'orthographe peut sembler étrange, mais elle est parfaitement normale.

- **étudier**
  - *Avant, en France, nous étudiions le latin.*
  - *Vous aussi, vous l'étudiiez ?*
- **payer**
  - *Avant, nous payions en francs. Et vous, les Italiens, vous payiez en lires. Mais depuis 2002, nous payons tous en euros.*

Le passé composé

Valeurs

– Il exprime une action achevée au moment où l'on parle, un résultat. C'est l'accompli du présent.
- *Ça y est ? Tu as dîné ?*

Ce résultat peut être présenté comme déjà réalisé alors qu'il ne l'est pas encore.
- *Un peu de patience, on est presque arrivés.*

– Il exprime le plus souvent une action terminée dans le passé.
Il peut exprimer :

- un fait, un événement récent :
- *Ce matin, je me suis réveillé très tôt.*

- un fait ou un événement dont les conséquences se font sentir dans le présent :
- *Pendant vingt ans, il a été un maire attentif et efficace.*

- un fait ou un événement encore présent psychologiquement ou affectivement dans l'esprit de celui qui parle :
- *Cette femme, dans sa jeunesse, il l'a aimée à la folie.*

- un fait ou un événement coupé du présent. En ce cas, il a la même valeur que le passé simple :
- *Louis XIV est mort en 1715* (= mourut).

Formation

Il s'agit d'un temps composé :
auxiliaire **être** ou **avoir** au présent + participe passé.

 **le présent page 141**

> **Rappel**
> Avec le « si » de la condition ou de l'hypothèse, on utilise le passé composé pour exprimer un fait ou une action dans le futur. Il est impossible d'employer le futur après « si ».
> - *Si elle n'a pas téléphoné d'ici demain, appelez-moi.*

quel auxiliaire choisir ? page 125

l'expression du temps
page 298

Le plus-que-parfait

Valeurs temporelles

C'est l'accompli de l'imparfait, le « passé du passé ».

• *Il était deux heures. Nous avions fini de déjeuner.*

Il sert à exprimer un fait, un événement, une action antérieurs à un(e) autre déjà situé(e) au passé (dont le verbe est au passé composé, au passé simple ou à l'imparfait).

```
                                             moment où l'on parle
   |_____|_____|_____|
   plus-que-parfait   passé composé        présent
                      passé simple
                      imparfait
```

• *Enfin ! Il m'a rendu hier les livres que je lui avais prêtés l'année dernière.*

ou

• *Il racontait souvent qu'il avait beaucoup souffert dans son enfance.*

Valeurs modales

– L'irréel du passé : le fait n'a pas eu lieu, ne s'est pas produit :

• *Si tu étais venu à mon anniversaire, tu aurais rencontré mon ami Peter* (sous-entendu : mais tu n'es pas venu).

– Le plus-que-parfait peut également exprimer :

• le regret   • *Ah si j'avais su !*

• le reproche   • *Si tu avais suivi son conseil !*

– Il peut exprimer la demande détournée, très polie (encore plus polie qu'avec un imparfait) :

• *Pardon, monsieur, excusez-moi de vous déranger. J'étais juste venu(e) vous demander si vous pouviez m'aider.*

Formation

C'est un temps composé : auxiliaire **avoir** ou **être** à l'imparfait + participe passé.

• *Avant, dès qu'il avait dîné, il allait se coucher.*

l'expression de l'hypothèse et de la condition page 333

Le passé simple

Valeurs : le temps du récit

C'est un temps que l'on réserve à l'écrit. Il n'existe plus guère à l'oral, sauf dans l'écrit oralisé (les contes de fées par exemple ou à la radio).

III. LA SPHÈRE DU VERBE

Mais attention : le passé simple ne tend pas à disparaître (comme on l'entend parfois), il reste très fréquent à l'écrit (dans la littérature, dans les journaux, etc.).

Comme le passé composé, le passé simple présente un fait, un événement ou une action comme terminés dans le passé. Mais dans le cas du passé simple, le fait est totalement coupé du moment de l'énonciation.

Le locuteur s'efface devant son récit et considère les événements qu'il raconte comme vus du dehors.

Il est donc normal qu'avec le passé simple, on rencontre surtout les 3e personnes du singulier et du pluriel.

- *Le 14 juillet 1789, le peuple de Paris s'empara de la Bastille. Les quelques prisonniers qui y étaient enfermés sortirent sous les applaudissements de la foule.*

On l'emploie le plus souvent pour présenter une série d'actions qui constituent une « histoire ». On emploiera donc le passé simple essentiellement dans les récits (historiques, par exemple) ou dans les contes.

Formation

Les formes du passé simple sont assez complexes. (En cas de doute, vérifiez dans vos tableaux de conjugaison p. 332.)
Il existe quatre types de terminaisons.

1.

-ai	-âmes
-as	-âtes
-a	-èrent

Tous les verbes du premier groupe (en **-er**)

marcher → *il marcha*

- *Ils marchèrent longtemps puis arrivèrent dans un château.*
- *Le roi les salua, leur donna à dîner, puis leur demanda ce qu'ils voulaient.*

2.

-is	-îmes
-is	-îtes
-it	-irent

Presque tous les verbes en **-ir**
+ d'autres verbes avec participe passé en **-i**
(comme **rire** ou **suivre**)
finir → **fini** → *il finit*
+ **prendre, attendre, entendre, craindre, répondre, faire, mettre, dire, voir**...

- *Il entendit un bruit, ouvrit la porte mais ne vit rien.*
- *Il finit par rentrer.*

⚠ Attention à un verbe très irrégulier : **naître** *je naquis* *nous naquîmes*
tu naquis *vous naquîtes*
il naquit *ils naquirent*

3.

-us	-ûmes
-us	-ûtes
-ut	-urent

La plupart des verbes en **-oir** ou **-oire**
+ d'autres verbes avec participe passé en **-u**
(comme **paraître** ou **lire**)

- *Dès que les journaux parurent, il ne put contenir son impatience : il courut les acheter et les lut en chemin.*

⚠ Attention à un verbe très irrégulier : **vivre** *je vécus* *nous vécûmes*
tu vécus *vous vécûtes*
il vécut *ils vécurent*

4.

-ins	-inmes
-ins	-intes
-int	-inrent

Deux verbes seulement (et leurs composés) dans cette catégorie : **venir** et **tenir**

• *Ils* vinrent *tous vers dix heures et* tinrent *conseil toute la nuit.*

Pour aller plus loin

Le passé antérieur

C'est l'accompli du passé simple, le « passé du passé simple ». Comme lui, c'est un temps utilisé seulement à l'écrit, en français soutenu.

Il est utilisé uniquement dans les subordonnées de temps et exprime une action antérieure à une autre action qui, elle, est exprimée au passé simple. Il se construit avec l'auxiliaire **être** ou **avoir** au passé simple + participe passé.

+ *Dès qu'il* eut compris *le danger, il frissonna de peur.*
+ *Quand ses parents* furent partis, *Fabrice alluma la télévision.*

En contexte

Dans la chambre que l'on ne **parvenait** jamais à rendre assez chaude, je **naissais** péniblement, le 28 janvier 1873 et je **donnais** beaucoup de mal à ma mère au travail… Il y **avait** bien peu de confort et de douceur dans cette chambre… Une quinzaine d'autres 28 janvier **passèrent**, sans y rien changer, sur cette chambre où je **naquis** à demi étouffée, manifestant une volonté personnelle de vivre et même de vivre longtemps, puisque je **viens d'accomplir** le soixante-quinzième anniversaire que mes amis autour de moi, s'obstinent à appeler un « beau jour ». Acceptons qu'ils l'aient rendu beau. Ils m'**ont donné** tant de choses…

Colette, *le Fanal bleu*, Livre de Poche, p. 67

4.4 L'EXPRESSION DU PASSÉ (2)
Les relations entre les différents temps du passé

Nous venons de passer en revue les valeurs propres aux temps du passé mais il est difficile, voire impossible, de les considérer en dehors des relations qu'ils entretiennent les uns avec les autres.

Les relations imparfait/passé composé

On entend souvent dire : « On utilise le passé composé pour une action ponctuelle et l'imparfait pour une action qui dure longtemps. » Ce n'est pas aussi simple !

Observez :
• *J'*ai rencontré *Paul le 21 mars 1997.*
• *J'*ai vécu *à Lyon pendant vingt-cinq ans.*

Dans la première phrase, le passé composé exprime une action ponctuelle, datée.

Dans la seconde phrase, en revanche, l'action se déroule pendant une durée longue mais **précisée**, dont on indique, même implicitement, le début et la fin.

Point commun : dans les deux cas, l'action ou l'événement sont vus comme terminés dans le passé.

Observez :

• *Jadis, en France, beaucoup d'enfants travaillaient aussi dur que les adultes.*
• *J'ouvrais la porte quand le téléphone a sonné.*

Dans la première phrase, l'imparfait indique bien que l'action se situe dans un passé indéterminé, dont on ne précise pas les bornes, les limites.

Dans la seconde phrase, en revanche, l'imparfait indique un point de repère dans le temps. Il marque la quasi-simultanéité entre deux actions (= j'étais en train d'ouvrir la porte quand le téléphone a sonné).

En général, lorsqu'il y a dans une même phrase imparfait et passé composé, l'imparfait sert d'**arrière-plan** (il indique les circonstances, le décor ou un commentaire), le passé composé introduit le **premier plan** (il introduit l'action, l'événement, ce qui survient).

• *Hier, après le travail, quand je suis rentré chez moi, je suis resté stupéfait : tous mes amis étaient là, le salon était décoré, il y avait un buffet, des fleurs, des cadeaux... C'était une surprise de ma femme pour mon anniversaire.*
• *Nous sommes sortis vers sept heures. Le jour se levait à peine, il y avait peu de monde dans les rues, seules les boulangeries étaient ouvertes. Le brouillard était épais et il faisait très froid. Soudain, j'ai aperçu une ombre.*

Les relations imparfait/passé simple

Les relations entre passé simple et imparfait sont à peu près les mêmes que celles qui existent entre passé composé et imparfait.

Le passé simple, temps du récit, sert à exprimer des actions complètement terminées dans le passé, qui se détachent au premier plan.

Les imparfaits qui l'accompagnent servent d'arrière-plan, dressent le décor, décrivent les circonstances, introduisent des commentaires, des détails, des précisions.

Comparez ces deux textes.

A. *Clovis apparut dans l'histoire vers 481 lorsqu'il devint roi des Francs saliens, après la mort de son père Childéric. Peu à peu, il élimina tous ses concurrents : en 486, il annexa le royaume de Syagrius et choisit Paris comme capitale. Cinq ans plus tard, il arracha Blois aux Armoricains. En 493, il épousa Clotilde, la nièce – catholique – du roi des Burgondes.*

B. *Clovis, alors qu'il était âgé d'une quinzaine d'années, apparut dans l'histoire vers 481 lorsqu'il devint roi des Francs saliens, après la mort de son père Childéric, un roitelet franc qui tenait la région située entre l'Escaut et la Somme. Peu à peu, il élimina tous ses concurrents : en 486, il annexa le royaume de Syagrius qui était le chef du dernier État gallo-romain et choisit Paris comme capitale parce que la position de cette ville était très avantageuse militairement. Cinq ans plus tard, il arracha Blois aux Armoricains. En 493, il épousa Clotilde, la nièce – catholique – du roi des Burgondes. Il entrait ainsi dans le cercle des Grands qui se partageaient les restes de l'Empire romain d'Occident.*

Vous remarquez que le premier texte est parfaitement compréhensible mais beaucoup plus « sec » que le second puisqu'il se contente d'énoncer les faits. Dans le second, nous trouvons des précisions sur l'âge de Clovis ou sur le statut de son père et de Syagrius ; des explications sur le choix de Paris comme capitale ; un commentaire sur la destinée du roi.

Les relations passé composé/passé simple

Une première remarque : les deux temps ne sont pas absolument interchangeables. Quand vous écrivez un texte au passé, il vous est toujours possible d'utiliser un passé composé à la place d'un passé simple. En effet, le passé composé a de nombreux emplois et on l'utilise souvent pour raconter des événements passés.
• *Napoléon mourut à Saint-Hélène = Napoléon est mort à Sainte-Hélène.*

Mais, à l'inverse, vous ne pouvez pas toujours remplacer un passé composé par un passé simple parce que celui-ci a un emploi beaucoup plus restreint (c'est uniquement le temps du récit).
• *Ça y est, ils ont fini de travailler/*Ça y est, ils finirent de travailler* (impossible).

S'il est rare de rencontrer dans un même texte passé composé et passé simple, ce n'est cependant pas impossible quand on veut produire **un effet de style**. Dans ce cas, les énoncés au passé composé indiquent la relation avec le présent du locuteur, ses commentaires par exemple.
• *Alors, la porte se mit à grincer : Henri devint vert de terreur et faillit s'évanouir. Il se cramponna à moi et je dus le retenir. Lorsqu'il vit que ce n'était que le vent, il eut l'air si honteux que je fis semblant de croire qu'il avait trébuché. Je l'ai souvent revu par la suite mais nous n'avons jamais parlé de cet épisode. Je n'ai pas oublié la figure qu'il fit ce jour-là. Et je suis sûr qu'il ne l'a pas oublié non plus.*

4.5 LA CONCORDANCE DES TEMPS À L'INDICATIF

Qu'est-ce que la concordance des temps ? C'est un accord, une harmonie entre les différents temps des verbes d'une phrase.
Cette concordance des temps s'établit principalement dans des phrases complexes, c'est-à-dire des phrases qui comportent plusieurs propositions, au moins une proposition principale et une proposition subordonnée : **Je sais** (proposition principale) **que tu as raison** (proposition subordonnée).

L'emploi des temps

L'emploi des temps dépend :

– de la chronologie des faits que l'on rapporte :
Je me demande (proposition principale au présent) *s'il partira bientôt* (proposition subordonnée au futur, l'action est située dans l'avenir par rapport au verbe principal).

– du rapport entre le temps de la proposition principale et le temps de la proposition subordonnée.
Comparez et observez :
• *Je prends un parapluie parce qu'il pleut* (nous sommes dans le présent). (Simultanéité entre une action ponctuelle au présent et une action en cours d'accomplissement au présent.)

III. LA SPHÈRE DU VERBE

- *Hier, j'ai pris* mon parapluie parce qu'*il pleuvait* (nous sommes dans le passé). (Simultanéité entre une action ponctuelle au passé composé et une action en cours d'accomplissement à l'imparfait.)

Donc, il faut envisager ces deux cas :
– le verbe principal est dans un contexte de présent, c'est-à-dire qu'il peut être au présent, au futur ou à l'impératif ;
– le verbe principal est dans un contexte de passé, c'est-à-dire qu'il peut être à l'imparfait, au passé composé, au passé simple ou au plus-que-parfait.

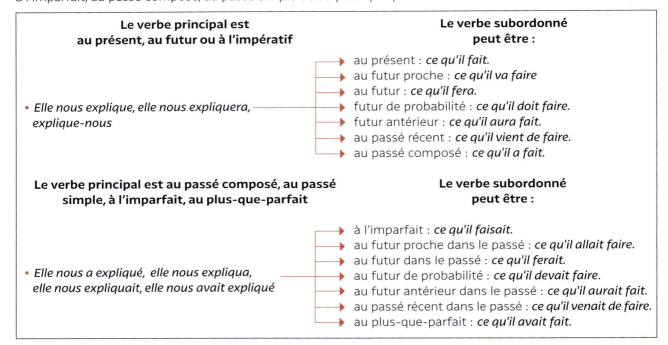

Le verbe principal est au présent, au futur ou à l'impératif	Le verbe subordonné peut être :
• *Elle nous explique, elle nous expliquera, explique-nous*	au présent : *ce qu'il fait.*
	au futur proche : *ce qu'il va faire*
	au futur : *ce qu'il fera.*
	futur de probabilité : *ce qu'il doit faire.*
	futur antérieur : *ce qu'il aura fait.*
	au passé récent : *ce qu'il vient de faire.*
	au passé composé : *ce qu'il a fait.*
Le verbe principal est au passé composé, au passé simple, à l'imparfait, au plus-que-parfait	**Le verbe subordonné peut être :**
• *Elle nous a expliqué, elle nous expliqua, elle nous expliquait, elle nous avait expliqué*	à l'imparfait : *ce qu'il faisait.*
	au futur proche dans le passé : *ce qu'il allait faire.*
	au futur dans le passé : *ce qu'il ferait.*
	au futur de probabilité : *ce qu'il devait faire.*
	au futur antérieur dans le passé : *ce qu'il aurait fait.*
	au passé récent dans le passé : *ce qu'il venait de faire.*
	au plus-que-parfait : *ce qu'il avait fait.*

Remarques

On peut dire aussi :
- *J'ai toujours su* que la Terre n'*est* pas tout à fait ronde (à la place de l'imparfait, le présent exprime une vérité générale).
- *Le professeur nous a dit* que c'*est* la Terre qui tourne autour du Soleil et pas le contraire.
- *J'ai appris* récemment que tu *vis à présent* à la campagne et que tu *vas mettre* en vente, ou que tu *as déjà mis* en vente ton appartement parisien (**tu vis, tu vas mettre, tu as déjà mis** sont des verbes qui situent l'action dans le présent de celui qui parle).

Toutefois, les Français ont tendance à faire malgré tout la concordance des temps et à l'oral, ils diront :
- *Et toi, tu savais que la Terre tournait autour du Soleil ?*
- *J'ai appris récemment que tu vivais à présent à la campagne et que tu allais mettre en vente ou que tu avais déjà mis en vente ton appartement parisien.*
ou au contraire :
- *Je sais maintenant qu'à cette époque-là*, il *vivait* à l'étranger (l'imparfait montre une action continue dans le passé

5 Les modes personnels autres que l'indicatif

Qu'est-ce qu'un **mode** ?

Le mode sert à exprimer l'attitude, l'état d'esprit, la prise de position du locuteur par rapport à ce qu'il dit.

Rappelons que seul le mode indicatif donne des précisions sur la temporalité. Les autres modes ne permettent pas, en eux-mêmes, de situer un événement dans le temps.

Utiliser tel ou tel mode permet au locuteur de choisir entre plusieurs attitudes :

– la certitude (affirmative ou négative) devant un événement :
  • *Je suis sûr qu'elle m'aime / Je suis sûr qu'elle ne m'aime pas.*

ou l'interrogation :
  • *Est-ce qu'elle m'aime ?*
– évaluer le degré de probabilité de quelque chose :
  • *Il est fort possible qu'elle m'aime / Ça m'étonnerait bien qu'elle m'aime.*

– apporter un jugement sur un événement :
  • *Je trouve merveilleux qu'elle m'aime / Je suis désespéré qu'elle ne m'aime pas !*

– exercer une pression sur l'interlocuteur :
  • *Je veux que tu m'aimes ! Il faut que tu m'aimes ! Aime-moi !*

Les modes personnels
Outre le mode indicatif, traité dans le chapitre précédent, les modes personnels (c'est-à-dire conjugués) comprennent le subjonctif, le conditionnel et l'impératif.

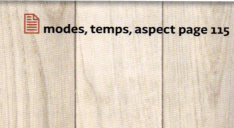 **modes, temps, aspect page 115**

5.1 LE MODE SUBJONCTIF

Qu'est-ce que le subjonctif et comment l'utiliser ?
Pour le découvrir, il convient d'établir une comparaison entre l'indicatif et le subjonctif.

Quand on utilise l'indicatif, **on actualise** l'action, **on indique**, **on montre** les faits dans un moment donné. C'est le locuteur, celui qui parle, qui place ces faits dans le monde de la réalité, de la réalisation.
• *Je pense qu'il viendra* (mon opinion est assurée).

C'est pourquoi l'indicatif, mode de l'actualisation, **parcourt tous les moments de l'axe du temps** : le présent, le passé (passé composé, passé simple, imparfait, plus-que-parfait, passé récent...), le futur (futur proche, futur antérieur...).
• *Je suis sûr que cet élève est intelligent et qu'il va comprendre ou qu'il comprendra un jour.*

Quand on utilise le subjonctif, **on interprète**, **on apprécie** la réalité. C'est donc le mode de la **subjectivité**. Le locuteur laisse aux autres la possibilité de penser ou de ne pas penser comme lui.
• *Je veux qu'il vienne* (mais lui, voudra-t-il venir ?).

C'est pourquoi le subjonctif, mode de la subjectivité, **n'a pas besoin de tous les temps que l'on trouve à l'indicatif**. Il montre l'action en train de s'accomplir ou accomplie et c'est le contexte qui lui donne sa valeur temporelle.
• *Je doute que cet élève soit intelligent et qu'il comprenne un jour.*

Valeurs et emplois

Le subjonctif s'utilise essentiellement dans la proposition subordonnée.
On le trouve, mais très rarement, en proposition indépendante, souvent dans des phrases exclamatives exprimant un souhait, un ordre, un désir...
• *Que le meilleur gagne !* (= nous souhaitons que le meilleur gagne).
• *Qu'il vienne !* (= je veux, je désire qu'il vienne).
• *Pourvu qu'il fasse beau !*

 **impératif page 165**

En proposition subordonnée, on le trouve :

– dans la proposition subordonnée complétive
• après **les verbes personnels ou impersonnels qui insistent sur l'idée du doute** : c'est-à-dire après tous les verbes d'opinion, de croyance, de déclaration qui, utilisés à la forme négative ou interrogative, introduisent l'idée d'un doute.
• *Je ne pense pas qu'on puisse répondre à toutes les questions.*
• *Il est douteux qu'on apprenne un jour la vérité sur ces événements.*

proposition subordonnée complétive page 269

• après **les verbes personnels ou impersonnels qui expriment la volonté, le désir, l'ordre, le souhait ou le sentiment :**
• *Le jeune homme était mécontent qu'on l'ait critiqué devant son amie.*
• *Il est préférable que tu prennes tes propres clés.*

– dans la proposition subordonnée relative
• quand l'antécédent est **indéterminé** ou précédé d'un **indéfini** :
• *Je cherche quelqu'un, un employé qui veuille bien me renseigner.*

• quand la proposition principale est **à la forme négative, interrogative** ou **hypothétique** :

 proposition
subordonnée relative
page 260

• *Y a-t-il* quelqu'un *qui sache* réciter par cœur « Le Bateau ivre » de Rimbaud ? (on en doute…).
• *Je ne connais personne qui puisse* réciter ce poème par cœur (mais peut-être qu'il existe quelqu'un…).
• *Si tu connais* quelqu'un *qui puisse* réciter ce poème par cœur, montre-le-moi (j'en doute).

Dans ces phrases, on pourrait remplacer le subjonctif par le conditionnel :
• *Tu connais quelqu'un qui pourrait réciter ce poème par cœur ?*

• quand la proposition principale introduit **l'idée d'une restriction** avec des expressions comme : **le seul, l'unique, le premier, le dernier, ne… que,** ou **des superlatifs relatifs.**
• *C'est le seul* ami *qui me comprenne* (j'envisage malgré tout, la possibilité d'en trouver d'autres un jour).
• *Il n'y a que toi qui me comprennes* (le subjonctif relativise, il y a « toi » parmi d'autres peut-être…).
• *C'est le meilleur film que j'aie vu depuis longtemps* (tout jugement n'est pas définitif, c'est ce que dit le subjonctif).

– dans les propositions subordonnées circonstancielles
• **de temps :** après les conjonctions qui montrent que l'action se situe dans un futur indéterminé et donc qu'il y a peut-être un doute sur la réalisation de cette action.
Ces conjonctions sont : **avant que, jusqu'à ce que, en attendant que, d'ici (à ce) que.**
• *Je travaille jusqu'à ce qu'il revienne* (oui, mais reviendra-t-il ?).
• *D'ici (à ce) que je comprenne un problème de mathématiques, même très facile, il pourra se passer des semaines, des mois, des années* (= je suis nul(le) en mathématiques et donc, il est douteux que je comprenne).

> Dans la subordonnée relative, l'usage peut préférer l'indicatif au subjonctif, si l'accent est mis sur la plus ou moins grande réalité d'un fait.
> • *C'est le meilleur film que j'ai vu ce mois-ci.*

 **propositions
subordonnées
circonstancielles
page 293**

• **de cause :** après les conjonctions qui montrent que la cause est niée, rejetée ou que la cause est supposée donc qu'elle est incertaine.
Ces conjonctions sont : **non (pas) que, ce n'est pas que** et **soit que… soit que…**
• *Le bébé pleure, ce n'est pas qu'il ait faim, mais il veut qu'on lui parle, qu'on s'occupe de lui.*
• *Il n'entend plus rien aujourd'hui, soit qu'il ait assisté hier à un concert de musique techno, soit qu'il ait gardé trop longtemps le casque de son baladeur sur les oreilles.*

• **de but**
– après les conjonctions qui montrent le but à atteindre (mais est-ce qu'on l'atteindra ?) : **de sorte que, de manière que, de façon que, pour que, afin que.**
• *Cette personne qui se croit très intéressante parle toujours à voix haute pour que tout le monde l'entende !*

– après les conjonctions qui montrent le but à éviter (mais est-ce qu'on l'évitera ?) : **de peur que (ne), de crainte que (ne).**
• *Son amie qui est très timide parle au contraire à voix basse de peur que quelqu'un (ne) l'entende.*

• **d'opposition, de concession**
– après les conjonctions qui montrent qu'un fait entraîne une conséquence inattendue : **bien que, quoique, sans que, encore que, si… que, pour… que, quelque… que.**
• *Bien qu'il pleuve à verse, nous ne renoncerons pas à notre pique-nique* (on peut s'en étonner !).

> **De sorte que, de manière que, de façon que,** conjonctions de conséquence, sont suivies de l'indicatif.

- *Si brillant qu'il ait été au cours du match, il n'a marqué aucun but* (conséquence tout à fait inattendue !).

– après les conjonctions qui montrent qu'une action est considérée dans sa possibilité indéfinie : **qui que, quel(le)(s) que, quoi que, où que, d'où que**.
- *Qui que tu sois, quoi que tu fasses, où que tu ailles, je te suivrai* (= tu peux être n'importe qui, tu peux faire n'importe quoi, tu peux aller n'importe où...).

- **de condition, d'hypothèse**

– après les conjonctions qui montrent que la réalisation d'un fait dépend de la réalisation d'un autre : **à condition que, pourvu que, à moins que, pour peu que**.
- *Nous reviendrons à condition que vous nous invitiez !* (= notre retour dépend de votre invitation ; mais y aura-t-il une invitation ?).

– après les conjonctions qui montrent qu'un fait est envisagé comme imaginaire comme hypothétique, donc qu'il est éventuel et non pas réel : **à supposer que, en supposant que, en admettant que**.
- *En supposant qu'il ait la réponse à la question posée* (mais on n'en est pas sûr), *est-ce qu'il pourra la donner ?*
- *En admettant qu'il ait raison* (mais a-t-il vraiment raison ?), *il ne doit pas imposer son point de vue avec tant de violence.*

Formation

Comme nous l'avons vu plus haut, le subjonctif ne possède pas la richesse temporelle de l'indicatif.
Il n'a ni futur, ni futur proche, ni passé récent, ni futur du passé, etc.
Il n'a que quatre temps :
– **le présent et le passé** (une forme simple et une forme composée qui appartiennent à la sphère du présent) ;
– **l'imparfait et le plus-que-parfait** (une forme simple et une forme composée qui appartiennent à la sphère du passé). L'imparfait et le plus-que-parfait sont complètement abandonnés dans la langue orale et ne trouvent leur emploi que dans une langue écrite littéraire. Ils sont remplacés par le présent et le passé.

Comment se forme le subjonctif ?

– Au présent
On part du radical de la troisième personne du pluriel de l'indicatif présent.
Par exemple : **doiv-** ent.
On ajoute à ce radical **doiv-** les terminaisons : *-e, -es, -e, -ions, -iez, -ent*.
Deux remarques
a. Les 3e personnes du pluriel de l'indicatif et du subjonctif sont identiques.
b. Les 1re et 2e personnes du pluriel du subjonctif présent sont identiques à celles de l'imparfait de l'indicatif.
Ce qui donne pour le verbe **devoir** : *que je doive, que tu doives, qu'il/elle doive, que nous devions, que vous deviez, qu'ils/elles doivent.*

Cependant, neuf verbes ont un subjonctif présent irrégulier :
- **aller** : *que j'aille, que tu ailles, qu'il/elle aille, que nous allions, que vous alliez, qu'ils/elles aillent.*
- **être** : *que je sois, que tu sois, qu'il/elle soit, que nous soyons, que vous soyez, qu'ils/elles soient.*
- **avoir** : *que j'aie, que tu aies, qu'il/elle ait, que nous ayons, que vous ayez, qu'ils/elles aient.*

> **!**
> Cette présentation est synthétique, donc limitée. Pour en savoir plus, reportez-vous aux chapitres traitant des relations logico-temporelles.

> **ayons, ayez** se prononcent : « éyons », « éyez » [ejɔ̃] [eje].

• **faire :** *que je fasse, que tu fasses, qu'il/elle fasse, que nous fassions, que vous fassiez, qu'ils/elles fassent.*
• **savoir :** *que je sache, que tu saches, qu'il/elle sache, que nous sachions, que vous sachiez, qu'ils/elles sachent.*
• **pouvoir :** *que je puisse, que tu puisses, qu'il/elle puisse, que nous puissions, que vous puissiez, qu'ils/elles puissent.*
• **vouloir :** *que je veuille, que tu veuilles, qu'il/elle veuille, que nous voulions, que vous vouliez, qu'ils/elles veuillent.*
• **valoir :** *que je vaille, que tu vailles, qu'il/elle vaille, que nous valions, que vous valiez, qu'ils/elles vaillent.*
• **falloir :** *qu'il faille* (verbe impersonnel).

– Au passé
On utilise l'auxiliaire **être** ou **avoir** au subjonctif présent + le participe passé du verbe.
Ce qui donne pour le même verbe **devoir** : *que j'aie dû, que tu aies dû, qu'il/elle ait dû, que nous ayons dû, que vous ayez dû, qu'ils/elles aient dû.*

> Pour **aller, valoir, vouloir,** les 1ʳᵉ et 2ᵉ personnes du subjonctif présent sont identiques à celles de l'imparfait de l'indicatif.

Pour aller plus loin

À l'imparfait

Il faut partir de la voyelle du radical du passé simple.

Ainsi, le passé simple de **devoir** est : *je dus, tu dus, il dut,* etc.
À ce radical « **du** », on ajoutera les désinences suivantes : *-sse, -sses, -ût, -ssions, -ssiez, -ssent.*

Ce qui donne pour ce verbe : *que je dusse, que tu dusses, qu'il/elle dût, que nous dussions, que vous dussiez, qu'ils/elles dussent.*

Au plus-que-parfait

L'auxiliaire **être** ou **avoir** au subjonctif imparfait + le participe passé du verbe.

Ce qui donne pour ce verbe **devoir** qui se conjugue avec l'auxiliaire **avoir** : *que j'eusse dû, que tu eusses dû, qu'il/elle eût dû, que nous eussions dû, que vous eussiez dû, qu'ils/elles eussent dû.*

Quand on lit à haute voix ces formes, on peut comprendre pourquoi elles ont disparu de la langue orale et même de la langue écrite courante. Imaginez une phrase de ce genre :
+ Avant que les premiers accords (ne) résonnassent dans la salle de concert, il aurait fallu, pour que nous écoutassions véritablement cette sublime musique, que les auditeurs cessassent de tousser, de se moucher et de se racler la gorge (à éviter bien sûr).
Vous ne les utiliserez probablement jamais mais vous les rencontrerez dans des textes littéraires, classiques bien sûr, mais également contemporains.

Concordance des temps au subjonctif

Tout comme la concordance des temps à l'indicatif, la concordance des temps au subjonctif est une recherche d'accord, d'harmonie entre les différents temps des verbes d'une phrase.
Cette concordance s'établit dans la phrase complexe, c'est-à-dire dans une phrase qui comporte plusieurs propositions, au moins une proposition principale et une proposition subordonnée.

Le subjonctif est introduit soit par une conjonction de subordination, soit par un verbe principal (par exemple dans les subordonnées complétives) qui demandent le subjonctif.

- *Je partirai avant qu'il ne revienne.*
- *J'exige que tu sois là demain.*

Le temps du verbe de la proposition subordonnée dépend du temps du verbe de la proposition principale.

Mais il faut rappeler que le subjonctif n'a que quatre formes verbales pour rendre toutes les nuances chronologiques des temps de l'indicatif (il n'a ni futur, ni futur proche, ni passé récent).

Nous avons donc un temps simple : le présent
et un temps composé qui lui correspond : le passé

Puis un autre temps simple : l'imparfait
et un temps composé qui lui correspond : le plus-que-parfait.

qui sont peu utilisés parce que ces formes sont jugées trop littéraires.
Observez et comparez :

Le verbe principal est dans un contexte de présent.

- *Je suis sûre*
  - qu'il *fait* de son mieux → *Je doute qu'il fasse de son mieux.*
  - qu'il *fera* de son mieux à l'avenir. → *Je doute qu'il fasse de son mieux à l'avenir.*
  - qu'il m'*a* bien *écoutée* hier → *Je doute qu'il m'ait bien écoutée hier.*
  - qu'il m'*a* bien *écoutée* aujourd'hui → *Je doute qu'il m'ait bien écoutée aujourd'hui.*
  - qu'il *aura compris* avant la fin du cours → *Je doute qu'il ait compris avant la fin du cour.*

(Ainsi vous remarquerez que le subjonctif présent correspond à un présent ou à un futur de l'indicatif et que le subjonctif passé correspond à un passé composé ou à un futur antérieur de l'indicatif.)

Le verbe principal est dans un contexte de passé.

- *J'étais sûre*
  - qu'il *faisait* de son mieux → *Je doutais qu'il fît (litt.)/fasse (cour.) de son mieux.*
  - qu'il *ferait* de son mieux un jour → *Je doutais qu'il fît (litt.)/fasse (cour.) de son mieux un jour.*
  - qu'il m'*avait* bien *écoutée* la veille → *Je doutais qu'il m'eût (litt.)/m'ait bien écoutée (cour.) la veille.*
  - qu'il m'*avait* bien *écoutée* ce jour-là → *Je doutais qu'il m'eût (litt.)/m'ait bien écoutée (cour.) ce jour-là.*
  - qu'il *aurait compris* avant la fin du cours → *Je doutais qu'il eût (litt.)/ait compris (cour.) avant la fin du cours.*

(Vous noterez que le subjonctif imparfait ou présent correspondent à un imparfait ou à un futur du passé de l'indicatif, et que le subjonctif passé ou plus-que-parfait correspondent à un plus-que-parfait ou à un futur antérieur du passé de l'indicatif.)

— *En contexte* —

Un misanthrope au soleil

Vous me demandez quelle serait la maison de mes rêves ? Difficile. Je me moque de sa taille pourvu qu'elle **soit** assez grande pour moi et mes quatre chiens. J'aimerais qu'elle **soit** simple, agréable à vivre et surtout très lumineuse. Il faudrait qu'il y **ait** de grandes baies vitrées orientées au sud et qu'elles **s'ouvrent** sur une terrasse d'où je verrais la mer. Sur la terrasse, j'aimerais qu'il y **ait** des fauteuils confortables, une table avec mes livres, mes pipes et mes jumelles pour que je **puisse** observer les bateaux et les oiseaux. En bas de la terrasse, il faudrait que des escaliers **descendent** jusqu'à la plage pour que mes chiens **soient** libres d'aller et venir comme ils veulent. En un mot, ce que j'aimerais, c'est un endroit calme où je **puisse** avoir la paix sans que mes voisins **viennent** me déranger pour un oui ou pour un non. L'idéal absolu serait d'ailleurs qu'il n'y **ait** aucun voisin aux alentours.

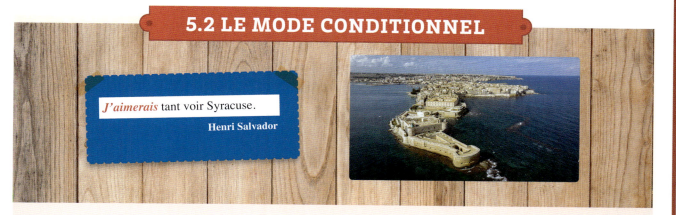

5.2 LE MODE CONDITIONNEL

> *J'aimerais* tant voir Syracuse.
>
> Henri Salvador

Le conditionnel est très souvent considéré comme un temps de l'indicatif, à rapprocher du futur. En effet, dans la concordance des temps, c'est un « futur dans le passé ».
- *Il m'avait dit qu'il viendrait me voir mais je ne l'ai pas vu.*
- *Il disait toujours qu'il rentrerait à Amiens dès qu'il aurait fini ses études.*

Cependant, le conditionnel est aussi – traditionnellement – considéré comme un mode parce qu'il exprime très souvent l'irréel, l'imaginaire et qu'on le trouve, bien souvent, en concurrence avec le subjonctif.

Rappels

C'est une forme en « **r** » comme le futur, mais il a les mêmes terminaisons que l'imparfait.

je voudrais	*nous voudrions*
tu voudrais	*vous voudriez*
il/elle voudrait	*ils/elles voudraient*

Il a deux temps : le conditionnel présent
- *Je voudrais venir avec vous.*
- *Je viendrais si je pouvais.*

et le conditionnel passé
- *J'aurais voulu venir avec vous.*
- *Je serais venu avec vous si j'avais pu.*

Valeurs modales

Le conditionnel permet d'exprimer :
- **un fait envisageable, réalisable dans le futur :**
- *S'il pleuvait demain, j'irais volontiers au cinéma. Pas toi ?*
- *En mars, on pourrait faire un petit voyage.*

- **un fait non réalisé (et non réalisable)** – un « irréel » :
Dans le présent : • *Si j'étais à ta place, je refuserais cette proposition.*
ou dans le passé : • *Si j'avais été à ta place, j'aurais refusé cette proposition.*

- **une nouvelle non confirmée** (l'information est donnée avec prudence, sous réserve) :
- *Selon certaines sources, l'actrice se trouverait actuellement en Argentine.*
- *D'après certaines rumeurs non encore confirmées, le couple princier aurait décidé de se séparer.*

- **une demande polie :**
- *Pourriez-vous m'aider ? Tu pourrais fermer la fenêtre ?*

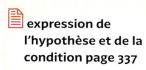

expression de l'hypothèse et de la condition page 337

- **un fait imaginaire** (dans le jeu, par exemple) :
- *Moi, je serais le chef et toi, tu m'obéirais. On serait des bandits, on se cacherait dans la forêt et on attaquerait les voyageurs.*

Mais il permet d'exprimer aussi :
- **la surprise** (positive ou négative). C'est un peu comme si l'on demandait une confirmation :
- *Il aurait eu son permis de conduire du premier coup ? Génial !*
- *Hein ? il serait à Paris et il ne m'aurait pas prévenu(e) !*

- **le conseil, la suggestion :**
- *Vous devriez vous reposer un peu.*

- **le regret** (toujours au conditionnel passé) :
- *J'aurais bien aimé vivre au Moyen Âge.*

- **l'éventualité, la possibilité :**
- *On dirait qu'il va pleuvoir.* (contexte de présent)
- *Il était très pâle. On aurait dit qu'il était malade.* (contexte de passé)

—— *En contexte* ——

Ils **auraient aimé** être riches. Il y **aurait** une cuisine, vaste et claire, une belle table en bois blanc. Il **serait** agréable de venir s'y asseoir. Il **serait** tôt. Ce **serait** le début d'une longue journée de mai.

Georges Perec : Les choses

5.3 LE MODE IMPÉRATIF

Levez-vous vite, orages désirés…
François-René de Chateaubriand

L'impératif est un mode. Mais contrairement aux autres modes personnels comme l'indicatif ou le subjonctif, il n'est pas complet.
Il s'emploie sans pronom sujet et ne comporte que trois personnes :
– **la 2e du singulier (toi)** lorsqu'on s'adresse à une personne à qui on dit « tu » :
- *Prends le temps de visiter la ville, elle en vaut la peine.*

– **la 2e du pluriel (vous)** lorsqu'on s'adresse à une personne à qui on dit « vous » ou à plusieurs personnes :
- *Prenez le temps de visiter la ville, elle en vaut la peine.*

– et, plus rarement, la **1re du pluriel (nous)** si on s'inclut dans le groupe concerné :
- *Prenons le temps de visiter la ville, elle en vaut la peine.*

Remarque

Comment exprimer l'impératif lorsqu'il s'agit des autres personnes ?

Pour la 1ʳᵉ personne du singulier (**je**) et les 3ᵉ personnes du singulier (**il/elle**) et du pluriel (**ils/elles**), le subjonctif présent remplace l'impératif.

- *Que je sois changée en pierre si je mens !* (= je veux bien qu'on me change en pierre si je mens).
- *Qu'il aille visiter la ville, elle en vaut la peine* (= il faut qu'il prenne le temps de visiter la ville).

Le mode impératif comporte deux temps : un présent (fréquent) et un passé (moins utilisé) formé de l'auxiliaire **être** ou **avoir** à l'impératif + participe passé du verbe.

– L'impératif présent

– On donne un ordre, on exprime une prière ou on situe l'action dans un futur immédiat :
- *Sers-moi à boire, s'il te plaît.*
- *Passez-moi ce livre, s'il vous plaît.*

– On situe l'action dans un avenir plus ou moins lointain, postérieur au moment de l'énonciation :
- *Revenez à 18 heures, ce sera fait.*
- *N'oublie pas d'aller chercher les enfants à l'école ce soir !*

– L'impératif passé (auxiliaire **être** ou **avoir** à l'impératif + participe passé du verbe)

Le procès doit être achevé dans l'avenir, à un moment souvent exprimé par un complément ou une subordonnée circonstancielle de temps :
- *Soyez rentrés avant minuit.*
- *Tu peux aller à cette fête mais surtout sois revenu avant que le métro (ne) s'arrête !*

Valeurs et emplois

L'impératif sert à exprimer une **injonction** qui peut aller de l'ordre plus ou moins brutal (*Descendez de là immédiatement !*) à la prière (*Écoute-moi, je t'en prie*).

Le sens le plus habituel est celui de **l'ordre** ou son contraire, **la défense**.
- *Apprenez cette leçon mais ne faites pas les exercices.*

Il peut exprimer aussi :
- **le conseil** • *Sachez attendre, soyez patient, tout va s'arranger.*
- **le souhait** • *Passez un bon week-end. Soyez en forme lundi.*
- **la prière** • *Faites qu'il réussisse. Ayez pitié de nous !*
- **la politesse formelle,** à l'écrit surtout, avec **veuillez** :
- *Veuillez trouver ci-joint le document que vous nous avez demandé.*
- *Veuillez agréer, Madame/ Monsieur, l'expression de mes salutations distinguées.*

- **la condition :**
- *Finis ton travail et tu pourras rejoindre tes copains* (= si tu finis ton travail, tu pourras rejoindre tes copains).

- **l'opposition/concession :**
- *Criez, menacez, suppliez, nous ne reviendrons pas sur notre décision* (= même si vous criez, menacez, suppliez, nous ne reviendrons pas sur notre décision).

- **une vérité intemporelle,** souvent sous la forme de proverbes :
- *Travaillez, prenez de la peine, c'est le fonds qui manque le moins.*
- *Ne jouez pas avec le feu.*
- *Ne mettez pas tous vos œufs dans le même panier.*
- *Ne vendez pas la peau de l'ours avant de l'avoir tué.*
- *En avril, ne te découvre pas d'un fil, en mai, fais ce qu'il te plaît.*

L'impératif au style direct se transforme en infinitif ou en subjonctif dans le discours indirect.
- *Ferme la fenêtre, s'il te plaît* (= je te demande de fermer la fenêtre / je demande que tu fermes la fenêtre).
- *Soyez poli !* (= je vous prie d'être poli / je voudrais que vous soyez poli). (Voir discours indirect page 265.)

Formation

L'impératif n'a pas de sujet exprimé, c'est donc la terminaison du verbe ou de l'auxiliaire qui indique la personne à qui s'adresse le locuteur.

• *Approchez, regardez, choisissez ce qui vous plaît.*
• *Sois sage, reste tranquille !*

Un groupe nominal, mis en apostrophe, avant ou après le verbe, précise parfois à qui on parle.

• *Les enfants, ne restez pas dehors sous la pluie, rentrez dans la maison !*
• *Mathias, éteins la télé ! Éteins cette télé, Mathias !*

Les trois formes qui existent à l'impératif présent viennent presque toutes du présent de l'indicatif.

• *Finis ton assiette avant de quitter la table.*
• *Prenons le temps de réfléchir, ne décidons pas les choses à la légère.*

Remarques

1. **être** et **avoir** utilisent la forme du subjonctif.
• *Sois courageuse. Soyez heureux. Soyons prudents !*
• *Aie un peu d'ambition ! Ayez confiance en moi. Ayons une politique commune.*

2. Le verbe **savoir** a un impératif formé sur le radical du subjonctif.
Les terminaisons sont : *-e, -ons, -ez.*
• *Sache bien que c'est la dernière fois que je t'aide !*
• *Sachons rester courtois en toutes circonstances.*
• *Sachez garder votre calme, s'il vous plaît !*

3. Le verbe **vouloir** est particulier : la 2e personne du singulier : **veuille**, est formée sur le radical du subjonctif (**que je veuille**).

Mais attention, les 1re et 2e personnes du pluriel : **veuillons, veuillez,** sont différentes de celles du subjonctif (rappel : **que nous voulions, que vous vouliez**). **Veuille, veuillons, veuillez :** de ces trois formes, seule la forme **veuillez** est utilisée. Les autres sont extrêmement rares.

Particularités d'orthographe et de construction de l'impératif

1. Verbes en **-er** + 5 verbes du 3e groupe : couvrir, cueillir, offrir, ouvrir, souffrir : la 2e personne du singulier ne prend pas de « **s** », contrairement à la forme du présent de l'indicatif.

• *Tu chantes bien → Chante pour nous, s'il te plaît.*
• *Tu ouvres la porte → Ouvre la porte à ton frère.*

Mais pour faciliter la prononciation, on ajoute un « **s** » quand l'impératif est suivi de **y** ou de **en** rattachés au verbe par un trait d'union.

• *Tu es toujours décidé à sortir ce soir ? Eh bien, vas-y sans moi, je suis fatiguée.*
• *Tu as des difficultés à comprendre ? Parles-en au professeur.*

2. Le verbe à l'impératif peut avoir des compléments d'objet direct ou indirect. Lorsque ces COD ou COI sont des pronoms, ils se placent toujours après le verbe à la forme affirmative.

• *Raconte à ton père ce que tu as fait → Raconte-le-lui.*
• *Souvenez-vous des bons moments passés ensemble → Souvenez-vous-en.*

Mais à la forme négative, ils se placent avant le verbe.

• *Ne dis pas à ton père ce que tu as fait → Ne le lui dis pas.*
• *N'offrez jamais de fleurs aux personnes allergiques → Ne leur en offrez jamais.*
• *Ne te regarde pas dans la glace sans arrêt.*

✲ Orthographe

L'impératif **aie** ne prend pas de « **s** ».

À l'oral

À l'oral, on rencontre cette forme dans les formules figées :
Veuillez attendre un moment, s'il vous plaît.
Veuillez patienter.
Veuillez attacher vos ceintures.
À l'écrit, on la trouve dans des lettres officielles essentiellement.
Veuillez trouver ci-joint mon curriculum vitae.
Avec mes remerciements, veuillez agréer, Madame, l'expression de mes salutations distinguées.

📄 **place des pronoms personnels page 60**

Mange ta soupe. **Tiens-toi** droit. **Mange** lentement. Ne mange pas si vite. **Bois** en mangeant. **Coupe** ta viande en petits morceaux. […] **Ne joue pas** avec ton couteau. Ce n'est pas comme ça qu'on tient sa fourchette. […] **Vide** ton assiette. **Ne te balance pas** sur ta chaise. **Finis** ton pain. […] **Mâche**. **Ne parle pas** la bouche pleine. **Ne mets pas** tes coudes sur la table. **Ramasse** ta serviette. **Ne fais pas** de bruit en mangeant. Tu sortiras de table quand on aura fini. **Essuie** ta bouche avant de m'embrasser…

Jean Cocteau, *Petite lettre à la dérive*

Manières de dire

Le verbe **aller** à l'impératif est souvent utilisé à l'oral, aux 1re et 2e personnes du pluriel, sans signification précise. Il accompagne une demande et marque parfois une forme d'insistance ou d'encouragement.
- *Allez, dépêche-toi un peu, on va être en retard !*
- *Allez, courage ! Tu as presque fini l'exercice !*
- *Allez, vous pouvez bien faire ça pour moi !*
- *Allons, les enfants, soyez sages !*

D'autres impératifs comme **voyons**, **dis** ou **dites**, sont utilisés à l'oral sans signification précise, pour interpeller l'interlocuteur, ponctuer le discours.
- *Voyons ! Vous ne ferez pas cela !*
- *Mais voyons, monsieur, calmez-vous !*
- *Dis, tu sais où est ton frère ?*
- *C'est joli ce truc, dis donc !* (familier)
- *Non mais dis, tu te crois où ?* (= tiens-toi mieux que ça, comporte-toi mieux ; familier).

5.4 LES AUXILIAIRES MODAUX

Devoir, pouvoir, savoir, vouloir…

En tant qu'auxiliaires, ces verbes sont toujours suivis de l'infinitif. Ils donnent au verbe une « couleur » modale. Ils nous renseignent sur l'attitude, l'état d'esprit, l'intention de communication du locuteur.

Comparez par exemple : • *Il est midi* (c'est une affirmation)
et • *Il doit être midi* (je crois qu'il est à peu près midi).

« Devoir »

L'auxiliaire modal **devoir** peut exprimer :
- l'obligation :
- *Ils ont dû déménager à cause des voisins* (= il a fallu qu'ils déménagent).
- *Tous les élèves doivent avoir un dictionnaire* (= il faut qu'ils aient un dictionnaire).

III. LA SPHÈRE DU VERBE

• *Lundi prochain, vous devrez arriver un peu en avance* (= il faudra que vous arriviez…).
Le verbe **devoir** dans ce sens peut être au passé, au présent et au futur.

• une forte probabilité :
• *Éric n'est pas venu, il doit être malade* (= il est probablement malade).
• *Éric n'est pas venu, il a dû rater son train* (= il a probablement raté son train).

Ce sens de **devoir** n'accepte que le passé ou le présent. Si l'on veut exprimer une probabilité dans le futur, on utilise le conditionnel :
• *Regarde, le ciel est tout noir. Il devrait pleuvoir avant ce soir* (= il pleuvra probablement).

« Pouvoir »

L'auxiliaire modal **pouvoir** peut exprimer :

• la possibilité	• *Vous pouvez prendre le train de 16 h 25 ou celui de 17 h 03* (= il vous est possible de prendre…).
• la capacité physique	• *Il peut nager 2 000 mètres sans s'arrêter* (= il est résistant, il est capable de nager…).
ou intellectuelle	• *Tu peux très bien faire cet exercice tout seul* (= tu es tout à fait capable de faire…).
• l'autorisation	• *Ton travail est fini ? Bon, alors, tu peux sortir* (= je te permets de sortir).
• la concession	• *Vous pouvez bien me répéter cent fois vos explications, je n'y comprends rien !* (= même si vous me répétez…).

« Savoir »

L'auxiliaire modal **savoir** peut exprimer :

• la capacité personnelle	• *Elle sait être aimable quand c'est nécessaire* (= elle est tout à fait capable d'être aimable…).
• la compétence	• *Vous savez coudre ?* (= vous avez appris à coudre ?).

Observez la différence entre des énoncés tels que :
• *Tu sais nager ? Elle sait jouer aux échecs. Vous savez danser ?*
qui impliquent une connaissance des règles, une compétence ;
et
• *Vous pouvez jouer aux échecs avec nous ? Vous pouvez nager jusqu'au plongeoir ?*
qui expriment soit une demande polie (= vous voulez bien jouer…) soit une capacité physique (= est-ce que vous êtes capable de nager…).

« Vouloir »

L'auxiliaire modal **vouloir** peut exprimer :

• la volonté (ou le refus)	• *Elle veut absolument rester à la maison.*
• une idée de futur	• *Avec ce temps, le linge ne veut pas sécher !* (même si, bien sûr, le linge en lui-même est privé de volonté).

On pourrait également mentionner des verbes comme : **penser, imaginer, croire**…
• *Elle pensait être en retard mais elle est arrivée à l'heure.*
• *Je crois bien avoir laissé mon parapluie chez toi.*

ou encore : **sembler, paraître**…
• *Elle a semblé comprendre les explications du professeur.*

Les modes impersonnels

Le mode impersonnel, comme son nom l'indique, ne porte aucune marque de personne : **il ne se conjugue pas.**

Il ne donne aucune indication par lui-même sur la temporalité. C'est le verbe de la proposition principale qui indique à quel moment se situe le procès.

- **Il existe deux modes impersonnels :**
  l'infinitif (présent et passé)
  et le **participe** (présent et passé).

- **Il a deux formes, une forme simple**
  (par exemple : *comprendre, comprenant*)
  et une forme composée
  (par exemple : *avoir compris, ayant compris*).

Nous allons les passer en revue en commençant par **l'infinitif**.

Écrire est la grande ressource
quand on n'est pas un habitué
des pharmacies, *écrire* c'est se *guérir*. […]
Formuler, c'est *se sauver* même
si on ne gribouille que des insanités,
même si on n'a aucun talent.

Emil Cioran, *Entretiens*

Définition

Qu'est-ce que l'infinitif ?

L'infinitif est comme la carte d'identité du verbe, c'est la forme sous laquelle vous le trouverez classé par ordre alphabétique dans un dictionnaire.

Cette forme indique à quel groupe il appartient :

– le 1er, celui des verbes réguliers finissant par **-er**, type **chanter** (sauf **aller** qui est irrégulier) ;

– le 2e, celui des verbes réguliers finissant par **-ir,** comme **finir/finissant** ou **rougir/rougissant** ;

– le 3e, qui regroupe tous les verbes irréguliers, comme par exemple **voir, croire, faire, prendre, partir,** etc.

Il existe deux temps de l'infinitif : un présent, forme simple (*téléphoner, sortir, peindre*), et un passé : *être* ou *avoir* + participe passé (*avoir téléphoné, être sorti, avoir peint*).

Ces deux temps s'opposent sur le plan aspectuel :

– l'infinitif présent exprime une action non accomplie, en cours de réalisation. Elle peut être simultanée ou postérieure à l'action de la principale :

• *Je pense comprendre ce que tu veux dire / Je suis content de te voir demain.*

– l'infinitif passé exprime une action accomplie, antérieure à celle de la principale :

• *Je pense avoir compris ce que tu veux dire / Je suis content de t'avoir vu* (hier).

L'infinitif peut se mettre au passif (présent ou passé).

• *Ces jeunes sportifs sont fiers d'être reçus à l'Élysée par le président de la République.*

• *Ces jeunes sportifs sont fiers d'avoir été reçus hier à l'Élysée par le président de la République.*

Remarques

1. Après une préposition, le verbe est toujours à l'infinitif présent ou passé.

• *Elle est passée sans me voir.*

• *Il a couru pour attraper le bus.*

• *Après être allés en cours, nous irons à la bibliothèque* (attention : **après** est toujours suivi d'un infinitif passé).

2. Quand deux verbes se suivent, le second est toujours à l'infinitif.

• *Passez prendre un café à la maison.*

• *Tu peux aller faire les courses ? Moi, je vais chercher les enfants à l'école.*

• *Il va skier en Autriche à Noël mais elle, elle préfère visiter la Tunisie.*

> **!**
> La préposition **en** est suivie d'un participe présent et jamais d'un infinitif (voir gérondif page 168).

> Une préposition peut changer selon qu'elle est suivie d'un infinitif ou d'un nom.
> • *Reposez-vous avant de partir / Reposez-vous avant le départ.*

Valeurs et emplois

L'infinitif peut jouer :

a. le rôle d'un verbe

– Soit il est au cœur de la phrase indépendante et prend différentes valeurs
• dans une phrase interrogative, il exprime l'incertitude :
• *Que choisir ?*
• *Être ou ne pas être ?*
• *À quoi bon te tourmenter ?*

• dans une phrase exclamative, il remplace un indicatif et exprime la surprise, la colère, le souhait :
• *Ma fille, abandonner ses études, quitter ses amis !* (= je ne peux pas croire que ma fille abandonne ses études, quitte ses amis).
• *Toi, mon meilleur ami, m'avoir laissé tomber dans un moment aussi pénible ! Je suis déçu, vraiment !*
• *Ah ! Partir au soleil, nager, se balader sans souci !* (= j'aimerais, je voudrais, je partirais bien au soleil…).

• il peut aussi remplacer un impératif et exprime un ordre ou une défense, un conseil. Vous le trouverez dans les recettes de cuisine, les modes d'emploi, les consignes :

Au Lavomatic : • *Mettre la lessive dans le bac à droite, sélectionner votre programme, appuyer sur le bouton « marche ».*
Dans le métro : • *Ne pas jouer avec les portes. Ne pas gêner la fermeture des portes. Ne pas fumer.*
En classe : • *Mettre le verbe à la forme passive. Souligner les pronoms relatifs.*

• il forme une périphrase verbale avec certains verbes semi-auxiliaires :
• *Elle est sur le point de partir en voyage.*
• *Il a commencé à écrire ses Mémoires.*

– Soit il est introduit par un verbe, souvent avec la valeur d'une proposition subordonnée :
• *John pense venir en France* (= John pense qu'il viendra en France).
• *Il ne connaît personne à qui s'adresser* (= à qui il pourrait s'adresser).
• *Il ne sait même pas où loger* (= où il pourrait loger).
• *Mais il est certain de se débrouiller* (= il est certain qu'il se débrouillera).

La distinction entre ces deux possibilités est une question de style. On considère généralement la subordonnée comme plus lourde que l'infinitif, mais plus précise.

Rappel
Dans la complétive ou dans certaines circonstancielles au subjonctif, la transformation à l'infinitif est obligatoire si le sujet est le même que dans la principale.
• **Je veux que je vienne en France* (impossible) ➔ *Je veux venir en France.*
• **Nous sommes heureux que nous ayons réussi l'examen* (impossible)
➔ *Nous sommes heureux d'avoir réussi l'examen.*

b. le rôle d'un nom :

– il peut être sujet
• *Rire est indispensable.*
• *« Visiter quelqu'un » ne se dit pas, sauf pour les malades.*

> Jamais d'infinitif après les auxiliaires **être** et **avoir**.
> • **Il a manger* (impossible).

semi-auxiliaires et expression du présent page 144

subordonnée complétive page 272

III. LA SPHÈRE DU VERBE

– attribut
- *Son rêve, c'est de faire l'ascension de l'Everest.*
- *Tu sembles avoir faim.*

– complément (de nom, d'adjectif)
- *Son désir de voyager est plus fort que sa peur de prendre l'avion.*
- *Il est fier d'avoir obtenu le premier prix et très content de gagner 1 000 euros.*

– complément direct ou indirect de verbe
- *Nous voudrions parler à Mme Daodezi.*
- *Tu as parlé d'acheter une maison, c'est sérieux ?*

– complément circonstanciel de but
- *Ses parents ne savent que faire pour l'aider.*

– complément circonstanciel de manière
- *Elle m'annonça la nouvelle sans prendre de précaution.*

–complément circonstanciel de cause
- *Pour avoir trop attendu, elle n'a pas eu de place au théâtre.*

–complément circonstanciel de temps
- *Elle se recoiffe avant de sortir.*

–complément circonstanciel d'opposition
- *Il a été puni sans avoir rien fait de mal.*

> Certains verbes sont devenus des noms à part entière :
> • *le rire, le souvenir, le devoir, le dîner, le déjeuner, le lever, le coucher...*
> (voir la sphère du nom page 35)

Manières de dire

Le verbe à l'infinitif est souvent utilisé pour exprimer des maximes, des vérités générales. On le trouve dans de nombreux proverbes.
- *Promettre est facile, tenir est difficile.*
- *Donner c'est donner ; reprendre c'est voler.*
- *Vouloir, c'est pouvoir.*
- *Partir, c'est mourir un peu.*

La proposition subordonnée infinitive

Observez cette phrase :
- *Dans le square, les personnes âgées regardent les enfants jouer à la balançoire.*
Qui regarde ? ➔ les personnes âgées. Qui joue ? ➔ les enfants.
Les enfants est COD de *regardent* et sujet de *jouer*.

La proposition infinitive n'est pas introduite par une conjonction : elle dépend d'un verbe de perception comme **voir, regarder, entendre, sentir** (ici, le verbe *regarder*) ou d'un verbe comme **laisser, faire** ou encore comme **emmener, envoyer**.

Remarque
Observez :
- *Je laisse sortir le chien = Je laisse le chien sortir.*
➔ L'infinitif sans complément d'objet direct peut se placer avant ou après son sujet.

Mais attention : cette inversion est impossible avec le verbe **faire** qui n'accepte pas de sujet entre lui et son infinitif complément. **Faire tomber, faire cuire** sont considérés comme un seul verbe.

• *Elle a fait tomber le vase* (* *Elle a fait le vase tomber* ; impossible).

Observez :

• *Il a laissé le chien manger tout le rôti.*

Cet ordre est obligatoire. On ne peut pas dire :

Il a laissé manger tout le rôti le chien (impossible).

Il a laissé manger le chien tout le rôti (impossible).

➔ Quand l'infinitif (*manger*) est suivi d'un complément d'objet direct (*le rôti*), il se place après son sujet (*le chien*).

Pour aller plus loin

Quelques particularités de construction et d'accord

• Si le sujet de l'infinitif est un pronom, il se met toujours avant le verbe principal.

+ *Le chien a entendu le chat entrer dans la maison*

➔ *Le chien l'a entendu entrer dans la maison.*

+ *Nous avons vu le chauffard prendre la fuite*

➔ *Nous l'avons vu prendre la fuite.*

• Si l'infinitif a un COD pronom, celui-ci se place devant l'infinitif et non devant le verbe conjugué. C'est le cas du verbe **envoyer**.

Observez la différence :

+ *J'ai envoyé chercher l'infirmière* ➔ *Je l'ai envoyé chercher.*

+ *J'ai envoyé mon mari chercher l'infirmière* ➔ *Je l'ai envoyé la chercher*

                                      (**l'** = mon mari ;

                                        la = l'infirmière).

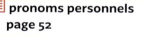

**pronoms personnels
page 52**

En contexte

Se sentir mieux dans sa peau ? Oui, mais comment ?

1. Prendre un petit déjeuner copieux

Prendre un petit déjeuner équilibré ; favoriser les fruits, les laitages, le thé, le pain complet.

2. Dîner légèrement

Prendre un dîner léger lorsqu'on veut perdre du poids rapidement. Inutile de consommer des céréales le soir.

3. Manger des légumes à volonté

Manger des légumes, des légumes crus, des légumes cuits : ils sont très peu caloriques, riches en vitamines.

4. Supprimer les aliments gras et sucrés

Dire adieu aux chips, aux gâteaux, aux sodas… et à l'alcool. Limiter les produits tout préparés, trop gras. Cuisiner maison, c'est le secret !

5. Pratiquer une activité physique

Courir, marcher, danser permet de brûler les calories. Quelques idées : aller au travail à pied, prendre les escaliers plutôt que l'ascenseur, se garer un peu plus loin de votre point de rendez-vous et finir le trajet à pied…

Vous verrez, vos kilos superflus s'envoleront !

6. 2 LE MODE PARTICIPE

En lisant
En écrivant

Julien Gracq

Le participe a deux valeurs : une valeur de verbe et une valeur d'adjectif. Dans ce dernier cas, on parlera d'adjectif verbal.
Nous ne parlerons ici que de la valeur de verbe du **participe présent**.

Le participe présent : formation, valeurs et emploi

C'est une forme verbale que l'on rencontre surtout à l'écrit. Contrairement à l'**adjectif verbal**, qui a toutes les caractéristiques d'un adjectif, le **participe présent** a toutes les caractéristiques d'un verbe : il peut avoir un sujet (un nom ou un pronom), un complément (complément d'objet ou complément circonstanciel), être mis à la forme négative, etc. Comparez :
• *C'était un hôtel très accueillant.*
• *C'était un hôtel accueillant les hôtes à la semaine ou au mois.*

Dans la première phrase, **accueillant** est un adjectif (on peut le faire précéder de *très, trop, assez*… ; on pourrait le remplacer par un autre adjectif : un hôtel *sympathique, confortable, discret,* etc.).
Dans la seconde, c'est un participe présent : il accepte un complément (**les hôtes**) ; on pourrait le remplacer par une proposition relative (*un hôtel qui acceptait les hôtes à la semaine*…) ; on peut le mettre à la forme négative (*un hôtel n'accueillant pas les personnes accompagnées d'un animal*…).

 **pour l'adjectif verbal, la qualification du nom page 109**

Formation

On ajoute la terminaison **-ant** au radical de la 1re personne du pluriel.
• nous voulons   → **voul-**   → *voulant*
• nous pouvons   → **pouv-**   → *pouvant*
• nous finissons   → **finiss-**   → *finissant*
• nous écoutons   → **écout-**   → *écoutant*
etc.

> **!** Il y a trois exceptions :
> *être*   → *étant* ;
> *avoir*   → *ayant* ;
> *savoir* → *sachant*.

Valeurs et emplois

Le participe présent envisage l'action (le procès) en train de se dérouler. Il est invariable et n'a pas de temporalité propre : c'est le verbe principal qui indique sa valeur temporelle. Dans la phrase suivante, par exemple, c'est **partit** qui donne la valeur temporelle.
• *Cherchant fortune, il partit pour l'Amérique.*

On distingue :
– les participes présents **conjoints**, rattachés directement à un nom (et donc tout à fait comparables à des adjectifs épithètes ou à des subordonnées relatives introduites par *qui*) :

- *Il rencontra un pauvre homme mourant de faim.*
  (= un pauvre homme affamé) (= un pauvre homme qui mourait de faim)

– et les participes présents **disjoints**, séparés du nom par une virgule.
Ils peuvent se trouver avant ou après le nom.
Lorsqu'il est disjoint, le participe peut exprimer :

- la cause
- *Mourant de faim, le pauvre homme se décida à demander la charité.*
- *Le pauvre homme, mourant de faim, se décida à demander la charité*
  (= parce qu'il mourait de faim…).

- la simultanéité
- *Se précipitant sur son maître, le chien se mit à aboyer joyeusement.*
- *Le chien, se précipitant sur son maître, se mit à aboyer joyeusement*
  (= idée de simultanéité).

- la condition
- *Travaillant un peu plus régulièrement, Andréa réussirait mieux*
  (= si elle travaillait…).
(Attention, dans ce cas, le participe est **toujours** placé avant la principale.)

- l'opposition
- *Bien qu'étudiant la grammaire russe depuis dix ans, il continue à faire
  des erreurs.*
- *Il continue à faire des erreurs en grammaire russe, bien que l'étudiant depuis dix
  ans.*

⚠ Attention à la cohérence de votre phrase. Le sujet doit rester le maître !
Observez :
- ** Désirant rencontrer les nouveaux salariés, une réunion est organisée dans
  le bureau du directeur ce mardi à 16 h.*

La phrase est incorrecte : quel est le sujet du participe présent **désirant** ?
Ce ne peut pas être **la réunion**, comme semble l'indiquer la phrase mais, très
vraisemblablement, le directeur. Il faudrait donc dire :
- *Désirant rencontrer les nouveaux salariés, le directeur organise une réunion
  dans son bureau ce mardi à 16 h.*

Il existe une forme composée du participe :
auxiliaire **être** ou **avoir** au participe présent + participe passé.
Ce « participe composé » exprime une action antérieure à l'action exprimée
par le verbe principal ou une action achevée.

Comparez :
- *Ayant beaucoup travaillé toute la semaine, il est parti ce week-end* (antériorité
  d'une action : « travailler » sur l'autre : « partir »).
- *Ayant beaucoup travaillé toute la semaine, il se repose.*
- *Refusant de répondre, l'accusé resta silencieux* (simultanéité).
- *Ayant refusé de répondre, l'accusé fut ramené dans sa cellule* (antériorité).

Le gérondif : formation, valeurs et emploi

Formation : « en » + participe présent

• *Elle travaille toujours en écoutant de la musique.*

Le gérondif est un peu comparable à un adverbe. Observez :
• *Elle travaille en écoutant de la musique*
                 beaucoup, silencieusement, tranquillement…

Il a toujours le même sujet que le verbe principal.
Il peut aussi avoir un complément.
• *En lisant ce livre, j'ai eu envie d'aller en Chine.*

Valeurs et emplois

– Par rapport au verbe principal, le gérondif indique la simultanéité.
Tout + gérondif insiste sur l'idée de durée.
• *Le matin, il chante tout en se rasant* (les deux actions sont simultanées).

– Le gérondif peut également exprimer :
• la cause :
• *En révisant bien ses cours, il a réussi son examen* (= parce qu'il a bien révisé…).

• le moyen, la manière :
• *Il a trouvé un studio en mettant une annonce dans le journal*
  (réponse à la question : comment… ?).

• la condition :
• *En lisant les petites annonces, tu trouverais un travail* (= si tu lisais…).
• *En suivant mes conseils, tu aurais pu réussir.*

> **Tout** + gérondif peut aussi exprimer l'opposition.
> • *Tout en restant hostile à ses idées, j'ai fini par faire ce qu'il voulait.*

Ici encore, pensez la cohérence de la phrase. Le sujet doit rester le maître !
Sinon, la phrase sera ambiguë.
Observez :
• *En sortant de chez lui, un cycliste l'a renversé.*

Qui est **lui** ? Le cycliste ou la personne accidentée ? On ne le sait pas. Selon la syntaxe, c'est le cycliste qui, alors qu'il sortait de chez lui, a renversé le piéton. Mais est-ce logique ?

Ne confondez pas ces deux structures :
• *Il a vu Sophie arrivant à l'université* (= qui arrivait à l'université).
• *Il a vu Sophie en arrivant à l'université* (= au moment où il arrivait à l'université).

Le participe passé employé seul

Nous avons déjà rencontré le participe passé dans le chapitre consacré aux temps composés : passé composé, plus-que-parfait, futur antérieur, etc.
(p. 141, p. 142, p. 137), et dans le chapitre consacré au passif (p. 120).

Le participe passé peut aussi être employé seul. Il a alors une valeur très proche de celle d'un adjectif. On peut dire que, dans ce cas, l'auxiliaire **être** est implicite, sous-entendu.

Observez :
• *Moins fatigué, je vous aurais accompagné* (= si j'avais été moins fatigué…).
• *Partis dès l'aube, ils ont pu arriver à Marseille pour le déjeuner*
  (= comme ils sont partis…).

La proposition participe

Le « noyau » de cette proposition peut être :

– un participe présent

- *La tempête se calmant peu à peu, le bateau réussit à regagner le port.*
- *Le directeur désirant rencontrer les nouveaux salariés, une réunion aura lieu ce mardi à 16 h dans son bureau.*
- *Monsieur Wallenberg ayant dû s'absenter la semaine dernière, la réunion n'a pu avoir lieu.*

Ici, le verbe au participe présent a son propre sujet : c'est bien la tempête qui se calme, le directeur qui désire rencontrer les nouveaux salariés, monsieur Wallenberg qui s'est absenté.

On rencontre presque toujours la proposition participe **avant** la proposition principale. Les valeurs sont les mêmes que celles vues précédemment (la simultanéité, la condition et surtout la cause).

les relations logico-temporelles page 292

– ou un participe passé

- *Les accords de paix conclus, chacun retourna chez soi* (= quand les accords de paix furent conclus…).
- *Ton travail terminé, tu pourras aller jouer chez tes amis* (= dès que ton travail sera terminé…).

En général, on rencontre cette proposition participe **avant** la proposition principale, dont elle est toujours séparée par une virgule. Elle marque le plus souvent une idée d'antériorité par rapport à l'action exprimée par le verbe principal.

 Ne confondez pas l'adjectif verbal et le participe passé.

Observez :
- *Il est fatigué* n'a pas du tout le même sens que *Il est fatigant.*
- → *Tu es fatigué ? Eh bien, repose-toi cinq minutes.*
- → *Arrête de parler sans arrêt, tu es fatigant, à la fin !* (= tu me fatigues).

- *Il a été tout à fait convaincu* n'a pas du tout le même sens que *Il a été tout à fait convaincant.*
- → *Elle a si bien argumenté qu'elle a réussi à me persuader : j'ai été tout à fait convaincu(e).*
- → *Il a su présenter ses arguments avec beaucoup d'habileté : il a été très convaincant* (= il nous a convaincus).

En contexte

En quelques secondes, (les camarades) étaient nus, l'instant d'après dans l'eau, **nageant** vigoureusement et maladroitement, **s'exclamant**, **bavant** et **recrachant**, **se défiant** à des plongeons ou à qui resterait le plus longtemps sous l'eau… Ils en oubliaient même l'heure, **courant** de la plage à la mer, **séchant** sur le sable l'eau salée (qui les faisait visqueux), puis **lavant** dans la mer le sable qui les habillait de gris.

Albert Camus, *Le premier homme*, Folio, page 63-64

III. LA SPHÈRE DU VERBE

IV. LES MOTS INVARIABLES

1   Les prépositions

Qu'est-ce qu'une **préposition ?**

Quelle différence y a-t-il entre *une tasse à café* et *une tasse de café* ?

Pourquoi *Il est parti avant de dîner* et *Il est parti avant le dîner* ?

Pourquoi *La peur des ennemis les a fait fuir* est une phrase ambiguë ?

C'est un mot (*à, de, dans, avec*) ou un groupe de mots (*à la fin de, grâce à, au lieu de*) invariable.

La préposition n'a pas d'existence indépendante mais elle établit à la fois un rapport syntaxique (elle relie deux éléments dans la phrase) et un rapport sémantique (elle introduit du sens) entre deux mots.

Elle ne peut être suivie que :

– d'un nom
• *C'est un cadeau pour Anna.*

– d'un pronom
• *Cette lettre, c'est pour toi ou pour moi ?*

– d'un verbe infinitif (présent ou passé)
• *Je suis ravie de vous voir. Elle était ravie d'avoir reçu ce cadeau.*

À quoi sert la préposition ?

Elle peut servir à exprimer diverses relations. Par exemple :

– relation de possession
• *le ballon de la petite fille* (= qui appartient à la petite fille) ;

– relation d'utilisation, d'emploi
• *une tasse à café* (= qui sert à mettre du café) ;

– relation de temps
• *Je ferai les vendanges à la fin de l'été* (= quand ce sera la fin de l'été).

- **Formes**

Les prépositions peuvent être :

– des mots simples : **de**, **à**, **sur**, **dans**, **chez**, **par**, **pour**, etc.
- *Je travaille à Paris mais j'habite en banlieue. Dans le métro, je lis et j'envoie des textos sans problème.*

– des mots composés : **à cause de**, **afin de**, **à travers**, **jusqu'à**, **auprès de**, **au-dessus de**, **loin de**, etc.
- *À cause de l'orage, nous avons été obligés de nous abriter loin des arbres.*

– d'anciens participes présents comme : **suivant**, **durant**.
- *Les conteurs peuvent parler durant des heures sans se fatiguer.*
- *Découpez ce dessin suivant le pointillé.*

– ou d'anciens participes passés comme : **vu**, **excepté**, **passé**.
- *Vu le temps qu'il fait, nous ne sortirons pas nous promener.*
- *Tous mes amis sont mariés, excepté Sacha.*
- *Passé un certain temps, je n'attendrai plus votre visite.*

– certains adjectifs comme : **sauf**, **plein**.
- *Le départ aura lieu le 14 mars, sauf contrordre.*
- *L'avion se dirige plein sud.*

- **Emplois et valeurs**

Nous allons tout d'abord passer en revue les emplois et valeurs des trois prépositions les plus fréquentes (et les plus abstraites, les plus « vides ») : **à**, **de** et **en**.
Nous verrons ensuite les emplois et valeurs d'autres prépositions très courantes telles que : **dans**, **par**, **pour**, **sur**, **avec**…

1.1 LA PRÉPOSITION « À »

Après la préposition **en**, le verbe n'est jamais à l'infinitif mais au participe présent ou passé.
- *En voyant le chat entrer dans le jardin, l'oiseau s'est envolé.*

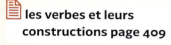 **les verbes et leurs constructions page 409**

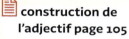 **construction de l'adjectif page 105**

Ne confondez pas **à** et **chez**. Avec les personnes, on utilise chez (et non à !).
- *Je vais chez le boulanger / Je vais à la boulangerie.*

Elle sert à construire :
– le complément d'objet indirect du verbe :
- *À l'école primaire, on apprend à lire et à écrire.*

– le complément de l'adverbe : adverbe + **à** + infinitif :
- *Le témoin a beaucoup à dire.*

– le complément de l'adjectif :
- *Le chinois n'est pas facile à apprendre.*
  (Mais attention : Il n'est pas facile d'apprendre le chinois.)

Lorsqu'elle forme un complément de nom, elle exprime :
– une idée d'emploi, d'usage, de destination d'un objet :
- *un verre à whisky, une tasse à café, une assiette à soupe* (qui servent pour boire du whisky, pour boire du café, pour servir la soupe) et qu'il ne faut pas confondre avec : *un verre* (plein) *de whisky, une tasse* (pleine) *de café, une assiette* (pleine) *de soupe ;*

– une idée de caractérisation :
- *la fille aux yeux verts, le garçon à la casquette…*

Lorsqu'elle introduit un complément circonstanciel, elle exprime :
– une idée de lieu (situation présente ou direction)
- *Je vais à Paris, j'habite à Lyon. Tu travailles à la bibliothèque ou au musée ?*

– ou une idée de distance
- *Ce n'est qu'à deux kilomètres.*

– une idée de temps
- *On se verra à cinq heures. Il est arrivé à minuit. On se reverra au printemps.*
  À bientôt ! À demain !

– une idée de distance dans l'espace/temps
- *Il habite à deux heures de Paris.*

– une idée de mesure
- *Vous vendez les fruits au poids ou à la pièce ?*

– une idée de manière
- *être à la mode, parler à voix basse, pleurer à chaudes larmes, un pull fait*
  à la main.

– une idée d'accompagnement
- *une choucroute au vin blanc, un gâteau à la crème.*

– une idée de moyen de fonctionnement
- *le moteur à essence, une cuisinière à gaz, un moulin à vent...*

– une idée d'appartenance (avec le verbe **être**)
- *C'est à vous, cette voiture ?*

!

Au printemps mais **en été, en hiver**. On préfère éviter le hiatus entre deux voyelles.
Mais, curieusement, on peut dire indifféremment : **à l'automne** ou **en automne**.

Devant les noms de pays masculins, **au** (à + le) indique le lieu où l'on est ou le lieu où l'on va.
- *Je vais au Brésil. Ils vivent au Viêt-nam.*
(Pour le genre des noms de pays, voir nom propre page 30

Manières de dire

- *À moi, au secours, à l'aide !*
- *À table, les enfants ! C'est prêt !*
- *À votre santé ! À la vôtre ! À la tienne !* (quand on trinque).
- *À vos souhaits !* (quand quelqu'un éternue).
- *Ce fils à papa* (= enfant gâté) *a vraiment une tête à claques !* (= est exaspérant).
- *Il dort à poings fermés* (= profondément).
- *Je ferai ce travail demain, à tête reposée* (= tranquillement).
- *Voter à gauche, voter à droite.*
- *Faire quelque chose à la va vite* (= rapidement, avec négligence).
- *Un baiser à la russe* (= sur la bouche).
- *Filer à l'anglaise* (= partir discrètement).
- *Un vendeur à la sauvette* (= en plein air et non déclaré).

1.2 LA PRÉPOSITION « DE »

Elle sert à construire :
– le complément d'objet indirect du verbe :
- *Le père et la mère doivent tous deux s'occuper des enfants.*

– le complément d'agent de certains verbes passifs ou de certains adjectifs :
- *Il est très apprécié de ses collègues.*
- *Elle était là, entourée de tous ses amis.*

– le complément de l'adverbe : adverbe + **de** + nom :
- *Vous voulez combien de baguettes aujourd'hui ?*

– le complément de l'adjectif :
- *Il est très content de son travail. Elle est fière de lui. On est tristes de partir.*

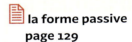 **les verbes et leurs constructions page 409 et la syntaxe du verbe page 117**

la forme passive page 129

Généralement, on utilise
de + nom sans article
lorsqu'il s'agit de notions
abstraites :
• *Mourir d'amour, mourir*
  d'ennui.
• *Vivre d'amour et d'eau*
  fraîche.

quantification
pages 92-93

D'une certaine manière,
d'une certaine façon, d'une
façon étrange... (et jamais
*dans une manière, *dans
une façon...).

Lorsqu'elle forme un complément de nom, la préposition indique alors :
– ce que contient un objet :
• *J'ai bu une tasse de thé avant d'aller travailler.*
• *Prendrez-vous un verre de vin avec le fromage ?*

– la possession, l'appartenance :
• *La moto de Manuel est une Harley Davidson.*
• *Quel est le sens de cette phrase ?*

– une quantité, une mesure :
• *Achète un kilo de tomates et deux paquets de spaghetti. Prends aussi une*
  bouteille de vin.

– un prix, un poids, une valeur :
• *un billet de dix euros, un melon d'un kilo, un appartement de grand standing...*

– une caractéristique abstraite :
• *C'est un garçon d'une grande gentillesse, un homme de talent, une femme de génie.*

– une matière :
• *L'actrice portait une veste de cuir rose et un pantalon de soie noire.*
• *Il a obtenu la médaille d'or.*

Lorsqu'elle introduit un complément circonstanciel, la préposition **de** exprime :
– l'origine, le point de départ, l'éloignement dans le temps ou dans l'espace :
• *Il est de Marseille, il vient de Cuba, j'arrive de chez moi...*

– la cause :
• *Plusieurs SDF* (sans domicile fixe) *sont morts de froid pendant l'hiver.*
• *Depuis son accident, il tremble de peur en voiture.*

– l'instrument, le moyen :
• *Montrer du doigt. Vivre de ses rentes.*

– la manière :
• *À 80 ans, il marche encore d'un bon pas* (= rapidement).
• *Ce professeur s'exprime d'une voix claire* (= distinctement).

– la mesure (marquant une différence) :
• *Avant l'été, on veut tous maigrir de quelques kilos.*
• *Il a grandi de vingt centimètres en deux ans.*

– la quantité, avec des adverbes ou des expressions de quantité :
• *Dans les musées, les touristes prennent souvent beaucoup de photos*
  et ne consacrent pas assez de temps à regarder les tableaux.

La combinaison de **à** et **de** exprime des limites entre deux éléments :
– de temps	• *Cette université ouvre ses portes de 7 h 30 à 21 h, du lundi* *au samedi inclus.*
– de distance	• *Il y a deux cents mètres de chez moi au métro.*
– de quantité	• *La classe peut contenir de 25 à 30 élèves.*
– de prix	• *Au marché aux puces, ça vous coûtera de 10 à 15 euros.*

– la destination, l'usage :
• *Des chaussures de sport, un pantalon de golf.*

– passage de la partie au tout :
• *C'est un de mes amis.*
• *C'était une de ces belles journées d'octobre.*

Manières de dire

- *De mon temps, jeune homme, les enfants étaient mieux élevés qu'aujourd'hui !*
- *Elle était rouge de colère et moi, j'étais mort de rire !*
- *Il dort du sommeil du juste.*
- *Il craint les voleurs, il ne dort que d'un œil.*
- *Elle m'a regardé d'un drôle d'air, d'un air moqueur…*
- ***De** toute évidence, tu nous caches quelque chose.*
- *Être de gauche, être de droite.*
- *De toi à moi, elle n'a pas l'air très sympa !* (de toi à moi = entre nous)

>
> **Rappel**
> Parfois, la préposition **de** peut être source d'ambiguïté. Par exemple, la phrase *La peur des ennemis les a fait fuir* peut avoir deux sens :
> 1. Les ennemis ont eu peur et ils ont fui.
> 2. Ils ont eu peur des ennemis et ils ont fui.

1.3 LA PRÉPOSITION « EN »

Rappel

C'est la seule préposition qui est suivie d'un participe, avec lequel elle forme le gérondif.
En n'est jamais suivi de l'infinitif.
- *Quand elle est seule, elle déjeune en écoutant la radio.*

Quand elle introduit un complément de nom ou un complément circonstanciel, elle est utilisée, sans article, pour exprimer :
– le lieu où l'on est ou le lieu où l'on va (devant les noms de pays féminins) :
- *J'habite en France mais je vais en vacances chez ma grand-mère, en Tunisie.*
- *Les enfants sont en classe. Vous allez en cours ?* mais aussi : *voyager en voiture, en train, en avion.*

– le rapport temporel (mois, saisons, années) :
- *Mes filles sont nées en avril, en mai et en juin.*
- *En France, la peine de mort a été abolie en 1981.*

– la durée d'une action :
- *Les ouvriers ont repeint la maison en trois jours.*
- *Ils pensent faire le tour du monde à la voile en six mois.*

– la matière d'un objet :
- *Cet hiver, c'est la mode des pulls en grosse laine.*
- *Depuis 2016, les sacs en plastique à usage unique sont interdits en France.*

– la manière d'agir ou la manière d'être :
- *Être en uniforme, être en robe de chambre et en chaussons.*
- *Coupez le poulet en quatre morceaux.*
- *« À la recherche du temps perdu », une œuvre en quatorze volumes.*

– un état physique ou moral (souvent avec le verbe **être**) :
- *Les employés de l'usine sont très en colère depuis sa délocalisation.*
- *Chaque fois que je regarde ce film, je suis en larmes.*

> La combinaison de **de** et **en** peut marquer les étapes d'une succession.
> - *Ils allaient de ville en ville, marchant pour la Terre.*
> - *Sa santé s'améliore de jour en jour. Il va de mieux en mieux.*
> - *Je vois mes cousins de temps en temps.*

 gérondif page 176

>
> - *Les enfants sont **en classe*** (= en cours, en train d'étudier). */ Les enfants sont **dans la classe*** (= à l'intérieur de la classe).

 se situer dans l'espace page 212

>
> Comparez :
> - *Je vais à l'université **à pied, à bicyclette, à moto, à cheval…*** (espace ouvert ou animal, objet sur lequel on monte).
> et :
> - *Moi, j'y vais **en voiture, en bus, en métro, en taxi, en tram…*** (espace fermé).
> Les Français ne respectent pas toujours cette règle. Ils disent souvent « en vélo », « en moto ».

On peut dire un pull **en** laine ou un pull **de** laine mais avec le pronom sujet, il y a une seule possibilité :
• *Regarde ce joli pull. Il est* **en** *laine, non ?*

!

• *Un cœur* **d'or** (= généreux), *des cheveux* **d'or** (= très blonds et brillants) (sens figuré)
mais :
• *Une montre* **en or** (sens concret.

!

• *Il est* **en** *paix, il est* **en** *colère,* **en** *larmes...*
mais :
• *Il est* **de** *bonne humeur,* **de** *mauvaise humeur.*

Manières de dire

• *Il a fait ça en un clin d'œil* (= très vite).
• *Arrête de couper les cheveux en quatre* (= de compliquer inutilement les choses).
• *Il ne sait pas quoi faire, il tourne en rond depuis ce matin* (= il s'ennuie).
• *Il s'est comporté en héros* (= comme un héros).
• *Il s'est déguisé en Zorro.*
• *Il est en plein délire ; il a fait un scandale en pleine rue ; il est sorti en pleine nuit. Ne reste pas là, en plein soleil. Il a pris un coup en pleine figure.*
• *Prendre quelqu'un en grippe* (= se mettre à le détester).
• *Faire tourner quelqu'un en bourrique* (= l'exaspérer, le rendre fou).
• **En tout cas** (= de toute manière, d'une manière ou d'une autre).
• *Je parle en mon nom et non au nom de mes voisins* (= pour moi seul(e) et non pour mes voisins).

FAISONS LE POINT

Prépositions et noms de lieux

Les noms de ville. Ils n'ont pas d'article :
• *Rome, Paris, Berlin, New York...*
➜ endroit où l'on est, endroit où l'on va : **à**.
• *Je vais à Paris. J'habite à Athènes...*
➜ endroit d'où l'on vient : **de** (ou **d'**).
• *Je viens de Paris, de Lyon, d'Athènes.*

Si le nom de ville possède déjà un article (*Le Havre, Le Mans, Le Caire, La Rochelle, La Havane...*), on le garde.
• *Vous connaissez Le Mans ? Il habite à La Rochelle ?*
• *Elle vit au* (= à + **le**) *Havre. Vous allez au* (= à + **le**) *Mans.*
• *Il arrive du* (= de + **le**) *Havre. Tu viens du Caire* (de + **le**) *? On vient de La Havane.*

! L'adresse d'une personne s'écrit sans article et sans préposition :
• *Mon amie habite 25, rue Monge et moi, place de la Contrescarpe à Paris.*
Les noms de pays. Rappelons qu'ils sont presque toujours précédés d'un article :
• *la France, le Guatemala, l'Irlande, les États-Unis...*

Font exception quelques noms d'îles qui sont aussi des États :
• *Cuba, Chypre, Taiwan, Singapour, Madagascar...*

• **Quelle préposition utiliser avec les noms de pays ?**

– Noms de pays masculins commençant par une consonne (le Canada, le Brésil, le Cameroun...)
➜ endroit où l'on est, endroit où l'on va : **au**.
• *Son groupe industriel est installé au Canada mais lui, il travaille au Brésil.*
➜ endroit d'où l'on vient : **du**.
• *Paulo vient du Brésil, Helen du Canada et Kouma du Cameroun.*

– Noms de pays féminins ou commençant par une voyelle (la Bolivie, la Chine, l'Italie, l'Allemagne, l'Iran...), exception : le Yémen
➜ endroit où l'on est, endroit où l'on va : **en**.

- *Cet été, la famille est aux quatre coins de l'Europe : moi, je vais en Espagne, ma sœur Marion va en Grèce et ma sœur Marthe en Écosse ! Et Pierre reste en France.*
→ endroit d'où l'on vient : **de** (ou **d'**).
- *Elle est arrivée d'Italie hier soir. Vous venez de Bolivie ou de Colombie ?*

– Noms de pays au pluriel (les États-Unis, les Pays-Bas…)
→ endroit où l'on est, endroit où l'on va : **aux**.
- *Je vais aux États-Unis ; elle est étudiante aux Pays-Bas.*
→ endroit d'où l'on vient : **des**.
- *Je vais chercher Dennis à l'aéroport, il arrive des États-Unis.*

– Noms d'îles, sans article (Cuba, Chypre, Taiwan, Madagascar, Madère, Porto-Rico…)
→ endroit où l'on est, endroit où l'on va : **à**.
- *J'ai appris à danser à Cuba. Il vit à Madagascar six mois par an.*
→ endroit d'où l'on vient : **de**.
- *C'est une fille de Porto-Rico et son copain vient de Cuba.*

 articles page 45

1.4 AUTRES PRÉPOSITIONS FRÉQUENTES

La préposition « dans »

Elle exprime :
– tout d'abord, de manière très concrète, un rapport de lieu, une idée d'intériorité :
- *Elle est dans sa chambre. Les élèves sont dans la classe. J'ai oublié mon parapluie dans le métro. Le chien joue dans le jardin…*

– mais ce rapport peut être plus abstrait :
- *Ils sont dans la misère. Dans ma jeunesse, j'allais au cinéma tous les jours. Il travaille dans l'informatique. Il ne veut pas diriger lui-même, il préfère rester dans l'ombre…*

– une idée de temps (à venir) :
- *Il travaille beaucoup, les examens ont lieu dans huit jours.*
– **Dans** peut aussi avoir le sens de « environ », « à peu près » (surtout à l'oral) :
- *Il a dans les vingt ans. Ça coûte dans les trente euros.*

! Ne confondez pas **en** et **dans**.
- Dans l'expression de la spatialité :
- *Il part en avion ou en TGV* (**en**… = moyen de transport fermé).
- *Demain, à cette heure-ci, je serai dans l'avion !* (**dans**… = « à l'intérieur de… » ; il s'agit d'un avion réel, concret).
- Dans l'expression de la temporalité :
– **en** exprime la durée d'une action :
- *Les étudiants ont fait l'exposé en une demi-heure.*
- *Le TGV fait le trajet Paris-Lyon en deux heures.*

– **dans** exprime une durée dans le futur :
- *Je reviens dans une heure.*
- *Il est presque neuf heures, les magasins vont ouvrir dans quelques minutes.*

> **!**
> - *Rester à l'ombre / rester au soleil*
> mais :
> - *rester dans l'ombre / être en public.*

 se situer dans l'espace page 212

> **!**
> - *Je voudrais voir le sac qui est en vitrine* (= exposé en vitrine). */ Je voudrais voir le sac qui est dans la vitrine de gauche* (= on précise dans quelle vitrine il se trouve).

se situer dans le temps pages 220-221

Manières de dire

- *Dans un premier temps...* (= en premier lieu, d'abord, pour commencer).
- *Elle a gagné l'élection **dans un fauteuil*** (= très facilement).
- *Il est toujours **dans la lune*** (= rêveur, inattentif).
- *J'ai failli tomber **dans les pommes*** (fam. = m'évanouir, perdre connaissance).
- *Il s'est mis **dans de beaux draps*** (= se mettre dans une mauvaise situation, être très embarrassé).

La préposition « sur »

Cette préposition a de multiples emplois, surtout lorsqu'elle introduit des compléments circonstanciels :

– le plus souvent, complément de lieu (on suppose qu'il y a un contact) :

- *Le livre est sur la table. Ils habitent sur la colline.*

⚠ Observez la différence entre :

espace ouvert	**espace limité** (par des bâtiments, des murs...)
sur la route	*dans la rue*
sur la place	*dans l'impasse*
sur le chemin	*dans l'allée*
sur l'autoroute	*dans la cour*
sur le quai...	*dans l'escalier...*

L'usage hésite pour : *dans/sur l'avenue - dans/sur le boulevard.* C'est sans doute parce que, à l'origine, les avenues et les boulevards étaient des lieux « ouverts », non limités par des bâtiments.

– complément de cause :

- *Elle a renoncé à ses projets, sur mon conseil.*

– le rapport d'un nombre à un autre :

- *Sur trente candidats, douze ont été reçus.*
- *Elle a obtenu 15 sur 20 à son devoir.*
- *La pièce mesure six mètres sur trois.*

– **sur** peut avoir le sens de « à propos de », « concernant » :

- *Je vais vous dire tout ce que je sais sur cet homme.*
- *Ils sont en désaccord sur bien des points.*

⚠ Attention à la différence entre :

- **sur** • *Elle est sur la plage* (contact).
- **au-dessus de** • *Le cerf-volant tourbillonne au-dessus de la plage* (position supérieure, sans contact).
- **par-dessus** • *Le ballon est passé par-dessus la grille du jardin* (implique le passage d'un lieu à un autre).

Il y a un peu la même différence avec :

- **sous** • *Le bébé se traîne sous la table à quatre pattes.*
- **au-dessous de** • *La ville se trouve au-dessous du niveau de la mer.*
- **par-dessous** • *Si tu ne peux pas sauter, passe par-dessous la barrière.*

⚠ **Une préposition devient un adverbe** quand elle a un sens complet par elle-même et n'a pas besoin d'être complétée par un autre mot ou un groupe de mots.

- *La viande est dans le réfrigérateur ? – Oui, elle est dedans* (*dedans le réfrigérateur = impossible).

> - *L'appartement **donne sur** la rue.*
> (= les fenêtres sont du côté de la rue.)

— 187 —

- *Le chien est hors de la maison. Il est dehors.*
  (* dehors de la maison = impossible).
- *Cette photo est sur le buffet, elle est dessus depuis vingt ans*
  (* dessus le buffet = impossible).

Manières de dire

- *Il a obéi **sur-le-champ*** (= immédiatement).
- *Il est resté **sur le carreau*** (= rester blessé, en grande difficulté ou hors jeu).
- *Je suis tombé **sur un os*** (fam. = se trouver devant une difficulté imprévue).
- *Ça me tape **sur les nerfs*** (= ça m'agace, ça m'énerve).
- *Être **sur son 31*** (= très élégant, très bien habillé).
- *Faire quelque chose **sur un coup de tête*** (= de manière impulsive, sans réfléchir).
- *Elle a le cœur **sur la main*** (= être très généreux).
- *Il a reçu des **dessous de table*** (= des pots de vin, des bakchichs).
- ***Par-dessus le marché*** (= et en plus).
- *Sa chambre est toujours **sens dessus dessous*** (= en désordre).

La préposition « par »
À la forme passive, elle introduit le complément d'agent.
- *Le chêne a été frappé par la foudre.*
- *L'actrice était habillée par Christian Lacroix et coiffée par Alexandre.*

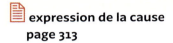 **forme passive page 129**

Elle exprime également :
– une idée d'espace, l'endroit par lequel on passe :
- *Les cambrioleurs sont entrés par la porte ou par la fenêtre ?*
- *Il passera par la gare avant de rentrer.*
- *Pour aller de Lyon à Marseille, on passe par Avignon.*

Il peut s'agir d'un « passage » figuré :
- *Ils sont passés par des moments très difficiles.*

– plus rarement, une idée de temps :
- *En 1815, par une belle matinée d'hiver…*

– une idée de manière, de moyen :
- *Il est venu par le train.*
- *J'ai expédié votre colis par la poste.*
- *Ce professeur appelle toujours les élèves par leur prénom.*
- *Lors de la tempête de 1999, les arbres ont été arrachés par millions.*

– ou encore une idée de distribution :
- *Elle gagne environ 3 000 euros par mois.*
- *Prenez ce sirop trois fois par jour.*
- *Entrez un par un.*

– la cause (attention, en ce cas, pas d'article !) :
- *Il a fait ça par amour ou par intérêt ? – Ni l'un ni l'autre, par simple curiosité.*

expression de la cause page 313

Manières de dire

- *Elle est toujours par monts et par vaux (= toujours en train de voyager).*
- *Il apprend à marcher, il tombe par terre à chaque pas.*
- *Je l'ai rencontré par hasard, hier, à la gare.*
- *Pardon, monsieur, vous avez pris mon manteau par erreur (= en vous trompant sans le faire exprès), par mégarde (= par distraction, involontairement).*

- *Par bonheur, par chance* (= heureusement) ; ***par malheur***
  (= malheureusement).
- *Elle sait sa leçon **par cœur*** (= sur le bout du doigt, parfaitement).

La préposition « pour »

Cette préposition a de très nombreux emplois. Elle exprime :
– le lieu de destination (souvent avec les verbes **partir**, **s'en aller**) :
- *Ma sœur est partie pour Marseille ce matin.*

– la durée après des verbes comme **partir**, **s'en aller**, **venir**… :
- *Elle est venue seulement pour la journée.*
- *Ses enfants sont partis pour longtemps.*

– le but :
- *Il faut manger pour vivre et non pas vivre pour manger* (Molière*).*

– la cause :
- *On apprécie Danièle pour sa gentillesse.*

– le sentiment (**pour** = « envers », « à l'égard de… ») :
- *J'ai beaucoup d'affection pour lui* (= envers lui, à son égard).
- *Il a toujours été très bon pour nous* (= envers nous, à notre égard).

– la destination (**pour** = « en faveur de », « au bénéfice de… ») :
- *On pourrait organiser un concert pour les réfugiés.*

– la manière (souvent, l'article est omis) :
- *Pour tout bagage, il n'avait qu'une petite valise.*
- *Vous pouvez avoir ce livre extraordinaire pour la modique somme de 30 euros.*
- *Il est petit pour un Suédois* (= idée de contradiction implicite).

Manières de dire

- *Œil pour œil, dent pour dent* (la loi du talion).
- *Je n'y suis pour rien* (= ce n'est pas ma faute, je ne suis pas responsable).
- *Se plaindre pour un oui, pour un non* (= pour très peu de choses, sans raison).
- *On la prend souvent pour sa sœur* (= on la confond souvent avec sa sœur).

❗ **Par** et **pour** peuvent toutes deux introduire un complément de cause en réponse à la question « pourquoi ? ».
- *Pourquoi l'avez-vous tué ? – Par amour, monsieur le juge* (= parce que je l'aimais).
- *Pourquoi avez-vous été condamné ? – Pour un vol de voiture, monsieur le juge* (= parce que j'ai volé une voiture).

Dans le premier cas, la raison est abstraite. Dans le second, il s'agit d'un motif plus circonstancié, plus précis.

La préposition « avec »

Elle exprime :
– l'accompagnement :
- *Nous sortons avec des amis.*
- *Tu viens au cinéma avec nous ?*

– le moyen :
- *Nous avons réussi à ouvrir le bocal de cornichons avec une pince.*

– la manière :
• *Il conduit avec prudence.*

📄 **l'article O page 48**

– la condition, l'hypothèse :
• *Avec une ceinture, cette robe serait plus jolie.*

Manières de dire

• **Avec des si**, *on mettrait Paris en bouteille.*
• *Il est parti* **avec armes et bagages** *(= avec toutes ses affaires).*
• *Faire quelque chose* **avec brio, avec panache** *(= avec facilité et virtuosité).*

La préposition « sans »

Elle exprime :
– la privation, le manque :
• *Il est parti sans argent, sans papiers d'identité, sans montre : quel étourdi !*

– la manière :
• *L'acrobate a réussi un saut périlleux sans filet.*

– la caractéristique :
• *Bayard était un chevalier sans peur et sans reproche.*

– la condition, l'hypothèse. Si le nom qui suit est abstrait ou non précisé, il n'y a pas de déterminant (article, adjectif possessif ou démonstratif) :
• *Sans aide, je n'aurais jamais réussi.*
Si le nom est précisé (ici, il ne s'agit pas d'une aide en général mais d'une aide bien particulière), il est précédé d'un déterminant.
• *Sans votre aide, je n'aurais jamais réussi.*

Manières de dire

• *C'est un homme* **sans foi ni loi** *(= sans moralité).*
• *Il est parti* **sans tambours ni trompettes** *(= discrètement).*
• **Sans blague !** *(familier ; pour marquer la surprise, l'incrédulité).*
• *Elle est partie* **sans crier gare** *(= sans prévenir).*
• *Il est resté là,* **sans mot dire** *(= sans dire un seul mot).*
• *C'est une histoire* **sans queue ni tête !** *(= sans aucun sens).*

La préposition « contre »

Elle exprime :
– l'opposition :
• *Tout le monde a protesté contre cette nouvelle loi.*

– la concession :
• *Elle a entrepris ce voyage contre l'avis de ses parents.*

– le contact, la proximité :
• *Il restait là, blotti contre sa mère.*
Ce contact peut être parfois violent :
• *La voiture s'est écrasée contre le poteau électrique.*

– l'échange.
• *Qu'est-ce que vous me donnez contre ma veste ?*

Manières de dire

- *Faire **contre mauvaise fortune bon cœur*** (= se résigner, accepter la malchance).
- *Faire quelque chose **à contrecoeur, contre son gré*** (= de manière contrainte).
- *Faire quelque chose **à contretemps*** (= au mauvais moment).
- *Prendre **le contre-pied** de quelque chose ou de quelqu'un* (= s'opposer à...).
- *Faire quelque chose **contre vents et marées*** (= malgré tous les obstacles).

La préposition « chez »

On l'utilise pour indiquer un lieu, une habitation ayant un rapport :
– avec des personnes, individuelles ou collectives :
- *Il habite chez Laura.*
- *On va chez toi ou chez moi ?*
- *Elle passe ses vacances chez son oncle.*
- *Chez les personnes âgées, la grippe peut être très dangereuse.*

– avec un nom de magasin ou d'entreprise (qui est alors en quelque sorte, personnifié) :
- *Regarde ce que j'ai trouvé chez Ikea.*
- *Il travaille chez Renault.*

– avec un pays, une région, une époque :
- *Chez toi, il est quelle heure en ce moment ?* (= dans ton pays)
- *Chez toi, en Provence, on dit « pain au chocolat » ou « chocolatine » ?* (= dans ta région)
- *Chez les Grecs, les femmes ne participaient pas à la vie politique* (= à l'époque des Grecs anciens).

– avec une œuvre :
- *Il y a beaucoup de paysages chez le Rubens de la dernière période.*
- *J'ai trouvé cette phrase chez Flaubert.*

La forme *Je vais au coiffeur, je vais *au dentiste... est considérée comme incorrecte
➜ *Je vais **chez le coiffeur, chez le dentiste.***

1.5 ATTENTION À NE PAS CONFONDRE...

« Vers » et « envers »

- **Vers** indique la direction.
- *Il se dirige vers le Luxembourg.*

Mais aussi un moment approximatif.
- *Le facteur est passé vers midi aujourd'hui.*

- **Envers** (= « à l'égard de », « vis-à-vis de ») sert à exprimer une attitude, un sentiment.
- *Cette infirmière a fait preuve d'un grand dévouement envers ses patients.*
- *Il est toujours très gentil envers nous.*

Manières de dire

- *Il a fait cela **envers et contre tous*** (= malgré l'opposition générale).

« Avant » et « devant »

- **Avant** (contraire : « après ») s'utilise surtout pour exprimer la temporalité :
- *J'étais là avant vous.*
- *Il a promis de revenir avant demain.*

- **Devant** (contraire : « derrière ») s'utilise pour l'expression de l'espace, du lieu :
- *Elle est passée devant chez moi.*
- *Ne reste pas au fond de la classe, mets-toi devant.*

Manières de dire

- *En avant toute !* (= pour donner le départ).
- *Sa politique, c'est un pas en avant, deux pas en arrière.*
- *Elle adore se mettre en avant* (= se faire remarquer, être distinguée).
- *Prendre les devants* (= prévoir, anticiper un événement).
- *Il faut aller de l'avant !* (= oser progresser, oser évoluer)

Avec **derrière** et **devant**, on n'utilise pas **de**. Observez :
- *L'enfant apprend à faire du vélo : il doit rester entre ses parents, **derrière son père** et **devant sa mère**.*
Même chose avec **avant** et **après + nom** : pas de **de** !
- *Je suis arrivé 2ᵉ, juste **après** Karim mais **avant** Bruno.*

« Entre » et « parmi »

- On emploie **parmi** devant un nom pluriel désignant plus de deux éléments (personnes ou objets), ou devant un nom collectif.
- *Cet inconnu pouvait facilement passer inaperçu parmi tous les invités.*
- *Elle l'a reconnu(e) parmi la foule.*

- On emploie **entre** en général quand il n'y a que deux personnes ou deux objets ou deux groupes d'éléments.
- *Ton parapluie ? Il est tombé entre le piano et le fauteuil.*
- *L'enfant est sagement assis entre son père et sa mère.*

Mais notez que l'on peut dire également, puisqu'il s'agit de deux parties :
- *Entre voisins, on s'entraide souvent* (= de voisin à voisin).
- *Ils m'ont promis que cette histoire resterait entre nous* (= entre eux et moi).

Entre peut également exprimer une durée comprise entre deux indications de temps.
- *Le magasin est fermé entre midi et deux heures : c'est l'heure du déjeuner.*
- *Le plombier a promis de faire les travaux entre mardi et vendredi.*

Rappel
Avec un pronom disjoint, on utilise **d'entre**.
- *Tous les enfants ne sont pas rentrés à la maison, trois d'entre eux sont restés à l'étude.*

« Dès » et « depuis »

- Tous deux marquent le point de départ dans le temps, mais **dès** suppose que l'action ou l'événement s'est produit immédiatement.
- *Dès six heures, il est debout !*
- *Je vous préviendrai dès réception du colis* (= immédiatement après…)

- **Depuis** marque aussi le commencement mais insiste, de plus, sur l'idée de durée d'une action ou d'un événement qui continue.
- *Ils habitent à Montréal depuis dix ans* (= ils y habitent encore).
- *Il travaille depuis huit heures du matin* (= il a commencé à 8 h et il continue).

Remarques

Depuis peut marquer également le lieu à partir duquel on se situe.
- *Depuis l'Arche de la Défense, on voit très bien l'Arc de Triomphe.*

Depuis (point de départ) est souvent associé à **jusqu'à** (point d'arrivée).
- *Depuis Lyon jusqu'à Marseille, nous avons eu des embouteillages.*

📄 **se situer dans le temps** pages 222-223

📄 **l'expression du temps** page 303

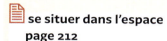
l'expression de la cause
pages 312-313

En raison de... s'emploie surtout dans un contexte administratif. Cette expression est neutre.
• *En raison d'*un arrêt de travail, le trafic est interrompu sur certaines lignes de métro.

se situer dans l'espace
page 212

se situer dans le temps
page 224

« À cause de » et « grâce à »

Ces deux termes expriment une idée de cause, mais **grâce à** exprime une idée positive, **à cause de** une idée négative.
• *Il a réussi son examen* **grâce à** *son excellente mémoire*.
• *Elle a perdu ses clés* **à cause de** *son désordre*.

Pour finir, quelques locutions prépositionnelles

– de lieu

près de, loin de, à côté de, le long de, à gauche de, à droite de, en face de, au fond de, en haut de, en bas de, au-dessus de, au-dessous de, à l'intérieur de, à l'extérieur de, hors de...
• *Ma chambre est* **en face de** *l'escalier,* **au fond du** *couloir.*
• *Celle de ma sœur est juste* **au-dessous de** *la mienne.*
• *Toi, tu prendras la chambre verte,* **près de** *celle de mes parents.*

– de temps

à partir de (marque le point de départ), **jusqu'à** (marque le point d'arrivée)...
• *Les inscriptions sont ouvertes* **à partir du 1er juillet**. *On peut s'inscrire* **jusqu'au 15 septembre**.

– de manière

à force de, au lieu de, à la place de, à l'aide de
• **À force de patience**, *il a fini par résoudre cet exercice de mathématiques.*
• *Nous partirons mardi* **au lieu de lundi**.
• *Comme cadeau,* **à la place d'un livre**, *je préférerais un stylo.*
• *On a tiré l'alpiniste de la crevasse* **à l'aide d'une corde**.

2.6 RÉPÉTITION OU EFFACEMENT DE LA PRÉPOSITION

En général, les prépositions **à**, **de** et **en** sont répétées devant chaque complément.
• *Nous avons voyagé aussi bien en* **Orient** *qu'en* **Occident**.
• *Le programme prévoit des arrêts* **à Florence**, **à Sienne**, **à Rome** *et* **à Naples**.

Excepté :
– dans les expressions figées :
• *Vous jugerez* **en votre âme et conscience**.

– dans une énumération qui forme un tout :
• *L'immeuble est composé de* **deux lofts**, **dix appartements et vingt studios**.

– lorsque des adjectifs numéraux sont coordonnés par **ou** :
• *La tour Montparnasse s'élève* **à 200 ou 300 mètres**, *je ne sais plus.*

La répétition des prépositions n'est pas obligatoire lorsque les compléments sont identiques.
Vous pouvez dire aussi bien :
• *Il est connu* **pour** *son humour et sa courtoisie/Il est connu* **pour** *son humour et* **pour** *sa courtoisie.*
• *Il s'est arrêté* **à** *la boucherie, la boulangerie et la librairie avant de rentrer/Il s'est arrêté* **à** *la boucherie,* **à** *la boulangerie et* **à** *la librairie avant de rentrer.*

Mais vous répéterez obligatoirement la préposition lorsqu'elle introduit des compléments ayant des genres différents.

- *Il s'est arrêté à la boucherie, la boulangerie, la librairie et au bureau de tabac avant de rentrer.*

La répétition de la préposition est parfois une forme d'insistance permettant de mettre en évidence chaque complément.

- *Le directeur s'est entretenu avec tout le monde : avec les délégués syndicaux, avec le médecin du travail, avec les représentants des actionnaires. Il a vraiment fait le tour de l'entreprise.*

À l'oral

De plus en plus, il y a effacement de la préposition à l'oral et création d'expressions figées comme :

→ **Parler politique**
à la place de « parler de politique » :
Les Français aiment bien parler politique entre eux.

→ **Voter communiste**
à la place de « voter pour les candidats communistes » :
Depuis une trentaine d'années, de moins en moins de gens votent communiste.

— *En contexte* —

Le 15 septembre 1840, **vers** six heures du matin, la Ville-de-Montereau, **près de** partir, fumait à gros tourbillons **devant** le quai Saint-Bernard. [...] Un jeune homme **de** dix-huit ans, **à** longs cheveux et qui tenait un album **sous** son bras, restait **auprès du** gouvernail. **À travers** le brouillard, il contemplait des clochers, des édifices…

Gustave Flaubert, *L'Éducation sentimentale*

Qu'est-ce qu'un **adverbe ?**

Je t'aime...
un peu,
beaucoup,
passionnément,
à la folie,
pas du tout

Quelle différence y a-t-il entre *peu* et *un peu* ?

Quelle différence entre *quelquefois* et *quelques fois* ?

Pourquoi on ne peut pas dire **Pardon, vous parlez trop rapide pour moi* ?

Pourquoi dans *récemment* et *constamment*, on prononce [amã] à la fin du mot alors que ça s'écrit différemment ?

L'adverbe est un mot invariable qui dépend :
– d'un verbe :
• *Il lit beaucoup.*

– d'un adjectif :
• *Elle est très intelligente.*

– d'un autre adverbe :
• Vous êtes partis *trop vite*.

– d'un groupe de mots ou d'une proposition :
• *Il arriva bien avant que le jour se lève.*

Sans en changer réellement le sens, l'adverbe sert à modifier ces mots en ajoutant une précision, une nuance particulière.
• *Elle est très gentille* (modifie l'adjectif).
• *Elle travaille beaucoup* (modifie le verbe).
• *Vous mangez beaucoup trop* (modifie un autre adverbe).

Comparez :
• *Tu chantes ; tu chantes bien ; tu chantes merveilleusement bien.*

L'action de chanter est toujours la même, mais l'adverbe a ajouté une appréciation.

L'adverbe fonctionne souvent comme complément circonstanciel de temps, de lieu, de manière.
• *On le voit partout* (= dans tous les endroits).
• *Il a répondu méchamment* (= avec méchanceté).

Il peut servir aussi de mot de liaison.
• *Il s'est lavé les mains et après il s'est mis à table.*

Un adverbe peut être formé d'un seul mot (*silencieusement*) ou d'un groupe de mot ; dans ce cas, on l'appelle locution adverbiale (*en silence*).

2.1 FORMATION

Les adverbes sont d'origines et de formations très diverses.
Ainsi on peut trouver des :

– Formes simples
Bien, mal, hier, là, loin, mieux, moins, plus, puis, tant, tard, tôt, très.

– Formes soudées ou non
Bientôt (adverbe *bien* + adverbe *tôt*), **longtemps** (adjectif *long* + nom *temps*), **dedans** (préposition + préposition), **au-dessous** (préposition + adverbe), **autrefois, toujours** (déterminant + nom), **naguère** (verbe *il n'y a* + adverbe *guère*), **de bonne heure, tout à fait** (locutions adverbiales).

– Formes dérivées
Le suffixe **-ment** est ajouté à l'adjectif au féminin. C'est la catégorie la plus nombreuse.

- général → générale → **généralement** • *Généralement, on dit « vous » à un inconnu.*
- certain → certaine → **certainement** • *Mais on tutoie certainement un vieil ami d'enfance.*
- naturel → naturelle → **naturellement** • *Naturellement, vous êtes invités à notre mariage.*
- vif → vive → **vivement** • *Nous regretterons vivement votre absence.*

mais
on trouve le suffixe **-ment** ajouté à un adjectif féminin sous la forme **-ément** :
- profond → profonde → **profondément**
- intense → intense → **intensément** • *Jean a regardé Alice intensément et lui a dit :*
- énorme → énorme → **énormément** • *Tu as énormément changé !*
- précis → précise → **précisément** • *Je me faisais précisément la même remarque à ton sujet.*

mais
le suffixe **-ment** s'ajoute directement à l'adjectif masculin terminé par une voyelle accentuée :
- poli → **poliment** → *Cet enfant répond toujours très poliment.*
- vrai → **vraiment** → *Vraiment ?*
- modéré → **modérément** → *Du vin ? Il faut en consommer modérément.*
- assuré → **assurément** → *Assurément.*

mais (exception de l'exception)
l'adverbe est formé sur un adjectif féminin terminé par une voyelle et, contrairement à la règle, il garde le « e » du féminin :
- gai → gaie → **gaiement**
- *À la fin du repas, tout le monde discutait gaiement*

ou il rappelle la présence du « e » final sous la forme d'un accent circonflexe :
- *assidu* → *assidue* → **assidûment**
- *Elle suit ce cours assidûment.*

Observez ces particularités :
– l'adverbe en **-ment** formé sur des adjectifs qui se terminent par le suffixe **-ent** ou **-ant** se modifie et donne :
-ent → -emment (exception *lent* qui donne régulièrement **lentement**)
-ant → -amment

> Les deux suffixes **-emment** et **-amment** se prononcent de la même façon : [amɑ̃]. Notez bien que, dès que vous entendez [amɑ̃], vous devez écrire **2 « m »**.

- prud**ent** → **prudemment** • *Ne vous inquiétez pas ; il agit toujours prudemment.*
- évid**ent** → **évidemment** • *Est-ce que tu partiras en vacances cet été ?*
  – Évidemment !
- const**ant** → **constamment** • *Ils écoutent constamment de la musique rap.*
- cour**ant** → **couramment** • *Elle parle couramment plusieurs langues*
  étrangères.

Attention aux adverbes suivants !

Quelquefois, la dérivation se fait sur une forme plus ancienne de l'adjectif, une forme qui n'existe plus. Ainsi :

1. Sur l'adjectif grave, on a : **gravement**.
- *Elle est gravement malade.*
- *Dans le cortège, les gens avançaient gravement, silencieusement.*

Mais on a aussi un autre adverbe formé sur un adjectif, **grief*, qui n'existe plus
→ **grièvement**.
Ces deux formes coexistent, mais **grièvement** ne concerne que les blessures corporelles.
- *Elle est grièvement blessée.*

2. L'adjectif *bref* donne un adverbe irrégulier, formé en réalité sur un ancien adjectif * *brief* → **brièvement** (* brèvement n'existe pas).
- *Il a fait brièvement l'exposé de la situation.*

3. L'adjectif *gentil /gentille* donne un adverbe irrégulier → **gentiment**.
- *Elle a gentiment proposé de m'aider.*

4. À l'expression adverbiale *chaque jour* correspondent deux adverbes plus rares : **quotidiennement** et **journellement**.

 Tous les adjectifs ne forment pas automatiquement un adverbe en **-ment**. Dans ce cas-là, on utilise une expression adverbiale formée de la préposition **avec** + nom, **en** + nom ou adjectif, quand c'est possible ; ou on utilise : **d'une (de) façon** + adjectif, **d'une (de) manière** + adjectif (et non *dans une façon, * dans une manière).

- optimiste → **d'une façon, d'une manière optimiste, avec optimisme**
- *Il pense à l'avenir avec optimisme.*

- charmant → **d'une façon, d'une manière charmante**
- *Il nous a reçus d'une (de) façon charmante.*

- silencieux → **silencieusement** ; mais on peut dire aussi → **en silence**
- *Ils avançaient en silence.*

- vain →**vainement**, mais on peut dire aussi → **en vain**
- *Ils ont cherché en vain la clé de l'énigme.*

– Adjectifs à valeur d'adverbe
Quelques adjectifs courts, souvent monosyllabiques, peuvent accompagner un verbe et devenir adverbes, donc invariables. Ils constituent avec ce verbe des sortes de locutions : **avoir chaud, avoir froid**, etc.

Comparez :
- *La tarte est bonne, elle est délicieuse.* *Cette tarte sent bon !*
- *Cette robe est trop chère,* *Cette robe coûte trop cher, je ne la prends pas.*
- *L'eau est claire, on voit le fond.* *Je vois clair maintenant, tu te moques de moi.*

[encadré]

Il n'y a pas d'adverbe à partir des adjectifs de couleur (**blanc, bleu, vert, rouge, noir,** etc.) sauf dans l'expression figée :
- *Il m'a répondu vertement*
  (= durement, sèchement).

adjectifs page 103

À ces adverbes dérivés d'adjectifs correspondent des adverbes en **-ment**, mais qui sont utilisés avec un sens différent.

Comparez :

- *Elle chante faux.* (= elle ne chante pas la note juste, la bonne note)
- *Ils ont accusé faussement cet homme.* (= l'accusation est contraire à la vérité)

- *Tu as vu juste.* (= avoir raison)
- *Il chante juste.* (≠ faux)
- *Pierre ? Justement le voilà !* (= précisément le voilà)

- *Elle parle bas.* (= on ne l'entend pas)
- *Elle s'est conduite bassement dans cette affaire.* (= d'une façon déshonorante)

- *Parle plus fort, je n'entends rien.* (= parler fort ≠ parler bas)
- *Il a affirmé fortement qu'il était innocent.* (= avec force, avec assurance)

- *Au cours d'un pique-nique, on mange souvent froid.* (= le repas n'est pas chaud)
- *Ils nous ont reçus très froidement.* (= d'une manière peu aimable)

- *Elle s'est arrêtée net.* (= brusquement)
- *Je vais nettement mieux.* (= d'une manière évidente, visible)

Inversement, quelques adverbes très courants s'utilisent parfois comme adjectifs tout en restant invariables.

- *Les professeurs sont souvent debout devant leurs élèves.*
- *Les amis sont restés ensemble toute la soirée.*
- *Ce n'est pas la peine de courir, les voleurs sont loin maintenant.*
- *C'est très bien* (= c'est très satisfaisant).
- *Ce n'est pas bien d'agir ainsi* (= ce n'est pas moral...).
- *Cet homme est encore bien pour son âge* (= encore beau).
- *C'est une fille bien !* (= qui a des qualités morales).
- *Cette chanson n'est pas mal* (= est assez bonne).

– Formes dérivées d'une autre langue

- Du latin : **ex æquo** (à égalité), **a priori** (au premier abord, sans avoir vérifié), **a posteriori** (après avoir fait l'expérience), **a fortiori** (a plus forte raison), **vice versa** (réciproquement).
- *Les deux élèves sont à égalité, ils ont été classés ex æquo.*
- *A priori, ce n'est pas une mauvaise idée* (remarquez : il n'y a pas d'accent sur le a de a priori).
- *Nous avons tout quitté sur un coup de tête ; a posteriori, je pense que nous avons eu raison.*
- *Elle ne te fera pas confiance ; a fortiori si tu lui mens.*
- *Toi et moi, nous nous arrangerons pour les deux mois à venir, je ferai le travail ce mois-ci et vice versa.*

- De l'italien : toutes les expressions musicales : **allegro**, **moderato**, **piano**, **crescendo**.
- *Il faut jouer ce mouvement moderato cantabile.*

Souvent, les mots d'origine étrangère sont en italique mais ce n'est pas obligatoire.

> Ne confondez pas **vite** et **rapide**.
> **Vite** est un adverbe et non un adjectif.
> - *Elle parle vite, il court vite* (= rapidement). *Fais vite...*

2.2 LES DIFFÉRENTS ADVERBES

Les adverbes jouent généralement le rôle d'un complément circonstanciel et, comme celui-ci, ils peuvent exprimer le temps, le lieu et la manière.

Les adverbes de temps

Ils jouent le rôle des compléments circonstanciels ; ils sont l'équivalent d'un nom ou d'un groupe de nom.
- *Nous déménagerons* bientôt (= dans un avenir proche).

Ils sont mobiles : *Bientôt nous déménagerons.*

Ils répondent à la question introduite par l'adverbe interrogatif « quand ? ».

Ils peuvent évoquer :
– une date : **avant-hier**, **hier**, **aujourd'hui**, **demain**, **après-demain**, **un jour.**
– un moment : **auparavant**, **autrefois**, **jadis**, **naguère**, **actuellement**, **maintenant**, **en ce moment**, **à ce moment(-là)**, **en même temps**, **au même moment**, **alors**, **aussitôt**, **tout de suite**, **tout à l'heure**, **plus tard**, **ensuite**, **désormais**, **dorénavant**, **tôt**, **tard**, **n'importe quand.**
– une durée ou la fréquence d'une action : **encore**, **longtemps**, **quelquefois**, **parfois**, **souvent**, **de temps en temps**, **toujours**, **rarement**, **jamais.**

Remarque
- **Un jour** et **tout à l'heure** marquent aussi bien le passé que le futur.
- *Il partit* un jour/*Tu verras*, un jour *il reviendra.*
- *Il est parti* tout à l'heure /*Il va revenir* tout à l'heure.

- **Auparavant** marque l'antériorité, **dorénavant** la postériorité.
  Dorénavant (= à partir de maintenant, à l'avenir) = **désormais**. Ces deux adverbes sont le contraire de **autrefois**.
- Désormais, *les magasins resteront ouverts jusqu'à 20 heures.*

- **En ce moment** renvoie au moment présent (= maintenant).
  À ce moment-là renvoie à un moment passé (= alors) ou futur.
- En ce moment, *nous étudions les adverbes de temps.*
- *J'ai vécu dans mon enfance au Brésil,* à ce moment-là *je parlais couramment le portugais* (j'ai vécu dans mon enfance au Brésil, je parlais alors couramment le portugais.)
- *Tu réussiras le concours d'improvisation, j'en suis sûre ; et* à ce moment-là, *tu décideras si tu veux continuer à faire du théâtre.*

- **En même temps** (et non pas *au même temps) marque la simultanéité.
  Au même moment, **au même instant** (= à cet instant précis).
- *Ils sont arrivés à la fête les uns après les autres, mais ils sont partis tous* en même temps.
- *Il a poussé la porte de l'immeuble pour entrer,* au même moment, *elle l'a tirée pour sortir, et c'est ainsi qu'ils se sont rencontrés.*

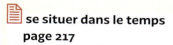 **se situer dans le temps page 217**

 Toujours.
Voir négation, p. 242

IV. LES MOTS INVARIABLES

Les adverbes de lieu

Ce sont aussi des équivalents du nom.
• *Je m'en vais ailleurs* (= dans un autre endroit).
Ils répondent à l'adverbe interrogatif « **où ?** ».
– Ils servent à localiser par rapport à un point de l'espace : **ici**, **là**, **là-bas**, **ailleurs**, **autre part**, **quelque part**, **nulle part**, **près**, **loin**, **n'importe où**...

📄 **se situer dans l'espace page 212**

Remarque
On a l'habitude d'opposer **ici** et **là**.
Ici = le point où le locuteur se situe, un lieu proche.
Là ou **là-bas** = un point éloigné.
• *Ici, c'est un monde gris, où l'on se bat. Je rêve d'aller là-bas, ailleurs, loin, bien loin.*
• *Viens ici, j'ai à te parler ! Sors d'ici !*

Mais cette opposition n'est pas toujours respectée et on utilise souvent **là** pour **ici**.
• *Sors de là !*
• *Il y a quelqu'un ici ? Oui, je suis là.*
• *Qui est là ? – C'est moi, ouvre-moi !*

– Les adverbes de lieu servent aussi à localiser par rapport à un repère :
autour, **dedans**, **dehors**, **dessus**, **au-dessus**, **dessous**, **au-dessous**, **pardessus**, **par-dessous**, **devant**, **derrière**, **en haut**, **en bas.**

Remarque
Ces adverbes correspondent à des prépositions.
• *On déjeune dans la maison ou dehors ? Plutôt dedans. Dans le jardin, il fait trop chaud.*
• *Toute la famille s'est précipitée hors de la maison. Ils sont maintenant tous dehors.*
• *Au-dessus des toits, on voit des arbres, et au-dessus, il y a la lune.*
• *Le chat s'est sauvé malgré le grillage ; il a dû passer par-dessus ou par-dessous.*
• *Tous les jours, je passe devant Notre-Dame. De nombreux touristes passent aussi devant.*
• *Derrière mon immeuble il y a un autre immeuble et derrière, il y en a encore un autre.*

Les adverbes de manière

Ce sont les adverbes les plus nombreux. Parmi ces adverbes on compte :
– la plupart des adverbes formés sur le suffixe **-ment** ;
– des adverbes courts : **ainsi**, **bien**, **debout**, **ensemble**, **exprès**, **mal**, **mieux**, **plutôt**, **vite**, **volontiers** ;
– des locutions adverbiales : **au fur et à mesure**, **au hasard**, **en vain**, **n'importe comment**...

Ils répondent à l'adverbe interrogatif « **comment ?** ». Ils caractérisent :
– un état, une manière d'être
– une situation
– une manière d'agir, une manière de faire

• *Il parle vite.*
• *Elle travaille debout.*
• *Elle a répondu au hasard.*

Ils peuvent souvent prendre des sens variés selon les mots qu'ils accompagnent, selon leur place, selon l'intonation.

Prenons l'exemple de l'adverbe **bien**.

– Adverbe de manière, il s'oppose à **mal**.
- *Nous avons bien mangé, nous avons mal mangé.*
- *Tu t'es bien conduit, tu t'es mal conduit.*

– Parfois, cet adverbe se comporte comme l'accompagnateur obligatoire d'un verbe, dans des expressions figées.
- *Comment vas-tu ? – Je vais bien, je me porte bien.*
- *Cette coiffure te va très bien.*

– Il peut prendre le sens de **très** ; il n'est plus adverbe de manière, mais adverbe d'intensité.
- *Il est bien malade.*
- *Elle a pris l'avion hier pour l'Australie ; elle est bien loin maintenant.*

– Il peut avoir le sens de **beaucoup**.
- avec un verbe :
- *J'aime bien ce pull-over.*

- avec un comparatif ou un superlatif :
- *Cette robe te va bien mieux que l'autre* (= beaucoup mieux).
- *Il est bien plus intelligent que la plupart de ses amis* (= beaucoup plus).
- *Votre nouveau roman est bien meilleur que le précédent* (= beaucoup, mais ici on ne pourrait pas dire : * beaucoup meilleur).

– Il a également le sens de **longtemps**, avec une préposition ou une conjonction.
- *Je suis arrivé dans ce pays bien après vous* (= longtemps après).
- *Je l'ai connu bien avant qu'il (ne) vienne s'installer ici* (= longtemps avant).

– Il peut marquer l'insistance.
- *Oui, c'est bien mon voleur, c'est bien lui, je le reconnais.*
- *C'est bien ce que je pense* (= c'est tout à fait, c'est exactement ce que je pense).

– Comme nous l'avons déjà vu, il peut prendre la fonction d'un adjectif.
- *C'est une femme très bien.*

> On ne peut pas dire *beaucoup meilleur* parce que **beaucoup** n'accompagne jamais un adjectif.

Les adverbes de quantité et d'intensité

Les adverbes de quantité évoquent une quantité indéterminée, une quantité évaluée globalement.
Les adverbes d'intensité évoquent le degré plus ou moins haut d'une qualité, d'un état, d'un sentiment.

quantification page 94

Ils se présentent sous la forme d'adverbes simples : **assez**, **aussi**, **autant**, **autrement**, **beaucoup**, **bien**, **combien**, **davantage**, **environ**, **fort**, **guère**, **même**, **moins**, **pas mal**, **peu**, **plus**, **presque**, **que**, **quelque**, **si**, **tant**, **tellement**, **tout**, **très**, **trop**.
- *Il est assez intelligent. J'aime beaucoup le théâtre. Nous nous sommes connus il y a environ dix ans.*

Ou de locutions adverbiales : **à demi**, **à peine**, **à moitié**, **peu à peu**, **à peu près**, **pas du tout**, **tout à fait**.
- *La bouteille est encore à moitié pleine. Je n'aime pas du tout ce romancier.*

Ces adverbes sont des équivalents du nom ou du groupe du nom.
- *Il mange peu* (= en faible quantité), *assez* (= en quantité suffisante), *beaucoup* (= en grande quantité), *trop* (= en quantité excessive).

– Certains modifient le verbe : **beaucoup, tant, autant, davantage**.
- *Il est bien fatigué, il travaille beaucoup, il travaille tant ! Voyons, il ne faut pas travailler autant !*
- *Il voudrait gagner davantage ?* (= plus).

– D'autres modifient l'adjectif, le participe ou l'adverbe : **si, très, tout**.
- *Elle est très ponctuelle, elle est arrivée très tôt. C'est une personne si agréable ! Il est si estimé de tous !*
- *Il parle tellement bien ! Il est tout simplement merveilleux. Mais quand on lui parle, il devient tout rouge.*

– D'autres modifient l'adjectif, le participe, le verbe ou l'adverbe : **assez, tellement, moins, plus**.
- *Il est assez intelligent ; il travaille assez ; il comprend assez bien. Il a réussi ? Je suis assez surprise* (« assez » marque l'intensité nécessaire minimum).
- *Il est tellement intelligent ! Le pauvre, il travaille tellement ! Il travaille tellement bien. Il a réussi ? Je suis tellement surprise !* (= à un degré élevé).

– D'autres encore peuvent modifier un groupe comprenant un déterminant numéral :
- *Il gagnera à peu près 2 500 euros pour commencer.*
ou un indéfini :
- *Presque toutes les rues étaient illuminées.*

– **Assez, autant, beaucoup, combien, moins, pas mal, peu, un peu, plus, tant, tellement, trop** peuvent être associés à la préposition de et être suivis d'un nom indéfini, donc sans article (*J'ai beaucoup de du mal à comprendre est impossible → J'ai beaucoup de mal à comprendre).
- *Dans une vie, on peut avoir beaucoup de copains, mais peu de véritables amis.*
- *À cause du mauvais temps, il y a moins de touristes cette année.*
- *Elle a tant de soucis !*

(!) Seule exception : **bien** sans préposition + l'article.

Comparez :
- *J'ai beaucoup de mal à comprendre ces règles/J'ai bien du mal à comprendre ces règles.*
- *Nous avons rencontré beaucoup de difficultés dans nos démarches/Nous avons rencontré bien des difficultés dans nos démarches.*

– Observez et remarquez la différence entre : **peu, peu de et un peu, un peu de**.
- **un peu**   implique une **petite quantité positive**,
- **peu**   implique une **petite quantité négative**.

Comparez :
- *Ne l'interrogez pas, elle est un peu timide* (= assez timide).
- *Elle montre un peu d'inquiétude* (= une légère inquiétude), *elle tremble un peu*.
et :
- *Il a peu de patience, il est peu sociable, il parle peu, donc il a peu d'amis* (= il n'a pas beaucoup de patience, il n'est pas très sociable, il ne parle pas beaucoup, donc il n'a pas beaucoup d'amis).

> Dans l'usage courant, **très, si, tellement** sont associés aussi à des locutions verbales :
> - *J'ai très faim, j'ai eu si peur, j'ai tellement soif.*

– Certains de ces adverbes associés à **que** servent à former les comparatifs et, associés à **l'article défini**, servent à former les superlatifs.

aussi, plus, moins (+ adjectif + **que**)
autant, plus, moins (+ verbe + **que**)
autant de, moins de, plus de (+ nom + **que**)

- *Ce roman est aussi/moins/plus intéressant que le précédent*
- *J'aime autant Schubert que Schumann.*
- *Il a plus de patience que toi.*
- *C'est l'artiste le plus doué de sa génération.*

– D'autres, associés à **que**, ont valeur de :
- conjonction de conséquence : **si, tant, tellement**
- conjonction d'opposition : **si**
- *Elle parle tant/tellement qu'elle n'écoute jamais les autres* (conséquence).
- *Elle parle si vite qu'on a du mal à la suivre* (conséquence).
- *Si bavarde qu'elle soit, elle a pris le temps de m'écouter* (opposition).

> Observez ces deux adverbes particuliers : **tout** et **plus.**

« Tout »

Tout, qui a la valeur d'un adjectif ou d'un pronom, peut aussi prendre la valeur d'un adverbe. Il a alors le sens de : « complètement », « totalement », « entièrement », « tout à fait » ou de « très ».

Il accompagne un adverbe ou un adjectif. Si l'adjectif est masculin singulier ou pluriel, l'adverbe **tout** est normalement invariable comme tous les adverbes.

- *Le ciel est tout bleu* (= entièrement bleu, très bleu).
- *Les enfants étaient tout souriants, tout heureux* (= très souriants, très heureux).

Mais observez bien cette particularité orthographique.

Contrairement aux autres adverbes, l'adverbe **tout** s'accorde avec l'adjectif féminin singulier ou pluriel, qui commence par une consonne ou la lettre « h » aspiré. La raison en est purement euphonique et visuelle. Pour les Français, il peut sembler bizarre d'associer une forme qu'ils sentent comme une forme de masculin, **tout**, et un mot qui est visiblement au féminin : par exemple **petite**. C'est donc pour l'oreille et pour l'œil qu'ils accordent ainsi le mot **tout** adverbe. En voilà la preuve : devant une voyelle, on ne juge pas nécessaire de faire l'accord puisque la liaison fait entendre la voyelle.

- *Elle est tout émue. Elles sont tout émues.*

Mais devant une consonne ou un « h » aspiré, on aura :
- *Cette femme est toute petite, elle s'habille au rayon enfants* (= très petite).
- *Après le naufrage du pétrolier, les plages étaient toutes polluées* (= totalement polluées).
- *La patineuse qui avait fait une chute s'est relevée toute honteuse, toute confuse.*

NB. Au féminin pluriel, il est difficile de distinguer entre l'adverbe et le pronom. C'est l'intonation qui peut faire la différence.
- *Les jeunes filles étaient toutes joyeuses* (= toutes les jeunes filles étaient joyeuses ou les jeunes filles étaient très joyeuses ?)

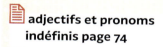
adjectifs et pronoms indéfinis page 74

Aujourd'hui, on admet aussi : *elles sont tout(es) émues.*

« Plus »

Normalement, on ne prononce pas la consonne finale « **s** ».

• *Il a plus* ([ply]) *de connaissances que ses camarades.*

Mais on la prononce quand le mot **plus** termine la phrase.

• *J'en veux plus.* ([plys])

• *Il est aussi malin que toi et peut-être même plus.*

Ou quand il y a une pause entre **plus** et le mot qui suit.

• *Il a mangé un peu plus, ce soir.*

ATTENTION À NE PAS CONFONDRE

« Aussi » et « aussi »

Attention, deux adverbes **aussi** coexistent avec des sens totalement différents. L'un est un simple additif qui se place toujours à l'intérieur de la phrase après le verbe, le nom ou le pronom.

• *Marie mange beaucoup de légumes mais elle mange aussi de la viande* (= également).

• *Moi, je suis végétarienne, vous aussi ?*

L'autre est un adverbe qui marque la conséquence et se place de préférence en tête de la phrase. Dans une langue soutenue, il demande l'inversion du verbe et du pronom sujet.

• *Il aime le chant ; aussi passe-t-il de nombreuses soirées à l'Opéra* (= c'est pourquoi).

« Aussi » et « même »

• **Aussi** (= également).

• *J'aime le cinéma, mais j'aime aussi le théâtre.*

• *Je pars ! – Toi aussi ?*

• **Même** ajoute une idée de renforcement.

• *Elle parle l'anglais, l'espagnol, le russe, l'italien et même le chinois* (le chinois aussi + idée d'insistance).

• *Tout le monde est invité, même toi* (= on ne s'y attendait pas, mais toi aussi tu es invité).

• *En 1910, la Seine était si haute que les berges, les quais et même les rues et les places ont été inondés.*

« Aussi » et « si »

• **Si** marque l'intensité, **aussi** marque l'égalité.

• *C'est une femme si intelligente !*

• *Ses camarades sont aussi intelligents que lui.*

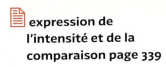

expression de l'intensité et de la comparaison page 339

- **Si** peut s'utiliser à la place de **aussi** dans les phrases interrogatives et négatives.
- *Il n'est pas (aus)si intelligent que je le croyais.*

« Aussi » et « autant »
Ce sont des adverbes d'égalité.
- **Aussi** + adjectif ou + adverbe
- *Elle est aussi jolie que sa sœur et elle travaille aussi bien qu'elle.*

- **Autant de** + nom
- *Elle a autant de vêtements qu'une star de Hollywood.*

- verbe + **autant**
- *Elle aime autant le cinéma que le théâtre.*

« Plus tôt » et « plutôt »
- **Plus tôt** est le contraire de « plus tard ».
- *Le dîner aura lieu à 8 heures. Vous devrez arriver plus tôt pour tout préparer.*

- **Plutôt** est synonyme de « de préférence ».
- *Vous voyagez en avion ? Moi, je voyage plutôt en TGV* (train à grande vitesse).

« Bien tôt » et « bientôt »
- **Bien tôt** est le contraire de « bien tard ».
- *La séance est à 8 h ; il n'est que 6 h. Vous arrivez bien tôt.*

- **Bientôt** est synonyme de « dans quelque temps ».
- *Nous quitterons bientôt le quartier* (= prochainement, dans peu de temps).

« Très » et « trop »
- **Très** accompagne un adjectif ou un adverbe. Il implique l'idée d'une intensité.
- *Je suis très heureuse de vous connaître.*
- *Voulez-vous une tasse de thé ? – Oui, merci, très volontiers.*
- *Il est très fatigué, mais moi je suis bien plus fatigué que lui.*

> ❗ On ne peut pas utiliser **très** avec des adjectifs qui ont déjà une valeur superlative comme, par exemple : **C'est très délicieux ; *une maison très immense ; *un jardin très magnifique.* On doit utiliser un autre adverbe : *vraiment, réellement, absolument…*

- **Trop** accompagne un adjectif, un adverbe ou un verbe. Il implique l'idée d'un excès, d'une quantité excessive.
- *Vous êtes trop sévère. Il boit trop. Il est trop tôt. Ça ne va pas trop bien* (= ça va mal).

Il peut être renforcé par l'adverbe **beaucoup** ou **bien**.
- *Il est beaucoup (ou bien) trop sévère.*

Comparez :
- *Hum, ça fait du bien, quand il fait froid, de boire une soupe chaude, très chaude.*
- *Tu ne manges pas ta soupe ? – J'attends un peu, elle est trop chaude !*

> ❗ **beaucoup trop** : dans cet ordre et non dans l'ordre inverse.

IV. LES MOTS INVARIABLES

205

Les adverbes d'interrogation et d'exclamation

– Les adverbes interrogatifs introduisent des nuances :
- de manière : **comment ?**
- • *Comment vas-tu ?*
- de lieu : **où ? d'où ? par où ?**
- • *Où allez-vous ? D'où venez-vous ?*
  Par où passerez-vous ?
- de temps : **quand ?**
- • *Quand reviendras-tu ?*
- de cause : **pourquoi ?**
- • *Pourquoi pleures-tu ?*

– Les adverbes exclamatifs sont : **que ! comme !**
- *Que je t'aime, que je t'aime !*
- *Comme il fait beau !*

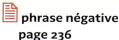
phrase interrogative
pages 232-233

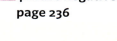
phrase exclamative
page 248

Les adverbes d'affirmation et de négation

– Les adverbes et les locutions adverbiales d'affirmation sont : **oui, si, bien, certes, certainement, assurément, évidemment, en vérité, bien sûr, parfaitement, effectivement**.

– Les adverbes de négation sont : **non, ne, pas**.
- *Tu as compris ? Oui ou non ?*
- *Tu n'as pas compris ? Mais si j'ai compris* (**si** = adverbe d'affirmation répondant à une question négative).
- *Tu nous accompagnes ? Bien sûr, évidemment.*
- *C'est assurément le meilleur écrivain de ce siècle.*

phrase négative
page 236

Les adverbes de probabilité

On comptera parmi ces adverbes : **peut-être, sans doute, probablement, apparemment**.

 Attention aux différentes constructions :
- *Il fera beau demain peut-être.*
- *Peut-être qu'il fera beau demain* (**peut-être** + **que**).
- *Peut-être fera-t-il beau demain* (tournure soutenue : **peut-être** en tête entraîne l'inversion du verbe et du pronom sujet).
- *Il est rentré sans doute.*
- *Sans doute est-il rentré.*

Remarque
On observera que cette inversion du verbe et du pronom sujet est aussi possible avec d'autres adverbes ou connecteurs logiques : **à peine, au moins, du moins**…
- *Il fut à peine arrivé au refuge que l'orage éclata/À peine fut-il arrivé au refuge que l'orage éclata.*
- *Tu n'as pas l'air convaincu, mais au moins tu pourrais faire semblant/ Tu n'as pas l'air convaincu, mais au moins pourrais-tu faire semblant.*

Sans doute =
probablement,
peut-être
et **sans aucun doute** =
certainement
- *Oui, c'est bien elle,
  sans aucun doute.*

Les adverbes de liaison

Certains grammairiens classent ces adverbes parmi les conjonctions de coordination. Ils servent à établir une liaison entre des propositions.
Ils peuvent exprimer la cause (**en effet, tant, tellement**), la conséquence (**aussi, ainsi, par conséquent**), l'opposition (**au contraire, en revanche, pourtant, cependant**), la restriction (**du moins**), l'hypothèse (**sinon**).

 **connecteurs logiques page 289**

2•3 LES DEGRÉS D'INTENSITÉ DE L'ADVERBE

Certains adverbes admettent, comme les adjectifs, des degrés d'intensité.

– les adverbes **loin, longtemps, près, souvent, tôt, tard**
- *Il est allé plus loin que moi dans ce domaine.*
- *Je suis resté moins longtemps que toi dans cette ville.*
- *Viens plus près ! Nous sommes arrivés plus tôt.*

– les adjectifs employés adverbialement
- *Ton manteau a coûté plus cher que le mien.*
- *Parle plus bas, tu parles plus fort que tous les autres et on n'entend que toi.*

– la plupart des adverbes en **-ment**
- *Il a agi plus stupidement que je (ne) le pensais.*
- *Marche le plus silencieusement possible, sinon tu vas réveiller tout le monde.*

– les adverbes **beaucoup, bien, mal, peu**
- *C'est très étonnant, ce jeune Français parle l'anglais aussi bien qu'un Anglais.*

! Le comparatif et le superlatif de **bien** sont **mieux** et **le mieux**.

- *Elle chante mieux que moi.*
- *C'est cette solution qui nous convient le mieux.*
- *Faites au mieux, pour le mieux.*
- *Je ferai du mieux possible, je ferai de mon mieux.*

2•4 LA PLACE DE L'ADVERBE

– Les adverbes qui déterminent l'ensemble d'une phrase se placent en général en tête de la phrase.
- *Hier, je suis sorti très tôt.*

ou à la fin de la phrase.
- *Je suis sorti très tôt, hier.*

Ces adverbes sont séparés du reste de la phrase par une virgule.

– Les adverbes qui déterminent un verbe se placent après le verbe à la forme simple.
- *Elle parle lentement. Elle chante faux. Nous défilerons silencieusement.*

Les adverbes **bien** et **mieux** se placent avant ou après le verbe à l'infinitif.
- *J'aimerais **mieux** comprendre l'italien / J'aimerais **comprendre** mieux l'italien.*

À la forme composée, cela dépend des adverbes :
les adverbes de temps et de lieu se placent généralement après le groupe
auxiliaire + participe passé.
- *Je l'ai rencontré* aujourd'hui. *Je l'ai vu* hier. *Elle sera partie* demain.

les adverbes de manière, d'intensité, de quantité et quelques adverbes de
temps, comme **longtemps, souvent, toujours**, se placent de préférence entre
l'auxiliaire et le participe passé (*J'ai* toujours *aimé les vacances au bord de la
mer*), mais on peut également les trouver après le participe passé.
- *J'ai* longtemps *habité dans cette ville* (ou) *j'ai habité* longtemps *dans cette ville.*
- *Nous avons* facilement *trouvé notre chemin grâce à vos indications* (ou) *nous
  avons trouvé* facilement...

– Un adverbe qui détermine un adjectif ou un autre adverbe se place
  devant l'adjectif ou l'adverbe.
- *Il est* très *poli. Elle est* bien *jolie. Nous sommes* vraiment *désolés. Ce manteau est*
  beaucoup trop *cher pour moi.*
- *Elle parle* beaucoup plus vite *que tout le monde.*

– Certains adverbes peuvent changer de sens suivant leur place
  ou suivant le contexte. Par exemple :

Encore
- *Comment ! Vous n'êtes pas partis ? Vous êtes* encore *là !* (= toujours)
- *J'ai* encore *fait un cauchemar cette nuit* (= une fois de plus).
- *Vous prendrez bien* encore *une tasse de thé ?* (= une autre)

Franchement
- *Réponds-moi* franchement. *Tu as aimé mon plat ?* (= sincèrement)
- *Il n'est pas* franchement *mauvais mais...* (= absolument, tout à fait)
- franchement, *tu exagères ! C'est une recette de Bocuse !* (= vraiment)

Naturellement
- *Il s'est comporté très* naturellement (= de manière naturelle).
- Naturellement, *tu as encore oublié le pain !* (= bien entendu, bien sûr)

Seulement
- *Vous arrivez* seulement *maintenant !* (= juste)
- *Cette mesure concerne* seulement *les retraités* (= uniquement).
- *C'est très joli,* seulement, *c'est bien trop cher* (= mais hélas).

Simplement
- *Elle nous a reçus très* simplement (= sans manières, avec simplicité).
- *Dis-nous* simplement *la vérité* (= seulement).

Toujours
- *Est-ce que tu m'aimeras* toujours ? (= pour toute la vie)
- *Il est en retard. Bizarre ! Lui qui est* toujours *à l'heure !* (= généralement)
- *Le plombier n'est* toujours *pas venu ?* (= pas encore)

Lexique

- *On ne s'entendait plus parce que l'enfant chantait* **à tue-tête** (= très fort).
- *Anna a reçu un message qui lui demandait de partir* **sur-le-champ**
  (= immédiatement).
- *Le peloton roulait* **à toute allure** (= très rapidement).
- *J'étais en retard, j'ai descendu l'escalier* **à toute vitesse.**

- *Allons, dis-moi tout, tu sais que tu peux me parler à cœur ouvert* (= franchement).
- *Je suis de tout cœur avec vous* (= complètement, totalement).
- *Ma grand-mère à un âge très avancé pouvait encore réciter par cœur des centaines de vers* (= de mémoire).
- *Il y a quelques années, il nous arrivait de partir pour des randonnées de plusieurs jours, et parfois nous dormions à la belle étoile* (= dehors).
- *L'enfant, puni, pleurait à chaudes larmes* (= abondamment).
- *La pièce était très drôle. Dans la salle, tous les spectateurs riaient aux éclats* (= très fort).

Pour aller plus loin

« Quelque »

Quelque, qui est un adjectif indéfini, peut être aussi adverbe. Il est alors invariable, synonyme de « environ » (= à peu près), et il se place toujours devant un nombre. Le contraire serait « exactement ».

Quelque appartient à la langue soutenue. En langue standard, on utilise **environ**.

+ *Versailles est à environ vingt kilomètres de Paris* (**environ** se place avant ou après le groupe nombre + nom).
+ *Il y a quelque vingt kilomètres entre Paris et Versailles* (**quelque** se place toujours avant le nombre).

« Voire »

Cet adverbe, qu'il ne faut pas confondre avec l'infinitif « voir », est synonyme de « et même ». Il marque un renforcement.
+ *Attention ! Ce produit est dangereux, voire mortel !*

« Fort »

Cet adjectif qui peut servir d'adverbe prend le sens de « beaucoup » et de « très » dans certaines expressions. Dans cet emploi, il est d'un style recherché.
+ *Tout cela est fort bien.*
+ *Il était fort impatient de revoir sa maison d'enfance.*
+ *Nous aurons fort à faire pour convaincre cet homme entêté.*

Certains adverbes de manière peuvent avoir un complément introduit par « à » ou par « de »

+ *Il a agi contrairement à la règle.*
+ *Vivre en société, c'est vivre conformément aux lois.*
+ *Préalablement à tout accord, il faut établir un contrat.*
+ *Ces faits ont eu lieu antérieurement à ma naissance.*
+ *Ce document a été signé postérieurement à la date convenue.*
+ *Il se comporte différemment de tout le monde.*
+ *Ces événements se sont produits indépendamment de notre volonté.*

Attention, il ne faut pas abuser des adverbes, en particulier des adverbes en -ment qui alourdissent le texte. Molière, dans *Les Femmes Savantes*, se moque ainsi des « beaux esprits » qui ont ce défaut.

Voici le sonnet que Trissotin, un pédant ridicule, récite dans le salon des « femmes savantes ».

À LA PRINCESSE URANIE sur sa fièvre.

Votre prudence est endormie,
De traiter magnifiquement,
Et de loger superbement
Votre plus cruelle ennemie
Faites-la sortir, quoi qu'on die,
De votre riche appartement,
Où cette ingrate insolemment
Attaque votre belle vie.

V. SE SITUER DANS L'ESPACE ET DANS LE TEMPS

1 Se situer dans l'espace

Que signifie situer et se situer dans **l'espace** ?

> La maison est *notre coin du monde*.
>
> Gaston Bachelard

Comment utiliser *en* et *dans* ?

Quelle différence y a-t-il entre *dans* et *dedans* ?

Et quelle différence entre *dessus* et *au-dessus* ?

Lorsque l'on situe quelque chose dans l'espace, on peut le faire par rapport à **soi-même**.

Par exemple, si je dis :
• *Vous avez vu cette drôle de maison, là-bas ?*
là-bas est situé par rapport à ma position dans l'espace.

On peut le faire aussi en choisissant un autre point de référence, dont on a déjà parlé.

Par exemple, si je dis :
• *Elle voudrait bien vivre au Brésil mais son mari n'a pas très envie de vivre là-bas, il préfère rester à Paris.*

là-bas n'est plus situé par rapport à ma position dans l'espace mais par rapport à ce qui précède dans la phrase (le Brésil).

1.1 COMMENT EXPRIMER L'IDÉE DE LIEU ?

Pour exprimer une idée de lieu, vous pouvez utiliser :

– des adverbes : **ici, là, là-bas, à droite, à gauche, en face, à côté, tout droit, en haut, en bas, au-dessus, au-dessous, au fond, au loin...**

• *Voilà le plan de l'appartement : ici, vous avez l'entrée et le couloir. Là, à gauche, la cuisine et, à côté, une petite chambre. Au fond, un bureau. À droite, une salle de séjour et une grande chambre. L'appartement est tranquille : au-dessus, il y a un couple sans enfant et, au-dessous, une vieille dame.*

au milieu, au centre, par terre, dedans, dehors, derrière, devant...

• *Ma chambre est assez petite mais je l'aime bien. Au fond à droite, il y a un grand lit avec une table de nuit à côté. Au centre, une petite table basse et, devant, un petit fauteuil. Dans le coin, à gauche, un bureau et, au-dessus, des étagères avec, dedans, tous les livres dont j'ai besoin. Par terre, j'ai mis une jolie moquette bleue.*

– des noms précédés d'une préposition : **à, chez, en, dans, sur, sous, devant, derrière, par, pour, entre**... ; et **jusqu'à, vers, près de, loin de, à côté de, en face de, au-dessus de, au-dessous de, au milieu de, parmi, au pied de, hors de, en dehors de, le long de...**

• *On va se promener le long de la Seine, sur la rive droite ? On pourrait regarder les bouquinistes sur les quais. Souvent, parmi les livres, on peut trouver des choses intéressantes et pas chères.*

• *Si tu veux, on part de Notre-Dame et on va jusqu'au pont Mirabeau, en passant par le Pont-Neuf, le Louvre, la tour Eiffel, la Maison de la Radio...*

• *Mes amis de Strasbourg, les Lambert, ont acheté une maison de campagne près d'Avignon, exactement entre Avignon et Forcalquier. C'est un peu en dehors du village, juste au pied d'une colline. Bien sûr, c'est un peu loin de Strasbourg mais ce coin de Provence est très joli.*

 adverbes pages 200-201   **prépositions page 180**

1.2 RAPPELS ET MISES EN GARDE

Quelques rappels

– Les points cardinaux : le nord, le sud, l'est, l'ouest

• *Toulouse est une ville très bien située : au nord, les vergers du Lot-et-Garonne ; au sud, les Pyrénées ; à l'ouest, l'océan Atlantique ; à l'est, la vallée de la Garonne, les châteaux, les vignobles...*

– Prépositions et noms de lieux

Projets de vacances :

• aller faire du ski **dans les Alpes** ou **dans les Pyrénées**
(noms de montagne ➜ **dans**)

• louer une maison **dans le Cantal** ou dans **le Berry**
(noms de province ou de département masculins ➜ **dans**)

• voyager **en Suisse, en Provence, en Bourgogne, en Équateur** ou **en Iran** (noms de pays ou de province, féminins ou bien masculins commençant par une voyelle ➜ **en**)

• faire une randonnée **au Portugal** ou **au Maroc**
(noms de pays masculins ➜ **au**)

- passer une semaine **chez l'oncle François, chez la sœur du copain de la voisine** ou **rester chez soi** (noms de personnes ➜ **chez**)

Et au retour...
- *Tu es tout bronzé. Tu arrives du Maroc ou du Pays basque ?* (noms de pays, de province masculins ➜ **du**)
- *Ce grand reporter arrive un jour de Turquie, un jour d'Iran ou d'Irak.* (noms de pays, de province ou de département féminins ou noms masculins commençant par une voyelle ➜ **de** ou **d'**)

Attention à certains verbes que vous confondez souvent

– Aller et venir

- *Tu viens chez moi ou on va chez toi ?*
- *Tu préfères venir à la campagne avec nous ou aller chez tes amis ?*

- **Venir** suppose que l'on parle de l'espace du locuteur (chez moi, avec nous...). On ne peut pas dire par exemple :
*On vient chez toi ou **Tu viens chez tes amis.*

Donc :
- *Il m'a demandé : « À quelle heure tu viendras chez moi ? »*
C'est le point de vue de la personne qui parle de son espace ➜ **venir**.
- *Il m'a demandé à quelle heure j'irais chez lui.*
C'est le point de vue de la personne qui parle de l'espace de l'autre ➜ **aller**.

Parfois, les deux formes sont possibles, avec une légère différence de sens.
- *Vous venez au cours demain ?* (on parle « à partir » du lieu du cours).
- *Vous allez au cours demain ?* (on parle à partir d'un lieu extérieur à celui du cours).

– Arriver et venir

- **Arriver** exprime un résultat, l'aboutissement d'un déplacement.
Ce verbe fonctionne avec un complément de temps ou de lieu.
- *J'arriverai demain à Roissy-Charles de Gaulle à 16 h 15* (résultat d'un déplacement : je serai là).
- *Enfin, ouf ! Ça y est, j'arrive enfin chez moi !* (résultat d'un déplacement : je suis arrivé).
- *Le patron est là, il est arrivé depuis cinq minutes* (résultat d'un déplacement : il est là).

- **Venir** n'exprime pas une idée de résultat. C'est simplement un verbe de déplacement comme **aller**, **courir**, etc.
- *Je suis venu chez vous deux fois mais vous n'étiez pas là* (idée de déplacement).
- *Je suis déjà venu une fois chez vous, il y a deux ans* (idée de déplacement).
- *Je viendrai te chercher vers sept heures* (idée de déplacement).

– Revenir, rentrer et retourner

- **Revenir**, comme **venir**, suppose que l'on parle du lieu où l'on se trouve actuellement.
- Le médecin à son client : *Revenez me voir la semaine prochaine* (ici, dans mon cabinet).
- *Tu me promets que tu reviendras ?* (sous-entendu : ici, chez moi, près de moi).
– *Mais oui, je reviens dans un mois !* (sous-entendu : ici, à l'endroit où l'on est).

- **Retourner** suppose que l'on parle d'un « ailleurs », d'un lieu différent de celui où l'on se trouve actuellement.

> **Rappel**
> • *Aller **chez le** médecin. /*
> ***Aller à** la pharmacie.*

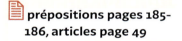 **prépositions pages 185-186, articles page 49**

Revenir, retourner
On **revient** là où on est,
et on **retourne** là
où on n'est pas.

Entrer signifie simplement
passer de l'extérieur à
l'intérieur d'un lieu.
• *Je vous dérange ?*
– Non, je vous en prie,
entrez !
– Bon, alors, j'entre mais je
ne reste que deux minutes

À l'oral

Souvent, les Français
utilisent **rentrer**
à la place d'**entrer**.
Tu es déjà rentré
dans ce musée ?

Exception
Vous entendrez parfois
dire :
• *Politiquement, vous vous*
situez plutôt à gauche,
plutôt au centre ou plutôt
à droite ?

• *Tu retournes chez toi à Noël ?* (chez toi = dans ton pays, dans ta région…).
• *J'adore l'Italie, j'y retourne chaque année* (l'Italie = un « ailleurs »).

• **Rentrer** suppose un retour vers un lieu d'origine, un lieu qui « appartient » à la personne dont on parle (« à la maison », « chez lui », « dans son pays », etc.).

Le sens de **rentrer** est proche de celui de retourner mais il suggère qu'il s'agit de quelque chose de plus définitif.
• *Il est rentré chez lui à minuit* (sous-entendu : et il n'est pas ressorti).
• *Il ne supporte plus de vivre loin de sa famille, il a décidé de rentrer dans son pays* (sous-entendu : sans idée de retour).

– Se trouver, se situer et être situé
• Pour parler d'un lieu : **se trouver, se situer** ou **être situé.**
• *Cet appartement se trouve boulevard de Clichy.*
= *Cet appartement est situé (se situe) boulevard de Clichy.*
• Pour parler d'une personne, une seule possibilité : **se trouver.**
• *Je me trouve actuellement à l'angle du boulevard Saint-Michel et de la rue Cujas.*

Lexique
• *Être désorienté* (familièrement : être déboussolé)
• *Le Proche-Orient, le Moyen-Orient, l'Extrême-Orient.*
• *Le dialogue Nord-Sud.*
• *Passer ses vacances dans le Midi* (= dans le sud-est de la France).
• *Les quatre points cardinaux.*
• *Le Pôle Sud et le Pôle Nord.*
• *Le centre-ville ≠ la banlieue*
• *L'Europe du Nord et l'Europe de l'Est.*

Manières de dire
• *Excusez-moi, je suis un peu perdu. Vous êtes du coin ? Vous habitez dans le coin ?* (= dans ce quartier).
• *Si tu veux, on se retrouve à six heures au café du coin ?* (= juste à côté).
• *C'est tout près, là, juste au coin.*
• *C'est un petit coin bien tranquille.*
• *Je vous laisse mes coordonnées* (mon nom, mon adresse, mon téléphone…).
• *Avoir les pieds sur terre* (= être réaliste).
• *Être dans la lune* (= inattentif, distrait).
• *Avoir la tête ailleurs* (= penser à autre chose que ce dont il est question).
• *Ne pas perdre le nord* (= garder la tête froide, savoir où l'on va, ce que l'on fait, avoir le sens de ses intérêts).
• *Ne pas y aller par quatre chemins* (= aller droit au but, très directement).
• *Tomber de haut* (= être stupéfait par quelque chose d'inattendu).
• *Loin des yeux, loin du cœur.*
• *Dire du mal derrière le dos de quelqu'un.*
• *Regarder quelqu'un de haut* (= avec mépris).
• *Se prendre pour le centre du monde.*
• *Grimper les échelons* (= s'élever dans l'échelle sociale).

2 Se situer dans le temps

Que signifie se situer par rapport au **temps** ?

Passent les jours et *passent les semaines*
Vienne la nuit sonne l'heure
Les jours s'en vont je demeure.

Guillaume Apollinaire, Le pont Mirabeau

Quelle différence y a-t-il entre *en ce moment* et *à ce moment-là* ?

Comment utiliser *an* et *année* ?

Quelle différence y a-t-il entre *il y a* et *il y a ... que* ?

Comment utiliser *dès* et *depuis* ?

Parler, s'exprimer, c'est se situer par rapport à **soi-même**, par rapport aux **autres**, par rapport **au temps**.

Se situer par rapport au temps. Cela veut dire qu'on entre dans la chronologie, dans la temporalité, qu'on entre, en somme, dans le courant de la vie.

Et cette temporalité est marquée, précisée, renforcée par de nombreux adverbes, prépositions, expressions de temps.

Le moment dépend de la situation du locuteur par rapport à son énoncé.

Ancrage dans le présent

Nous sommes *le 30 mai*. Il est *midi*, ce *mardi*, et en ce moment, j'attends ! Je suis arrivé *à dix heures*, l'heure de mon rendez-vous avec la jolie employée de l'agence immobilière qui doit me faire visiter des studios. *Hier*, elle m'avait dit : « Rendez-vous *demain matin*, à *dix heures* dans un café place Edmond Rostand. Nous irons visiter ensuite quelques appartements. » Mais elle n'est pas là, et je pense qu'elle ne viendra plus, *maintenant*. Je rentre chez moi.

Que de changements *depuis ces dernières semaines* ! C'est vraiment *ce mois-ci* que tout a commencé à changer. J'ai trouvé un boulot, je vais trouver un appartement (peut-être !). Je vais passer dans un autre monde, dans une autre vie. *Il y a deux mois*, j'avais l'impression d'être encore un adolescent, à la charge de ses parents ; mais *dans un mois*, je gagnerai ma vie, je serai indépendant. *L'année dernière*, je ne connaissais que mon quartier, que ma petite chambre d'étudiant, mais *l'année prochaine*, je voyagerai et je découvrirai le monde.

Mercredi matin. Il est dix heures et quart. Je passe devant le café de la place Edmond Rostand. Et qui est là ? La jolie employée de l'agence. Elle me fait de grands signes. – Enfin, vous voilà ! Vous êtes en retard ! – Mais le rendez-vous était hier ! – Pas du tout, je vous avais dit *après-demain* ! Alors, on y va ?

Être à l'heure
• *Le rendez-vous est à 10 h, je suis arrivé à 10 h, **je suis à l'heure***.
Être **en avance** ≠ **en retard**

FAISONS LE POINT

Les indicateurs de temps dans le présent du locuteur

Expression du présent	Expression du passé par rapport à ce présent	Expression du futur par rapport à ce présent
Maintenant	À ce moment-là, à cet instant-là	Dans un moment, dans un instant.
En ce moment, en cet instant	Autrefois, à cette époque	Bientôt, à l'avenir
À notre époque, actuellement		
De nos jours, à l'heure actuelle		
Aujourd'hui	Hier	Demain
Ce jour-ci		
	Avant-hier	Après-demain
	Il y a deux, trois, jours…	Dans deux, trois, jours…
Cette semaine	La semaine dernière (ou)	La semaine prochaine (ou)
	Il y a une, deux semaines…	Dans une, deux semaines…
Ce mois-ci	Le mois dernier (ou)	Le mois prochain (ou)
	Il y a un, deux mois…	Dans un, deux mois…
Cette année-ci	L'année dernière (ou)	L'année prochaine (ou)
	Il y a un, deux ans…	Dans un, deux ans…

V. SE SITUER DANS L'ESPACE ET DANS LE TEMPS

Ancrage dans le passé

Un beau jour (= un certain jour), *il y a cinq ans*, mon ami changea de vie.

Donc, *ce jour-là*, il se leva de bon matin (tôt) et sortit de chez lui, comme d'habitude. Mais il ne se rendit pas à son bureau. Il vagabonda toute la journée dans sa ville, comme s'il y était déjà un étranger, et la nuit venue, il alla à la gare et à 11 heures précises, le train où il avait pris place démarra.

La veille, il avait préparé en cachette ses affaires et les avait déposées à la consigne de la gare. Puis, il avait dîné en famille. Il avait parlé de choses et d'autres, de la pluie et du beau temps, de ses collègues de travail, mais il n'avait rien dit de la démission qu'il avait donnée à son patron *quelques semaines plus tôt*.

 **le discours rapporté page 280**

Le lendemain, c'était un samedi, il arriva donc à Rome ; le soleil se levait, c'était un autre décor, un autre climat. Il passa cette journée et la suivante à déambuler dans les rues de la ville. Il était heureux, il savait que *quelques jours plus tard*, il allait commencer une nouvelle vie, une vie très différente de celle qu'il menait encore *le mois précédent*, ou même *quelques jours avant*. Il ne se posait pas de questions, il se disait que *les jours*, *les semaines*, *les mois* à venir seraient magnifiques. En effet, *cette année-là*, cette année qui venait de s'écouler, avait été l'année la plus secrète mais la plus passionnante de sa vie... parce qu'il avait rencontré la personne qui, il en était sûr, allait faire de lui un autre homme. Il était donc heureux et confiant. Or... *un an plus tard*, il devait constater amèrement qu'il avait retrouvé la même vie ennuyeuse et monotone, mais dans une autre ville et avec une autre femme.

Les indicateurs de temps

Un moment dans le passé	Un moment antérieur à ce passé	Un moment postérieur à ce passé
Ce jour-là, ce matin-là	*La veille*	*Le lendemain*
Cet après-midi-là	*L'avant-veille*	*Le surlendemain*
Ce soir-là, cette nuit-là	*Le jour précédent* *Deux jours auparavant, avant, plus tôt*	*Le jour suivant* *Deux, trois jours plus tard, après*
Cette semaine-là	*La semaine précédente* *Deux, trois semaines auparavant, avant, plus tôt*	*La semaine suivante* *Deux, trois semaines plus tard, après*
Ce mois-là	*Le mois précédent* *Deux, trois mois auparavant, avant, plus tôt*	*Le mois suivant* *Deux, trois mois plus tard, après*
Cette année-là	*L'année précédente* *Deux, trois ans auparavant, avant, plus tôt*	*L'année suivante* *Deux, trois ans plus tard, après*

 prépositions page 186

Lexique

Les indicateurs de l'heure, de la date, du mois, de la saison, de l'année, du siècle

L'heure	Le jour et la date	Le mois, la saison	L'année, le siècle
Il est huit heures du matin.	*C'est lundi.* *Nous sommes lundi.* (ou) *On est lundi.* *Nous sommes le 4 juillet.* (ou *On est le 4 juillet.*	*Nous sommes en été.* *Nous sommes en juillet.* (ou) *Nous sommes au mois de juillet.*	*Nous sommes en 2022.* *Nous sommes au XXIe siècle.*
Il n'est pas midi, il est déjà une heure et quart de l'après-midi. (ou) *Il est exactement treize heures quinze minutes dix secondes.*	*Nous sommes (le) lundi 4 juillet.* *Nous sommes mardi.* *Nous sommes le 4 octobre.* *Nous sommes (le) mardi 4 octobre.*	*Nous sommes en automne.* *Nous sommes en octobre.* *Nous sommes au mois d'octobre.*	*L'action se situe dans les années soixante.*
Il est sept heures et demie du soir. (ou) *Il est dix-neuf heures trente.*	*Nous sommes mercredi.* *Nous sommes le 4 janvier.* *Nous sommes (le) mercredi 4 janvier.*	*Nous sommes en hiver.* *Nous sommes en janvier.* *Nous sommes au mois de janvier.*	
Il est dix heures moins le quart. (ou) *Il est vingt et une heures quarante-cinq.*	*Nous sommes jeudi.* *Nous sommes le 4 mai.* *Nous sommes (le) jeudi 4 mai.*	*Nous sommes au printemps.* *Nous sommes en mai.* *Nous sommes au mois de mai.*	

La durée peut être limitée dans le temps ou ouverte, c'est-à-dire non achevée.

Durée limitée

Dans ce cas, elle a un début et une fin. Elle est indiquée par un complément précédé ou non d'une préposition : **pendant**, **pour**, **en**, **dans**.

📄 **prépositions page 186**
l'expression du temps page 302

« Pendant », « durant », « au cours de »
Peut être suivi d'un nom, représentant une durée.
- *J'ai fait un stage à la banque pendant/durant les vacances* (entre le début et la fin des vacances).
- *Au cours de ce stage, je pense avoir beaucoup appris.*

⚠ **La préposition est facultative :**
– si le complément est un chiffre :
- *J'ai travaillé pendant deux heures* ou *J'ai travaillé deux heures.*
- *J'ai vécu pendant dix ans dans cette ville* ou *J'ai vécu dix ans dans cette ville.*

– si le complément est une expression de temps, l'adjectif **tout(e)** renforce alors sa valeur de durée continue :
- *Pour une fois, le malade a dormi (pendant) toute la nuit sans se réveiller.*
- *Nous avons dansé (pendant) toute la soirée.*
- *Elles ont bavardé (pendant) tout l'après-midi.*

« Pour »
C'est une préposition qui projette le locuteur vers un moment à venir.
Elle marque le point de départ de l'action et son terme.
- *Je suis à Paris pour trois jours* (= à partir de maintenant, je vais passer trois jours à Paris).
- *Il doit partir pour un an au Japon* (il va passer un an au Japon).
- *Vous voulez aller au Sacré-Cœur à pied ? Vous en avez au moins pour une heure !*
- *Ils ont loué une voiture pour toute la durée de leur séjour dans ce pays.*

⚠ Ne confondez pas **pendant** et **pour**.
Comparez :
- *Je suis resté à Athènes pendant deux mois* (= j'ai passé deux mois à Athènes et c'est fini). / *Je suis à Athènes pour deux mois* (à partir d'aujourd'hui, je passerai deux mois à Athènes).
- *Il a travaillé pendant dix ans dans cette entreprise./On l'a engagé pour une période d'essai de trois mois.*

« En »
Cette préposition est suivie d'un complément de temps (toujours chiffré) qui montre le temps nécessaire pour réaliser une action. Le verbe qui accompagne cette préposition exprime toujours l'accompli.
- *Elle s'est douchée en dix minutes* (= il lui a fallu dix minutes pour se doucher).
- *Stendhal a écrit son roman « La Chartreuse de Parme » en 53 jours* (= il a mis 53 jours pour écrire son roman).

⚠ Attention à la différence entre **en**, **pendant**.
- *Le bébé s'est endormi en cinq minutes.*
- *Elle a dormi pendant dix heures.*

« Dans »

Cette préposition renvoie le plus souvent à un moment du futur :

– moment précis (**dans** + une durée chiffrée) :

* *Je vous recevrai dans cinq minutes* (= il est dix heures et quart, je vous recevrai à dix heures vingt).
* *Nous partons* (présent à valeur de futur) *dans trois jours* (= nous sommes dimanche, nous partirons mercredi).

– moment plus vague (**dans** + adverbe de temps) :

* *Je vous appellerai dans quelques jours.*

– moment indéterminé dans une durée prise globalement (**dans** + certaines expressions de temps) :

* *Je vous verrai demain dans la matinée* (= à un moment indéterminé de la matinée ; à 9 heures, à 10 heures…).
* *Le feu d'artifice sera tiré dans la soirée* (= à un moment non précisé de la soirée).
* *Nous prendrons rendez-vous dans la semaine* (= un jour quelconque de la semaine).

Cette préposition **dans** peut aussi renvoyer au passé :

* *Dans sa jeunesse, elle était très coquette.* (Ici, il y a une légère différence de sens : on n'a pas l'idée du moment mais de la durée, et **dans** est presque synonyme de **pendant**.)
* *Dans son enfance, il a vécu loin de ses parents* (= pendant).
* *C'est dans son âge mûr qu'il voyagea, qu'il connut toutes les aventures dont il avait rêvé dans son adolescence.*
* *Je l'ai vu hier dans la soirée.*

Durée ouverte

– La durée est ouverte : elle a commencé et elle n'est pas encore achevée. Cette durée est marquée par des indicateurs temporels qui montrent un état ou une action continue :

« Depuis », « il y a… que », « ça fait… que », « voilà… que »

* **depuis** + expression de temps (durée chiffrée, adverbe de temps, date, événement) :
* *Il habite à cette adresse depuis six mois/depuis peu de temps/depuis le 2 mai/depuis le départ de sa femme.*

* **il y a** + expression de temps (durée chiffrée ou adverbe de temps) + **que** :
* *Il y a six mois/peu de temps/qu'il habite à cette adresse.*

* **ça fait** + expression de temps (durée chiffrée ou adverbe de temps) + **que** (plus familier) :
* *Ça fait six mois/peu de temps/qu'il habite à cette adresse.*

* **voilà** + expression de temps (durée chiffrée ou adverbe de temps) + **que** :
* *Voilà six mois/peu de temps/qu'il habite à cette adresse.*

(Remarquez la place de ces expressions dans la phrase.)

Quel temps faut-il utiliser avec ces expressions ?

Tout dépend du verbe.

La durée est ouverte et fermée lorsque **depuis** est associé à **jusqu'à**.

* *Il travaille **depuis** le matin **jusqu'au** soir.*
* *Il a travaillé **depuis** huit heures du matin **jusqu'à** huit heures du soir.*

Ou avec les prépositions **de** et **à** :

* *Il est à son bureau **de** huit heures **à** midi.*

1. Si le verbe marque un état continu, une action continue, on trouvera :
– **le présent** si le contexte est au présent,
– **l'imparfait** si le contexte est au passé.

Ces deux temps indiquent un état continu, une action continue.
• *Ils vivent dans ce quartier depuis longtemps/depuis vingt ans.*
• *Il y a longtemps/il y a vingt ans qu'ils vivent dans ce quartier.*
• *Ça fait longtemps/ça fait vingt ans qu'ils vivent dans ce quartier.*
• *Voilà longtemps/voilà vingt ans qu'ils vivent dans ce quartier.*
(Le verbe **vivre** marque un état continu dans le présent.)

• *Ils étaient mariés depuis plusieurs années lorsqu'ils ont eu leur premier enfant.*
• *Il y avait plusieurs années qu'ils étaient mariés lorsqu'ils ont eu leur premier enfant.*
• *Ça faisait plusieurs années qu'ils étaient mariés lorsqu'ils ont eu leur premier enfant.*
(Le verbe **être** marque un état continu dans le passé.)

Mais lorsque le verbe est accompagné de la négation **ne… pas**, il peut se mettre au passé composé avec **depuis** et les expressions synonymes : **il y a… que ; ça fait… que**.

Comparez :
• *Je fume depuis plusieurs années.*
et, à la forme négative :
• *Je n'ai pas fumé depuis plusieurs années* ou
• *Ça fait plusieurs années que je n'ai pas fumé* ou
• *Il y a plusieurs années que je n'ai pas fumé*
• *Voilà plusieurs années que je n'ai pas fumé*
(La négation donne au verbe une valeur d'aspect, de résultat.)

Quand on utilise malgré tout le présent à la forme négative, c'est en général accompagné de **plus**.
• *Je ne fume plus depuis plusieurs années* (**ne… plus** est la négation de **encore** qui marque la continuité).

Certains grammairiens font remarquer que le présent apporte une valeur continue, plus générale, alors que le passé composé exprime une valeur plus précise, plus contextuelle.

Observez et comparez :
• *Je ne joue plus du violon depuis dix ans* (= j'ai abandonné le violon).
• *Je n'ai pas joué « Tzigane » de Ravel depuis au moins dix ans* (= je joue encore du violon mais pas « Tzigane »).
• *Il y a au moins dix ans que je n'ai pas joué « Tzigane » de Ravel.*
• *Ça fait au moins dix ans que je n'ai pas joué « Tzigane » de Ravel.*

2. Le verbe au lieu de marquer un état continu, une action continue, peut marquer un aspect accompli, un résultat.

Dans ce cas, ces expressions s'emploient avec :
– **le passé composé**
ou
– **le plus-que-parfait.**
• *Ils ont abandonné ce projet depuis longtemps/depuis cinq ans* (ont abandonné ne peut exprimer une action continue. Il marque un résultat qui se poursuit ; le projet reste toujours *abandonné*).

> Avec **il y a… que** et **ça fait… que**, on peut envisager aussi l'action dans le futur.
> • *Demain, **il y aura trois ans**, jour pour jour, **que** leur premier enfant est né.*
> • *Demain, **ça fera trois ans**, jour pour jour, **que** la ville a été libérée.*

- *Il y a longtemps/il y a cinq ans qu'*ils <u>ont abandonné</u> *ce projet.*
- *Ça fait longtemps/ça fait cinq ans, qu'*ils <u>ont abandonné</u> *ce projet.*

- *Ils <u>avaient abandonné</u> ce projet depuis longtemps, depuis cinq ans déjà, lorsqu'ils ont décidé de le reprendre.*
- *Il y avait longtemps/il y avait cinq ans qu'*ils <u>avaient abandonné</u> *ce projet lorsqu'ils ont décidé de le reprendre.*
- *Ça faisait longtemps/ça faisait cinq ans qu'*ils <u>avaient abandonné</u> *ce projet lorsqu'ils ont décidé de le reprendre.*

Liste de quelques verbes qui peuvent prendre cette valeur d'accompli **mais** :
a. certains font référence à une action qui s'est produite à un moment donné et dont les conséquences se font encore sentir : **abandonner, achever, arriver, commencer, disparaître, finir, partir, quitter...**
- *Il est parti depuis 10 heures du matin/depuis six mois/depuis longtemps, depuis le 30 juin.*
- *Il y a six mois/il y a longtemps qu'il est parti.*
- *Ça fait six mois/ça fait longtemps qu'il est parti.*
- *Voilà six mois/voilà longtemps qu'il est parti.*

- *Il est arrivé depuis une semaine/depuis 10 heures ce matin/depuis peu de temps.*
- *Il y a une semaine/ça fait une semaine/voilà une semaine qu'il est arrivé.*
- *Il y a peu de temps/ça fait peu de temps/voilà peu de temps qu'il est arrivé.*

- *Il a quitté la ville depuis deux ans/depuis le 3 mai/depuis son divorce.*
- *Il y a deux ans/ça fait deux ans, voilà deux ans qu'il a quitté la ville.*

- *Quand je suis revenu, j'étais devenu vieux et ceux que j'avais aimés avaient disparu depuis longtemps* (Jean Tardieu).

b. les autres font référence à une action qui a commencé à se produire à un moment donné et qui est en évolution : **s'aggraver, s'améliorer, augmenter, baisser, changer, diminuer, grossir, maigrir, progresser, rajeunir, vieillir...**
(Ces derniers verbes ne s'emploient qu'avec la préposition **depuis**).
- *Il a beaucoup changé depuis un an.*
- *Tu as grossi depuis quelque temps, ça te va bien.*
- *Elle a maigri depuis les vacances.*
- *Nous avons progressé dans l'enquête depuis la découverte de l'arme du crime.*
- *Votre santé s'est améliorée depuis votre dernier traitement.*
- *Les salaires n'ont pas augmenté depuis les dernières réformes.*
- *Ils ont bien vieilli depuis quelque temps.*

❗ Observez bien la différence entre :

• **depuis...**		
• **il y a... que**	**et**	**il y a**
• **ça fait... que**		
• **ça voilà... que**		

- *Il parle depuis deux heures.*
- *Il y a deux heures qu'il parle.*
- *Ça fait deux heures qu'il parle.*
(Dans ces trois phrases, le discours n'est pas encore terminé ; le verbe est au présent, il y a continuité.)

Comparez :
• *Il y a deux heures*, *la ministre a fait un discours qui a été assez bien accueilli.*
   (Le discours est terminé depuis deux heures ; le verbe est au passé composé.)
– La durée est ouverte : mais on marque uniquement le point de départ de l'action, le moment précis où elle commence.
Voici les principaux marqueurs temporels.

« Dès »

Dès indique un point de départ immédiat. Le locuteur veut donner l'impression d'une certaine urgence.
Dès peut être suivi d'une date chiffrée, d'un nom indiquant un événement, une époque.
• *Dès demain*, *je cesse de fumer.*
• *Je vous rembourserai sans faute dès la réception de mon salaire.*
• *Dès le 1ᵉʳ janvier*, *je me mets au régime.*
• *Dès son arrivée dans cette ville, il s'est fait de nombreux amis.*

« À partir de »

À partir de montre aussi un point de départ de l'action. Mais cette expression est plus neutre que **dès**. Il n'y a pas le même sentiment d'urgence.
Elle peut être suivie, comme **dès**, d'une date chiffrée, d'un nom indiquant un événement, une époque.
• *À partir de demain*, *je cesse de fumer.*
• *À partir des premiers froids*, *elle ne quitte plus son vieux manteau en fourrure.*
• *Les États européens se sont véritablement constitués en tant qu'Europe à partir de l'adoption de la monnaie unique*, *c'est-à-dire à partir de janvier 2002.*

❗ Attention à la différence entre **dès** et **depuis**. Observez et comparez :
• *Dès 6 heures du matin, il est à sa table de travail* (on envisage seulement le point de départ de l'action. Combien de temps reste-t-il à sa table, on ne le sait pas, on ne le dit pas).
• *Depuis 6 heures du matin, il est à sa table de travail* (l'action est considérée dans sa continuité. On insiste sur le temps qu'il a passé à sa table. Il est peut-être midi, 6 heures du soir… mais il y est encore).
• *Dès son arrivée dans cette ville, il a commencé à chercher un appartement* (le verbe est au passé composé, il a une valeur d'aspect, de résultat, il ne peut marquer une continuité).
• *Depuis son arrivée, il cherche un appartement* (le verbe est au présent ; il ne l'a toujours pas trouvé).

Observez bien les temps des verbes, on ne pourrait pas les inverser :
a commencé marque le début de l'action, *cherche* montre la continuité.
– On marque le point d'arrivée de l'action dans le temps.
• **au bout de** est suivi d'une expression de durée généralement chiffrée :
• *Au bout de deux heures, fatigué d'attendre, je suis parti.*

Lexique

Les étudiants se posent toujours la question de savoir quand et comment utiliser les mots : **jour** (m.) ou **journée** (f.) ; **matin** (m.) ou **matinée** (f.) ;
soir (m.) ou **soirée** (f.) ; **an** (m.) ou **année** (f.).

J'ai rendez-vous ce soir avec mes amis.
Nous nous voyons presque tous les soirs.
Il fait beau ce matin.
Quel beau matin d'été !
Il fait le ménage tous les matins.
Chaque jour, il court dans le parc.
Ce jour est le plus beau jour de ma vie.
L'an dernier, j'ai étudié en Espagne.
L'an prochain, je serai en Italie.
Tous les ans, il passe les fêtes de Noël à la mer.
Le nouvel an se fête dans le monde entier.

Bonjour ! Bonsoir !

Nous passerons la soirée ensemble.
Nous avons discuté toute la soirée.
Cette matinée restera dans mon souvenir.
Quelle matinée printanière !
Il a travaillé toute la matinée.
Il ne court pas toute la journée.
C'est la journée la plus chaude de l'été.
L'année dernière, j'ai étudié en Espagne.
L'année prochaine, je serai en Italie.
Chaque année, je vais à la mer.
La nouvelle année se fête dans le monde entier.
Bonne année !
Oui, ce sera une merveilleuse année !
Bonne journée ! Bonne soirée !

Remarques

1. Les mots **soir, matin, jour, an** au masculin marquent un moment limité. Le pluriel, **tous les soirs**, etc., marque une succession de moments, comme le distributif **chaque soir**.

2. Les mots **soirée, matinée, journée, année** au féminin expriment une idée de durée, une continuité. Cela signifie : toutes les heures du jour, du soir, du matin, de l'année. C'est un temps « vécu ».

3. Pour les mots **an, année**, il faut observer ces quelques particularités. On dira **chaque année**, et non ***chaque an**. Et on utilisera indifféremment **an** ou **année** accompagnés des adjectifs : **prochain, dernier, nouveau**. Mais avec tous les autres adjectifs, une seule possibilité : **année**.

4. Bonjour ! Bonsoir ! sont des salutations. On se rencontre dans la journée ou dans la soirée, et on se dit **bonjour** ou **bonsoir**. Mais au moment de se quitter, on dira **bonne journée, bonne soirée**, en faisant référence à toute la journée, à toute la soirée à venir.

5. Comparez ces différents emplois des mots **an, année**.
- *La première guerre mondiale a duré quatre ans* (idée comptable)
- *La première guerre mondiale a duré quatre longues années* (on qualifie ces années, on leur donne une « couleur », on les « habille ». C'est plus qu'une simple idée de durée).
- *C'est une bonne année pour le vin.*
- *L'année terrible, 1872* (Victor Hugo).
- *Il a attendu son ami quatre ans.*
- *Ils passèrent dix ans au Mexique et vraiment, ce furent les plus belles années de leur vie !*

Manières de dire

- **Il y a belle lurette que** *je ne vous ai pas vu* (= il y a longtemps que je ne vous ai pas vu ; familier).
- **Ça fait un bail que** *vous vous êtes quittés* (= il y a longtemps que… ; familier).

- **Il y a un bon bout de temps que** nous ne nous sommes pas rencontrés (= il y a longtemps que… ; familier).
- **Il y a des siècles que nous ne nous sommes pas vus.**
- **Je ne vous ai pas vu depuis une éternité.**
- **En vacances, elle fait la grasse matinée tous les jours** (= se lever tard).
- **Nous partirons de bon matin** (= très tôt).
- **Au revoir, à bientôt, à un de ces quatre (matins) !** (= un jour indéfini ; familier).

- **Je ne vois mon ami que tous les trente-six du mois !** (= rarement ; familier).
- **De mon temps, à mon époque, dit le vieillard, on n'aurait pas osé parler de cette façon à ses parents** (= quand j'étais jeune).
- **Ces événements remontent à la nuit des temps** (= ces événements sont très anciens).
- **Les gens qui n'ont pas de projet, vivent souvent au jour le jour** (= sans penser au lendemain).
- **En avril, ne te découvre pas d'un fil** (= il peut faire encore froid en avril).
  En mai, fais ce qu'il te plaît (proverbe).
- **À chaque jour suffit sa peine.**

VI. LES DIFFÉRENTS TYPES DE PHRASES

La phrase interrogative

Qu'est-ce qu'une phrase **interrogative** ?

Quelle différence y a-t-il entre :
As-tu faim ?, *Tu as faim ?*, *Est-ce que tu as faim ?*

Pourquoi dit-on : *Qui es-tu ?*,
mais *Que fais-tu ?*

Quand faut-il répondre par
si à la place de *oui* ?

Quelle différence y a-t-il entre
Qu'est-ce qui... et *Qui est-ce qui...* ?

Pourquoi dit-on *Puis-je ?*
et non **Peux-je ?*

On questionne pour savoir, pour connaître, pour s'informer.
• *Est-ce que le monde est fini ou infini ?*
• *Combien y a-t-il de galaxies dans l'univers ?*
• *À quelle heure part la fusée ?*

À cette valeur purement informative, on en ajoutera d'autres. Ainsi, on interroge aussi pour :

– vérifier une information :
• *C'est bien ce soir que nous avons rendez-vous ?*

– demander un service, une explication :
• *Pouvez-vous fermer la porte, s'il vous plaît ?*
• *Tu saurais comment réparer mon imprimante ?*

– atténuer un ordre, une critique :
• *Est-ce que tu peux te taire pendant quelques secondes ?*
• *Tu veux bien recommencer ce travail ?*

– atténuer une opinion trop catégorique :
• *L'être humain n'est-il pas en train de détruire la nature ?* (= l'être humain est en train de détruire la

nature. L'atténuation en réalité se fait à partir de la forme interro-négative).

– entrer simplement en contact avec l'autre :
• *Ah ! tu t'es fait couper les cheveux ?* (C'est une évidence).

Ce questionnement utilise des moyens variés : **intonation**, **tournure interrogative**, **inversion**, **mots interrogatifs**, dont l'élément constant et commun, à l'écrit, est le point d'interrogation ? et qui dépendent du registre de langue : langue soutenue, langue courante, langue familière.

(Nous n'aborderons dans ce chapitre que la phrase interrogative simple. La phrase interrogative complexe, c'est-à-dire l'interrogation indirecte, sera traitée page 283.)

On distingue deux sortes d'interrogation : **l'interrogation totale** et **l'interrogation partielle**.

L'interrogation totale porte sur l'ensemble de la phrase et elle appelle une réponse globale : affirmative : *Oui* – négative : *Non* – ou hésitante : *Peut-être/Je ne sais pas.*
• *Est-ce que ce film est de Fellini ? – Oui/ Non / Peut-être / Je ne sais pas.*

Elle peut prendre trois formes.

L'interrogation marquée par la seule intonation

C'est la plus simple. Elle garde l'ordre de la phrase affirmative et c'est le ton ascendant (la voix monte à la fin de la phrase) qui marque l'interrogation.
À l'écrit, on la différencie de la phrase affirmative par le point d'interrogation. Elle est très fréquente à l'oral.
• *Tu viens ? Julie habite toujours à la même adresse ? Vous avez compris ?*

La phrase interrogative introduite par le terme : *est-ce que... ?*

Le terme complexe **est-ce que...** est très simple à utiliser : il se place en tête et il est suivi de la forme affirmative de la phrase.
Phrase affirmative : • *Enzo a téléphoné.*
Phrase interrogative : • *Est-ce que Enzo a téléphoné ?*
• *C'est bon ! / Est-ce que c'est bon ?*
• *Il fera beau demain./Est-ce qu'il fera beau demain ?*

Ce tour est très fréquent en français et il s'emploie aussi bien à l'oral qu'à l'écrit.
Il est facile à utiliser puisqu'il permet de garder l'ordre « normal » de la phrase.

L'inversion

Le sujet se place après le verbe. C'est une tournure soutenue.

L'inversion simple
L'inversion est dite simple quand le sujet est :
– un pronom personnel :
• *Vous aimez Brahms.*

• *Aimez-vous Brahms ?*
• *Il faut partir.*

• *Faut-il partir ?*
– le pronom indéfini **on** :
• *On lit couramment à sept ans.*

• *Lit-on couramment à sept ans ?*

– ou le pronom démonstratif neutre **ce** :
- *C'est un roman d'amour.*

- *Est-ce un roman d'amour ?*

Il suffit donc de déplacer le pronom sujet et de le placer derrière le verbe.

🔴 Observez ces quelques particularités.

- **À la première personne du présent,** pour de nombreux verbes, on évite l'inversion et on la remplace par la tournure **est-ce que** ou par l'intonation. On n'entend jamais de formes comme : **Rentré-je ?* Viens-je ?*
Mais on rencontre, notamment à l'écrit, des formes comme :
- *Suis-je… ? Ai-je… ? Vais-je… ? Dois-je… ? Puis-je… ?* (qui remplace **peux-je* pour une raison euphonique, deux syllabes non accentuées suivies n'étant pas acceptables en français).
- **À la troisième personne du singulier,** pour éviter la rencontre de deux voyelles, on ajoutera un « **t** » euphonique.
- *A-t-il raison d'agir ainsi ?* (au présent).
- *Va-t-il pleuvoir ?*
- *C'est Gabriel. Il est traducteur à l'Unesco. – Parle-t-il plusieurs langues ?*
- *A-t-elle compris l'importance de cette décision ?* (au passé composé avec l'auxiliaire **avoir**).
- *Le livre est paru. Aura-t-il des lecteurs ? Pourra-t-il toucher un large public ?* (au futur).
- *Cendrillon alla au bal. Rencontra-t-elle le prince charmant ?* (au passé simple).
- **Aux formes composées du verbe,** il faut être attentif à bien faire l'inversion avec l'auxiliaire.
- *Sommes-nous arrivés ?*
- *Avez-vous bien dormi pendant le voyage ?*
- **Aux formes pronominales et non pronominales du verbe,** le ou les pronoms compléments restent toujours en tête de la phrase.

- *Nous nous sommes déjà rencontrés.*	➜ *Nous sommes-nous déjà rencontrés ?*
- *Vous vous absentez souvent.*	➜ *Vous absentez-vous souvent ?*
- *Il s'est aperçu de son erreur.*	➜ *S'est-il aperçu de son erreur ?*
- *Tu nous écriras.*	➜ *Nous écriras-tu ?*
- *Elle y est allée.*	➜ *Y est-elle allée ?*
- *Tu le lui as dit.*	➜ *Le lui as-tu dit ?*
- *Vous lui en avez parlé.*	➜ *Lui en avez-vous parlé ?*

L'inversion complexe

L'inversion est dite complexe quand le sujet est un groupe nominal ou un pronom autre que le pronom personnel, les pronoms **on** ou **ce**.
Dans ce cas-là, le sujet reste à sa place, mais il est repris après le verbe par **il(s)** ou **elle(s)**.

- *L'émission vous a plu.*	➜ *L'émission vous a-t-elle plu ?*
- *Jean et Jeanne sont mari et femme.*	➜ *Jean et Jeanne sont-ils mari et femme ?*
- *Quelqu'un veut ajouter quelque chose.*	➜ *Quelqu'un veut-il ajouter quelque chose ?*
- *Mes photos sont réussies. Les tiennes le sont aussi.*	➜ *Mes photos sont réussies. Les tiennes le sont-elles aussi ?*

❗ Attention à la phonétique
- *Suis-je en retard ?*
je suis = [ʒə sɥi]
suis-je ? = [sɥiʒ]
- *Ai-je tort ?*
j'ai = [ʒɛ] ai-je ? = [ɛʒ]
- *Puis-je vous aider ?*
je puis = [ʒə pɥi]
puis-je ? = [pɥiʒ]

La forme interro-négative

L'interrogation peut se faire aussi à la forme négative.

C'est souvent une façon d'appeler une réponse affirmative, de demander une confirmation : dans ce cas, la phrase de réponse commence par l'adverbe affirmatif **si**.

- *Vous n'avez pas entendu sonner ?*
- *Est-ce que vous n'avez pas entendu sonner ?*
- *N'avez-vous pas entendu sonner ?*
  – *Si, j'ai entendu, je vais répondre.*

- *Alors les enfants, ce n'est pas l'heure d'aller au lit ?*
- *Est-ce que ce n'est pas l'heure d'aller au lit ?*
- *N'est-ce pas l'heure d'aller au lit ?*
  – *Si, c'est l'heure, mais est-ce qu'on ne peut pas jouer encore un peu ?*
  – *Non, allez au lit.*

Une forme insistante de l'interrogation

On ajoute à la phrase affirmative des expressions comme : **n'est-ce pas ? dis, dites ? j'espère ? non ?**

- *Tu m'aimes, dis ?*
- *Tu as compris, n'est-ce pas ?*
- *Tu as compris, j'espère ?*
- *C'est bien en 2015 que nous nous sommes connus, non ?*

L'interrogation alternative

C'est une double interrogation reliée par le mot **ou**.

Elle ressemble à l'interrogation totale parce qu'elle s'exprime avec les mêmes moyens : l'intonation, la tournure **est-ce que** et l'inversion.

Mais elle n'appelle pas les mêmes réponses. On ne peut pas y répondre par **oui**, **non** ou **peut-être**.

Elle peut prendre deux formes.

- *Est-ce que la tomate est un fruit ou un légume ?*
- *Dit-on un ou une après-midi ?*

- *C'est vrai ou ce n'est pas vrai ?*
- *C'est vrai ou non ?*
- *C'est vrai ou pas ?*

- *Est-ce que tu viens ou non ?*
- *Est-ce que tu viens ou pas ?*

> *Après-midi* est au masculin selon l'Académie mais on rencontre souvent le féminin.

1.2 L'INTERROGATION PARTIELLE

L'interrogation partielle porte, non pas sur toute la phrase, mais sur un des éléments de la phrase. Elle appelle une autre réponse que *oui, si, non, peut-être*. La réponse dépend du terme sur lequel porte l'interrogation. Ce terme est un mot interrogatif qui est placé en tête de phrase et qui est accentué.

L'intonation est différente de celle de l'interrogation totale. La voix descend à la fin de la phrase.

VI. LES DIFFÉRENTS TYPES DE PHRASES

– L'interrogation peut porter sur :
• le sujet :
• *Qui parle ? Quel train à grande vitesse relie Londres et Paris ?*

• l'attribut du sujet :
• *Qui es-tu ? Quel est ton nom ? Quelle est ta profession ?*

• le complément d'objet direct :
• *Qui* (animé) *cherches-tu ?* ou *Que* (inanimé) *cherches-tu ?*
• *Laquelle de ces voitures préfères-tu ?*

• le complément introduit par une préposition :
• *De qui* (animé) ou *de quoi* (inanimé) *parlez-vous ?*
• *À qui* (animé) ou *à quoi* (inanimé) *penses-tu ?*

• le complément circonstanciel :
• *Où vas-tu ?*
• *Comment vas-tu ?*

– Les mots qui introduisent l'interrogation partielle sont :
• des pronoms :
qui, que : ces deux termes interrogent sur l'identité et sur la qualité.
lequel, lesquels, laquelle, lesquelles : ce pronom interroge sur la qualité et implique un choix parmi plusieurs éléments.

• des déterminants :
quel, quels, quelle, quelles : cet adjectif interroge sur la qualité.

• des adverbes :
quand ? pourquoi ? comment ? combien ? où ? d'où ? par où ?...

• On distingue :
– les formes simples avec l'inversion du verbe et du sujet (langue soutenue) ;
– les formes composées avec **est-ce que** (tournure qui appartient à la langue courante, mais qui peut sembler parfois assez lourde).

> **Qui**, pronom interrogatif, représente toujours un animé et ne s'élide jamais.
> **Que** ou **qu'** + voyelle représente un inanimé.
> *Qui est-ce qui arrive ?*
> *– Jean.*
> *Qu'est-ce qui est arrivé ?*
> *– Un accident, peut-être ?*

> **!**
> Le pronom interrogatif **que** qui représente les inanimés COD devient **quoi** après une préposition.
> • *Que dis-tu ? De quoi parles-tu ? Que veux-tu ? À quoi rêves-tu ?*

📄 **adjectifs et pronoms interrogatifs page 80**

Des formes simples aux formes composées avec « est-ce que »

L'interrogation porte sur le sujet	• *Qui parle ?* • *Qui est venu ?* • *Lequel d'entre vous reste avec moi ?* • *Quel film passe ce soir à la télé ?*	• *Qui est-ce qui parle ?* • *Qui est-ce qui est venu ?* Ø • *Qu'est-ce qui passe ce soir à la télé ?*
L'attribut	• *Qui est-ce ?* • *Qui est le professeur ?* • *Que devient votre ami ?* • *Lequel de ces deux hommes est votre professeur ?* • *Quelle est votre nationalité ?*	Ø • *Qui est-ce qui est le professeur ?* • *Qu'est-ce que devient votre ami ?* (ou) • *Qu'est-ce que votre ami devient ?* Ø Ø
Le complément d'objet direct	• *Qui attends-tu ?* (animé) • *Qui as-tu vu ?* • *Que fais-tu ?* (inanimé) • *Que fait Jean ?* • *Que dire, que faire ?* (inanimé) • *Quoi de neuf ?* (inanimé) • *Lequel de ces deux livres avez-vous choisi ?*	• *Qui est-ce que tu attends ?* • *Qui est-ce que tu as vu ?* • *Qu'est-ce que tu fais ?* • *Qu'est-ce que fait Jean ?* • *Qu'est-ce qu'il y a à dire, à faire ?* • *Qu'est-ce qu'il y a de neuf ?* • *Lequel de ces deux livres est-ce que vous avez choisi ?*

Le complément introduit par une préposition	• *À qui pensais-tu ?* (animé) • *Avec qui parle Pierre ?* • *Avec qui Pierre parle-t-il ?* • *De quoi parliez-vous ?* (inanimé) • *Pour quelle équipe es-tu ?* • *À quelle heure part l'avion ?* • *Elle a deux amies d'enfance : à laquelle est-elle le plus attachée ?*	• *À qui est-ce que tu pensais ?* • *Avec qui est-ce que Pierre parle ?* • *De quoi est-ce que vous parliez ?* • *Pour quelle équipe est-ce que tu es ?* • *À quelle heure est-ce que part l'avion ?* • *Elle a deux amies d'enfance : à laquelle est-ce qu'elle est le plus attachée ?*
Le complément circonstanciel	• *Quand reviendras-tu ?* • *Quand décolle l'avion ?* ou • *Quand l'avion décolle-t-il ?* • *Combien coûte ce pull ?* • *Comment s'appelle votre fils ?* ou • *Comment votre fils s'appelle-t-il ?* • *Pourquoi as-tu changé d'avis ?* • *Pourquoi Jim a-t-il changé d'avis ?* • *Où va Jim ?* ou *Où Jim va-t-il ?* • *D'où viens-tu ?* • *Par où passeras-tu ?*	• *Quand est-ce que tu reviendras ?* • *Quand est-ce que l'avion décolle ?* • *Combien est-ce que ce pull coûte ?* (cette forme est particulièrement lourde) • *Comment est-ce que votre fils s'appelle ?* • *Pourquoi est-ce que tu as changé d'avis ?* • *Pourquoi est-ce que Jim a changé d'avis ?* • *Où est-ce que va Jim ?* • *D'où est-ce que tu viens ?* • *Par où est-ce que tu passeras ?*

Remarquez bien

On ne fait jamais l'inversion du nom sujet et du verbe avec **pourquoi**.

• *Pourquoi Jean a-t-il ri ?* ou *Pourquoi Jean a ri ?* (mais jamais : *Pourquoi a ri Jean ?*).

Alors qu'on peut dire :

• *Comment va Jean ? Quand part le train ? Où sont partis vos amis cet été ?*

De la langue soutenue à la langue familière

Langue soutenue	Langue courante	Langue familière
• *Qui est venu ?*	• *Qui est-ce qui est venu ?*	• *Qui c'est qui est venu ?*
• *Qui est-ce ?* • *Qu'est-ce (rare)* • *Lequel est votre professeur ?*	• *Qu'est-ce que c'est ?* • *Qu'est-ce que c'est que ça ?*	• *Qui c'est ? C'est qui ?* • *C'est quoi ?* • *C'est quoi ça ?* • *C'est lequel votre professeur ?*
• *Qui attends-tu ?* • *Que voulez-vous ?*	• *Qui est-ce que tu attends ?* • *Qu'est-ce que vous voulez ?*	• *Qui tu attends ? Tu attends qui ?* • *Vous voulez quoi ?*
• *À qui pensais-tu ?* • *Avec qui est-il ?* • *De quoi s'agit-il ?* • *À quoi sert cet outil ?* • *À quoi cela sert-il ?*	• *À qui est-ce que tu pensais ?* • *Avec qui est-ce qu'il est ?* • *De quoi est-ce qu'il s'agit ?* • *À quoi est-ce que sert cet outil ?* • *À quoi est-ce que cela sert ?*	• *À qui tu pensais ? Tu pensais à qui ?* • *Avec qui il est ? Il est avec qui ?* • *De quoi il s'agit ? Il s'agit de quoi ?* • *Cet outil sert à quoi ?* • *À quoi ça sert ? Ça sert à quoi ?*
• *Quand reviendras-tu ?* • *Comment t'appelles-tu ?* • *Où vas-tu ?* • *Pourquoi pleures-tu ?*	• *Quand est-ce que tu reviendras ?* • *Comment est-ce que tu t'appelles ?* • *Où est-ce que tu vas ?* • *Pourquoi est-ce que tu pleures ?*	• *Quand tu reviendras ?* • *Tu reviendras quand ?* • *Comment tu t'appelles ?* • *Tu t'appelles comment ?* • *Où tu vas ? Tu vas où ?* • *Pourquoi tu pleures ?* ou *Tu pleures, pourquoi ?*

Notez bien la différence entre :
- **Qui est-ce qui…** (sujet pour les animés) → *Qui est-ce qui crie ? C'est toi ?*
- **Qu'est-ce qui…** (sujet pour les inanimés) → *Qu'est-ce qui est arrivé ? Une panne d'électricité ?*
- **Qui est-ce que…** (complément d'objet direct pour les animés) → *Qui est-ce que tu cherches ? Jim ?*
- **Qu'est-ce que** (complément d'objet direct pour les inanimés) → *Qu'est-ce que tu dis ? Tu peux répéter ?*
  Qu' (= **que**) et non pas **Qui**

Remarquez :
Si le pronom interrogatif **lequel** est introduit par la préposition **à** ou **de**, on n'oubliera pas de faire la contraction, comme pour l'article et le pronom relatif **lequel** :
- **à + lequel → auquel**
- **à + lesquel(le)s → auxquel(le)s**
- **de + lequel → duquel**
- **de + lesquel(le)s → desquel(le)s**
- *Parmi tous les candidats pour le rôle principal de la pièce, auquel vas-tu donner le rôle ?*
- *De tous ces livres, desquels as-tu besoin en priorité ?*

(!) Attention à la structure | pronom ou adjectif interrogatif + **de** + adjectif |
- **Qui + de +** adjectif
- *Qui d'autre était à la soirée ?*
- *Qui avez-vous vu d'autre ? ou Qui est-ce que vous avez vu d'autre ?*
- *Qui as-tu vu d'intéressant ou Qui est-ce que tu as vu d'intéressant ? ou Qui tu as vu d'intéressant ?*

- **Que/qu'/quoi + de +** adjectif
- *Qu'as-tu fait de beau aujourd'hui ? ou Qu'est-ce que tu as fait de beau… ?*
- *Que s'est-il passé d'autre ? ou Qu'est-ce qu'il (qui) s'est passé d'autre ? Quoi d'autre ?*
- *Tu as traversé des pays, visité des musées, rencontré des gens, et quoi d'autre ?*

(!) Attention à la structure
- **À qui / à quoi + de +** adjectif
- **De qui / de quoi + de +** adjectif
- *À qui d'autre as-tu pensé ? ou À qui d'autre est-ce que tu as pensé ? ou À qui d'autre tu as pensé ? Tu as pensé à qui d'autre ?*
- *De quoi d'autre avez-vous parlé ? ou De quoi d'autre est-ce que vous avez parlé ? ou De quoi d'autre vous avez parlé ? Vous avez parlé de quoi d'autre ?*
- *Avec qui d'autre étais-tu à la soirée ? ou Avec qui d'autre est-ce que tu étais à la soirée ? ou Avec qui d'autre tu étais à la soirée ? Tu étais avec qui d'autre ?*

Aux adverbes interrogatifs **où ? comment ? quand ? pourquoi ?** correspondent des expressions comme **à quel endroit, de quelle manière, à quel moment, pour quelle raison…**
- *Où êtes-vous allé ? = Dans quel endroit êtes-vous allé ?*
- *Quand êtes-vous revenu ? = À quel moment êtes-vous revenu ?*
- *Comment avez-vous voyagé ? = De quelle manière, par quel moyen avez-vous voyagé ?*
- *Pourquoi n'êtes-vous pas resté là-bas ? = Pour quelle raison n'êtes-vous pas resté là-bas ?*

Remarques
1. Il y a une façon impersonnelle d'exprimer l'interrogation
On utilise le pronom interrogatif complément ou un adverbe interrogatif suivi de l'infinitif.
- *Que dire ? Que faire ? Que penser de tout cela ?* (= que peut-on dire, faire, penser… ou que faut-il dire, faire, penser ?). C'est une tournure assez soutenue.

- *Où aller ? Où ne pas aller ? Comment faire ? Pour quoi faire ? Pour faire quoi ? De quel côté chercher ?*
- *Comment travailler ? Comment réussir ?*
- *Travailler, oui mais comment ?*

2. « Quoi ? »

Ce pronom interrogatif s'utilise de plusieurs manières.

On le trouve dans l'expression : *Quoi de neuf ?*

C'est une expression très utilisée dans la langue courante. Elle a un sens assez large. Elle peut signifier :

- *Qu'est-ce qu'il y a de nouveau dans votre vie ? Qu'est-ce qu'il y a de nouveau dans le monde ? Quelles sont les nouvelles du jour ?*

On le retrouve également dans toutes sortes d'expressions familières.

- *Quoi ? Qu'est-ce que tu as dit ?* (ici, **quoi** = « comment ? »).
- *Tu sais quoi ? J'ai vu Clémence et... – Oui ? elle était où, avec qui et qu'est-ce qu'elle faisait ? Alors, tu réponds ou quoi ? Allez, quoi, dis-moi ?*

– Oh, elle était avec des amis, elle mangeait, bavardait, riait, buvait, elle s'amusait, quoi !

En contexte

Le monologue d'Harpagon

(un avare qui vient de constater qu'on lui a volé son argent)

Au voleur ! Au voleur ! [...] on m'a dérobé mon argent. **Qui** peut-ce être ? **Qu'**est-il devenu ? **Où** est-il ? **Où** se cache-t-il ? **Que** ferai-je pour le trouver ? **Où** courir ? **Où** ne pas courir ? **N'est-il point** là ? **N'est-il point** ici ? **Qui** est-ce ? Arrête. Rends-moi mon argent, coquin... (*il se prend lui-même le bras.*) Ah ! C'est moi. [...] **N'y a-t-il** personne qui veuille me ressusciter, en me rendant mon cher argent, ou en m'apprenant qui l'a pris ? Euh ? **Que** dites-vous ? Ce n'est personne. [...] Eh ! **De quoi** est-ce qu'on parle là ? De celui qui m'a dérobé ? **Quel** bruit fait-on là-haut ? **Est-ce** mon voleur qui y est ? [...] **N'est-il point** caché là parmi vous ?

Molière, *L'Avare*, acte IV, scène 7

Non ! *Rien de rien*…
Non ! Je *ne* regrette *rien*…
Ni le bien qu'on m'a fait
Ni le mal tout ça m'est bien égal !

Édith Piaf

Quelle différence y a-t-il entre *non* et *pas* ?

Comment utiliser *sinon* ?

Comment utiliser *non plus* ?

Doit-on dire *plus jamais* ou *jamais plus* ?

Quelle différence y a-t-il entre : *Je ne peux rien* et *Je ne peux pas tout* ?

Quelle différence y a-t-il entre : *Oh, ça, ce n'est rien !* et *Oh ça, c'est un rien* ?

Quelle différence y a-t-il entre *Tu ne vois jamais Paul* et *Si jamais tu le vois…* ?

C'est une phrase qui dit le contraire d'une phrase affirmative.
• *Le spectacle aura lieu demain* ≠ *Le spectacle n'aura pas lieu demain.*

Elle sert à nier, à refuser, à s'opposer, à marquer un doute, une incertitude, une ignorance.
La négation peut s'exprimer par un mot-phrase : *non*, ou par une phrase négative qui contient deux termes : *ne*, qui est placé devant le verbe et qui ne peut être séparé de lui que par un pronom complément, et un deuxième terme : *pas, plus, jamais*…

2.1 LA NÉGATION TOTALE

La négation porte sur toute la phrase.
Cette phrase peut se réduire au seul mot : **non.**

non

Non est le contraire de **oui** et de **si**.
Non remplace toute une proposition négative.
Non est la réponse négative à une question totale.
L'interrogation est marquée par l'inversion, par **est-ce que** ou par le ton.
- *Viendrez-vous à la soirée ? –* Non *(= nous ne viendrons pas).*
- *Est-ce que tu es malade ?* J'espère que non ! *(= j'espère que tu n'es pas malade).*
- *Je peux sortir ce soir avec mes amis ? – On verra. – C'est oui ou* c'est non *?*
  (= je peux ou je ne peux pas ?).

À la phrase interro-négative, la réponse négative est **non** et la réponse
affirmative est **si**.
- *Ne viendrez-vous pas à la soirée ? – Moi,* si*, mais lui* non *(= moi je viendrai, lui,*
  ne viendra pas).

« Non » ou « pas » ?

Dans une opposition, on peut utiliser **non** ou **pas**.
On utilise de préférence **pas** devant un adjectif, un adverbe, un pronom.
- *Prêt* ou pas prêt*, en forme* ou non*, tu dois prendre le départ de la course.*
- *Le mot « table » est un nom et* non *un adjectif. / Le mot « table » est un nom et*
  pas *un adjectif.*
- *Mes amis ont beaucoup aimé cette pièce, mais moi,* non.*/Mes amis ont aimé ce*
  film, moi pas *(ou* pas moi*).*
- *Tu veux manger ? –* Non, pas maintenant*, je n'ai pas faim, tout à l'heure.*
- *Nous avons bien rendez-vous lundi ? –* Non, pas lundi*, mardi.*

Non peut être renforcé par **pas du tout** ou par **vraiment pas** :
- *Est-ce que je vous dérange ? –* Non, pas du tout.*/Non, vraiment pas.*

Non utilisé comme préfixe sert aussi à former des noms composés :

– avec un trait d'union devant un nom :
- *Il a été condamné pour* non-assistance *à personne en danger.*
- *Aujourd'hui, on ne dit pas un « aveugle », mais un* non-voyant*.*

– sans trait d'union devant un adjectif ou un participe :
- *Ce document est* non conforme*.*
- *Cette règle s'applique uniquement au personnel* non enseignant*.*

« Non plus »

C'est la négation de **aussi**. **Non plus** reprend une négation et s'utilise toujours
dans une phrase négative
- *Tu aimes ce musicien ? Moi aussi.*   *(= moi aussi je l'aime).*
- *Tu* n'aimes pas *ce musicien ? Moi* non plus.   *(= je* **ne** *l'aime* **pas non plus***).*

ne … pas

Même si l'immense majorité des Français l'ignore (ou l'a oublié), **ne** est historiquement la vraie marque de la négation. Le second terme (**pas**, **point**, **personne**, **rien**…), que l'on perçoit comme la « vraie » négation (à tel point qu'on supprime très souvent le « ne » pour ne garder que ce second terme), était souvent à l'origine un nom : *un pas, un point, un rien, une personne*…
- *Je parle hollandais, mais je ne parle pas anglais.*
- *Paul est là ? – Non, il n'est pas là.*
- *C'est vrai ou ce n'est pas vrai ?*

Cette négation peut être renforcée :
- *Est-ce que vous avez de la monnaie ? – Non, désolée, je n'en ai pas du tout.*

La place de la négation « ne … pas »

- présent :
- futur :
- participe présent :
- impératif :

- *Une cigarette ? – Non, merci, je ne fume pas.*
- *On n'ira pas au cinéma ce soir, mais demain.*
- *Ne voulant pas répondre, elle a quitté la salle.*
- *N'oubliez pas de signer votre chèque.*

NE + verbe à toutes les formes simples + **PAS**

- passé composé :
- plus-que-parfait :

- *J'ai faim, je n'ai pas mangé à midi.*
- *Elle n'était pas sortie depuis plusieurs jours.*

NE + auxiliaire + **PAS** + participe passé du verbe aux formes composées

- *Tu ferais bien de ne pas sortir avec ce rhume.*
- *Je regrette de ne pas vous avoir connu plus tôt.*

NE PAS + infinitif présent ou passé

La négation et les pronoms personnels

Ne se place toujours avant les pronoms compléments.
- *Est-ce que tu connais cet écrivain ? – Non, je ne le connais pas.*
- *Êtes-vous inscrit à la faculté ? – Non, je n'y suis pas inscrit.*
- *Il lui a dit la vérité ? – Non, il ne lui a pas dit.*
- *Tu veux un fruit ? – Non merci, je n'en veux pas.*

La négation et les articles indéfinis et partitifs

- **un, une, des**   à la forme négative totale   → **pas de** ou **pas d'**
- **du, de la, de l'**   à la forme négative totale   → **pas de** ou **pas d'**

- *Est-ce que vous avez des nouvelles de vos amis ?*
  – Non, je n'ai pas de nouvelles.
- *Il y a un bon restaurant dans cette rue ?*
  – Mais il n'y a pas de restaurant ici !
- *Prendrez-vous du vin ? – Non merci, je ne bois pas de vin.*

La négation « ne … ni … ni »
La négation coordonnée par **et** ou par **ou** se transforme en **ne … ni … ni**.

---

ne + voyelle = **n'**

À l'oral

Dans les situations de tous les jours, les Français suppriment presque toujours le « ne » à l'oral. C'est normal puisque c'est une syllabe non accentuée (comme « je » ou « de » par exemple) :
— Tu viens ou tu viens pas ? J(e) suis là depuis une heure !
— J(e) viens, t'énerve pas ! J(e) peux pas aller plus vite, il y a (= ya) pas d(e) métro !

✱ Orthographe

On ira (avec la liaison).
On n'ira pas (négation).

On trouve également, plus rarement :
- *Je regrette de ne vous avoir pas connu plus tôt.*
ne + auxiliaire à l'infinitif + **pas** + participe.

 **articles page 41**

– avec des adjectifs
* *Est-ce que ton amie est blonde ou brune ?*
  – *Elle n'est ni blonde ni brune, elle est châtain.*
* *Quelle est la bonne température de l'eau du bain pour un bébé ?*
– *37° environ. L'eau ne doit être ni chaude ni froide, elle doit être tiède.*

– avec des adverbes
* *Je suis arrivé(e) juste à l'heure, ni trop tôt, ni trop tard.*

– avec des noms
* *Dans son minuscule studio :*
– *Simon n'a pas de lave-linge, pas de lave-vaisselle.*
– *Simon n'a pas de lave-linge ni de lave-vaisselle.*
– *Il n'a ni lave-linge ni lave-vaisselle.*

– avec des verbes
* *Désirez-vous un verre de vin ? Voulez-vous une cigarette ?*
– *Non merci, je ne bois pas et je ne fume pas.*
– *Je ne bois ni ne fume* (langue très soutenue).

L'article indéfini ou partitif peut être omis avec **ni … ni**.
* *Tu as un stylo ou un crayon ? – Je n'ai ni stylo ni crayon.*
* *Tu veux du vin ou de la bière ? – Je ne veux ni vin ni bière.*
Mais l'article **défini** ne disparaît pas :
* *Il n'aime ni la mer ni la montagne.*

2.2 LA NÉGATION PARTIELLE OU RELATIVE

La négation ne porte que sur un élément de la phrase. Elle implique alors une limite ou une restriction. Avec toutes les expressions de la négation partielle (exception : **ne … pas encore**), le mot **pas** disparaît.
* *Je ne vois rien, je ne vois personne, je n'ai lu aucun livre de cet écrivain, je ne trouve nulle part ce livre, tu ne te tais jamais, il ne pleure plus.*

ne … rien ou rien ne …

Ne … rien est formé de l'adverbe négatif **ne**, associé à un pronom négatif **rien**.
Rien renvoie toujours à une chose.
Il peut être renforcé par l'expression « du tout ».
* *Je ne sais rien du tout.*
C'est la négation des pronoms indéfinis :
* **quelque chose**   * *Tu vois quelque chose ? – Non, je ne vois rien.*
* **tout**   * *Il sait tout. – Il ne sait rien.*
C'est la réponse négative à la question :
* **que ?**   * *Que dis-tu, qu'est-ce que tu dis ? – Je ne dis rien.*
* **quoi ?**   * *De quoi as-tu besoin ? – Je n'ai besoin de rien.*
Observez la différence :
* *Il sait tout.*   * *Il ne sait rien.* (= il ignore tout)
  * *Il ne sait pas tout.* (= il sait quelque chose mais pas tout)

Rien peut-être aussi un mot-phrase :
* *Que faites-vous ? – Rien.*

Rien peut être un nom :
un rien = une chose sans importance
* *Un rien la fait rire.*
des riens = des bêtises
* *Il s'est battu pour des riens.*

Fonction et place de « rien »

Rien peut être :

– sujet

Les deux termes négatifs se placent devant le verbe.

- *Rien ne vaut une bonne douche après une longue journée de travail.*
- *Rien n'a changé depuis mon départ.*

– complément d'objet direct

Les deux termes négatifs encadrent le verbe à la forme simple.

- *Que savez-vous ? – Nous ne savons rien.*
- *Veux-tu quelque chose ? – Non, je ne veux rien.*

À la forme composée, les deux termes négatifs encadrent l'auxiliaire.

- *Alors, vous avez tout vu, tout entendu ?*
- *– Nous ? Mais non, nous n'avons rien vu, (nous n'avons) rien entendu.*

– complément d'objet indirect

À / de et d'autres prépositions **+ rien** se placent après le verbe simple ou composé.

- *À quoi penses-tu ? – Je ne pense à rien.*
- *À quoi avez-vous pensé ? – Nous n'avons pensé à rien.*
- *Le silence n'était troublé par rien.*
- *Il s'est retrouvé sans rien.*

Construction

- **quelque chose de**
  + adjectif invariable
- → **ne ... rien de** + adjectif invariable ou **rien de** + adjectif invariable
- *Avez-vous lu quelque chose d'intéressant ?*
  – Non, je n'ai rien lu d'intéressant.
  – Non, rien d'intéressant.
- **quelque chose à** + infinitif
- → **ne ... rien à** + infinitif
- *Avez-vous quelque chose à dire ?*
  – Non, je n'ai rien à dire, je n'ai pas grand-chose à dire.

---

ne ... personne ou personne ne ...

Ne ... personne est formé de l'adverbe négatif **ne**, associé à un pronom négatif, **personne**.

Personne renvoie toujours à une personne. C'est la négation des pronoms indéfinis :

- **quelqu'un**
  - *Il y a quelqu'un ? – Non, il n'y a personne.*
- **tous**
  - *Ils sont tous là ? – Non, personne n'est là.*

C'est la négation de l'expression indéfinie :

- **tout le monde**
  - *Tout le monde a compris ? – Personne n'a compris.*

C'est la réponse négative à la question :

- **qui ?**
  - *Qui vient avec moi ? Comment ? Personne ne vient ?*

Observez la différence :

- *Tout le monde lit dans le métro.*
- → *Personne ne lit dans le métro* (= pas une seule personne).
- → *Tout le monde ne lit pas dans le métro* (= quelques personnes lisent mais pas toutes).

Personne est aussi un mot-phrase :

- *Qui vient avec moi ? Personne ?*

Fonction et place de « personne »

Personne peut être :

– sujet

Les deux termes négatifs se placent devant le verbe.

- *Qui est là ? – Personne (n'est là.)*

– complément d'objet direct

Les deux termes négatifs encadrent le verbe à la forme simple.

- *Connaissez-vous quelqu'un dans cette ville ? – Non, je ne connais personne.*

📄 **indéfinis page 72**

- *Une personne est venue* est une affirmation.

  ≠

- *Personne n'est venu* est une négation.

Construction

- **quelqu'un de** + adjectif invariable
- → **personne de** + adjectif invariable + **ne**
  ou **ne ... personne de** + adjectif invariable
- *Y avait-il quelqu'un d'important à la réunion ?*
  – Non, il n'y avait personne d'important.
  – Personne d'important n'était là.
- **quelqu'un à** + infinitif
- → **personne à** + infinitif
- *As-tu quelqu'un à voir ?*
  – Non, je n'ai personne à voir.

 indéfinis et
quantification page 73

Dans la langue soutenue
Nul peut remplacer
personne quand il est
sujet.
• *Nul ne peut prendre cette
décision à votre place.*

Dans la langue soutenue
Nul(le) (adjectif) peut
remplacer **aucun(e).**
• *N'ayez nulle crainte, tout
va bien se passer.*

 indéfinis page 72

 À la forme composée, les deux termes négatifs encadrent le verbe.
• *Qui avez-vous rencontré ce matin ? – Je n'ai rencontré personne.*

– complément d'objet indirect
À / de + personne se placent après le verbe à la forme simple ou composée.
• *Parlerez-vous à quelqu'un de ce projet ? – Non, je n'en parlerai à personne.*

ne … aucune ou aucun(e) … ne …

Ne … aucun(e) ou **aucun(e) … ne** est formé de l'adverbe **ne** associé à **aucun(e).**
Aucun(e) est **adjectif** indéfini (il accompagne un nom) ou **pronom** indéfini (à la place d'un nom).
Aucun(e), masculin ou féminin, est toujours singulier (= pas un(e) seul(e), zéro).

Aucun(e) renvoie à une personne ou à une chose. C'est la négation d'une quantité :
• *Combien de cinémas y a-t-il dans ce quartier ? Un ? deux ? trois ?*
– *Non, il n'y a aucun cinéma. Il n'y en a aucun (= pas un seul).*
• *Tu as beaucoup d'amis ici ? – Non, je n'ai aucun ami, je viens d'arriver dans cette ville.*
• *J'ai reçu plusieurs lettres aujourd'hui, et même quelques cartes postales !*
  – *Et moi, je n'ai reçu aucune lettre, aucune carte.*

Aucun(e) est aussi un mot-phrase :
• *Combien de cigarettes avez-vous fumé aujourd'hui ? – Aucune.*

Fonction et place de « aucun(e) »
Aucun(e), adjectif ou pronom, peut être :

– sujet
Les deux termes négatifs se placent avant le verbe à la forme simple ou composée.
• *La grève continue ; aucun accord n'a été signé entre les deux parties.*
• *La jeune fille a attendu en vain ses amis : aucun n'est venu.*

– complément d'objet direct
Les deux termes négatifs encadrent le verbe à la forme simple.
• *Vous n'avez aucune raison d'avoir peur, non vraiment aucune.*

 À la forme composée, les deux termes négatifs encadrent le verbe.

• *Les supporters sifflaient l'équipe qui n'avait marqué aucun but.*

– complément d'objet indirect
À / de + aucun(e) se placent après le verbe à la forme simple ou composée.
• *Non, je ne te dirai rien, tu n'auras droit à aucun détail.*
• *Attention ! Tu ne parleras d'aucun sujet délicat au dîner, ce soir.*

ne … nulle part ou nulle part … ne …

Ne … nulle part est formé de l'adverbe négatif **ne,** de l'adjectif indéfini **nul(le)** et du nom **part.**
Nulle part, expression adverbiale, est la négation de :
• **quelque part**   • *Tu vas quelque part ? – Je ne vais nulle part.*
• **partout**   • *Il la voit partout. Il ne la voit nulle part.*

VI. LES DIFFÉRENTS TYPES DE PHRASES

C'est la réponse négative à la question :
- **où ?**   • *Où vas-tu ?* – *Je* *ne* *vais* *nulle part.*

Nulle part peut être aussi un mot-phrase :
- *Où tout cela nous mènera-t-il ? Nulle part.*

Place de « nulle part »

Les deux termes négatifs encadrent le verbe à la forme simple.
- *Chérie, où sont mes lunettes ? Je les cherche* *partout* *et je* *ne* *les vois* *nulle part.*
  - *Cherche bien, elles sont sûrement* *quelque part* *dans la maison.*
  - *Mais non, j'ai regardé* *partout, elles* *ne* *sont* *nulle part.*

 À la forme composée, les deux termes négatifs encadrent le verbe.
- *L'adolescente se plaignait : « Je* *ne* *suis allée* *nulle part* *cet été ! »*

On trouve également
nullement = pas du tout,
en aucun cas.
- *Je n'ai* **nullement**
  l'intention de déménager.

ne ... jamais ou jamais ... ne ...

Ne, adverbe négatif, est associé à l'adverbe de temps **jamais**.
Ne ... jamais = pas une seule fois.
C'est la forme négative de :
- **parfois, quelquefois, souvent.**
- *Il va* *souvent* *au cinéma, moi je* *n'y vais* *jamais.*

- **déjà**
- *Tu as* *déjà* *lu Joyce ? – Non, je* *n'ai* *jamais* *lu Joyce. – Non, je* *ne* *l'ai* *jamais* *lu.*

- **toujours**
- *Il sort* *toujours* *à la même heure ? – Non, il* *ne* *sort* *jamais* *à la même heure.*

Observez la différence :
- *Tu es* *déjà* *allé en Chine ? – Non je* *n'y suis* *jamais* *allé* (dans le passé) ou – *Non, je n'y suis* *pas encore* *allé, mais j'irai bientôt.*
- *Où est votre ami ? – Il* *n'est* *toujours pas* *rentré* (= il n'est pas encore rentré).
  – *Oh, il* *n'est* *pas toujours* *là à cette heure* (= il est souvent là à cette heure, mais pas régulièrement).

Place de « jamais »

Les deux termes négatifs encadrent le verbe à la forme simple.
- *Peut-on lui faire confiance ? – Oui, elle* *ne* *ment* *jamais* *ou* *jamais* *elle* *ne* *ment.*

À la forme composée, les deux termes négatifs encadrent l'auxiliaire.
- *Je* *n'ai* *jamais* *rencontré quelqu'un d'aussi intéressant.*

On peut aussi placer **jamais** en tête de phrase, pour insister.
- *Jamais* *je* *n'ai rencontré quelqu'un d'aussi intéressant.*

Utilisé seul, **jamais** a
une valeur positive = en
un temps quelconque,
indéfini, un jour (passé ou
futur).
- *Si jamais tu le vois, dis-lui
  que je l'attends.*
  (= si par hasard tu le vois).
- *Avez-vous jamais vu
  pareil spectacle ?*
  (= à un moment ou à un
  autre, par hasard).

ne ... pas encore

Ne ... pas encore est formé de la négation **ne ... pas**, associée à l'adverbe de temps **encore**.
Cette expression montre qu'une action se produira bientôt ou qu'elle est prévue mais non encore réalisée.
Ne ... pas encore est la négation de **déjà** (explicite ou implicite) :

📄 **adverbes page 199**

- *Il est déjà midi ? – Non, il n'est pas encore midi, il est midi moins le quart.*

C'est aussi une expression-phrase :
- *Tu as déjeuné ? – Non, pas encore.*

Place de « pas encore »

Les deux termes négatifs encadrent le verbe à la forme simple.
- *Votre enfant marche-t-il (déjà) ? – Non, il ne marche pas encore, il a six mois.* ou *– Non, pas encore.*

À la forme composée, les deux termes négatifs encadrent l'auxiliaire.
- *As-tu reçu le compte rendu de la réunion ? – Non je ne l'ai pas encore reçu.*

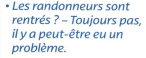
ne ... plus

Cette négation est formée de l'adverbe négatif **ne** et de l'adverbe **plus**.
Ne ... plus montre qu'un fait qui a eu lieu dans le passé a cessé de se produire.
Ne ... plus est la négation de :
- **encore**
  - *Tu as encore faim, Émilie ?*
  - *– Non, je n'ai plus faim.*
  - *– Et toi, Antoine ?*
  - *– Moi non plus* (négation de « aussi »).
- **toujours** (= encore, à partir de maintenant)
  - *Tu joues toujours du piano ?*
  - *– Non, je n'en joue plus.*

Place de « ne ... plus »

Les deux termes négatifs encadrent le verbe à la forme simple.
- *Un verre de vin ? – Non merci, je ne bois plus* (= autrefois je buvais, mais j'ai cessé de boire)
- *Est-ce que tu vois toujours* (= est-ce que tu vois **encore**) *tes amis d'enfance ? – Non, je ne les vois plus.*

À la forme composée, les deux termes négatifs encadrent l'auxiliaire.
- *Que devient ton ami d'enfance ? – Je n'ai plus entendu parler de lui depuis des années.*

ne ... guère

Cette négation est formée de l'adverbe négatif **ne** et de l'adverbe **guère**.
C'est une négation assez soutenue. Elle signifie :
- **pas beaucoup, pas souvent,** et elle accompagne un verbe :
- *Je n'aime guère parler des autres.*

- **pas très,** et elle accompagne un adjectif :
- *Elle n'est guère accueillante.*

- **pas beaucoup de,** et elle accompagne un nom :
- *Je n'ai guère de temps à vous consacrer.*

Place de « ne … guère »

Les deux termes négatifs encadrent le verbe à la forme simple.
• *Un cigare ? – Non, merci, je n'en fume guère.*

À la forme composée, les deux termes négatifs encadrent l'auxiliaire.
• *Je n'ai guère aimé son attitude.*

2.3 COMBINAISON DE TERMES NÉGATIFS

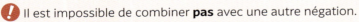 Il est impossible de combiner **pas** avec une autre négation.
* *Je n'ai pas vu rien du tout.* Impossible !
* *Personne n'est pas venu ce matin.* Impossible !

Mais on peut associer plusieurs autres termes négatifs. Ainsi :
• *Je ne me rappelle plus rien, je ne me souviens plus de rien.*
• *Je n'ai jamais rien lu d'aussi drôle.*
• *Je ne te dirai plus jamais rien, tu ne sais pas garder un secret.*
• *Moi, je n'ai rien vu, et toi ? – Je n'ai rien vu non plus.*

• *Personne ne m'a jamais traité ainsi.*
• *Plus personne n'utilise le passé simple ni le subjonctif imparfait
dans la langue parlée.*
• *Je n'attends plus rien ni personne, je n'attends plus rien de personne.*
• *Depuis son départ, aucun de nous n'a plus jamais entendu parler de lui.*
• *Depuis son départ, aucun de nous n'a jamais plus entendu parler de lui.*
• *Ils ne vont plus jamais nulle part.*
• *Ils ne vont jamais plus nulle part.*

> **!** Attention à la place des termes négatifs : **plus** et **jamais** peuvent s'inverser.
> • *Je ne veux plus jamais te voir.*
> • *Je ne veux jamais plus te voir.*
> **Rien, personne** et **nulle part** sont toujours en dernière position.

2.4 L'EXPRESSION DE LA RESTRICTION : « NE … QUE »

Ne … que est une expression adverbiale synonyme de « seulement ».

Place de « ne … que »

Les deux termes encadrent le verbe à la forme simple.
• *Je n'aime que toi* (= je n'aime personne d'autre que toi).
• *Puis-je vous aider ? demande la vendeuse. – Oh, je ne fais que regarder,
répond la cliente* (= je ne fais rien d'autre que regarder, je regarde et c'est tout).

À la forme composée, les deux termes encadrent le verbe.
• *Tu l'as acheté finalement, ton livre sur Picasso ?
– Non, je n'ai fait que le feuilleter, il était trop cher.*

! Attention à la structure : **n'avoir qu'à, il n'y a qu'à…**
• *Si tu n'es pas content, tu n'as qu'à partir.*
• *Tu as froid ? Il n'y a qu'à fermer la fenêtre.*
• *Vous avez peur d'échouer ? Vous n'aviez qu'à travailler davantage !*
• *Vous n'avez pas de clé ? Vous n'aurez qu'à tirer la porte en partant.*
(Selon le contexte, l'expression peut avoir valeur de conseil, de suggestion, d'avertissement,
de reproche.)

> **À l'oral**
>
> On prononce :
> Tu n'as qu'à… = [taka]
> Il n'y a qu'à… = [yaka]

Comparez.

Je	n'ai	**pas**	compris et toi ?
Moi, je	n'ai	**rien**	compris et toi ?
Oh, moi je	n'ai	**jamais**	compris ses explications et toi ?
Je	n'ai	**pas encore**	compris ce qu'elle voulait dire.
Moi, je	n'ai	**plus**	suivi à partir du premier quart d'heure.
Je	n'ai		compris *que* quelques mots par-ci, par-là.
Je	n'ai		vu *personne* d'important dans la salle.
Je	n'ai		vu *aucune* personnalité.
Je	n'ai		vu *nulle part* quelqu'un d'aussi ennuyeux.

Lexique

Les verbes
- *Ils **ont contesté** le résultat des élections.* (contester = ne pas être d'accord)
- *Nous **démentons** cette nouvelle.* (démentir = dire qu'un fait n'est pas vrai, qu'il est faux)
- *Elle **désapprouve** ma conduite.* (désapprouver = ne pas approuver)
- *Nous **doutons** de ta sincérité.* (douter = ne pas être sûr)
- *À ta place, **j'éviterais** de répondre.* (éviter = ne pas faire)
- *Éteins la radio, tu **m'empêches** de dormir.* (empêcher = ne pas laisser, ne pas permettre)
- *J'**ignore** où elle est.* (ignorer = ne pas savoir)
- *Quelques élèves **manquent** aujourd'hui.* (manquer = ne pas être là)
- *Il me **manque** dix euros.* (manquer = avoir besoin de, mais aussi = avoir perdu)
- *Tu **manques** de patience.* (manquer de = ne pas avoir)
- *Elle **se méfie** de tout le monde.* (se méfier = ne pas avoir confiance)
- *Il **a nié** tous les faits qu'on lui reproche.* (nier = dire qu'un fait n'est pas)
- *J'**ai oublié** que nous avions rendez-vous ce jour-là.* (oublier = ne pas se rappeler)
- *Je **refuse** de vous écouter.* (refuser = ne pas accepter)

Et les noms formés sur ces verbes : la contestation, le démenti, la désapprobation, le doute, l'empêchement, l'ignorance, le manque, la méfiance, la dénégation, l'oubli, le refus.

Les adjectifs
- *Tu seras **privé(e) de** sortie, de télé, de dessert.* (= tu n'auras pas de télé…)
- *Ce fait est **in**contestable, **in**discutable.* (= un fait qu'on ne peut contester)
- *Ce texte est **il**lisible* (in + l = ill). (= qu'on ne peut lire)
- *C'est un verbe **ir**régulier* (in + r = irr). (= qui n'est pas régulier)
- *Il a eu une attitude **im**polie* (in + p/b/m = im). (= qui n'est pas polie)
- *C'est une personne très **dés**agréable.* (= qui n'est pas agréable)
- *Il a un visage **a**symétrique.* (= qui n'est pas symétrique)

adjectifs page 103

Les conjonctions
- *Il a quitté la salle **sans qu'**on le voie.*
- *La vieille dame fera quelques pas dehors **à moins qu'**il (ne) fasse trop froid.*
- *Elle fera quelques pas dehors **sauf s'**il fait trop froid.*
- *Je répète mes explications **de peur qu'**il (n')y ait un malentendu.*

Les prépositions

- *Elle portait une robe **sans** manches.* (≠ avec)
- *Je ne pourrais pas vivre **sans** toi.* (= ... si tu n'étais pas là)
- *Il se sent fatigué, nous partirons **sans** lui.* (≠ avec)
- *Il a quitté la salle **sans** être vu.* (= et on ne l'a pas vu)
- *Elle lit toujours **en** prenant des notes, lui, lit **sans** prendre de notes.* (≠ en prenant...)
- ***Faute de** crédits, ce théâtre pourrait fermer.* (= si on ne lui accordait pas de crédit...)
- ***Faute d'**avoir écouté les avis de la météo, ils ont pique-niqué sous la pluie.* (= parce qu'ils n'ont pas écouté...)
- ***À moins d'**un empêchement, elle viendra ce soir.* (= si elle n'a aucun empêchement)
- ***Sauf** empêchement, elle viendra ce soir.*
- *Elle répétera ses explications, **de peur d'**un malentendu.* (= pour éviter tout malentendu)

Les adverbes

- *Dépêche-toi, **sinon** nous arriverons en retard.* (= si tu ne te dépêches pas, ... autrement.)
- *Ne ralentis pas ton allure, **sinon** nous arriverons en retard.* (= si tu ralentis, ... autrement nous arriverons...)
- *Il n'y avait rien dans ses poches, **sinon** quelques pièces de monnaie* (= sauf, excepté).

Une locution adverbiale : « Non seulement ... mais aussi, mais encore..., mais en plus... »

- ***Non seulement** on l'apprécie dans son travail **mais encore** on l'aime.*

 prépositions page 190

Manières de dire

- *Ce livre **n'est pas mal du tout**, n'est-ce pas ? – Oui, c'est vrai, il est bon.*
- *Comment est ton steak ? – **Pas mauvais !***
- *À ton âge, tu veux courir le marathon ? – **Pourquoi pas ?***
- *Veux-tu m'épouser ? – **Ça non, alors ! Certainement pas, jamais de la vie !** Il n'en est pas question ! C'est hors de question !** – Pour la seconde fois, veux-tu m'épouser ? – **Non, non et non, non, non, mille fois non.***
- *Moi, jalouse ? **Bien sûr que non ! Ah non, vraiment pas !** (= non pas du tout) **Non pas vraiment...** (= non pas tellement, pas véritablement)*
- *Je vous remercie ! – **De rien !***
- *Il est têtu, menteur, c'est **un bon à rien !***
- *Allons, ne pleure pas, c'est une égratignure **de rien du tout !***

Avec « pouvoir, cesser de, oser, savoir » + infinitif

Le sens est pleinement négatif ; on peut toujours rajouter **pas**.

+ *Je ne peux (pas) vous renseigner.*

+ *Je n'ose (pas) penser à ce qui aurait pu arriver !*

+ *Il ne cesse (pas) de se plaindre.*

+ *Ils ne savent (pas) où aller.*

(Ici « savoir » marque l'incertitude dans une proposition interrogative indirecte : *je ne sais comment faire, je ne sais que dire…* et il est suivi ou non d'un infinitif.)

Ces phrases sont **pleinement négatives** ; on peut toujours rajouter *pas*. La forme sans **pas** appartient à la langue soutenue.

Le « ne » explétif

C'est un adverbe qui est introduit par certains verbes et par certaines conjonctions.

• Les verbes : **craindre, avoir peur, redouter, éviter, empêcher…**

• Les conjonctions : **avant que, de peur que, de crainte que, à moins que.**

Il apparaît également dans la proposition comparative d'inégalité.

L'emploi de **ne** explétif est facultatif. Le sens n'est pas vraiment négatif. On peut toujours le supprimer. On dit habituellement que ce n'est pas une négation, mais en fait, **ne** explétif renvoie à une idée négative implicite.

+ *Je crains qu'il (ne) parte* (= je ne veux pas qu'il parte).

+ *Elle a peur que tu (ne) lui mentes* (= elle ne veut pas que tu lui mentes).

+ *Évite qu'on (ne) te voie* (= fais en sorte qu'on ne te voie pas).

+ *J'ai empêché qu'il (ne) fasse une erreur* (= grâce à moi, il n'a pas fait cette erreur).

+ *Sors avant que je (ne) me mette en colère* (= mais je ne suis pas encore en colère).

+ *Elle avance à pas de loup de crainte/de peur qu'on (ne) l'entende.* (= pour qu'on ne l'entende pas).

+ *Ils pique-niqueront à moins qu'il (ne) pleuve* (= à condition qu'il ne pleuve pas).

+ *Il est plus tard* (ou) *moins tard qu'on (ne) le croyait* (= on croyait qu'il était plus ou moins tard, mais ce n'est pas le cas).

On trouve également le **ne** employé seul dans des expressions figées :
• *Qu'à cela ne tienne.*
  = peu importe
Et dans certaines propositions :
• *Il y a longtemps que je ne t'ai vu/Si je ne me trompe.*

En contexte

En tout cas, **personne ne** vous laissera dire que le docteur Knock est intéressé. C'est lui qui a créé les consultations gratuites que nous **n'**avions **jamais** connues ici. Pour les visites il fait payer les personnes qui en ont les moyens… mais il **n'**accepte **rien** des indigents. ….. Et il **ne** faut **pas** insinuer **non plus** qu'il découvre des maladies aux gens qui **n'**en ont **pas**. Moi, la première, je me suis peut-être fait examiner dix fois depuis qu'il vient quotidiennement à l'hôtel… Il m'a toujours dit que je **n'**avais **rien**, que je **ne** devais **pas** me tourmenter, que je n'avais qu'à bien manger et bien boire. Et **pas question** de lui faire accepter un centime.

Knock, Jules Romains

VI. LES DIFFÉRENTS TYPES DE PHRASES

3 La phrase exclamative

Qu'est-ce qu'une phrase **exclamative** ?

> *Ô liberté ! Que de crimes
> on commet en ton nom !*
>
> Madame Roland, 1793

C'est une phrase qui sert à exprimer une réaction affective (étonnement, admiration, joie, indignation, colère…) de la part du locuteur.

Elle a souvent les mêmes marques que la phrase interrogative (par exemple l'adjectif *quel*).

À l'écrit, la phrase se termine par un point d'exclamation (*!*).

• *Ce film est vraiment stupide ! C'est extraordinaire !*

À l'oral, en général, l'intonation suffit pour exprimer cette réaction.

Mais la phrase exclamative peut également comporter un mot exclamatif : *comme, quel, combien…*

• *Quelle histoire incroyable ! Comme tu es intelligent !*

L'infinitif peut aussi marquer l'exclamation avec une nuance de sentiment vif (souhait ou protestation, avec sujet exprimé ou non).

• *Ah partir, partir loin d'ici !*

• *Quoi ? Moi, me contenter d'un tel salaire !*

3.1 LES MOTS EXCLAMATIFS

Les adjectifs exclamatifs

Il peut s'agir d'un adjectif exclamatif : **quel, quelle, quels, quelles**. Vous remarquerez qu'il s'agit du même adjectif que celui qu'on trouve dans la phrase interrogative.

Le verbe est souvent sous-entendu.

- *Quelles belles roses vous avez !* / • *Quelles belles roses !*

Dans l'exclamation indirecte (que l'on rencontre assez rarement), la forme de l'adjectif est la même et il n'y a pas d'inversion.

- *Tu as entendu quelle insulte il m'a lancée !*
- *Vous avez vu quel sale temps (il fait) !*

Les adverbes

adverbes page 206

Il peut s'agir d'un adverbe : **que** (ou **ce que**), **comme**.

- *Que tu es belle avec les cheveux courts !*
- *Comme tu es belle avec les cheveux courts !*
- *Ce que tu es belle avec les cheveux courts !* (un peu plus familier).
- *Qu'est-ce que tu es belle !* (familier)

L'adverbe exclamatif **combien**, plus rare, est d'un registre beaucoup plus soutenu.

- *Combien je regrette de ne pas être allé chez vous hier soir !*

expression de la conséquence page 320

Les adverbes **si** (+ adjectif ou adverbe), **tellement** (+ adjectif, adverbe ou verbe), **tant** (+ verbe)… s'emploient également dans les phrases exclamatives.

- *Il est si gentil ! Il travaille si bien !*
- *J'ai eu tellement froid ! On a tellement ri !*
- *Ils se sont tant aimés !*

3.2 LES INTERJECTIONS

Par exemple : **Ah ! Oh ! Tiens, tiens ! Oh là là ! Chut ! Pardon ! Zut ! Au secours ! Tant mieux ! Tant pis ! Ça alors ! Aïe aïe aïe ! …**

Parfois, l'interjection n'a pas de sens en elle-même. C'est alors l'intonation et le contexte qui aident à en comprendre le sens. Par exemple : **Ah !** peut exprimer l'approbation (*Ah ! ça y est, tu as réussi ?*) ; la satisfaction (*Ah, super, te voilà !*) ; le reproche (*Ah, tu es vraiment pénible aujourd'hui !*) ; la surprise (*Ah bon ?*), etc.

Il existe de très nombreuses interjections. La plupart d'entre elles sont familières ou même très familières. Certaines sont de simples cris (*Oh ! Eh ! Aïe !*), d'autres un mot : un nom (*Silence ! Pitié ! Attention !*), un adjectif (*Bon ! Génial !*), un pronom (*Quoi !*), un verbe (*Allez ! Écoute ! Arrête !*), d'autres encore (les onomatopées) imitent un bruit (*Chut ! Crac ! Boum ! Brrr ! Bing ! Cocorico ! Youpiii !*). Parfois, ces interjections sont des locutions : *Dis donc ! Tu parles ! Mon œil ! Allez, du balai !* (= va-t'en !).

Elles peuvent exprimer :

• **l'admiration**	• *Oh, que c'est beau ! Super ! Chapeau !* (familier)
• **l'approbation et la satisfaction**	• *Ça va ! Bon ! Bravo ! Génial ! Parfait ! Extra ! Très bien ! Chouette !* (familier)
• **l'indifférence**	• *Bof !*
• **l'exaspération**	• *Oh, ça va ! Encore ! Non mais ! Non mais dis donc !*
• **l'incrédulité**	• *Mon œil ! Tu parles !*
• **la douleur**	• *Aïe ! Ouille !*
• **le dégoût**	• *Pouah ! Beurk !*
• **la résignation**	• *Bon, ben, tant pis ! Ça ne fait rien !*
• **le soulagement**	• *Ouf ! Enfin !*
• **l'arrêt**	• *Stop ! Halte ! Minute ! Pouce !*

On peut également mentionner les onomatopées qui traduisent :

• **un bruit d'appel**	• *Ohé ! Psst ! Hé !*
• **un bruit de choc, de chute**	• *Vlan ! Boum ! Bing ! Floc !*
• **un bruit de déchirement**	• *Crac !*
• **un bruit d'explosion**	• *Boum ! Bang !*

etc.

Certaines de ces interjections (par exemple : *Pouce ! Bof ! Mon œil !...*) sont toujours accompagnées d'un geste ou d'une mimique.

En contexte

Scène I : *Yvonne, puis Lucien, son mari.*
Au lever du rideau… Yvonne, couchée dans le lit, dort. On sonne deux fois.

Yvonne : (*ouvre les yeux*) : Qu'est-ce que c'est que ça ? Je parie que c'est Lucien qui a oublié sa clé **!** (*Deux coups de sonnette.*)

Yvonne : Voilà **!** (*Sonneries répétées.*) Mais voilà, quoi **!** Qui est là ?

Voix de Lucien : C'est moi **!** J'ai oublié ma clé **!**

Yvonne : Ah **!** Naturellement **!** Comme c'est agréable **!** Allez **!** Entre **!**

Lucien paraît : il est en costume Louis XIV. Il est trempé. Son épée s'accroche dans la porte.

Yvonne (*dans le lit*) **:** Eh bien **!** C'est pour demain ?

Lucien : Voilà **!**… Je te demande pardon **!**

Yvonne : Ah **!** Tu me demandes pardon **!** Tu aurais mieux fait de ne pas oublier ta clé. C'est gai d'être réveillée en sursaut quand on dort **!**

Lucien : Je t'ai réveillée ?

Yvonne : Évidemment, tu m'as réveillée **!** Tu ne penses pas que je t'ai attendu jusqu'à cette heure-ci **!**

Lucien : Ah **!** Tant mieux **!**

Yvonne : Comment, « tant mieux » **!** Tu es content de m'avoir éveillée ?

Lucien : Mais non **!** Je dis tant mieux… que tu ne m'aies pas attendu. Je n'ai pas pu trouver de fiacre. Et il fait un temps **!**…

Yvonne : Ah **!** Non, la touche que tu as, comme ça **!**… Oui, oh **!** tu es joli **!**…

Georges Feydeau, *Feue la mère de Madame*, acte 1, scène 1

C'est par le terme d'« emphase » ou d'« insistance » que l'on décrit les procédés de mise en relief de tel ou tel élément dans un texte.

En effet, dans certains cas, on veut insister sur l'un des éléments de la phrase. Mais ces procédés sont devenus si courants, si banals, à l'oral surtout, qu'ils ont perdu une grande partie de ce caractère « emphatique ».
Ces procédés peuvent se traduire de diverses façons.

À l'oral, on fera porter l'accent sur un mot ou un groupe de mots que l'on veut mettre en évidence. Par exemple, ici, pour manifester son étonnement, son incrédulité :
- *Frédéric Jeannet a été élu ?*
- *Frédéric Jeannet a vraiment été élu ?*
- *Il a été élu dès le premier tour ?*

- *Il a réussi à battre l'ancien maire qui était là depuis trente ans !*

À l'écrit et plus encore à l'oral, deux procédés sont très couramment employés :
– les reprises (on détache un élément de la phrase et on le reprend par un pronom : *Ma sœur, je l'adore !*). On appelle parfois ce procédé une dislocation. Elle peut se faire à gauche : *Ma sœur, je l'adore*, ou à droite : *Je l'adore, ma sœur.*
– les extractions (on utilise alors la structure **C'est**... + pronom relatif : *C'est toi qui as dit ça ?* ou **C'est**... + conjonction **que** : *C'est demain qu'il va à la pêche*).

Toutes les subordonnées peuvent être mises en relief.
- *C'est pour que tu comprennes que j'insiste.*
- *C'est quand je l'ai vu sourire que j'ai compris qu'il m'avait pardonné.*

4.1 LES REPRISES PAR DÉTACHEMENT

Reprise d'un pronom (sujet ou objet) par un pronom tonique détaché
(avant ou après le pronom personnel correspondant)

- *Moi, j'aime bien l'opéra.*
- *J'aime bien l'opéra, moi.*

- *Et eux, tu les connais ?*
- *Tu les connais, eux ?*

Reprise d'un nom commun ou d'un nom propre par un pronom détaché (avant ou après le nom correspondant)

- *Alexandre, tu l'as vu aujourd'hui ?*
- *Tu l'as vu, Alexandre, aujourd'hui ?*
- *Tu l'as vu aujourd'hui, Alexandre ?*

- *Mes parents, je leur ai téléphoné hier.*
- *Je leur ai téléphoné hier, à mes parents.*

- *De la bière, vous en buvez ?*
- *Vous en buvez, de la bière ?*

Reprise d'un nom par un pronom démonstratif neutre : « ce (c') », « ça », « cela » (avant ou après le nom correspondant)

- *Le rock, c'était bien !*
- *Tes caprices, ça suffit ! Stop !*
- *Quel caractère ! Cela te posera des problèmes plus tard !*

On peut rencontrer, à l'oral, plusieurs éléments détachés :
- *Moi, le chocolat, je déteste ça !*
- *Eh bien moi, mes enfants, le chocolat, ils adorent ça.*

4.2 LES EXTRACTIONS

La structure « C'est » + ... + pronom relatif qui ou que
- *Qui doit appeler Pierre ? C'est toi ? – Ce n'est pas moi qui dois l'appeler, c'est lui qui doit téléphoner.*
- *Dis donc, c'est moi qui commande ici et pas toi !*
- *C'est toi que je préfère.*
- *C'est au directeur que vous devez vous adresser, pas à moi. C'est lui qui décide.*

La structure « C'est » + ... + proposition introduite par la conjonction « que »
- *C'est à Lyon que vous avez fait vos études ?* (lieu)
- *C'est en 2015 qu'ils se sont mariés.* (temps)
- *C'est en s'inscrivant sur un site de rencontres qu'il a rencontré Julie.* (manière)
- *C'est en tombant que tu t'es fait cette bosse au front ?* (cause)
- *Ce n'est pas pour moi que je fais ça, c'est pour toi !* (but)
- *C'est en faisant plus attention à ce qu'on mange qu'on peut maigrir.* (condition)

Rappel
- *C'est moi qui suis arrivé le premier.*
- *C'est nous qui vous appellerons demain.*

Mentionnons cette structure qui exprime une idée de cause :
Si…, c'est parce que… ou Si…, c'est que…
- *S'il a fait cette erreur, c'est parce qu'il a voulu aller trop vite.*
- *S'il n'a pas téléphoné, c'est que tout va bien.*

—— *En contexte* ——

– Ben alors, qu'est-ce qui t'est arrivé ?

– Moi ? Rien !

– Comment rien ? Et cet œil au beurre noir, tu l'as attrapé comment ?

– C'est en jouant avec les copains…

– C'est à l'école que ça s'est passé ?

– Oui, c'était pendant la récré…

– Et la maîtresse, elle a rien vu ?

– Non, la maîtresse, je lui ai rien dit. Tu comprends, les copains, elle les aurait punis. Et c'était pas leur faute. On jouait !

VII. DE LA PHRASE SIMPLE À LA PHRASE COMPLEXE

> « Combray de loin, à dix lieues à la ronde, vu du chemin de fer quand nous y arrivions la dernière semaine avant Pâques, ce n'était qu'une église résumant la ville, la représentant, parlant d'elle et pour elle aux lointains, et, quand on approchait, tenant serrés autour de sa haute mante sombre, en plein champ, contre le vent, comme une pastoure ses brebis, les dos laineux et gris des maisons rassemblées qu'un reste de remparts du moyen âge cernait çà et là d'un trait aussi parfaitement circulaire qu'une petite ville dans un tableau de primitif. »

Marcel Proust, *Du côté de chez Swann*

– Génial ! – Quoi ? – Cette longue phrase de Proust !

Nous avons vu précédemment, au chapitre 6, les différents types de phrases : assertive, interrogative, négative, exclamative.

Mais comment définir ce qu'est exactement une phrase ?

Ce n'est pas facile même si, intuitivement, chacun pense savoir le faire, au moins dans sa langue.

C'est une unité et dans sa forme et dans son sens.

– Quant à sa forme

À l'écrit, on peut dire qu'une phrase commence par une lettre majuscule et se termine par un point (point final, point d'interrogation, point d'exclamation points de suspension) :

- *La maison est là-haut, sur la colline.*
- *Où allez-vous ?*

- *Mais tu es complètement fou !*
- *Il y avait des fruits en quantité : des pommes, des poires, des fraises, des cerises…*

– Quant à son sens

C'est une suite de mots ordonnés entretenant des relations entre eux, suite qui doit avoir une cohérence.

- *Le livre est sur la table est une phrase.*
- **Table est livre le la sur* n'en est pas une : l'assemblage des mots n'a pas de sens.

Attention, parfois, une phrase peut être en apparence parfaitement bien formée. Elle comporte un déterminant + un nom sujet + un verbe conjugué… Ce n'est pas pour cela qu'elle a un sens (sauf poétique, peut-être).

- *La salade pleure. / Cette maison parle chinois.*

Il est très difficile de parler de « phrase française type ». En effet, il existe une très grande variété de phrases, des plus brèves aux plus longues, comme celle de Marcel Proust à la page précédente.

• *Au secours !/Venez !/Ça va ?*
• *Je ne suis pas là. Le petit garçon sort de chez lui.*
• *C'est en rentrant chez moi que, soudain, je me suis aperçue de mon erreur.*
• *Jamais de ma vie je n'ai rien vu d'aussi drôle que cette dame encombrée de paquets et qui courait derrière le bus en suppliant le conducteur, qui l'avait très bien vue mais faisait la sourde oreille, de bien vouloir s'arrêter, même si ce n'était pas l'arrêt réglementaire.*

On peut cependant déterminer ce qu'on appelle la phrase française de base : c'est une phrase « minimale », simple, neutre, qui n'a pas plus d'un verbe conjugué et dont l'ordre est :

$$\boxed{\text{sujet + verbe + complément (ou attribut)}}$$

Ce complément peut être un attribut, un COD (complément d'objet direct), un COI (complément d'objet indirect), un complément circonstanciel... (CC).

• *Elle est belle.*   (S + V + attribut)
• *Je lis un livre.*   (S + V + COD)
• *Je m'adresse à vous tous.*   (S + V + COI)
• *Les enfants vont à la piscine.* (S + V + CC de lieu)
• *Je viendrai avec plaisir.*   (S + V + CC de manière)

> **!** Évitez les phrases trop longues, vous risquez de faire des erreurs de syntaxe.

Cas particuliers des phrases simples

1. Certaines phrases ont comme « noyau » un nom ou un pronom. On parle alors de phrase nominale (ou pronominale). Elle peut être :

• assertive
  - • *Demain, promenade et vendredi, piscine.*
  - • *Attention à la fermeture des portes.*
• exclamative
  - • *Ah, te voilà enfin !*
• impérative
  - • *Silence ! Stop ! Défense de fumer.*
• interrogative
  - • *Vous ici ?*

2. D'autres phrases ont comme « noyau » un adjectif :
• *Magnifique ! – Ridicule !*

ou un adverbe :
• *Très bien ! – Doucement ! – Et alors ?*

3. D'autres encore ont comme « noyau » unique un verbe. C'est le cas des propositions :

• impératives
  - • *Sortons ! Viens vite !*
• infinitives ((à valeur d'impératif)
  - • *Ne pas stationner. Laisser cuire deux heures à feu doux.*
• infinitives (à valeur d'exclamatif ou d'interrogatif)
  - • *Ah ! Partir au loin ! Renoncer à tout ? Jamais !*

4. Il existe aussi des « mots-phrases » tels que :

– des affirmations ou des négations :
• *Oui, bien sûr, certainement, tout à fait, non, jamais de la vie !...*

– des salutations, remerciements, excuses, regrets, onomatopées, etc. :
• *Salut, bonsoir, adieu, à demain, merci, pardon, hélas !, aïe !, oh là là !, boum...*

5. Parfois, la proposition est incomplète (absence du verbe).

- *Alors, à quand les vacances ?*
- *Pourquoi cet air triste ?*
- *Quoi de neuf ?*
- *Vite, une ambulance !*

1•2 LA PHRASE COMPLEXE

C'est la réunion, l'assemblage de plusieurs propositions qui ont chacune comme « noyau » un verbe conjugué. Il y a autant de propositions que de verbes.

- *Ils sont venus, ils ont discuté un moment puis ils ont conclu le marché.*
- *Quand j'ai compris ses intentions, j'ai fait attention à mes paroles.*
- *La personne qui va venir de ma part convient tout à fait pour le poste que vous proposez.*

Les différents types de phrases complexes

Proposition juxtaposée

Dans certaines phrases, les propositions sont simplement **juxtaposées**. Elles sont très fréquentes à l'oral.

À l'oral, les différentes propositions sont séparées par une pause, un petit temps d'arrêt. À l'écrit, elles sont séparées par des virgules.

- *César est venu, il a vu, il a vaincu.*
- *Elle a vingt-deux ans, elle est diplômée d'économie, elle parle français, anglais, allemand et russe, elle a déjà une expérience professionnelle.*

Souvent, comme dans les deux phrases précédentes, il s'agit simplement d'une succession de faits, d'actions. Mais les différentes propositions juxtaposées peuvent avoir entre elles des rapports plus complexes, rapports de cause, de conséquence, d'opposition, de but...
C'est le contexte et, à l'oral, l'intonation qui permettent de deviner ce rapport logique.

- *Son chien aboyait toutes les nuits, elle est condamnée à 500 euros d'amende.*
  (cause/conséquence)
- *En France, la consommation de vin baisse régulièrement, celle des eaux minérales explose.* (comparaison/opposition)
- *Tu pourras le supplier, ça ne changera rien !* (hypothèse/opposition)

Proposition coordonnée

D'autres phrases ont des propositions **coordonnées**, c'est-à-dire reliées entre elles par un mot.
Entre deux propositions ou, s'il y en a plusieurs, entre les deux dernières propositions, on utilise :
– une conjonction de coordination **car, donc, et, mais, ni, or, ou** que l'on fait mémoriser aux enfants sous la forme : *Mais où est donc Ornicar ?*

– ou bien un adverbe de liaison, un « connecteur », pouvant indiquer la cause, la conséquence, l'opposition, etc. :

- *Elles sont allées au théâtre et puis elles ont dîné au restaurant.*
- *Il a bien travaillé toute l'année, il devrait par conséquent réussir l'examen facilement.*

> **!**
> Attention à ne pas confondre une phrase, qui peut être sans verbe :
> - *Pourquoi ce sourire ?* (= une phrase) et une proposition dont le « noyau » est toujours un verbe.
> - *Regarde le garçon qui est là* (= une phrase mais deux propositions).

Remarque

Les adverbes peuvent se cumuler :

• *Il a travaillé presque aussi longtemps que moi.*

ou suivre une conjonction de coordination :

• *Mais alors, qu'est-ce qu'on fait ?*

En revanche, les conjonctions de coordination ne peuvent jamais se cumuler (sauf « donc »).

• *Donc, ni toi ni moi ne savons où est cette clé. Et donc, nous sommes à la porte !*

Proposition subordonnée

Ce sont des phrases qui ont **une proposition principale** qui commandent une ou plusieurs propositions secondaires, dépendantes, **subordonnées**. Il peut s'agir de subordonnées relatives, complétives, interrogatives, circonstancielles.

• *Ce sont les gens dont on parlait hier soir.*

• *Je voudrais bien qu'il fasse beau dimanche.*

• *Tu peux me dire où j'ai rangé ces maudits papiers ?*

• *Il était déjà parti quand tu as appelé.*

Proposition en incise

Mentionnons un dernier type de phrases complexes, celles qui comportent une ou plusieurs propositions **en incise**, mises entre virgules (au milieu ou à la fin de la phrase).

• *Vous avez raison, je le sais bien, mais je ne peux rien faire pour vous.*

• *Il est parti ce matin pour un voyage d'affaires, je pense.*

• *Il ne reviendra que lundi à dix heures, a-t-il dit à sa secrétaire.*

❗ Dans le discours direct, n'écrivez jamais :

• ** « Ah, vous voilà donc de retour », il se réjouit.*

• ** « Quand pourrez-vous commencer les travaux », elle demanda.*

Mais

• *« Ah, vous voilà donc de retour », se réjouit-il.*

• *« Quand pourrez-vous commencer les travaux », demanda-t-elle.*

2 La proposition subordonnée relative

Qu'appelle-t-on une **proposition relative** ?

Je veux chanter pour ceux
Qui sont loin de chez eux
Et *qui* ont dans leurs yeux
Quelque chose *qui* fait mal *qui* fait mal
Je veux chanter pour ceux
*Qu'*on oublie peu à peu.

Michel Berger

Est-ce que *de qui*, *duquel* et *dont* sont interchangeables ?

Quel mode doit-on utiliser après les relatifs : l'indicatif ou le subjonctif ?

Est-ce que ces deux phrases ont le même sens ?

Les enfants qui ont réussi le test pourront s'inscrire.

Les enfants, qui ont réussi le test, pourront s'inscrire.

C'est une proposition subordonnée reliée à une proposition principale par un pronom relatif simple (**qui, que, dont, où, quoi**) ou composé (préposition + **lequel : duquel, auquel**).

Attention aux pronoms relatifs contractés : à + lequel → **auquel**, à + lesquels → **auxquels**, à + lesquelles → **auxquelles** (mais attention ! **à laquelle** !), de + lequel → **duquel**, de + lesquels → **desquels**, de + lesquelles → **desquelles** (mais attention : **de laquelle** !).

• *C'est un écrivain qui a beaucoup de talent et dont les romans ont beaucoup de succès.*

• *Vous voyez la dame en noir, qui est là ? C'est la femme pour laquelle mon oncle a dépensé des fortunes.*

À quoi sert-elle ?

On l'utilise lorsqu'on souhaite apporter un complément d'information sur un mot ou une idée déjà exprimés dans la proposition principale.

Comparez :
- *J'ai une sœur* et *J'ai une sœur* *qui a cinq ans de plus que moi*.
- *Je ne parle pas aux gens/Je ne parle pas aux gens* *que je ne connais pas*.

La subordonnée relative sert à décrire, à définir, à illustrer, à compléter, à approfondir.

Elle est très fréquemment utilisée à l'oral comme à l'écrit.

Le pronom relatif remplace presque toujours un mot que l'on appelle un **antécédent** (il est placé **avant** le pronom relatif). Cet antécédent peut être :

– un nom :
- *Les étudiants ont acheté le livre que le professeur leur a recommandé.*
- *C'est le candidat pour lequel j'ai voté.*

– un pronom personnel ou démonstratif :
- *Vous cherchez votre chien ? Je l'ai vu qui courait après un chat.*
- *Mon mari ? C'est celui qui regarde les cartes postales, le grand, là-bas.*

La proposition relative fonctionne essentiellement comme un adjectif ou un complément de nom.
- *Je me suis acheté une robe qui est rouge et noire* (= une robe rouge et noire.)
- *Je me suis acheté une robe dont l'encolure est en V* (= une robe à l'encolure en V).

Cependant, la proposition relative peut aussi reprendre et développer toute une idée exprimée dans la principale. Dans ce cas, on parle de proposition antécédente et le pronom relatif est **ce qui, ce que, ce dont,** etc.
- *Ils ont réussi leur examen, ce qui m'a fait très plaisir.*
- *Il est arrivé avec une heure de retard, ce que je déteste par-dessus tout.*
- *Elle a fait trente kilomètres à pied, ce dont elle était très fière.*

Remarque sur l'ordre des mots à l'intérieur de la proposition subordonnée relative.

L'inversion du sujet et du verbe est possible (et même fréquente) après tous les relatifs sauf **qui.** À condition qu'il n'y ait pas de COD ou de COI.
- *Il regarde les feuilles que le vent fait tourbillonner/Il regarde les feuilles que fait tourbillonner le vent.*
- *Allez voir l'exposition dont ma sœur s'occupe/Allez voir l'exposition dont s'occupe ma sœur.*

Mais
- *J'ai un ami qui adore les sucreries /* J'ai un ami qui les sucreries adore* (impossible)

Et elle est également impossible quand le verbe subordonné est suivi d'un complément.
- *Allez voir l'exposition pour laquelle ma sœur a fait des photos.*
  (* *pour laquelle a fait ma sœur des photos*, impossible).

Si le pronom relatif est le même, on n'est pas obligé de le répéter.
- *Montréal est une ville **qui connaît un fort dynamisme et (qui) attire de nombreux immigrants**.*

qualification du nom pages 100-102

a. La subordonnée relative peut suivre la proposition principale.
- *C'est un très joli marché qui attire beaucoup de monde.*
- *Je suis allé voir un film dont tu as certainement entendu parler.*
- *La peinture abstraite n'est pas celle que je préfère.*

b. La subordonnée relative peut être en incise à l'intérieur de la proposition principale.
- *Les plantes qui ne reçoivent ni eau ni lumière dépérissent rapidement.*
- *Les maisons dont les façades sont recouvertes de lierre ont beaucoup de charme.*
- *La bibliothèque dans laquelle vous travaillez date du siècle dernier.*

c. La subordonnée relative peut être en tête de phrase pour exprimer une emphase, pour être mise en relief. Elle est alors introduite par **ce qui**, **ce que**, **ce dont**... et reprise par le présentatif **c'est que** + indicatif ou subjonctif ou **c'est de** + infinitif.
- *Ce qui fatigue les professeurs de collège, c'est que les élèves ne soient pas attentifs* (= avoir des élèves inattentifs, c'est fatigant pour les professeurs de collège).
- *Ce qui est bien avec le TGV, c'est de faire Paris-Marseille en trois heures* (= faire Paris-Marseille en trois heures, c'est bien).

❗ Ce qui détermine la place de la relative dans la phrase, c'est l'obligation de rapprocher le pronom relatif de son antécédent.

Si la littérature se permet souvent de ne pas suivre cette règle, le français courant la respecte toujours, sauf :
– avec une relative introduite par le pronom **qui**, si l'antécédent est un pronom personnel :
- *Je l'ai rencontrée qui faisait ses courses au supermarché.*

– si l'antécédent est accompagné d'un ou de plusieurs qualificatifs (il est alors considéré comme un tout) :
- *Elle portait la veste à rayures bleues et blanches que nous avions achetée ensemble.*

Remarque
Une proposition principale peut être suivie de plusieurs subordonnées relatives, juxtaposées ou coordonnées, introduites par des pronoms relatifs différents ou non.
- *La France est un pays qui a une grande variété de paysages, dont la cuisine est très appréciée et que des millions de touristes visitent chaque année.*
- *Madame Bovary, œuvre que Flaubert a écrite en 1857 et qui est sans doute son livre le plus connu, a été adaptée au cinéma.*

❗ Une succession de propositions relatives donne une impression de lourdeur. À chaque fois que vous pouvez remplacer une proposition relative par un infinitif, un nom ou un adjectif, faites-le ! Cela vous permettra d'alléger vos phrases.
- *J'ai vu deux hommes qui quittaient l'immeuble précipitamment.*
- → *J'ai vu deux hommes quitter l'immeuble précipitamment.*
- *M. Blin est un antiquaire qui s'y connaît très bien en art précolombien.*
- → *Cet antiquaire est un expert en art précolombien.*
- *C'est une fille qui hésite toujours, qui n'arrive jamais à se décider.*
- → *C'est une fille indécise.*

À l'inverse, une succession de relatives est un choix stylistique qui vous permet d'insister sur un point de votre propos ou de le préciser, sans avoir à répéter l'antécédent.
- *C'est une décision qui est absurde, que vous regretterez bientôt et dont vous n'avez pas fini d'entendre parler !*

Il est possible aussi de ne garder qu'une seule proposition relative, après une suite d'adjectifs :
- *C'est une décision absurde, regrettable et dont vous n'avez pas fini d'entendre parler.*

⚠ Le lien logique établi entre la proposition principale et sa subordonnée relative n'est pas toujours de même nature. Il peut s'agir d'une explication ou d'une restriction.

La relative « explicative »

Lorsque la subordonnée relative peut être supprimée sans que le sens de la proposition principale change, on dit qu'elle est explicative. Cette relative est mise entre virgules. Les virgules jouent le rôle de parenthèses encadrant une information secondaire.

• *Attirée par le feu d'artifice, la foule, qui arrivait des quatre coins de la place, commençait à se rassembler sous la tour Eiffel.*

Si on supprime *qui arrivait des quatre coins de la place*, on ne change pas vraiment le sens général de la phrase.

Autre exemple :

• *Madame Taupin, qui approchait des cent ans, vivait dans une maisonnette au bout du village.*

On peut supprimer la proposition relative sans que le sens de la phrase change vraiment.

La relative « restrictive » (ou « déterminative »)

• *Tous les lycéens qui ont le baccalauréat peuvent s'inscrire à l'université* (= seulement ceux qui ont le baccalauréat).

Si on supprime la relative, la proposition principale a un sens différent. L'absence de virgule entre l'antécédent et le relatif renforce le lien qui les unit.

Autre exemple :

• *Les candidats à qui nous avons envoyé un courrier peuvent se présenter dans nos bureaux pour un entretien à partir du 4 mai* (= les autres candidats peuvent rester chez eux, ils ne sont pas convoqués).

Comparez :

• **1.** *Les touristes, qui s'étaient avancés, ont pu entendre les explications du guide.*

Ici, la relative explicative donne la raison pour laquelle les touristes (tous les touristes) ont pu entendre le guide. Elle pourrait être remplacée par une subordonnée de cause.

• *Comme les touristes s'étaient avancés, ils ont pu entendre les explications du guide.*

Si on supprime la proposition relative, la phrase conserve son sens général : les touristes ont entendu les explications du guide.

La relative explicative peut apporter différentes nuances circonstancielles (cause, condition, concession), elle ne modifie pas le sens de l'antécédent.

• **2.** *Les touristes qui s'étaient avancés ont pu entendre les explications du guide.*

La relative restrictive « colle » à l'antécédent : il n'y a pas de virgule entre eux. Ici, **seuls** les touristes qui se sont avancés ont pu entendre les explications. Les autres n'ont pas pu entendre.

Il n'est pas toujours facile de distinguer ces deux types de subordonnées relatives mais, en général, le contexte vous aide.

On rencontre, assez rarement, une relative à valeur de concession.
• *Ma grand-mère, qui ne lit jamais les journaux, est toujours au courant de tout* (= même si elle ne lit aucun journal).

L'indicatif

C'est le mode le plus utilisé. Il permet de situer chronologiquement l'action ou l'état qui sont exprimés.

• *Le livre que je lis en ce moment me passionne.*
• *Le livre que j'ai fini hier était passionnant.*
• *Le livre dont je t'avais parlé il y a quelques mois a obtenu le prix Goncourt.*

Le conditionnel

Si la subordonnée relative contient un sens hypothétique, elle peut être au conditionnel. Comparez :

• *Je connais une jeune fille qui peut faire du baby-sitting* (l'information est sûre, sans condition).
• *Je connais une jeune fille qui pourrait faire du baby-sitting* (éventuellement, si vous avez besoin d'elle, si les horaires lui conviennent...).
• *Celui qui la verrait parler toute seule, comme ça, la prendrait pour une folle.*

Le subjonctif

On peut rencontrer également un verbe au subjonctif.
Ce mode introduit dans la relative une part d'incertitude ou de subjectivité. On privilégie le subjonctif lorsque cette subjectivité est soulignée dans la proposition principale. Elle peut l'être de différentes manières :

– par des antécédents indéfinis (**un, une, des...**) :
• *J'aimerais acheter une maison qui soit entourée d'un grand parc* (il y a un doute sur l'existence même de cette maison).

– par une tournure interrogative, négative, restrictive ou hypothétique :
• *Il n'y a personne ici qui puisse me renseigner ?*
• *Il n'y a que vous qui puissiez m'aider.*
• *Y a-t-il un étudiant qui sache répondre à cette question ?*
• *Si vous avez une amie qui veuille bien vous accompagner, c'est parfait !*

– l'antécédent est restreint par un superlatif ou les adjectifs **le seul, le premier, le dernier** :
• *Ce livre est le dernier exemplaire que nous ayons en librairie.*
• *Cette femme est la seule qui veuille bien l'écouter.*
• *Prague est la plus belle ville que je connaisse.*

⚠️ **Récapitulons.** Avec la proposition relative, quel mode choisir : indicatif ou subjonctif ? Quelle différence de sens y a-t-il ?
Comparez ces couples de phrases :
• **1.** *Je cherche le bus qui va à l'université.*
• **2.** *Je cherche un bus qui aille à l'université.*

Dans la première phrase, on sait que le bus existe ; dans la seconde, on ne le sait pas.
• **1.** *Je cherche un roman qui est paru le mois dernier et dont l'auteur est hongrois.*
• **2.** *Je cherche un roman qui me fasse rêver un peu.*

Dans la première phrase, on sait que le roman existe (même si on a oublié son titre et le nom de l'auteur) ; dans la seconde, on ne sait pas si un tel roman existe.

Autre mode possible : l'infinitif

On rencontre l'infinitif dans les relatives introduites par **quoi**, **où** ou bien par **qui**, **lequel** (précédé d'une préposition). **Attention**, le sujet de la principale et celui de la subordonnée relative doivent être les mêmes.

Dans ce cas, les verbes **pouvoir**, **falloir** ou **devoir** sont sous-entendus.
- *Nous avons cherché un camping où passer la nuit* (= où nous pouvions passer la nuit).
- *Il y a plusieurs guichets mais je ne sais pas auquel m'adresser* (= auquel je dois m'adresser, auquel il faut s'adresser).
- *J'ai trouvé la personne avec laquelle partir en voyage.*
- *Je cherche quelqu'un à qui confier mon chat pendant les vacances.*

FAISONS LE POINT

Les relatives sans antécédent

Certaines relatives indéfinies sont introduites par le pronom **qui** précédé ou non d'une préposition. Ce pronom est sujet, il représente une personne non déterminée et l'accord du verbe se fait toujours au singulier.
- *Elle racontait son histoire à qui voulait bien l'écouter* (= à tous ceux qui voulaient…).
- *La couronne serait pour qui saurait retirer l'épée du rocher* (= pour celui qui saurait…).

Certaines relatives indéfinies représentent des objets ou des abstractions.
Dans ce cas, on utilise le pronom **quoi** obligatoirement précédé de la préposition **à** ou **de**.
- *Il n'a pas de quoi payer son loyer ce mois-ci.*
- *Achète de quoi déjeuner !*
- *Je ne sais pas de quoi il s'agit.*

Enfin, certaines relatives indéfinies, au subjonctif, ont une valeur de concession « n'importe qui/quoi/où ».
- *Qui que vous soyez, vous êtes le bienvenu.* (vous pouvez être n'importe qui, X ou Y, vous êtes le bienvenu)
- *Quoi que vous fassiez, il vous approuve.* (vous pouvez faire n'importe quoi, il vous approuve)
- *Où que tu ailles, il te suivra !* (tu peux aller n'importe où, il te suivra).

Manières de dire

Le caractère indéfini de ces relatives sans antécédent les rend propres à former des proverbes ou maximes.
- *Qui dort dîne. Qui vivra verra. Qui a bu boira. Qui veut voyager loin ménage sa monture. Qui vole un œuf vole un bœuf.*
- *Tel qui rit vendredi dimanche pleurera.*

Ou des expressions figées comme :
- *Vous devez vous adresser à qui de droit* (= à la personne officiellement concernée).
- *Ils se mirent à hurler à qui mieux mieux* (= avec émulation, chacun plus que l'autre).

3 La proposition subordonnée complétive

Qu'appelle-t-on une **proposition complétive** ?

Richard Berry   Judith Godrèche   Julien Boisselier

J'veux pas
que tu t'en ailles

Un film de
Bernard
Jeanjean

Est-ce qu'à l'oral, on peut supprimer le **que** dans *Je crois que tu as raison* ?

Après le verbe *espérer*, on met l'indicatif ou le subjonctif ?

Et après *supposer*, quel mode faut-il mettre ?

Il semble que... et *Il paraît que...* ont le même sens ou non ?

Quelle est la différence entre *savoir* et *connaître* ?

Pourquoi peut-on dire *Je pense (je crois) m'être trompé* mais non * *Je trouve m'être trompé* ?

Comme son nom l'indique, elle complète la proposition principale et dépend d'elle. Elle est essentiellement introduite par la conjonction **que** (parfois **à ce que**) qui n'a pas de sens réel. C'est seulement un mot de liaison.

• *Je pense* que votre voyage sera agréable.
• *Je souhaite* que vous réussissiez ce concours.

On classe également dans la catégorie des complétives les propositions subordonnées interrogatives intro-duites par d'autres mots, par exemple **si, où, quand,** etc.
• *Je me demande* s'il viendra.
• *Je ne sais pas* où il habite.

À quoi sert-elle ?

Elle complète la proposition princi-pale en répondant à la question **quoi ?** posée par le verbe principal. De ce fait, elle est essentielle au sens de la phrase et ne peut pas être sous-entendue ni supprimée. Le lien très étroit qu'elle a avec la proposition principale la rend peu mobile dans la phrase.

Ne confondez pas **que** conjonction avec **que** pronom relatif.
Le **que** conjonction est amené par un verbe.
• *Je crois qu'il est malade*
Le **que** relatif est amené par un nom
• *C'est le film que je préfère.*

📄 pronoms relatifs page 83

📄 l'interrogation indirecte pages 283-284

3.1 LA PLACE DE LA COMPLÉTIVE

Elle se place le plus souvent après la principale.
- *J'aimerais* (quoi ?)
  - *que le monde soit plus juste.*
  - *qu'il y ait plus de films italiens à la télé.*
  - *que ce voyage ne finisse jamais.*
- *Elle affirme* (quoi ?)
  - *qu'elle ne reviendra plus jamais ici.*
  - *que personne n'est passé depuis hier.*

Parfois (le cas est assez rare), elle peut se placer avant la principale et le verbe est alors au subjonctif. En ce cas, la complétive est reprise par un pronom neutre (**y, en, le, ce, cela, ça**). Il s'agit d'un effet de style : on met l'accent sur la subordonnée.
- *Qu'il parte, je ne m'y oppose pas* (s'opposer à quelque chose ➜ **y**).
- *Qu'il soit un peu fou, tout le monde l'a constaté* (constater quelque chose ➜ **l', le**).
- *Qu'il soit un peu fou, tout le monde s'en est bien rendu compte* (se rendre compte de quelque chose ➜ **en**).
- *Qu'elle guérisse bientôt, c'est ce que nous souhaitons tous* (qu'elle guérisse ➜ **ce**).

Remarque

Plusieurs complétives peuvent être reliées à la même principale, par juxtaposition ou coordination. Dans ce cas, la répétition de la conjonction **que** est obligatoire.
- *Ma grand-mère dit toujours qu'il faut s'alimenter normalement, qu'il ne faut jamais sauter un repas et qu'un bon dîner bien arrosé console de bien des soucis.*

> **Apposée**, elle se place après la principale :
> - *Elle faisait toujours le même rêve : qu'elle était invisible*
> (= elle rêvait qu'elle était invisible).
> - *Il avait une obsession : que son fils réussisse son bac.*
> (= il voulait que son fils réussisse son bac).

3.2 L'ORDRE DES MOTS DANS LA COMPLÉTIVE

C'est l'ordre habituel des mots dans une phrase française :

> sujet + verbe + complément(s)

Cet ordre est obligatoire lorsque le sujet du verbe est un pronom :
- *J'ai appris que tu serais à Paris tout l'été.*

Ou lorsque le verbe a un complément :
- *Je voudrais que tu ailles voir ce film.*
- *L'auteur aimerait que son livre plaise à un large public.*

Mais observez :
- *Il attendait impatiemment que reviennent les vacances* (= il attendait impatiemment que les vacances reviennent).
- *Les organisateurs du festival craignent que surviennent des imprévus de dernière minute* (= les organisateurs du festival craignent que des imprévus de dernière minute surviennent).

Vous remarquerez que, dans ce cas, les deux formes sont possibles. La seconde forme est d'un registre plus soutenu.

Le mode de la complétive dépend directement du sens du verbe principal. C'est donc le choix du verbe principal qui va déterminer le mode (indicatif ou subjonctif) de la subordonnée.

On distingue :
– les verbes suivis d'une subordonnée complétive à l'indicatif ou au conditionnel ;
– les verbes suivis d'une subordonnée complétive au subjonctif ;
– les verbes qui, pour diverses raisons, acceptent les deux.

Sont suivis de *que* + indicatif ou conditionnel

Les verbes ou expressions verbales qui entraînent obligatoirement l'indicatif dans la subordonnée sont des verbes qui expriment la certitude (objective ou intime).

« Que » + indicatif

– Principaux verbes suivis de ***que*** + indicatif
- **Dire, affirmer, déclarer, ajouter, expliquer, préciser, raconter, répéter...**
- *Il expliqua à sa mère qu'il voulait faire du cinéma.*

- **Répondre, répliquer, crier, hurler...**
- *Elle répliqua qu'il devait d'abord finir ses études de droit.*

- **Assurer, soutenir, garantir, certifier, montrer, prouver...**
- *Il assura qu'il avait un vrai talent d'acteur.*

- **Noter, remarquer, faire remarquer, objecter...**
- *Elle lui fit remarquer que des milliers de gens avaient du talent.*

- **Admettre, convenir, avouer, confirmer, reconnaître...**
- *Il dut admettre que c'était vrai.*

- **Croire, espérer, s'imaginer, penser, estimer, juger, trouver, supposer, se douter...**
- *Mais il estimait que lui, il pouvait réussir.*

- **(Se) rappeler, se souvenir...**
- *Il lui rappela que sa cousine Julie faisait du théâtre et réussissait.*

- **Entendre, entendre dire, savoir...**
- *Il avait même entendu dire qu'elle allait avoir un rôle important.*

- **Annoncer, avertir, informer, prévenir...**
- *Il avertit sa mère que si elle ne cédait pas, il quitterait la maison.*

- **Décider que**
- *Il avait décidé qu'il avait la vocation : il serait acteur coûte que coûte !*

- **S'apercevoir, comprendre, constater, remarquer, se rendre compte, sentir, voir...**
- *Elle s'aperçut que c'était inutile de poursuivre la discussion.*

- **Jurer, promettre, parier...**
- *Elle lui fit promettre qu'il finirait au moins sa licence de droit.*

– Principales expressions verbales suivies de ***que*** + l'indicatif
- **Avoir la certitude, la conviction, l'impression, l'intuition, la preuve, l'idée,** etc.

construction des verbes page 409

Construction
J'espère que + indicatif
- *J'espère que vous allez bien.*
- *J'espère que tu viendras demain.*
mais
Espérons que + ind. ou subj.
Je n'espère pas que + ind. ou subj.
Le mode change selon le degré de certitude ou de doute.

Il me semble que + indicatif
- *Il me semble que j'ai oublié quelque chose* (= je crois, je pense, j'ai l'impression que...).
Il semble que + subjonctif
- *Il semble qu'il y ait un problème dans le métro* (= il est bien possible que...).

- *Il semble qu'il ait quitté Paris brusquement* (= On a l'impression que...).
- *Il paraît qu'il a quitté Paris brusquement* (= On dit que..., j'ai entendu dire que...).

- *La police a la conviction que l'assassin recommencera bientôt.*
- *J'ai l'impression que tu me caches quelque chose.*

- **Être certain, convaincu, persuadé, sûr,** etc.
- *Nous sommes persuadés que tu as fait de ton mieux.*

– Principales expressions impersonnelles suivies de **que** + indicatif
- **Il est certain, clair, convenu, évident, exact, incontestable, probable, sûr, vrai, visible, vraisemblable... On dirait, il paraît, il me semble...**
- *Sept heures et il n'est toujours pas là ! Il est probable qu'il a raté son train.*

« Que » + conditionnel

On utilisera un conditionnel dans une complétive :

– pour ajouter une nuance hypothétique :
- *Je pense que j'aimerais bien vivre au bord de la mer* (si j'en avais la possibilité).
- *Nous savons qu'il pourrait réussir* (sous-entendu : s'il le voulait, si on l'aidait).

– pour respecter la concordance des temps :
- *Elle a promis qu'elle arrêterait de fumer la semaine prochaine.*
- *J'étais sûr que la voiture ne serait pas réparée pour jeudi.*

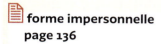
forme impersonnelle page 136

concordance des temps page 155

Sont suivis de *que* + subjonctif

Les verbes qui sont suivis du subjonctif ont en commun d'exprimer une certaine subjectivité.

– Des verbes de volonté
- **Demander ou dire (dans le sens de « ordonner »), proposer, conseiller, souhaiter, suggérer, vouloir, exiger, ordonner, permettre, accepter, attendre, préférer.**
- **Refuser, défendre, empêcher, interdire...**
- **Il faut, il est obligatoire, indispensable, préférable, il vaut mieux, il vaudrait mieux...**
- *Il a exigé que la séance soit repoussée d'une demi-heure.*
- *Il vaut mieux que tu partes avant la nuit.*

- Verbes de volonté construits avec **à ce que** (équivalent de **que**) : **consentir à ce que, s'attendre à ce que, veiller à ce que, tenir à ce que, faire attention à ce que, s'opposer à ce que...**

Ils sont toujours suivis d'une subordonnée complétive au subjonctif.
- *Elles tiennent à ce que nous prenions un thé avant de partir.*
- *Le gardien veille à ce que l'immeuble soit bien tenu.*
- *On s'attend à ce que le président fasse une déclaration d'une minute à l'autre.*
- *C'est un client difficile, habitué à ce que tout le monde lui obéisse.*

– Des verbes exprimant un sentiment
- **Apprécier, détester, s'inquiéter, craindre, redouter, mériter, regretter, supporter...**
- *Ce monsieur déteste qu'on le fasse attendre.*
- *Elle aime bien qu'on lui fasse des compliments.*

– Ou les verbes **être, trouver, estimer, juger,** etc. + un adjectif exprimant le sentiment
- **Être heureux, malheureux, triste, surpris, étonné, stupéfait, ému, content, mécontent, désolé, ravi...**

VII. DE LA PHRASE SIMPLE À LA PHRASE COMPLEXE

- *Je suis ravi* *que tu viennes avec moi à ce concert de rock. J'aurais été désolé* *que tu ne puisses pas venir.*
- **Trouver (estimer, juger) normal, anormal, drôle, bizarre, étonnant, étrange, désolant, navrant, stupide, ridicule, utile, inutile, honteux…**
- *C'est drôle* *que tu nous dises ça maintenant.*

– Le verbe **avoir** + un nom comme **besoin, envie, peur, honte, le désir, la surprise, (de) la chance**…
- *Les inculpés se cachaient le visage : ils avaient honte* *qu'on les voie à la télévision.*
- *Tu as de la chance* *que le voisin n'ait rien vu !*

– Des verbes exprimant une idée de négation
- **Nier, contester, démentir, douter…**
- *Je doute* *qu'il puisse faire ce travail avant dimanche.*

 À la forme négative, l'indicatif et le subjonctif sont tous deux possibles, le subjonctif marquant un léger doute. (On attend alors un mais.)

- *Je ne doute pas* *qu'il est* *très bon bricoleur* (= j'en suis sûr, je le sais).
- *Je ne doute pas* *qu'il soit bon bricoleur mais* *je préfère réparer ça moi-même !*

– Des verbes impersonnels suivis du subjonctif
Les verbes impersonnels exprimant la possibilité, la nécessité, le désir, le doute, les sentiments, etc., sont suivis du subjonctif.
- **Il est possible que, il est nécessaire que, il faut que, il est souhaitable que, il est étrange que, il est (a)normal que, il est triste que, il est amusant que, il est intéressant que, il est important que, peu importe que, il (me, te…) semble important, navrant que…**
- *Ne m'attendez pas pour dîner, il est possible* *que je sois un peu en retard.*

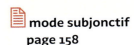

Indicatif ou subjonctif ?

Parfois, un verbe peut accepter l'indicatif ou le subjonctif, selon les cas.

– Dans les constructions interrogatives ou négatives
Certains verbes d'opinion comme **croire, penser, imaginer, estimer, juger**… sont à l'indicatif à la forme affirmative, mais ils peuvent être suivis du subjonctif lorsqu'ils sont à la forme interrogative (avec inversion du sujet) ou à la forme négative. À l'oral, le choix du subjonctif est peu respecté.

- *Je crois* *qu'il sera là ce soir.*
  - → *Crois-tu* *qu'il soit là ce soir ?*
  - → *Je ne crois pas* *qu'il soit là ce soir.*
- *On est sûr* *que son sac a disparu.*
  - → *Est-on sûr* *que le sac ait disparu ?*
  - → *On n'est pas sûr* *que son sac ait disparu.*

Remarque
Avec l'interrogation par simple intonation ou avec **est-ce que**, on utilise plutôt l'indicatif.
- *Est-ce qu'on est sûr* *que son sac a disparu* *?*
- *On est sûr* *que son sac a disparu* *?*

Rappel
se douter que/douter que
Ne confondez pas **se douter que** + indicatif
- *Je me suis toujours douté(e) qu'il était malhonnête.*
  (= j'ai toujours pensé, soupçonné que…)
et **douter que** + subjonctif
- *Certains doutent que l'accusé soit coupable.*
(= ils ont des doutes sur sa culpabilité, ils ne le croient pas vraiment coupable).

À l'oral

Les Français remplacent presque toujours **il est…** par **c'est**…

C'est possible que…, c'est bizarre que…, c'est important que…

C'est vraiment étonnant qu'ils ne soient pas encore arrivés.
La forme **il est** + adjectif + **que** se rencontre surtout à l'écrit.

 mode subjonctif page 158

Attention à la différence entre :
- *Cette mère ne croit pas que son fils ait volé.*
(Il y a doute sur la réalité du vol).
- *Cette mère ne croit pas que son fils a volé.*
(Il n'y a pas de doute sur la réalité du vol).

– Selon le plus ou moins grand degré de certitude

Il est certain que Il est très vraisemblable que Il est vraisemblable que Il est très probable, fort probable que Il est probable que Il est assez probable que	**I N D I C A T I F**
Il est **assez peu** vraisemblable que Il est **peu** vraisemblable que Il est **assez peu** probable que Il **n**'est **pas** certain que Il est **im**probable que Il est **in**vraisemblable que	**S U B J O N C T I F**

Dans l'expression du probable et du vraisemblable, le choix du mode peut se révéler délicat, même pour les Français : nous sommes dans le domaine de la subjectivité !

Certains verbes sont un peu particuliers. Selon qu'ils sont suivis de l'indicatif ou du subjonctif, ils ont deux sens différents.

C'est le cas de :

- **Admettre**
- *J'admets volontiers que j'ai eu tort* (= c'est vrai, j'ai eu tort).
- *J'admets que vous arriviez en retard de temps en temps mais pas tous les jours !* (= je peux comprendre que...).

- **Comprendre**
- *En le voyant si pâle, j'ai compris qu'il était malade* (= j'ai vu, je me suis rendu compte).
- *Je comprends que tu sois furieux, à ta place, je le serais aussi* (= ça ne m'étonne pas).

- **Dire, crier, écrire, téléphoner**
- *J'ai écrit à mon amie que j'avais enfin trouvé un studio* (c'est une information) *et qu'elle me rejoigne vite* (c'est une demande).
- *Dites à ce client que je ne serai pas là demain* (c'est une information) *et qu'il veuille bien rappeler jeudi* (c'est une demande).
- *Sois gentil, téléphone à ta sœur que nous l'invitons au restaurant* (c'est une information) *et qu'elle y soit vers huit heures* (c'est une demande).

- **Demander**
- *Ta mère a demandé si tu viendrais bientôt* (c'est une demande d'information).
- *Ta mère a demandé que tu viennes tout de suite !* (c'est un ordre)

- **Entendre**
- *J'entends que les voisins du dessus sont rentrés* (c'est un fait).
- *J'entends que vous fassiez exactement ce que je vous ai demandé* (c'est un ordre).

- **Supposer**
- *Je suppose* que vous partirez cet été (= je pense).
- *Supposez* que vous gagniez au Loto, que feriez-vous de cet argent ?
  (= imaginons que...)

Remarques

Observez ces deux phrases, toutes deux possibles :
- **1.** *Je ne pense pas* qu'il soit tard.
- **2.** *Je ne pensais pas* qu'il était si tard !

Les deux phrases n'expriment pas la même chose. Dans la première, on énonce un doute sur l'heure (mais on ne sait pas exactement quelle heure il est). On fait état d'une impression, d'un sentiment. Dans la seconde, on constate qu'il est tard, c'est un fait réel (on vient de regarder l'heure).

(!) **Attention !** Certains verbes n'acceptent pas de subordonnée complétive.

Par exemple : **parler, connaître**

*Je parle que... (impossible)　　　*Je dis que...* (possible)

*Nous connaissons que... (impossible)　　*Nous savons que...* (possible)

(!) Ne confondez pas **savoir** et **connaître**. Leur sens est à peu près identique mais leur construction est différente.

*connaître que... n'est jamais possible.

Vous pouvez dire　　　　　　• *Je sais que Paris est traversé par la Seine.*

mais pas　　　　　　　　• **Je connais que Paris est traversé par la Seine.*

Vous pouvez dire　　　　　　• *Je connais les vingt arrondissements de Paris.*

mais pas　　　　　　　　• **Je sais les vingt arrondissements de Paris.*

Savoir + nom existe. Il signifie alors « avoir appris quelque chose ».
- *Il sait la nouvelle ? Tu sais ta leçon ?*

Si le nom est abstrait, il a alors le même sens que « connaître ».
- *Elle sait la vérité* (= elle connaît la vérité).

Mais si le nom est animé et/ou concret, un seul verbe est possible : **connaître**.
- *Vous connaissez le dernier roman de Modiano ?* (**savoir,* impossible).
- *Tu connais mon chien Pipo ?* (**savoir,* impossible).
- *Elle connaît Patrice depuis des années* (**savoir,* impossible).

3.4 LA TRANSFORMATION : COMPLÉTIVE → INFINITIF

C'est un point de syntaxe assez délicat en français.
Deux cas peuvent se présenter : la complétive est soit **au subjonctif**, soit **à l'indicatif**.

Complétive au subjonctif → transformation obligatoire

Si la complétive est au subjonctif (avec **que** ou à **ce que**), la transformation **est obligatoire**.

– Quand le sujet du verbe principal et le sujet du verbe subordonné sont les mêmes :

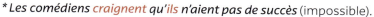

 Avec les 3e personnes du singulier et du pluriel, il peut y avoir une ambiguïté.
- *Elle a peur qu'elle prenne l'avion seule.*

Si le sujet représente la même personne, la transformation est obligatoire.
- → *Elle a peur de prendre l'avion seule.*

Si les deux **elle** sont différents, pas de transformation.
- → *Elle* (la fille) *a peur qu'elle* (sa mère) *prenne l'avion seule.*

* *Les comédiens craignent qu'ils n'aient pas de succès* (impossible).
- → *Les comédiens craignent de ne pas avoir de succès.*

– Quand le complément du verbe principal et le sujet du verbe subordonné sont les mêmes, dans des expressions comme :

Ça m'agace que je sois obligée d'attendre (impossible).
- → *Ça m'agace d'être obligée d'attendre.*

Il s'attend à ce qu'il soit licencié. (impossible)
- → *Il s'attend à être licencié.*

– Quand le sujet du verbe subordonné devient le complément indirect du verbe principal :
- *Je lui ai demandé qu'il fasse cette traduction pour moi.*
- *Je lui ai demandé de faire cette traduction pour moi.*

Remarque : la transformation n'est pas obligatoire mais elle est préférable.

 Observez ces deux verbes particuliers, **souhaiter** et **demander** :
- *Je souhaite réussir mon examen.* (même sujet)
- *Je lui souhaite de réussir son examen.* (deux sujets différents)
- *Il a demandé à partir plus tôt vendredi.* (même sujet)
- *Il a demandé à son patron de l'augmenter.* (deux sujets différents)

Remarquez bien la différence de préposition : **demander à/demander de**.

Complétive à l'indicatif → transformation possible

Si la complétive est à l'indicatif, la transformation **est possible**.
- *Nous sommes sûrs que nous avons fermé la porte à clé. Nous sommes sûrs d'avoir fermé la porte à clé.*
- *Elle nous a promis qu'elle nous écrirait souvent. Elle nous a promis d'écrire souvent.*

Mais certains verbes n'acceptent pas de complément à l'infinitif. C'est le cas de : **se rendre compte, s'apercevoir, avertir, prévenir, trouver, constater, expliquer, se douter, informer**…
- *J'ai appris que je reviendrai à l'automne* → * *J'ai appris revenir à l'automne* (impossible).
- *Je trouve que j'ai eu raison* → *Je trouve avoir eu raison* (impossible).

Remarque

Quand on transforme une expression verbale **être** + adjectif + **que** en un infinitif, celui-ci est toujours précédé de la préposition **de**.
- *Il est tard. Vous êtes certain que vous ne voulez pas prendre un taxi ?*
→ *Il est tard. Vous êtes certain de ne pas vouloir prendre un taxi ?*

Les verbes de sentiment sont suivis de l'infinitif + **de**.
- *Il regrette de partir si tôt.*
- *Je crains d'être en retard.*

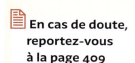 **En cas de doute, reportez-vous à la page 409**

Attention : **aimer, adorer, détester** se construisent avec l'infinitif sans **de**
- *J'aime rester chez moi.*

 Les verbes de déclaration, de croyance, de volonté sauf **promettre** et **jurer** sont **directement suivis d'un infinitif** (sans **de**) si le sujet est le même : **espérer, penser, croire, estimer, désirer, préférer, détester, dire, prétendre, affirmer, vouloir, savoir,** etc.

- *J'espère* *que je pourrai* *skier cet hiver./J'espère* *pouvoir* *skier cet hiver.*
- *Je pense* *que j'irai* *vous voir dimanche = Je pense* *aller* *vous voir dimanche.*
- *J'estime* *que j'ai raison = J'estime* *avoir raison.*
- *Il dit* *qu'il n'a jamais rencontré la victime* → *Il dit* *n'avoir jamais rencontré la victime.*

mais

- *Il a promis* *de ne jamais recommencer.*

3.5 LES TRANSFORMATIONS : COMPLÉTIVE → NOM, PRONOM OU ADJECTIF

La complétive peut être remplacée par un nom, par un pronom ou par un adjectif.

Transformation : complétive → pronom ou nom

La subordonnée complétive joue le rôle d'un complément du verbe et elle peut donc être remplacée par :

– un pronom neutre : **le, en, y**

- *Tu savais* *qu'il avait été marié* ? – *Non, je ne* *le* *savais pas.*
- *Tu te doutais* *que c'était elle la coupable* ? – *Oui, je m'*en *doutais !*
- *Tu as pensé* *à ce que tu dois emporter* ? – *Mais oui, j'*y *ai pensé.*

– ou par un nom quand celui-ci existe :

- *J'attends avec impatience* *que tu reviennes.*
  → *J'attends avec impatience* *ton retour.*
- *L'avocat était convaincu* *que cet homme était coupable.*
  → *Il était convaincu* *de sa culpabilité.*
- *On s'attend* *à ce que les négociations reprennent rapidement.*
  → *On s'attend* *à une reprise rapide des négociations.*

Le nom ne correspond pas toujours strictement au verbe. Par exemple, observez les phrases suivantes.

- *Les Marseillais se réjouissent* *que leur équipe ait gagné.* → *Les Marseillais se réjouissent* *de la victoire* *de leur équipe.*
- *Tout le monde s'attendait* *à ce que le gouvernement tombe.*
  → *Tout le monde s'attendait* *à la chute* *du gouvernement.*
- *Le chef de service s'est opposé* *à ce que les employés partent avant l'heure habituelle.*
  → *Le chef de service s'est opposé* *au départ* *des employés avant l'heure habituelle.*
- *Je suis heureux* *qu'ils soient rentrés.*
  → *Je suis heureux* *de leur retour.*

Transformation : complétive → adjectif

Avec les verbes de croyance (**penser, croire, trouver, estimer, juger**...),
la complétive avec le verbe **être** peut être remplacée par l'adjectif.

* *Vous croyez que vous êtes malins, les enfants ?*
  ➜ *Vous vous croyez malins, les enfants ?*
* *Je trouve que tu es beau comme ça.*
  ➜ *Je te trouve beau comme ça.*
* *Ils croient toujours qu'ils sont malades.*
  ➜ *Ils se croient toujours malades.*
* *Ils ont estimé qu'ils étaient trahis.*
  ➜ *Ils se sont estimés trahis.*
* *On dit qu'elle est riche.*
  ➜ *On la dit riche.*

— *En contexte* —

Arrias a tout lu, a tout vu ; c'est un homme universel, et il se donne pour tel : il aime mieux mentir que de se taire ou de paraître ignorer quelque chose. On parle à table d'un grand d'une cour du Nord : il prend la parole, et l'ôte à ceux qui allaient dire ce qu'ils savent ; il s'oriente dans cette région lointaine comme s'il en était originaire ; il discourt des mœurs de cette cour, des femmes du pays, de ses lois et de ses coutumes ; il récite des historiettes qui y sont arrivées ; il les trouve plaisantes, et il en rit le premier jusqu'à éclater. Quelqu'un se hasarde de le contredire, et lui prouve nettement qu'il dit des choses qui ne sont pas vraies. Arrias ne se trouble point, prend feu au contraire contre l'interrupteur : « Je n'avance rien, lui dit-il, je ne raconte rien que je ne sache : je l'ai appris de Sethon, ambassadeur de France dans cette cour, revenu à Paris depuis quelques jours, que je connais familièrement, que j'ai fort interrogé, et qui ne m'a caché aucune circonstance. » Il reprenait le fil de sa narration avec plus de confiance qu'il ne l'avait commencée, lorsque l'un des invités lui dit : « C'est Sethon à qui vous parlez, lui-même, et qui arrive fraîchement de son ambassade ».

Jean de la Bruyère, *Les Caractères, De la société et de la conversation*

4 Du discours direct au discours rapporté

Qu'est-ce que le discours **direct** et qu'est-ce que le discours **rapporté** ?

Pourquoi utilise-t-on l'imparfait dans :
Il m'a dit qu'il partait dans deux mois ?
Quelle différence entre *demain* et *le lendemain* ?
Et entre *le mois prochain* et *le mois suivant* ?

Il existe trois manières de rapporter les paroles de quelqu'un :

1. Le discours direct.

On cite, plus ou moins textuellement, les paroles de quelqu'un. À l'écrit, le discours direct est précédé de deux points (**:**) et mis entre guillemets (« **...** »).

• *Il m'a dit : « Je t'aimerai toujours. »*

2. Le discours rapporté indirectement qui est lié à un verbe introducteur et a la forme d'une complétive. On l'appelle généralement discours indirect lié.

• *Il m'a dit qu'il m'aimerait toujours.*

3. Le discours rapporté indirectement mais de manière plus libre, sans verbe introducteur, en l'interprétant (discours indirect libre).

• *Il me faisait de grands serments : il m'aimerait toujours, ne me quitterait jamais, j'étais la lumière de sa vie...*

Nous allons développer ces trois types de discours rapporté.

Le discours rapporté provient de deux situations de communication :

– quelqu'un « rapporte » quelque chose à quelqu'un d'autre ;
– le contenu, les paroles dites et rapportées.

Dans notre exemple,
1. Une femme, ici et maintenant, explique quelque chose à un(e) ami(e).
2. Son amoureux avait promis de l'aimer toujours.

Il relève donc de **deux systèmes de repérage**. Il y a **deux énoncés, deux énonciateurs** (ici, une femme et son amoureux), **des circonstances** (temps/espace) différentes et **un destinataire que l'on informe** (ici, la personne à qui cette femme raconte ses malheurs).

4.1 LE DISCOURS DIRECT

Soit cet énoncé (c'est une mère qui parle à une amie) :
• *Imagine-toi qu'hier, dans le jardin, ma fille Anne-Laure m'a dit, textuellement :* « *Rien à faire, je ne veux pas aller en Italie avec vous cet été.* »
Il y a ici deux actes d'énonciation : (1) et (2).
Qui énonce en (1) ? Quelqu'un qui dit **je** (« ... **m'**a dit... ») et qui parle à une personne qu'elle tutoie (« imagine-**toi**... »).
Quand ? Aujourd'hui. Où ? On ne sait pas.
Qui énonce en (2) ? Une jeune fille, Anne-Laure, qui parle à sa mère (« ma fille Anne-Laure ») à partir d'un autre lieu (le jardin) et en un autre temps (hier).
Pour compliquer les choses, l'objet de son discours concerne un troisième lieu (l'Italie) et un troisième temps (cet été).

Remarque

On a souvent l'impression qu'un discours repris en style direct est plus « fidèle » (souligné ici par l'adverbe *textuellement*). On pourrait croire que l'on « entend » réellement la personne dont on rapporte les paroles.
C'est bien sûr une illusion : il s'agit d'un discours rapporté comme les autres, c'est la personne qui rapporte l'énoncé qui l'assume (dans notre exemple précédent, la mère porte un jugement sur le caractère de sa fille qu'elle présente comme rebelle, voire hostile ; elle prend son interlocutrice à témoin, etc.).

❗ Le verbe qui introduit le discours rapporté directement peut se trouver avant, à l'intérieur de la phrase citée ou après.
S'il est placé avant, l'ordre reste « normal » : sujet-verbe. En effet, la phrase citée est complément d'objet du verbe **dire** (Elle m'a dit quoi ? Elle m'a dit : « ... »).
• *Elle m'a dit :* « *Rien à faire, je ne veux pas aller en Italie avec vous cet été.* »

Mais s'il est placé à l'intérieur ou après, l'inversion est obligatoire. La phrase citée n'est plus complément d'objet du verbe **dire**.
• « *Rien à faire, m'a-t-elle dit, je ne veux pas aller en Italie avec vous cet été.* »
• « *Rien à faire, je ne veux pas aller en Italie avec vous cet été », m'a-t-elle dit.*

4.2 LE DISCOURS INDIRECT LIÉ ET LES VERBES DU « DIRE »

Soit l'énoncé (c'est toujours la mère qui parle à son amie) :
• *Hier, dans le jardin, Anne-Laure m'a dit qu'elle ne voulait pas aller en Italie avec nous cet été.*
Il n'y a plus qu'un seul acte d'énonciation, l'énoncé « rapporté » est intégré, englobé, repris dans l'énoncé « rapportant » ; il n'a plus un statut d'énoncé autonome mais devient une simple proposition « complétive ».

❗ Le passage du discours direct au discours indirect est souvent assez difficile.
Nous allons voir en quoi il pose problème.

Notons tout d'abord que ce passage n'est pas toujours réalisable, sauf si on l'interprète. Observez :
- **1.** *Elle a murmuré : « Ciel, mon mari ! Bof ! Tant pis ! »*
- **2.** *Il a supplié le professeur : « S'il vous plaît, monsieur, encore une minute ! »*
- **3.** *Très énervé, il lui a crié : « Ah, ça va ! Stop ! Basta ! »*

On peut voir à travers ces exemples que le passage discours direct ➜ discours indirect ne va pas toujours de soi. En effet :
* Elle a murmuré que ciel son mari (impossible).
* Il a supplié le professeur que, s'il lui plaisait, encore une minute (impossible).
* Il lui a crié que ça allait, stop, basta (impossible).

Que peut-on en conclure ?
Le discours direct permet une plus grande liberté : il peut contenir des exclamations, des mots ou des phrases étrangers, des injonctions, etc.

Les verbes du « dire »

Quels sont les verbes qui permettent d'introduire le discours indirect ?
On les appelle souvent les verbes du « dire ». En effet, **dire** est le verbe le plus fréquent. Mais il en existe beaucoup d'autres qui permettent de nuancer, de préciser, de « colorer » ce que l'on veut exprimer.
Soit l'énoncé : *« C'est de ma faute, et je le regrette. »*
Selon le contexte, on pourrait par exemple « traduire » cette phrase ainsi (la liste n'est pas close) :
- *Il a dit (affirmé, déclaré, annoncé, assuré, expliqué, précisé, répondu, reconnu, admis, avoué, etc.) que c'était de sa faute, et qu'il le regrettait.*

❗ **Le passage du discours direct au discours indirect entraîne certaines modifications.**

– En ce qui concerne **les personnes**. Il faut transformer les pronoms personnels, les adjectifs et les pronoms possessifs.
- *« Ne prenez pas votre camescope, je prendrai le mien », nous a dit notre ami Lebrun.*
- ➜ *Notre ami Lebrun nous a dit de ne pas prendre notre camescope, qu'il prendrait le sien.*

– En ce qui concerne **les temps des verbes à l'indicatif**. Il faut faire attention au temps du verbe principal (celui qui introduit le discours rapporté).
Si ce verbe est au présent, au futur ou au conditionnel, pas de problème : les temps ne changent pas.
- *« Je viendrai vous voir dès que je serai arrivée », promet Marianne.*
- ➜ *Elle promet qu'elle viendra nous voir dès qu'elle sera arrivée.*
- *« Je viendrai vous voir », promettra-t-il sans doute.*
- ➜ *Il promettra sans doute qu'il viendra nous voir.*

Mais si le verbe introducteur de discours rapporté est à l'un des temps du passé, il faut effectuer des changements dans les temps du discours rapporté.

- présent ➜ imparfait :
- *« J'arrive tout de suite », a-t-il crié* ➜ *Il a crié qu'il arrivait tout de suite.*

- passé composé ➜ plus-que-parfait :
- *« Je suis déjà venu deux fois », a-t-il dit* ➜ *Il a dit qu'il était déjà venu deux fois.*

Attention.
Certains verbes ne peuvent pas introduire un discours indirect :
* Il s'est excusé qu'il avait du travail.
Il est nécessaire de les compléter par un verbe du **dire**.
- *Il s'est excusé **en disant** qu'il avait du travail.*

- futur → conditionnel présent (« futur du passé ») :
- « *Je passerai vous voir* », promettait toujours Mario → *Mario promettait toujours qu'il passerait nous voir.*
- futur antérieur → conditionnel passé (« futur antérieur du passé ») :
- «*Tu ne sortiras pas tant que tu n'auras pas fini ton travail* », lui a dit sa mère → *Sa mère lui a dit qu'il ne sortirait pas tant qu'il n'aurait pas fini son travail.*

❗ S'il s'agit d'une vérité générale, on peut garder le même temps.
- *Le maître explique aux enfants : « La terre est ronde. »* → *Maman, à l'école, le maître nous a expliqué que la terre est ronde.*

Mais on remarquera que, même dans ce cas, on adoptera le plus souvent, spontanément, les règles de la concordance des temps et que l'on dira :
- *Le maître nous a expliqué que la terre était ronde.*

– En ce qui concerne **les modes autres que l'indicatif.**
- **subjonctif :** actuellement, en français courant, on ne respecte pas les règles de concordance et l'on n'utilise que deux formes subjonctives.
Il n'y a pas de changement lorsqu'on passe au discours rapporté.
- « *Il faut que tu fasses la vaisselle.* » → *Elle m'a dit qu'il fallait que je fasse la vaisselle.*
- « *Je ne crois pas qu'elle soit venue.* » → *Il a dit qu'il ne croyait pas qu'elle soit venue.*

Dans les textes littéraires, vous rencontrerez parfois l'**imparfait du subjonctif** :
- *Elle exigea qu'il partît sans tarder.*
Ou encore :
- *Le roi ordonna que tout fût prêt à 5 h.*
Mais il a presque disparu du français contemporain. Même si, grammaticalement, ce n'est pas parfaitement exact, on le remplace en général par un subjonctif présent :
- *Elle exigea qu'il parte sans tarder.*
- *Le roi ordonna que tout soit prêt à 5 h.*

- **conditionnel :** pas de changement non plus.
- « *Je voudrais bien aller avec vous au cinéma.* » → *Il nous a dit qu'il voudrait bien aller avec nous.*
- « *J'aurais aimé vivre au XVIIIe siècle.* » → *Elle a toujours dit et répété qu'elle aurait aimé vivre au XVIIIe siècle.*

- **impératif :** dans le discours rapporté, le verbe introducteur (à tous les temps) est suivi de **de** + infinitif.
- « *Partez vite, mes enfants, il va pleuvoir.* » → *Elle leur dit de partir.*
- « *Sortez de là tout de suite !* » → *Je leur ai ordonné de sortir.*

– En ce qui concerne **les mots exprimant le temps** (adjectifs, adverbes, locutions), si le verbe introducteur de discours rapporté est à l'un des temps du passé et si ce que l'on rapporte n'a pas de lien avec le présent, attention aux changements.
Anne (vendredi) : • « *On va à la piscine demain ?* »

- Je rapporte les paroles d'Anne samedi.
- → *Hier, j'ai vu Anne, elle m'a proposé d'aller à la piscine aujourd'hui.*

- Je rapporte les paroles d'Anne une semaine plus tard.
- → *Vendredi dernier, j'ai rencontré Anne, elle m'a proposé d'aller à la piscine le lendemain.*

	Le passage du discours direct	au discours rapporté
MODES	**IMPÉRATIF** *Il m'a ordonné : « Sors d'ici. »*	→ **SUBJONCTIF** *Il a ordonné **que je sorte** de là.* (ou) **INFINITIF** *Il m'a ordonné **de sortir** de là.*
TEMPS	**Le verbe introducteur est au passé.** **Présent** *Il a dit : « Je suis satisfait. »*	→ **Imparfait** *Il a dit qu'il **était** satisfait.*
	Passé composé *Il a ajouté : « J'ai terminé. »*	→ **Plus-que-parfait** *Il a ajouté qu'il **avait terminé**.*
	Passé récent = ***venir de*** au présent + infinitif du verbe *Il a précisé : « Je viens de terminer. »*	→ **Passé récent dans le passé** = ***venir de*** à l'imparfait + infinitif du verbe *Il a précisé qu'il **venait de terminer**.*
	Futur simple *Il annonça : « Je partirai bientôt. »*	→ **Futur simple dans le passé** = formes du conditionnel présent *Il annonça qu'**il partirait** bientôt.*
	Futur antérieur *Il certifia : « Je partirai quand j'aurai fini. »*	→ **Futur antérieur dans le passé** = formes du conditionnel passé. *Il certifia qu'**il partirait** quand il **aurait fini**.*
	Futur proche = ***aller*** au présent + infinitif du verbe *Il affirmait : « Je vais me remettre au travail. »*	→ **Futur proche dans le passé** = ***aller*** à l'imparfait + infinitif du verbe *Il affirmait qu'**il allait se remettre** au travail.*
	Futur de probabilité = ***devoir*** au présent + infinitif du verbe *Il a annoncé : « Je dois prendre le train ce soir. »*	→ **Futur de probabilité dans le passé** = *devoir* à l'imparfait + infinitif du verbe *Il a annoncé qu'il **devait prendre** le train ce soir-là.*
PERSONNES des pronoms personnels, des adjectifs et pronoms possessifs	**Les 1re et 2e personnes du singulier et du pluriel** *Il a dit à son amie : « **Je t'**aime. »* *Il a assuré à ses électeurs : « **Vos** impôts baisseront. »* Mais : *Il **m'**a dit : « **Tu as** tort. »* *Il **t'**a dit : « **Tu as** tort. »*	→ **La 3e personne du singulier et du pluriel** *Il a dit à son amie qu'**il l'**aimait.* *Il a assuré à ses électeurs que **leurs** impôts baisseraient.* Mais : → *Il a dit que **j'**avais tort.* *Il a dit que **tu** avais tort.*
LES TERMES INTRODUCTEURS	**Les deux points** *Un homme entra dans le café et dit :* *« J'ai faim, je veux manger. »*	→ **que** *Un homme entra dans le café et dit **qu'**il avait faim,* ***qu'**il voulait manger.*
EXPRESSIONS DU TEMPS ET DE LIEU	**Si le contexte est présent** *hier* *avant-hier* *la semaine dernière* *le mois dernier* *l'année dernière* *aujourd'hui* *demain* *après-demain* *la semaine prochaine* *le mois prochain* *l'année prochaine* *ici*	**Si le contexte est passé** → *la veille* *l'avant-veille* *la semaine précédente* *le mois précédent* *l'année précédente* *ce jour-là* *le lendemain* *le surlendemain* *la semaine suivante* *le mois suivant* *l'année suivante* *là*
EXCLAMATION	**Comme ! Que ! Quel !** *Il dit : « **Comme/Que** c'est dommage que tu ne viennes pas ! »* *Il dit : « **Quel** dommage que tu ne viennes pas ! »*	→ **combien** *Il dit **combien** c'était dommage qu'il ne vienne pas.*

• Si l'on rapporte les paroles de quelqu'un **le jour même**, il n'est pas nécessaire de modifier les modes et les temps (mais la plupart du temps, les Français effectuent quand même ces modifications).

Par exemple :

14 février 2019, 10 heures du matin, au bureau. Marianne parle à sa collègue Nicole :

+ *« Tu sais, le patron m'a encore convoquée ce matin pour me passer un savon (familier). J'en ai par-dessus la tête. Je vais donner ma démission demain ».*

Le soir même, quand Nicole rentre chez elle, elle raconte à son mari, comme d'habitude, les petites histoires du bureau.

Elle peut dire, au choix :

+ *« Tu sais, Marianne m'a dit que le patron l'a encore engueulée ce matin et que demain, elle va donner sa démission ».*

ou

+ *« Tu sais, Marianne m'a dit que le patron l'avait encore engueulée ce matin et que demain, elle allait donner sa démission ».*

Mais si elle évoque cette histoire **un mois plus tard**, elle fera nécessairement certaines modifications de temps :

+ *« Tu te rappelles ma collègue Marianne, le mois dernier, le patron l'avait engueulée et elle avait dit qu'elle donnerait sa démission le lendemain. Eh bien, elle est toujours là, tu sais. Et il l'engueule toujours autant ! »*

• Souvent, on ne peut « traduire » en discours indirect faute d'indications de temps et de lieu spécifiques.

+ *« Asseyez-vous là », lui indiqua le garçon.*
+ *« Vous habitez en face ? » lui demanda-t-il.*
+ *« Je reviens fin juin », nous avais-tu dit, à l'époque.*

Comment « traduire » cela en discours rapporté ? Il faut avoir recours au contexte.

Par exemple, ce pourrait être :

+ *Le garçon lui indiqua une table à la terrasse.*
+ *Il lui demanda si elle habitait en face de chez lui.*
+ *Il nous avait dit qu'il reviendrait deux mois plus tard (l'été suivant, dès qu'il aurait terminé son travail, pour les vacances...).*

C'est un discours que l'on rencontre surtout dans la littérature et, plus précisément, dans les romans (par exemple, Zola et Maupassant l'emploient très fréquemment).

Il est très pratique. En effet, il fait corps avec le texte même, mais l'auteur peut garder certains aspects du discours direct. Le lecteur a donc l'impression d'être en face du personnage, de l'écouter parler et même penser tout haut.

- *Anne-Laure protesta énergiquement. Ah non, fini ! Pas question pour elle d'aller en Italie avec les parents, elle en avait par-dessus la tête des voyages culturels et en plus elle avait passé l'âge. On la prenait pour un bébé ou quoi ? Elle préférait mille fois partir avec ses copines faire du camping, il ne fallait pas qu'ils comptent l'emmener avec eux.*

Comme vous le constatez, certains aspects rapprochent le discours indirect libre du discours indirect lié :

– les pronoms personnels et les pronoms ou adjectifs possessifs sont transposés :

- « *Je préfère partir avec mes copines* » → *Elle préférait partir avec ses copines.*

– les temps sont également transposés :

- « *J'ai passé l'âge* » → *Elle avait passé l'âge.*

D'autres aspects évoquent plutôt le discours direct :

– il n'y a pas de verbe introducteur de discours (**dire que...**), même si, le plus souvent, on trouve dans le contexte quelque indice de parole. Dans notre exemple : *elle protesta énergiquement* est presque un verbe du « dire » ;

– il peut y avoir des formes exclamatives, interrogatives, des indices subjectifs, une adresse à un interlocuteur... bref, des sentiments, des émotions.

Pour aller plus loin

+ De même que l'on a indiqué certaines difficultés de « traduction » du discours direct vers le discours indirect lié, ici aussi on rencontre certaines impossibilités.

+ « *Les gens ont perdu le sens du partage* », a-t-il déploré.

+ → *Il a déploré que les Français aient perdu le sens du partage.*

Cette phrase rapportée en discours indirect lié est possible.

En revanche : **Il a déploré. Les Français avaient perdu tout sens du partage.*
Cette phrase rapportée en discours indirect libre est impossible.

On ne peut utiliser, dans le discours indirect libre, que des verbes intransitifs : **protester, s'emporter, s'énerver, s'impatienter, s'insurger, se fâcher, s'émerveiller, se réjouir.**

Rappel

Il existe trois manières de poser une question.

Élise parle à sa cousine Léa.

- « *Tu as pensé à appeler ton père pour son anniversaire, hier ?* »
- « *Est-ce que tu as pensé à appeler ton père pour son anniversaire, hier ?* »
- « *As-tu pensé à appeler ton père pour son anniversaire, hier ?* »

Mais il y a une seule manière de reprendre cette question en discours rapporté.

- *Léa raconte à des amis :*
- *J'ai vu ma cousine Élise vendredi dernier. Elle pense toujours à tout !* *Elle m'a demandé si j'avais pensé à appeler mon père pour son anniversaire, la veille. Et moi, sa propre fille, j'avais complètement oublié ! Mais elle, bien sûr, non !*

> **!**
> **Si** ne s'élide jamais, sauf devant **il(s)**.
> - *Elle voudrait savoir si on parle français dans ce bureau.*
> - *Elle voudrait savoir s'ils parlent français dans ce bureau.*

Quelles sont les modifications lorsque l'on passe de l'interrogation directe à l'interrogation indirecte ?

– Comme dans le passage discours direct ➔ discours indirect :
- les pronoms personnels, les pronoms et les adjectifs possessifs changent ;
- les temps de l'indicatif et les termes exprimant le temps changent si le verbe introducteur est à un temps du passé.

– Le verbe qui introduit l'interrogation indirecte : **demander, savoir, vouloir savoir, s'informer...**, est suivi de **si** lorsque l'interrogation porte sur l'ensemble de la phrase.
- « *Est-ce que tu m'aimes ?* » ➔ *Elle veut toujours savoir si je l'aime.*
- « *Tu viens ?* » *Alors ? Je t'ai demandé si tu venais. Réponds !*

– Si l'interrogation est partielle, si elle porte sur un aspect plus précis (lieu, temps, etc.), le mot interrogatif (**où, quand, comment...**) ne change pas.
Mais attention, l'ordre des mots redevient « normal ».
Observez :
- « *Où vas-tu ? Avec qui sors-tu ? Quand rentres-tu ? Comment vas-tu rentrer ? Qui va te raccompagner ?* »
- *Mes parents sont vraiment terribles. Ils ont peur de tout ! Ils veulent toujours savoir où je vais, avec qui je sors, quand et comment je vais rentrer, qui va me raccompagner...*

Rappel
- **Qu'est-ce que... ?**   devient   **...ce que...**
- **Qu'est-ce qui... ?**   devient   **...ce qui...**
- *Qu'est-ce que tu fais ? Hé, réponds-moi, je te demande ce que tu fais !*
- *Je ne sais pas ce qu'ils ont décidé.*
- *– Qu'est-ce qui est arrivé ?*
Le policier a interrogé les témoins. Il voulait savoir ce qui était arrivé.
- *Je ne sais pas ce qui se passe dans cette maison.*

> **!**
> Vous ne pouvez pas dire :
> **On se pose la question si l'auteur a voulu...* (impossible).
> Il faut dire : • *On se pose la question de savoir si l'auteur a voulu...*
> De même, la formulation :
> **On s'interroge si les gouvernements vont réagir...* n'est pas correcte.
> Il faut dire :
> • *On s'interroge pour savoir si les gouvernements vont réagir...* (ou : *on se demande si...*).

À l'oral

On entend très fréquemment (et de plus en plus souvent) **qu'est-ce que/qu'est-ce qui** à la place de **ce que, ce qui**.
Mais enfin, raconte-moi qu'est-ce qui s'est passé !
J'aimerais bien savoir qu'est-ce que c'est que ce bruit.
Avant de juger, il faudrait savoir exactement qu'est-ce qui lui est arrivé.

VII. DE LA PHRASE SIMPLE À LA PHRASE COMPLEXE

Le passage du discours direct	au discours rapporté
PERSONNES pronoms personnels, adjectifs et pronoms possessifs	**Les 1ʳᵉ et 2ᵉ personnes du singulier et du pluriel** *Il a demandé à son amie : « M'aimes-tu ? »* *Il a demandé à ses amis :« Où irez-vous cet été ? »* Mais : *Il m'a demandé : « Est-ce que tu vas bien ? »* *Il t'a demandé : « Veux-tu venir avec moi ? »*	→ **La 3ᵉ personne du singulier et du pluriel** *Il a demandé à son amie si elle l'aimait.* *Il a demandé à ses amis où ils iraient cet été.* Mais : → *Il m'a demandé si j'allais bien.* *Il t'a demandé si tu voulais aller avec lui…*

	Le passage du discours direct	au discours rapporté
LES TERMES INTRODUCTEURS	**Est-ce que ?** *Il demanda à sa femme : « Est-ce que tu es prête ? »* **Inversion** *Il demanda à sa femme : « Es-tu prête ? »* **Intonation** *Il demanda à sa femme : « Tu es prête ? »*	→ **si** *Il demanda à sa femme si elle était prête.*
	Que ? ou qu'est-ce que ? *Il lui demanda : « Que fais-tu ? »* *« Qu'est-ce que tu fais ? »* **Qu'est-ce qui/qu'il** (+ verbe impersonnel) *Il m'a demandé : « Qu'est-ce qui/qu'il se passe ? »*	→ **ce que** *Il lui demanda ce qu'il/elle faisait.* → **ce qui/ce qu'il** *Il m'a demandé ce qui/qu'il se passait.*
	Comment ? Pourquoi ? Quand ? Où ? **Combien ? À quelle heure ? Qui ?** **(+ inversion du sujet)** *Il demanda à son ami :* *« Où vas-tu ? »* (présent) *« À quelle heure dois-tu partir ? »* *« Quand reviendras-tu ? »* (futur) *« Pourquoi as-tu changé ? »* (passé composé)	→ **Comment ? Pourquoi ? Quand ? Où ?** **Combien ? À quelle heure ? Qui ?** **(sans inversion du sujet)** *Il demanda à son ami où il allait* (imparfait), *à quelle heure il devait partir,* *quand il reviendrait* (futur dans le passé), *pourquoi il avait changé* (plus-que-parfait).
EXPRESSIONS DE TEMPS ET DE LIEU	**Si le contexte est présent** *hier* *avant-hier* *la semaine dernière* *le mois dernier* *l'année dernière* *aujourd'hui* *demain* *après-demain* *la semaine prochaine* *le mois prochain* *l'année prochaine* *ici*	**Si le contexte est passé** → *la veille* *l'avant-veille* *la semaine précédente* *le mois précédent* *l'année précédente* *ce jour-là* *le lendemain* *le surlendemain* *la semaine suivante* *le mois suivant* *l'année suivante…* *là*

— *En contexte* —

Raymond m'a téléphoné au bureau. **Il m'a dit qu'un de ses amis** (il lui avait parlé de moi) **m'invitait** à passer la journée de dimanche dans son cabanon, près d'Alger. **J'ai répondu que je le voulais bien**, mais que **j'avais promis ma journée** à une amie. **Raymond m'a** tout de suite **déclaré qu'il l'invitait** aussi. La femme de son ami serait très contente de ne pas être seule au milieu d'un groupe d'hommes.

J'ai voulu raccrocher tout de suite parce que je sais que le patron n'aime pas qu'on nous téléphone de la ville. Mais Raymond **m'a demandé d'attendre** et **il m'a dit qu'il aurait pu** me transmettre cette invitation le soir, mais **qu'il voulait m'avertir** d'autre chose.

Albert Camus, *L'Étranger*

VIII. LES RELATIONS LOGICO-TEMPORELLES

1 Grammaire du texte et connecteurs logico-temporels

Que signifie « **grammaire du texte** » et que sont les **connecteurs logico-temporels** ?

La *logique* vous mènera d'un point A à B. *L'imagination* vous mènera partout.

Albert Einstein

Pourquoi cette phrase sonne-t-elle bizarre : *Il lui demanda s'il était d'accord pour parler à son frère mais il répondit qu'il ne comprenait pas qu'il n'avait rien à voir dans cette histoire et qu'il préférait agir seul quand il lui dirait que le moment était venu ?*

Est-ce que *dernièrement* a le même sens que en *dernier lieu* ?

Quelle différence y a-t-il entre *en fait* et *en effet* ?

Et entre *d'ailleurs* et *par ailleurs* ?

Lorsque vous étudiez la grammaire, vous le faites souvent dans le cadre de la phrase. Or, certains aspects de la grammaire dépassent ce cadre et concernent le texte entier.

Souvent, et cela vous étonne, vos textes sont considérés par vos professeurs comme peu corrects alors qu'il n'y a pas de « fautes de grammaire » (morphologie, syntaxe) ni d'orthographe.

Pourquoi ? Parce que souvent, les phrases sont correctes mais mal (ou pas du tout) reliées les unes aux autres et que donc votre texte est mal construit.

À l'oral, dans les situations de communication quotidiennes, lorsque deux personnes se parlent, il arrive souvent qu'il n'y ait pas, du moins en apparence, de relations logiques entre les énoncés.

Mais ce manque de lien ne les empêche pas de se comprendre : l'intonation, les regards, la gestuelle, le contexte (l'ici et le maintenant) et les connaissances partagées par les interlocuteurs pallient cette difficulté.

À l'écrit, il en va autrement. Tous ces repères disparaissent. Un texte écrit doit donc, pour être compris, être organisé, articulé, cohérent.

VIII. LES RELATIONS LOGICO-TEMPORELLES

Un texte est toujours organisé, « articulé », il a un sens, une cohérence. Il faut que le lecteur puisse suivre, de phrase en phrase, le « fil du texte », son sens. Il faut aussi que ce texte avance, que chaque paragraphe apporte une information nouvelle.

L'objet de la grammaire du texte est de comprendre comment les différentes phrases s'organisent entre elles pour former un tout cohérent.

Lorsqu'on écrit un texte, outre les indications temporelles qui sont très importantes pour la compréhension, il existe deux manières de renforcer cette cohérence :

– utiliser certains termes reprenant un élément qui se trouve plus haut dans le texte (on appelle ces termes de reprise des anaphores). Ces termes permettent de reconnaître, de phrase en phrase, de qui et de quoi on parle ;

– l'emploi des connecteurs qui assurent un lien logique entre les différentes idées, garantissent la continuité du raisonnement et structurent donc le texte.

1.2 L'EMPLOI DES ANAPHORES GRAMMATICALES

Observez. Dans les textes suivants, comment reprend-on un élément de la phrase précédente pour faire « avancer » le texte ?

Texte 1
Il était une fois un roi très puissant qui avait une fille belle comme le jour.
Elle s'appelait Rosette et avait tout juste seize ans.
Un jour, le roi décida que la jeune fille devait se marier. Celle-ci le supplia :
elle n'avait pas envie de le quitter mais il avait l'habitude d'être obéi et il ne céda
pas. Aussi envoya-t-il des serviteurs dans tous les pays voisins. Ils emportaient
avec eux le portrait de la princesse.

Texte 2
Dans le pays voisin régnait un roi très bon et fort respecté de ses sujets. Hélas,
son fils unique était atteint de mélancolie. Ce prince, que l'on appelait Aimé,
restait des heures à sa fenêtre sans manger et sans boire. Aucun des médecins
de la cour n'avait réussi à guérir le jeune homme. Celui-ci maigrissait à vue
d'œil et tous craignaient pour sa vie. La reine le suppliait à genoux de révéler
les raisons de sa mélancolie mais il se contentait de soupirer en silence.

Texte 1
un roi → le roi → le (supplia) → le (quitter) → il → il → il
une fille → elle → Rosette → la jeune fille → se → celle-ci → elle → la princesse

Texte 2
son fils → ce prince → Aimé → sa fenêtre → le jeune homme → celui-ci → sa vie
→ le (suppliait) → sa mélancolie → il → se

Ces anaphores sont essentiellement :
– des pronoms : pronoms personnels sujets ou compléments (**il, elle, se, le**), démonstratifs (**celui-ci**) ;
– des noms précédés d'un article défini (**le, la, les**) ou d'un adjectif démonstratif (**ce, cet, cette, ces**) ou possessif (**son, sa, ses, leur, leurs**).

On peut reprendre exactement le même nom.
• *Il y avait une belle princesse.* Cette princesse *s'appelait Rosette.*

Ou utiliser un autre mot, un synonyme, par exemple :
• *Il y avait une belle princesse.* La jeune fille *avait seize ans.*

On peut enfin reprendre par un mot tout un passage, toute une idée.
Dans le pays voisin régnait un roi très bon et fort respecté de ses sujets. Hélas, son fils unique était atteint de mélancolie. Ce prince, que l'on appelait Aimé, restait des heures à sa fenêtre sans manger et sans boire. Aucun des médecins de la cour n'avait réussi à guérir le jeune homme. Celui-ci maigrissait à vue d'œil et tous craignaient pour sa vie. La reine le suppliait à genoux de révéler les raisons de sa mélancolie mais il se contentait de soupirer en silence. Cette triste situation *remplissait tous les habitants du royaume de douleur et d'inquiétude*

Remarque

Observez le sens anaphorique d'un verbe particulier : **faire**.
Le verbe **faire** (+ pronom complément, le plus souvent le pronom **le** neutre) peut remplacer un verbe ou un groupe verbal exprimé précédemment et qu'on ne veut pas répéter.
C'est souvent dans l'expression de la comparaison que vous rencontrez cet emploi anaphorique du verbe **faire**.
• *Il travaille la terre comme le* faisaient *son père et son grand-père.*

Mais vous pouvez le trouver aussi dans d'autres types de phrases.
• *Va poster cette lettre. Si tu ne le* fais *pas tout de suite, tu oublieras.*
• *Tu peux m'aider à fermer les volets ? Je n'arrive pas à le* faire*.*

1.3 L'EMPLOI DES CONNECTEURS

Vous avez certainement remarqué en lisant des textes en français qu'ils sont la plupart du temps très fortement structurés. C'est particulièrement vrai lorsqu'il s'agit de textes où l'on cherche à démontrer quelque chose.
Le lecteur français veut, quand il lit, toujours **pouvoir se repérer** : dans l'enchaînement même du texte, mais aussi dans les différentes étapes du raisonnement. S'il n'a pas ces points de repère, il se sentira perdu et arrivera très difficilement à « entrer » dans le texte.
La plupart des textes français (surtout les textes argumentatifs, bien sûr) suivent donc un plan strict et utilisent beaucoup de termes qui permettent justement au lecteur de se repérer.
On pourrait dire que ce sont comme des « jalons » sur sa route.

Les connecteurs servent à exprimer les relations temporelles ou logiques entre les différentes parties d'un texte. Il peut s'agir d'adverbes (**d'un côté…, de l'autre… ; d'une part…, d'autre part… ; d'abord, ensuite, de plus, enfin…**) ou de conjonctions (**mais, or, donc**).

Le plus souvent, on distingue :

– Les connecteurs temporels
Ils servent à l'énumération ou aident à établir la chronologie dans un texte.
- **D'abord – en premier lieu – d'une part – premièrement – primo** (à l'oral)...
- **Ensuite – en second lieu – d'autre part – deuxièmement – secundo**
  (à l'oral)...
- **De plus – puis – et puis – en outre – par ailleurs – troisièmement – tertio**
  (à l'oral)...
- **Enfin – finalement – en dernier lieu...**

– les connecteurs logiques (ou argumentatifs)
Ils marquent les différentes étapes d'un raisonnement :
- pour présenter l'argument de l'adversaire (avant de le rejeter) : **certes, il est vrai que, on dit parfois que, on m'objectera que...**
- pour exprimer la concession, l'opposition ou la restriction : **mais, pourtant, cependant, néanmoins, toutefois, quand même, tout de même, malgré tout, du moins, au moins...**
- pour ajouter un nouvel argument destiné à finir de convaincre l'adversaire : **or, d'ailleurs, non seulement... mais encore, en plus, de plus, en outre...**
- pour préciser sa pensée : **autrement dit, en d'autres termes, en d'autres mots, c'est-à-dire, si je puis dire, comment dirais-je ?**
- pour expliquer : **en effet, c'est pourquoi...**
- pour donner un exemple : **par exemple, citons l'exemple de, je prendrai un exemple, un simple exemple suffira...**
- pour introduire la conclusion : **ainsi, aussi, donc, bref, en tout cas, en conclusion, en somme, finalement, en définitive, en un mot, en résumé...**

⚠ Ne confondez pas **ailleurs/par ailleurs/d'ailleurs.**

- **ailleurs** = « autre part ».
- *Ce restaurant est un peu cher. On va dîner ailleurs ?*

- **par ailleurs** = « d'autre part » (on introduit un nouveau point dans le raisonnement).
- *Nous rappelons que pour des raisons de sécurité, les salles 233, 234 et 235 sont provisoirement interdites d'accès. Par ailleurs, vous êtes priés de respecter strictement dans les autres salles les consignes affichées dans le grand hall.*

- **d'ailleurs :** on introduit une raison supplémentaire pour étayer, renforcer son opinion.
- *Paola est très gaie. D'ailleurs, presque toutes les Italiennes aiment rire.*
- *Ça m'est égal de ne pas être invité(e) à ce cocktail. D'ailleurs, je suis fatigué(e) et en plus, je déteste me coucher tard.*

> ❗ **Dernièrement** ne signifie pas « en dernier lieu » mais « récemment », « il y a peu de temps ».
> - *Tu as vu Michel depuis son retour ?*
>   *– Oui, je l'ai rencontré dernièrement.*

On entend parfois dire que vivre en banlieue est une malédiction. **Certes, on ne saurait nier** qu'il existe certains inconvénients, **comme par exemple** la longueur des trajets ou le manque de théâtres, de cinémas. **Il est vrai aussi** que l'architecture de certaines banlieues (je pense aux grands ensembles) manque bien souvent de charme. **Cela étant**, les atouts des banlieues ne manquent pas. Vivre loin du centre-ville, c'est échapper à la pollution, retrouver le plaisir de se promener à pied ou à bicyclette. Quel plaisir, lorsque l'on rentre du travail, de retrouver un peu de calme ! **Par ailleurs**, habiter en banlieue facilite les relations de voisinage : on se connaît, on s'entraide, on s'invite. C'est un peu différent en ville où règne l'anonymat.

Autre avantage et non des moindres, se loger en banlieue est beaucoup plus économique. Pour le prix d'un studio en plein centre-ville, on peut trouver un trois pièces dans bien des banlieues agréables.

Lorsqu'on a plusieurs enfants, c'est certainement la solution la meilleure.

D'ailleurs, si vous interrogez les enfants, ils vous diront tous qu'ils préfèrent vivre loin des villes.

En outre, l'offre culturelle en banlieue s'est considérablement enrichie au cours des dernières décennies. Bref, il n'est pas surprenant que, depuis quelques années, tant de citadins redécouvrent les charmes de la banlieue, **ou plus exactement** de certaines banlieues. **En effet**, il faut bien constater que dans beaucoup d'autres, le « mal-être » et la violence sont tels que ceux qui y vivent souhaiteraient certainement habiter ailleurs.

VIII. LES RELATIONS LOGICO-TEMPORELLES

L'expression du temps

Que signifie exprimer le **temps** ?

Dis, mais *quand* reviendras-tu ?
Dis, au moins le sais-tu ?
Que tout *le temps qui passe* ne se rattrape guère
Que tout *le temps perdu*
Ne se rattrape plus…

Barbara

Quelle différence entre *tant que* et *jusqu'à ce que* ?

Après que est suivi de l'indicatif ou du subjonctif ?

Il existe *avant de* + infinitif. Est-ce la même chose avec *après* ?

Quelle différence y a-t-il entre *dès que* et *depuis que* ?

C'est se situer dans tous les moments de la vie, c'est se donner des repères temporels, dater les événements, les introduire dans le présent, dans le passé, dans le futur, les **situer dans une chronologie**, chronologie qui peut d'ailleurs être mise en évidence par le temps même du verbe : *je lis* (présent), *je lisais*, *j'ai lu* (passé), *je lirai* (futur).
Mais, c'est aussi **se situer dans le temps par rapport à un contexte.**
Celui qui parle peut évoquer des faits qui se déroulent :
– **au moment de** la parole, et il y a **simultanéité** ;
– **avant** l'acte de parole, et nous nous plaçons dans **l'antériorité** ;
– **après** l'acte de parole, et nous sommes alors dans **la postériorité**.

Pour traduire, pour éclairer cette chronologie, cette mise en contexte, la langue dispose de toutes sortes de moyens grammaticaux, syntaxiques, lexicaux…

2.1 LA PROPOSITION SUBORDONNÉE : VALEURS ET EMPLOIS DES CONJONCTIONS DE TEMPS

Toutes les propositions subordonnées sont introduites par une conjonction de subordination. Étudier une proposition subordonnée, c'est étudier d'abord la conjonction de subordination, ce mot de liaison qui met en valeur l'idée exprimée, ici l'idée de **temps**.
(C'est à partir de la **proposition subordonnée** que nous établirons les rapports d'antériorité et de postériorité.)

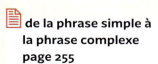 **de la phrase simple à la phrase complexe page 255**

 **se situer dans le temps page 216**

Pour simplifier, nous appelons, dans la suite de cette partie VIII, « conjonction » ce qui est parfois « locution conjonctive » (formée de deux mots ou plus).

Rapport de simultanéité

> Conjonctions ou locutions conjonctives qui établissent un rapport de **simultanéité** entre la proposition subordonnée et la proposition principale. Ces conjonctions sont suivies du mode **indicatif**.

⚠️ La simultanéité ne signifie pas que les verbes des deux propositions sont au même temps verbal. Les actions peuvent se situer dans le même moment du temps mais elles peuvent avoir des valeurs différentes.
Par exemple, on peut associer une action en cours d'accomplissement et une action accomplie, ponctuelle, ou le contraire.
- *Je me promenais* (j'étais en train de me promener) *lorsque la pluie s'est mise à tomber* (action ponctuelle).
- *Elle quitta la maison* (action ponctuelle, achevée) *tandis que huit heures sonnaient* (action en train de se faire).

On peut associer deux actions en cours d'accomplissement ou deux actions accomplies, ponctuelles.
- *À mesure que les années passaient, il voyait le monde changer autour de lui* (les années étaient en train de passer, et en même temps il voyait le monde changer).
- *Au moment où le train entra en gare* (action ponctuelle), *les voyageurs se levèrent et se dirigèrent vers les portières* (action ponctuelle).

« Quand, lorsque »
- **Quand :** c'est la conjonction la plus utilisée ; elle appartient à une langue courante.
- **Lorsque :** cette conjonction est synonyme de « quand » mais elle appartient à une langue plus soutenue.
- *Quand Georges sort de chez lui, il salue toujours le gardien de l'immeuble et les voisins qu'il rencontre.*
- *Rien ne peut le faire changer d'avis quand il a décidé quelque chose.*
- *Lorsque Catherine rentre le soir, la table est mise et le dîner est prêt.*
- *Rien ne pouvait la troubler lorsqu'elle lisait.*

Nous pouvons faire quelques remarques à partir de ces phrases :
1. La proposition subordonnée de temps est mobile dans la phrase. Elle peut se placer après ou avant la proposition principale.
2. Quand elle est placée en tête, elle est séparée de la proposition principale par une virgule.

3. Suivies du présent ou de l'imparfait, ces conjonctions de temps indiquent une habitude, une répétition.

Voyons maintenant d'autres phrases et examinons-les de la même façon.

- *Quand j'ai entendu* ces bruits étranges dans la nuit, je me suis levé pour aller voir ce que c'était.
- Il traversait le jardin du Luxembourg *lorsqu'il a rencontré* (ou *lorsqu'il rencontra*) un ami d'enfance.
- *Quand tu reviendras* de ce long voyage, tu trouveras les enfants bien changés.
- *Lorsque tu comprendras* l'importance de cette affaire, il sera sans doute trop tard.

4. Les deux conjonctions **quand** et **lorsque** peuvent être également suivies du passé composé ou du passé simple qui marquent une action ponctuelle dans le passé.

5. Après ces deux conjonctions, on trouve aussi le futur, qui indique une action située dans un moment à venir.

FAISONS LE POINT

« **Quand/lorsque** »

+ présent ou imparfait.	→ une répétition, une habitude.
+ passé composé ou passé simple	→ une action ponctuelle, momentanée, limitée dans le temps.
+ futur	→ une action à venir.

Ces deux conjonctions **montrent rarement l'action « en train de s'accomplir », l'action dans sa continuité.**

Exception : avec les deux auxiliaires **être** et **avoir**, elles peuvent être suivies de l'imparfait avec valeur d'état, de continuité.

- *Quand elle était* enfant, elle voulait être danseuse étoile.
- *Lorsqu'elle avait* vingt ans, elle avait une énergie sans pareille.

« Dès que, aussitôt que »

Ces conjonctions fonctionnent comme **quand** et **lorsque**. S'y ajoute une nuance d'immédiateté qui se retrouve dans la préposition **dès** et l'adverbe **aussitôt**.

- *Dès qu'il voit* un rayon de soleil, il se sent heureux.
- *Aussitôt que le réveil sonnait*, il sautait hors de son lit, prêt à commencer sa journée.
- *Aussitôt qu'elle s'est mise* (ou *se mit*) au lit, elle s'est endormie (ou *s'endormit*).
- *Dès que j'aurai* des nouvelles, je vous les communiquerai.

« Chaque fois que, toutes les fois que »

Ces conjonctions marquent toujours et uniquement la répétition, l'habitude.

- *Chaque fois qu'elle s'adresse* à des inconnus, elle rougit jusqu'aux yeux.
- *Toutes les fois que cet homme politique prenait* la parole, il intéressait ou surprenait ses auditeurs.
- Tu sais, *toutes les fois que tu auras besoin de moi,* je serai là.

Ces conjonctions sont suivies :
– du présent : répétition, habitude au présent ;
– de l'imparfait : répétition, habitude au passé ;
– du futur : répétition, habitude au futur.

Remarque

On peut trouver aussi le passé composé : dans ce cas-là, le passé composé montre une action achevée qui est reprise une ou plusieurs fois :
- *Chaque fois qu'il a entrepris une affaire, il l'a réussie* (= il a entrepris une action une première fois, il l'a réussie, il l'a entreprise une deuxième fois, il l'a réussie...).

Pour aller plus loin

Il existe une conjonction très proche de **chaque fois que, toutes les fois que**.

C'est la conjonction : **si** + **deux présents**

         ou   + **deux imparfaits** (dans les deux propositions).

Cette conjonction exprime l'habitude.
- *S'il regarde la télé, il s'endort.*
- *Si elle se sentait fatiguée, elle prenait un bain chaud puis elle se préparait une tisane au tilleul et elle se mettait au lit.*

« À mesure que, au fur et à mesure que »

Ces conjonctions montrent que deux actions progressent en même temps.
- *Au fur et à mesure que j'avance dans mon travail, je découvre de nouvelles difficultés* (= j'avance dans mon travail **et, en même temps,** je découvre de nouvelles difficultés. **Plus** j'avance et **plus** je découvre...).
- *À mesure que le soleil montait dans le ciel, la chaleur se faisait plus intense* (= **plus** le soleil montait, **plus** la chaleur se faisait intense).

« Pendant que, tandis que, alors que »

Ce sont les conjonctions de l'action en train de se dérouler, de l'action en cours d'accomplissement dans le présent, dans le passé ou dans le futur.
- *Il écoute toujours de la musique pendant qu'il travaille.*
- *Sortons, et tandis que nous marcherons, nous parlerons de nos projets.*
- *Alors que je préparais le dîner, un voisin a frappé à ma porte.*

Alors que, tandis que peuvent marquer aussi l'opposition/comparaison.
- *Jean est un passionné de lecture alors que sa sœur préfère le sport.*

« Au moment où »

Cette conjonction peut marquer aussi bien l'action ponctuelle, comme la conjonction **quand**, que l'action en cours d'accomplissement, comme la conjonction **alors que**.
- *Au moment où elle est sortie* (ou *sortait*) *de chez elle, mon amie est tombée et elle s'est fait une entorse.*
- *Au moment où elle glissait* (ou *elle a glissé*) *la lettre dans la boîte aux lettres, elle s'est rendu compte qu'elle avait oublié de la timbrer.*

« Tant que, aussi longtemps que »

Ces deux conjonctions synonymes montrent que deux actions se déroulent exactement dans le même moment du temps, que ces deux actions ont exactement la même durée ; cela signifie que le temps dans les deux propositions est le même.
On aura donc : deux présents
     ou deux passés composés
     ou deux passés simples
     ou deux imparfaits
     ou deux futurs...

Observez :
- *Tant qu'il travaille*, *mon ami se sent heureux* (= et quand il ne travaille plus, il n'est plus heureux).
- *Tant que l'entreprise est bénéficiaire, les actionnaires dorment tranquilles.*
- *J'ai écouté vos arguments aussi longtemps qu'ils m'ont semblé raisonnables.*
- *Aussi longtemps que nous le pourrons, nous vous aiderons.*

À la forme négative
– quand le verbe de la proposition subordonnée exprime une action continue, un état qui se prolonge, on garde les mêmes temps verbaux dans les deux propositions :
- *Tant que tu ne parles pas, tant que tu ne fais pas de bruit, tu peux rester là.*
- *Aussi longtemps qu'elle ne gagnera pas sa vie, la jeune fille continuera à vivre chez ses parents.*

– quand le verbe exprime **une action accomplie à un moment donné, un résultat**, on constate une différence de temps dans les deux propositions :
- *Aussi longtemps que vous n'* aurez *pas compris, je poursuivrai mes explications* (= je poursuivrai mes explications jusqu'à ce que vous ayez compris).
- *Tant qu'il n'* a *pas mis le point final à son article, le journaliste* reste *à sa table de travail* (= le journaliste reste à sa table de travail jusqu'à ce qu'il ait mis le point final à son article).
- *Tant qu'elle n'* était *pas entrée en scène, l'actrice était morte de trac* (= l'actrice était morte de trac jusqu'à ce qu'elle soit entrée en scène).

Remarquez : l'auxiliaire du verbe subordonné se met au même temps que le verbe principal (futur antérieur/futur ; passé composé/présent ; plus-que-parfait/ imparfait ; etc.).

« Depuis que »
Cette conjonction montre que deux actions ont commencé en même temps dans le passé et se poursuivent ensemble dans une continuité. Le temps dépend souvent du sens, de l'aspect du verbe.
Il faut envisager deux cas de figure : un contexte de présent et un contexte de passé.

CONTEXTE DE PRÉSENT		CONTEXTE DE PASSÉ	
Proposition principale	Proposition subordonnée	Proposition principale	Proposition subordonnée
Présent → action continue dans le présent • *Depuis qu'il étudie le chant,*	**Présent** action continue dans le présent *il se prend pour Pavarotti.*	**Imparfait** → action continue dans le passé • *Depuis qu'il étudiait le chant,*	**Imparfait** action continue dans le passé *il se prenait pour Pavarotti.*
Présent → action continue dans le présent • *Depuis qu'il étudie le chant,*	**Passé composé** action accomplie dans le présent *il a changé de vie.*	**Imparfait** → action continue dans le passé • *Depuis qu'il étudiait le chant,*	**Plus-que-parfait** action accomplie dans le passé *il avait changé de vie.*
Passé composé → action accomplie dans le présent • *Depuis qu'il a réussi,*	**Présent** action continue dans le présent *il se sent plus sûr de lui.*	**Plus-que-parfait** → action accomplie dans le passé • *Depuis qu'il avait réussi,*	**Imparfait** action continue dans le passé *il se sentait plus sûr de lui.*
Passé composé → action accomplie dans le présent • *Depuis qu'il a réussi,*	**Passé composé** action accomplie dans le présent *il a changé.*	**Plus-que-parfait** → action accomplie dans le passé • *Depuis qu'il avait réussi,*	**Plus-que-parfait** action accomplie dans le passé *il avait changé.*

« Comme »

Cette conjonction dans sa valeur temporelle est un peu particulière.
Elle est toujours suivie de l'imparfait (ou plus rarement du plus-que-parfait à valeur d'accompli).
Elle introduit une proposition subordonnée qui se présente comme le décor d'une action. Cette action se retrouve dans la proposition principale et, en général, elle est au passé composé ou au passé simple.
Elle appartient à la langue soutenue et a le sens de « alors que ».

Observez cette phrase :

+ *Je suis rentrée* (ou *je rentrai*) *chez moi comme six heures sonnaient* (ou *avaient déjà sonné*).

⚠ La conjonction **comme** peut marquer aussi la cause ou la comparaison.

+ *Comme il faisait très froid, la vieille dame a préféré rester chez elle.*
+ *Elle est sympathique comme son père.*

📄 **expression de la cause page 307 et expression de la comparaison pages 341-342**

Rapport d'antériorité

Conjonctions qui établissent un rapport d'**antériorité** de la proposition subordonnée par rapport à la proposition principale. Ces conjonctions sont suivies du mode **indicatif**.

Observez bien ces phrases et comparez :

• *Le médecin interroge son patient, puis il l'ausculte.*

Cette phrase comporte deux propositions indépendantes juxtaposées qui montrent deux actions qui se déroulent logiquement l'une après l'autre.
Il n'y a pas rapport d'antériorité, il y a rapport de succession.

• *Une fois que le médecin a interrogé son patient, il l'ausculte.*

Nous avons ici une phrase complexe, avec une proposition subordonnée qui commence par la conjonction **une fois que** et une proposition principale.
Il y a là non pas rapport de succession, mais rapport d'antériorité. On montre qu'une action (*a interrogé*) se passe avant l'autre (*ausculte*).

Remarque

Quand il y a antériorité de la proposition subordonnée, le verbe est à une forme composée. En effet, seules les formes composées peuvent marquer l'antériorité. Cette forme composée est facile à trouver. S'il y a une forme composée, il y a forcément un auxiliaire et un participe passé. Et dans la proposition subordonnée de temps, l'auxiliaire prend toujours le temps du verbe de la proposition principale.

« Une fois que »

• *Une fois que le médecin* [a] *interrogé son patient* (passé composé, auxiliaire au présent), *il l'ausculte* (présent).

• *Une fois que le médecin* [aura] *interrogé son patient* (futur antérieur, auxiliaire au futur), *il l'auscultera* (futur).

- *Une fois que* le médecin $\boxed{avait}$ *interrogé* son patient (plus-que-parfait, auxiliaire à l'imparfait), *il l'auscultait* (imparfait).
- *Une fois que* le médecin $\boxed{eut}$ *interrogé son patient* (passé antérieur, auxiliaire au passé simple), *il l'ausculta* (passé simple).
- *Une fois que* le médecin $\boxed{a\ eu}$ *interrogé son patient* (passé surcomposé, auxiliaire au passé composé), *il l'a ausculté* (passé composé).

« Après que »

Cette conjonction demande normalement et logiquement l'indicatif ; mais la langue orale et même la langue écrite la font suivre souvent non pas de l'indicatif mais du subjonctif, pour des raisons de fausse symétrie entre **avant que** et **après que**.

Et ainsi au lieu d'entendre :
- *Le jury rend son verdict après qu'il a entendu les plaidoiries des avocats.*

On entend aujourd'hui :
- *Le jury rend son verdict après qu'il ait entendu les plaidoiries des avocats.*

⚠ **Attention aux deux conjonctions suivantes :**

« À peine que »

Observez bien cette phrase :
verbe de la proposition subordonnée   verbe de la proposition principale.

- *À peine* le livre *[eut-il paru]* qu'il *[connut]* un immense succès.

Quelques remarques.

1. La locution conjonctive est formée de l'adverbe **à peine** et du mot **que**.

2. Lorsque **à peine** est en tête de la phrase, il y a inversion du verbe et du pronom personnel sujet.

3. Le verbe de la proposition principale suit le mot **que**.

4. Cette sorte de phrase appartient à la langue soutenue, et on ne la trouve qu'à l'écrit.

5. Mais à l'oral ou à l'écrit, dans une langue moins soutenue, on peut dire :
- *J'étais à peine arrivée sur le quai de la gare que j'ai vu le train démarrer.*

« Ne pas (plus tôt)... que »

Observez cette phrase :

         verbe de la proposition subordonnée

- *Elle est très agaçante : elle [n'est pas (plus tôt) arrivée] à la maison*
verbe de la proposition principale

qu'elle [s'installe] devant la télé
(= elle arrive à la maison et aussitôt elle s'installe devant la télé).

Remarques

Pour cette locution aussi, le verbe principal suit le mot **que**.

On peut avoir soit la forme complète de l'expression **ne pas plus tôt... que**, soit la forme réduite **ne pas... que**. Le sens reste le même.

- *Elle n'avait pas plus tôt mangé une ou deux fraises qu'elle devenait toute rouge ; elle y était allergique.*
- *Elle n'avait pas mangé une ou deux fraises qu'elle devenait toute rouge ; elle y était allergique.*

Se construiront ainsi toutes les conjonctions qui introduisent l'idée de l'antériorité, c'est-à-dire :
- **quand, lorsque, dès que, aussitôt que** (qui marquent aussi la simultanéité).

❗

Il est logique d'avoir l'indicatif, mode de la réalité, mode des faits avec **après que**.
En effet, si vous dites :
Elle commence ses consultations après qu'elle a mis de l'ordre dans ses dossiers,
vous posez **commencer ses consultations** comme un fait pris dans la réalité ; or un fait qui s'est passé avant (*mettre de l'ordre dans ses dossiers*), ne peut être que tout à fait réel également.

Rapport de postériorité

> Conjonctions qui établissent un rapport de **postériorité** de
> la proposition subordonnée par rapport à la proposition principale.
> Ces conjonctions sont toujours suivies du mode **subjonctif**.

 **« ne » explétif page 247**

L'action de la proposition subordonnée est à venir ; on peut imaginer que cette action est incertaine, donc douteuse, et que le subjonctif s'utilise pour cette raison.

« Avant que »
Cette conjonction peut être accompagnée du **ne** explétif.
- *Le voleur s'est perdu dans la foule avant qu'on (n') ait pu l'arrêter.*

« En attendant que »
- *Les étudiants font les cent pas dans les couloirs de l'université en attendant que les résultats des examens soient affichés.*

⚠️ Avec ces deux conjonctions **avant que** et **en attendant que**, on ne doit pas utiliser le même sujet pour les deux propositions : *Je lis quelques pages avant que / en attendant que je m'endorme* est impossible = *avant de/en attendant de m'endormir.*

« Jusqu'à ce que »
Cette conjonction montre qu'une action se poursuit sans discontinuer jusqu'à un point limite.
- *Les savants poursuivront sans répit leurs recherches jusqu'à ce qu'ils aient découvert un vaccin contre cette terrible maladie.*

Ainsi, on ne peut pas dire : *Je sors* (action ponctuelle) *jusqu'à ce qu'il revienne.* Mais, on dira
- *Je reste dehors* (continuité) *jusqu'à ce qu'il revienne.*

⚠️ **Observez :**
- *L'enfant lit dans son lit avant que sa mère (ne) vienne éteindre la lumière.*
- *L'enfant lit dans son lit en attendant que sa mère vienne éteindre la lumière.*
- *L'enfant lit dans son lit jusqu'à ce que sa mère vienne éteindre la lumière.*

Il y a bien sûr des nuances entre ces phrases, mais elles sont possibles toutes les trois.

Mais dans la phrase : *Je rentre chez moi avant qu'il (ne) se mette à pleuvoir,* seule la conjonction **avant que** est acceptable.

« D'ici (à ce) que »
(= à partir du moment où nous sommes jusqu'à un moment à venir et sans doute lointain)
- *D'ici à ce que tu aies compris cette règle, le cours sera déjà terminé.*

« Le temps que »
Cette expression demande le subjonctif, mais son sens varie selon le contexte.
- *Le temps que je prenne mon manteau pour le rejoindre, mon ami, qui était pressé, était déjà parti* (= avant que j'aie le temps de prendre mon manteau, mon ami était déjà parti).
- *Le temps que je finisse d'écrire cette lettre et je suis à vous* (= quand j'aurai fini d'écrire ma lettre, je serai à vous).

- *Le temps que je me maquille*, **prends donc un livre et lis** (= pendant que je me maquille, prends un livre et lis).

! Une dernière remarque sur les conjonctions.

Lorsque la phrase comporte deux propositions subordonnées de temps coordonnées, on peut remplacer la deuxième par le mot **que**.

- *Quand il fait beau et que j'en ai le temps, je vais faire une petite marche en forêt.*
- *Il est sorti avant que l'orage n'éclate et qu'il ne soit obligé de rester à la maison.*

2.2 AUTRES MANIÈRES D'EXPRIMER L'IDÉE DE TEMPS

Nous allons passer en revue les différentes manières d'exprimer l'idée de temps autres que la proposition subordonnée.

Préposition + infinitif

Deux conditions sont nécessaires :
– le même sujet pour le verbe principal et l'infinitif ;
– une préposition qui exprime l'idée du temps.

Préposition de la simultanéité : « au moment de »

- *Au moment où il sortait/sortit de chez lui, il entendit le téléphone sonner.*
- → *Au moment de sortir de chez lui, il entendit le téléphone sonner.*

Préposition de l'antériorité : « après »

Notez bien : l'antériorité se traduit par une **forme verbale composée**. Donc, l'infinitif qui suit la préposition **après** doit également prendre une forme composée : **après** + infinitif passé.

- *Tu reprendras ton travail une fois que tu te seras reposé.*
- → *Tu reprendras ton travail après t'être reposé.*

- *Quand il se fut éclairci la voix, le député commença à parler.*
- → *Après s'être éclairci la voix, le député commença à parler* (ou *Le député commença... après s'être éclairci...*).

- *Dès qu'elle avait écouté les informations, elle éteignait la radio.*
- → *Après avoir écouté les informations, elle éteignait la radio* (ou *Elle éteignait la radio après avoir écouté...*).

Prépositions de la postériorité : « avant de, en attendant de, le temps de »

- **Avant de**
- *Avant qu'on ne le renvoie pour faute professionnelle, le jeune employé a préféré donner sa démission.*
- → *Avant d'être renvoyé pour faute professionnelle, le jeune employé a préféré donner sa démission.*

Remarquez : pour avoir le même sujet, il faut passer de la forme active (*on ne le renvoie*) à la forme passive (*être renvoyé*).

infinitif page 170

!
au moment où et **au moment de** n'ont pas tout à fait le même sens.
- *Au moment où il sortait/ sortit* = on voit l'action en train de se faire, l'action qui a lieu.
- *Au moment de sortir* = l'action est à venir, l'action est future.

!
Construction
avant que + ne explétif
avant de n'est jamais suivi du **ne** explétif.

ne explétif page 247

- **En attendant de**
- *Les touristes se sont abrités sous les arbres du parc en attendant que l'orage cesse.*
- → *Les touristes se sont abrités sous les arbres du parc en attendant de voir cesser l'orage.*

- **Le temps de**
- *Le temps que je finisse d'écrire cette lettre et je suis à vous.*
- → *Le temps de finir d'écrire cette lettre et je suis à vous.*

Le gérondif

Le gérondif doit avoir le même sujet que le verbe principal.

Il met en évidence deux **actions** simultanées (celle du gérondif et celle du verbe principal).

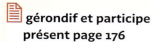
gérondif et participe présent page 176

- *L'étudiante sauta de joie quand elle vit son nom sur la liste des reçus.*
- → *L'étudiante sauta de joie en voyant son nom sur la liste des reçus.*

- *Comme il feuilletait un livre ancien, il découvrit entre les pages une lettre encore imprégnée d'un léger parfum.*
- → *En feuilletant un livre ancien, il découvrit entre les pages une lettre encore imprégnée d'un léger parfum.*

Remarquez : pour traduire l'action en cours d'accomplissement, on peut renforcer le gérondif par l'adverbe **tout**.

- *Le musicien a esquissé quelques pas de danse tandis qu'il jouait de son bandonéon.*
- → *Le musicien a esquissé quelques pas de danse tout en jouant de son bandonéon.*
- *Pendant que je marchais, je repensais aux événements de la veille.*
- → *Tout en marchant, je repensais aux événements de la veille.*

Le participe présent

Le participe présent peut montrer une action ou un état.

Il peut avoir le même sujet que le verbe principal ou il peut renvoyer au nom ou au pronom complément.

- *Quand il pensa que le moment était venu, il me raconta ce qu'il savait.*
- → *Pensant le moment venu, il me raconta ce qu'il savait.*

- *J'ai croisé mon amie alors qu'elle courait vers un rendez-vous mystérieux.*
- → *J'ai croisé mon amie courant vers un rendez-vous mystérieux* (« courant » renvoie à « mon amie » et non pas au sujet).

Le participe passé ou l'adjectif

Ces deux formes doivent avoir le même sujet que le verbe principal.

Elles sont apposées au sujet, c'est-à-dire qu'elles sont placées en général à côté du sujet et séparées de lui par une virgule. Le participe passé est souvent renforcé par les adverbes : **une fois, à peine, (aus)sitôt...**

- *Lorsqu'elle était lycéenne, elle il rêvait de changer le monde.*
- → *Lycéenne, elle rêvait de changer le monde.*

- *Une fois qu'il s'est installé à son bureau*, le directeur commence à signer son courrier.
→ Le directeur, *une fois installé à son bureau*, commence à signer son courrier.
→ *Une fois installé à son bureau*, le directeur commence à signer son courrier.
- *Aussitôt que Marie se fut endormie*, elle retrouva le rêve qu'elle faisait chaque nuit.
→ *Aussitôt endormie*, Marie retrouva le rêve qu'elle faisait chaque nuit.
- *À peine le projet d'un musée scientifique eut-il été lancé qu'*il intéressa scolaires et universitaires.
→ *À peine lancé*, le projet d'un musée scientifique intéressa scolaires et universitaires.

Le participe absolu ou la proposition participe

Cette structure exige un sujet différent de celui du verbe principal.
Elle est formée de :
un sujet exprimé + participe présent si l'action est continue
→ forme simple du participe.
+ participe passé si l'action est antérieure ou achevée
→ forme composée du participe.

Le participe absolu se place de préférence en tête de phrase.
- *Les promeneurs ont quitté leur abri comme l'orage se calmait.*
→ *L'orage se calmant*, <u>les promeneurs</u> ont quitté leur abri (deux sujets différents).

Cette structure avec un participe présent est plutôt rare et appartient à la langue écrite.
- *Quand le professeur aura corrigé les copies de ses élèves, il pourra se coucher.*
→ *Les copies de ses élèves corrigées*, <u>le professeur</u> pourra se coucher
(= quand les copies de ses élèves auront été corrigées, le professeur...).

Pour aller plus loin

Une proposition indépendante à la forme interrogative avec inversion
À la place de la proposition subordonnée de temps, on peut avoir une proposition à la forme interrogative qui marque la répétition, l'habitude.
+ *Lorsque nous étions fatigués, nous nous asseyions au bord du chemin.*
→ *Étions-nous fatigués, nous nous asseyions au bord du chemin.*
+ *Si elle prenait la parole, tout le monde l'écoutait.*
→ *Prenait-elle la parole, tout le monde l'écoutait.*
Il s'agit de tournures soutenues.

Préposition + nom

 se situer dans le temps pages 216-217

Prépositions qui marquent la simultanéité
- **À, au moment de, dès, lors de, au cours de, pendant, durant, de, par, depuis, au fur et à mesure de...**
- *Quand il a vu le médecin, l'enfant s'est mis à hurler.*
→ *À la vue du médecin, l'enfant s'est mis à hurler.*

- *Pendant que la cérémonie se déroulait, quelques pickpockets ont volé des portefeuilles, des bijoux…*
→ *Pendant la cérémonie, quelques pickpockets ont volé des portefeuilles, des bijoux…* (ou *au cours de la cérémonie, durant la cérémonie…*).

- *Quand le temps est beau, on peut voir toute la vallée.*
→ *Par beau temps, on peut voir toute la vallée.*

- *Nous voyons moins souvent nos amis depuis qu'ils ont déménagé.*
→ *Depuis leur déménagement, nous voyons moins souvent nos amis.*

Prépositions qui marquent l'antériorité

- **Après, dès…**
- *Dès que ses amis furent partis, elle reprit sa lecture.*
→ *Dès (ou après) le départ de ses amis, elle reprit sa lecture.*

- *Quand la manifestation sera passée, les voitures balais se mettront au travail pour ramasser tous les tracts restés au sol.*
→ *Après le passage de la manifestation, les voitures balais se mettront au travail pour ramasser tous les tracts restés au sol.*

Prépositions qui marquent la postériorité

- **Avant, en attendant, jusqu'à, d'ici (à)…**
- *D'ici que mon frère revienne, j'aurai sans doute terminé mes études.*
→ *D'ici le retour de mon frère, j'aurai sans doute terminé mes études.*

- *Dépêchons-nous d'entrer avant que le film ne commence.*
→ *Dépêchons-nous d'entrer avant le début du film.*

- *En attendant que le temps s'améliore, faisons donc une partie de cartes.*
→ *En attendant une amélioration du temps, faisons donc une partie de cartes.*

- *Le directeur adjoint traitera les affaires en cours jusqu'à ce que la directrice revienne de voyage.*
→ *Le directeur adjoint traitera les affaires en cours jusqu'au retour de la directrice.*

 La plupart de ces prépositions peuvent être aussi adverbes et, dans ce cas, elles se placent entre les deux propositions.

- **En attendant**
- *Les voyageurs bavardent dans le hall de l'aéroport en attendant le départ de l'avion.*
→ *L'avion va partir ; en attendant, les voyageurs bavardent dans le hall de l'aéroport.*

- **Depuis**
- *Depuis le départ de mon ami, j'attends une lettre de lui.*
→ *Mon ami est parti et, depuis, j'attends une lettre de lui.*

Parfois, prépositions et adverbes ont une forme légèrement différente.

- **Jusqu'à → Jusque-là**
- *Reste assis sans bouger jusqu'à la fin du spectacle !*
→ *Le spectacle va bientôt finir ; jusque-là, reste assis sans bouger.*

D'ici → D'ici là
- *D'ici sa retraite, ce professeur aura le temps de changer, d'évoluer.*
→ *Ce professeur prendra un jour sa retraite, d'ici là, il aura le temps de changer, d'évoluer.*

Construction
avant de + infinitif présent ou passé
avant + nom
en attendant de + infinitif présent ou passé
en attendant + nom
mais
après + infinitif passé
après + nom

Remarque

Après et **avant**, adverbes, peuvent se placer aussi entre deux propositions :

• *On s'est rencontrés, on s'est aimés et après on s'est séparés.*
• *Tous les matins elle se rend à son travail, mais avant elle dépose ses enfants à l'école.*

Ils peuvent se placer également derrière une expression de la durée (durée en heures, en jours, en semaines, en mois, en années...) mais, dans ce cas-là, ils changent de sens.

Observez et comparez :

• *J'avais rendez-vous avec Jean à onze heures du matin. Il est arrivé deux heures après.*

(= plus tard ; il est arrivé au bout de deux heures, il est arrivé à une heure de l'après-midi).

• *Il est arrivé après 2 heures* (préposition ; après quatorze heures, indication horaire ; il est arrivé à 2 heures 5 ou 2 heures 10...).
• *Il est aujourd'hui à Rio : deux jours avant, il était encore à Tokyo* (= plus tôt, auparavant).
• *Il faut remettre sa déclaration d'impôt avant le 15 de ce mois* (= avant une date précise)

En contexte

Il était une fois un jeune homme qui étudiait la paléontologie. Ce jeune homme, c'était moi. Je vivais **alors** (= à ce moment-là) dans le sud-ouest de la France où on trouve encore de nombreux vestiges de ces êtres qui **autrefois** peuplaient nos terres.

Plus tard, je suis parti pour l'Afrique.

J'y **ai passé de nombreuses années**, et **j'ai eu le temps** de découvrir les éléments d'un squelette féminin qu'on **a datés** approximativement. Ces ossements **remontaient** à des milliers d'années. Puis je suis revenu en France et **désormais** (= à partir de maintenant), je vis à Paris. Je travaille au Muséum d'histoire naturelle.

Dorénavant (= à partir de maintenant), je sais que j'aurai plus **rarement** l'occasion de voyager. Et **parfois (quelquefois)**, je regrette le soleil brûlant, les couleurs violentes de l'Afrique ; je repense **souvent** à cette excitation de la recherche.

3 L'expression de la cause

Que signifie exprimer la **cause** ?

Quand peut-on utiliser *parce que* et *puisque* ?

Dans quel contexte peut-on utiliser *en raison de* ?

Est-ce que *à cause de* exprime toujours l'idée d'une cause négative ?

Est-ce que *parce que* et *car* sont interchangeables ?

C'est donner la raison, l'explication, d'un événement, d'un fait, d'une attitude, d'un comportement.
Mais c'est aussi justifier ses actes, apporter des preuves, c'est donc aussi argumenter pour convaincre.

VIII. LES RELATIONS LOGICO-TEMPORELLES

Elle est introduite par une conjonction de subordination :
- *Je ne sors pas parce qu'il fait très froid.*

Il faut noter que toute phrase causale implique une conséquence et vice versa. En voici un exemple :
- *Il fait très froid, je ne sors pas.*
- *Je ne sors pas parce qu'il fait très froid* (cause).
- *Il fait si froid que je ne sors pas* (conséquence).

> La plupart des conjonctions qui introduisent **l'idée de la cause** demandent le mode **indicatif**.

Conjonction + indicatif

« Parce que »

C'est la conjonction la plus courante, la plus neutre.
Elle apporte une explication, qui souvent est la réponse à la question
« pourquoi ? ».
- *Pourquoi n'étais-tu pas au rendez-vous ? – Parce que j'avais oublié.*
- *Pourquoi tu n'as pas dormi cette nuit ? – Parce que je voulais finir mon travail.*
- *Pourquoi est-ce qu'il ne dit rien ? – Parce qu'il est timide.*

Mais elle peut aussi donner simplement une explication, une information sans répondre à une question.
- *Pierre ne sera pas avec nous ce soir parce qu'il a la grippe.*
- *Nous éviterons cette plage parce qu'elle est trop polluée.*
- *Parce que nous t'aimons beaucoup, nous ne te ferons pas de reproches.*

Cette conjonction se place de préférence à l'intérieur de la phrase, mais on peut la trouver en tête, notamment quand elle apporte une réponse à une question posée.

Vous remarquerez que lorsque la proposition subordonnée est en tête, elle est séparée de la proposition principale par une virgule.

Parce que peut constituer aussi un mot-phrase.
- *Pourquoi ne viens-tu pas avec moi ? – Parce que.*

Dans ce cas-là, cela signifie que l'on refuse de donner une explication.

❗ On peut mettre en valeur l'idée de la cause. Observez :
- *Elle n'a pas épousé son ami parce qu'elle ne l'aimait pas d'amour.*

Nous avons une phrase causale sans emphase.

Comparez :
- *Si elle n'a pas épousé son fiancé, c'est parce qu' elle ne l'aimait pas assez.*

On peut dire également :
- *Si elle n'a pas épousé son fiancé, c'est qu' elle ne l'aimait pas assez.*

ou :
- *C'est parce qu' elle ne l'aimait pas assez, qu' elle n'a pas épousé son fiancé.*

Ces trois phrases sont emphatiques. Elles mettent en valeur l'idée de cause.

« Puisque »

On dit habituellement, pour faire la différence entre **parce que** et **puisque**, que la conjonction **parce que** introduit une cause qui n'est pas connue de celui à qui on parle, qu'elle lui apporte une information nouvelle.

• *On m'a dit que Pierre serait absent parce qu'il était malade* (ce que je ne savais pas).

Alors que **puisque** introduit une cause qui est connue, ou qui est supposée connue de celui à qui on parle.

• *Appelle le médecin puisque tu te sens malade* (tu sais bien que tu es malade, et je le sais aussi, c'est une évidence).

Notez bien.

Puisque ne donne pas une explication comme **parce que** mais il exprime la connaissance partagée. C'est aussi la conjonction de l'argumentation.

Parce que explique, **puisque** prouve, démontre, argumente.

Le ton de la phrase est d'ailleurs différent. Avec **puisque**, on veut convaincre la personne à qui l'on parle. Donc la phrase commence souvent par la proposition subordonnée avec sa conjonction, c'est sur elle que porte l'accent. Souvent avec **puisque**, la proposition principale est :

– à la forme négative :

• *Je n'ai pas pu voir l'accusé puisque j'étais à l'étranger ce jour-là, dit le témoin.*

– à la forme interrogative :

• *Comment aurais-je pu voir l'accusé puisque j'étais à l'étranger ce jour-là, dit le témoin.*

– à l'impératif :

• *Donne-moi une idée puisque tu te dis si intelligent !*

– ou bien elle contient un terme argumentatif :

• *Il sera sûrement condamné puisque tout l'accuse.*

Forme négative, forme interrogative, impératif, terme argumentatif donnent à la proposition cette valeur de démonstration.

« Étant donné que »

Cette conjonction se place en général en tête de la phrase.

Elle est plus proche de **puisque** que de **parce que**.

• *Étant donné que tu as compris, je te laisse continuer seul.*

• *Étant donné que le gouvernement vous accorde une bourse d'études, vous devriez en profiter pour finir votre thèse.*

« Vu que », « du fait que »

Ces conjonctions ont le même sens que **étant donné que**, mais à la différence de celle-ci, **vu que** peut se placer aussi bien en tête qu'à l'intérieur de la phrase.

• *Tom n'arrive à rien vu qu'il est très timide*

• *Vu qu'il est très timide, il n'arrive à rien.*

• *Du fait que les avions ont souvent du retard, je préfère maintenant voyager en TGV* (= train à grande vitesse).

« Comme »

Cette conjonction se place toujours en tête de phrase.

Pour le sens, elle est assez proche de **parce que** et on pourrait dans les exemples suivants utiliser l'une à la place de l'autre. Mais, à cause de la place qu'elle occupe dans la phrase, elle a une valeur emphatique comme **étant donné que** et elle met en évidence la proposition subordonnée.

Si peut avoir le sens de **puisque**. On le trouve à l'époque classique.

• *Comment l'aurais-je fait si je n'étais pas né ?* (La Fontaine, *Le Loup et l'agneau*)

On le trouve également à l'époque moderne.

- *Comme il fait très froid aujourd'hui, la vieille dame n'a pas fait sa promenade quotidienne.*
- *Comme elle n'avait pas faim, elle a préféré faire des courses pendant sa pause déjeuner plutôt que d'aller au restaurant.*

– Comme causal n'est pas mobile. Il est toujours en tête de la phrase.
Il peut être suivi de n'importe quel temps de l'indicatif.

- *Comme il est sorti, je peux écouter la musique que j'aime et qu'il n'aime pas.*
- *Comme nous serons absents ces jours-ci, le gardien prendra notre courrier.*

! Ne confondez pas les différentes valeurs de la conjonction **comme**.

Comme peut être aussi conjonction de temps, conjonction de comparaison ou adverbe exclamatif.

Rappel

– **Comme** temporel, qui est assez rare, est suivi de l'imparfait (ou plus rarement du plus-que-parfait). Il est mobile dans la phrase.

- *Comme le jour se levait, il arriva dans la petite ville où il allait passer ses vacances.*
- *Il arriva dans la petite ville comme le jour se levait (ou s'était déjà levé).*

– Comme comparatif s'utilise dans des propositions elliptiques, sans verbe.
- *Nous travaillons comme des fous ou comme le feraient des fous.*

On pourrait d'ailleurs développer cette phrase en :
- *Nous travaillons comme si nous étions des fous.*

– **Comme** exclamatif porte sur un adjectif, un verbe ou un adverbe.
  Il est synonyme de **que** exclamatif
- *Comme tu es intelligente ! Comme tu marches vite !*

« D'autant que »
Cette conjonction n'est jamais en tête de phrase. Elle se place à l'intérieur de la phrase.
Elle ajoute une autre cause à une cause première qui peut être exprimée ou sous-entendue.

Elle est souvent associée à des termes comparatifs :
– positifs : **d'autant (plus) que** (le mot **plus** n'est pas obligatoire lorsque la conjonction relie simplement les deux propositions, la proposition principale et la proposition subordonnée). Cette expression signifie « encore plus parce que ».

- *Les riverains étaient inquiets d'autant (plus) qu'ils voyaient l'eau de la rivière monter de plus en plus rapidement.*

- **d'autant plus** + adjectif + **que**
- *L'alpiniste était d'autant plus fatigué qu'il n'avait pas dormi la nuit précédente* (cause première à la fatigue : l'alpiniste grimpe en montagne ; cause seconde : il n'a pas dormi).

- **d'autant plus de** + nom + **que**
- *J'ai d'autant plus de reconnaissance envers vous que vous m'avez aidé à un moment où j'en avais vraiment besoin* (cause première à la reconnaissance : vous m'avez aidé ; cause seconde : au bon moment).

– négatifs : **d'autant moins que** (le terme **moins** est obligatoire). Cette expression signifie « encore moins parce que ».

- **d'autant moins** + adjectif + **que**
- *Il était d'autant moins confiant devant cet examen difficile qu'il ne s'y était pas bien préparé* (il n'était pas très confiant parce que l'examen était difficile et il l'était encore moins parce qu'il ne s'y était pas bien préparé).

- **d'autant moins de** + nom + **que**
- *Elle avait d'autant moins de scrupules à demander de l'aide à ses amis qu'elle les avait déjà souvent aidés elle-même* (= elle n'avait pas de scrupules à demander de l'aide parce que c'étaient des amis et elle avait encore moins de scrupules parce qu'elle les avait souvent aidés).

« Du moment que », « dès lors que », « dès l'instant que »

Ces trois conjonctions sont proches les unes des autres. Elles sont formées à partir d'expressions de temps (*moment, lors, instant*).
Elles se placent en général en tête de la phrase. Elles ont le sens de « à partir du moment où ».
La cause est supposée connue, comme pour **puisque**.
- *Du moment que tu connaissais la nouvelle, pourquoi ne m'as-tu rien dit ?*
- *Dès lors que tu savais qu'il avait mauvais caractère, tu aurais dû te méfier* (langue plus soutenue).
- *Dès l'instant qu'on le prend dans les bras, le bébé est tout heureux et il cesse de pleurer.*

> ❗ Ne confondez pas **du moment que**, conjonction de cause, et **au moment où**, conjonction de temps.

« Sous prétexte que »

Cette conjonction est synonyme de **parce que**, mais s'y ajoute l'idée que l'interlocuteur ne croit pas à l'explication donnée.
- *Elle a refusé de nous recevoir sous prétexte qu'elle avait d'autres rendez-vous* (nous ne croyons pas qu'elle ait des rendez-vous).
- *Cet élève n'est pas venu au cours hier sous prétexte que sa mère était malade* (personne ne croit à la maladie de la mère).

Pour aller plus loin

« Soit que… soit que » + subjonctif

C'est la conjonction de la cause supposée. On ne connaît pas la vraie raison, donc on envisage des raisons possibles qui peuvent être vraies ou non, ce qui explique le mode de cette subordonnée : le subjonctif montre bien qu'il y a un doute.
Elle signifie « ou bien parce que… ou bien parce que ».
+ *La vieille dame est tombée soit qu'elle ait trébuché sur un pavé, soit que quelqu'un l'ait bousculée.*

Conjonction + subjonctif

« Ce n'est pas que », « non (pas) que »

Ces deux conjonctions sont les conjonctions de la cause niée, contestée, rejetée. Ce qui explique le mode du verbe : **subjonctif**.
Elles apparaissent dans un type de phrase assez particulier.
La phrase est construite sur trois propositions :

1. la proposition principale

2. la proposition subordonnée de la cause niée (au subjonctif)

3. la proposition de la vraie cause (à l'indicatif).

①   ②   ③
• *Il a déménagé / non que son appartement lui déplaise, / mais il trouve le quartier trop bruyant*

(= il a déménagé, son appartement ne lui déplaît pas comme on pourrait le croire, mais il trouve le quartier trop bruyant).

La première proposition, qui est la proposition principale, nous donne la conséquence, le résultat.

La deuxième, introduite par **ce n'est pas que** ou **non (pas) que**, est celle de la proposition subordonnée qui présente la cause qui vient la première à l'esprit mais que l'on rejette.

La troisième proposition, introduite par **mais** ou **mais parce que** ou **mais c'est que** (jamais par ** mais que*), apporte la vraie raison.

⚠ **Ce n'est pas parce que** + indicatif ≠ **Ce n'est pas que** + subjonctif.

• *Il reste chez lui, ce n'est pas parce qu'il pleut, mais (c'est parce qu') il se sent épuisé aujourd'hui !* (= il pleut réellement, mais ce n'est pas la raison pour laquelle il ne sort pas ; il est épuisé).

et

• *Il reste chez lui, ce n'est pas qu'il pleuve, mais (c'est qu') il se sent épuisé aujourd'hui* (= il ne pleut pas comme on pourrait le croire et cela expliquerait le fait qu'il reste chez lui, mais il est épuisé).

Attention à cette dernière remarque sur les conjonctions.

Lorsque deux propositions subordonnées sont coordonnées par les conjonctions **et, ou,** on peut remplacer la conjonction de subordination par le mot **que**.

• *Comme il faisait beau et que je n'avais plus rien à faire, je suis allé me promener dans le parc.*

3.2 AUTRES MANIÈRES D'EXPRIMER L'IDÉE DE CAUSE

Nous allons passer en revue les différentes manières d'exprimer l'idée de cause, autres que la proposition subordonnée.

Préposition + infinitif

Deux conditions sont nécessaires pour utiliser l'infinitif :

– l'infinitif doit avoir le même sujet que le verbe de la proposition principale ;

– il doit être précédé d'une préposition qui exprime l'idée de la cause.

Par exemple :

« Pour »

Cette préposition a le même sens que **parce que**. Elle appartient plutôt à la langue écrite.

Elle est toujours suivie d'un infinitif passé (= auxiliaire à l'infinitif + participe passé du verbe).

Elle introduit l'idée d'une responsabilité du sujet.

- *Le voyageur a dû payer une amende parce qu'il avait fraudé dans le métro.*
- → *Le voyageur a dû payer une amende pour avoir fraudé dans le métro.*

« De »

C'est une préposition qui apparaît généralement après un verbe de sentiment.

- *Je suis triste parce que je dois quitter mes amis, mais je me réjouis parce que je pars.*
- → *Je suis triste de devoir quitter mes amis, mais je me réjouis de partir.*
- *Nous étions furieux parce que nous avions attendu pendant des heures.*
- → *Nous étions furieux d'avoir attendu pendant des heures.*

« À force de »

C'est une locution qui comporte une idée d'intensité et de répétition.

- *J'ai fini par apprendre par cœur ce long poème parce que je le lis et le relis sans cesse.*
- → *J'ai fini par apprendre par cœur ce long poème à force de le lire et de le relire.*

« Faute de »

Cette locution est une négation. Elle signifie « **parce que... ne pas** ».

- *J'ai manqué deux rendez-vous parce que je n'avais pas écouté mes messages.*
- → *J'ai manqué deux rendez-vous faute d'avoir écouté mes messages.*

« Sous prétexte de »

Cette locution prépositionnelle remplace **sous prétexte que**.

- *Le jeune homme se rendait souvent chez sa jeune et jolie voisine sous prétexte qu'il l'aidait dans ses aménagements.*
- → *Le jeune homme se rendait souvent chez sa jeune et jolie voisine sous prétexte de l'aider dans ses aménagements.*

Le gérondif

Le gérondif doit avoir le même sujet que le verbe principal.

Le gérondif montre une action qui se déroule en même temps que celle du verbe principal.

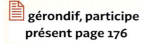
gérondif, participe présent page 176

- *Parce qu'il a couru très vite, il a réussi à attraper le train qui démarrait.*
- → *En courant très vite, il a réussi à attraper le train qui démarrait.*
  (Notez que le verbe *a couru* exprime ici une action qui a eu lieu une fois, ce jour-là, à ce moment-là.)
- *Comme elle a mangé très peu pendant quelques mois, elle a perdu dix kilos* (il y a là une action limitée).
- → *En mangeant très peu pendant quelques mois, elle a perdu dix kilos.*

Le participe présent

Le participe présent ne montre pas nécessairement une action.

- *Comme il court très vite, il a réussi à attraper le train qui démarrait.*
- → *Courant très vite, il a réussi à attraper le train qui démarrait.*

(Ici, le verbe exprime plutôt un état qu'une action : *il court très vite* est une caractéristique. Cela signifie que cette personne est un bon coureur.)
- *Étant donné qu'elle mange peu, elle réussit à se maintenir au même poids* (= c'est un état).
- ➔ *Mangeant peu, elle réussit à se maintenir au même poids.*

Le participe passé ou l'adjectif

Ces deux formes doivent avoir aussi le même sujet que le verbe principal. Elles sont apposées au sujet, c'est-à-dire qu'elles sont placées à côté de lui et en sont séparées par une virgule.
- *Philippe a quitté la réunion parce qu'il était agacé par le comportement de ses collègues.*
- ➔ *(Étant) agacé par le comportement de ses collègues, Philippe a quitté la réunion plus tôt que prévu* (l'auxiliaire **être** de la forme passive est le plus souvent supprimé).
- *Étant donné qu'elle a beaucoup étudié, elle a beaucoup appris.*
- ➔ *Ayant beaucoup étudié, elle a beaucoup appris.*

Le participe absolu ou la proposition participe

Cette structure grammaticale demande un sujet différent de celui du verbe principal.
Elle se compose de la manière suivante :
un sujet exprimé   + participe présent pour marquer l'action continue.
                   + participe passé ou composé pour marquer une action antérieure ou achevée.
Le participe absolu se place en général en début de phrase.
- *Comme la discussion se prolongeait, ils décidèrent de rentrer chez eux.*
- ➔ *La discussion se prolongeant, ils décidèrent de rentrer chez eux.*
Avec le participe présent, cette structure appartient plutôt à la langue soutenue.
- *Étant donné que les invités sont enfin partis, nous pouvons aller nous coucher.*
- ➔ *Les invités enfin partis, nous pouvons aller nous coucher.*

Préposition + nom

« À cause de »
Cette préposition a souvent une connotation négative et subjective.
- *J'ai glissé sur le trottoir parce qu'il y avait du verglas.*
- ➔ *J'ai glissé sur le trottoir à cause du verglas.*

- *Des milliers d'arbres ont été déracinés parce qu'il y avait eu une tempête.*
- ➔ *Des milliers d'arbres ont été déracinés à cause de la tempête.*

- *Je me suis trompé à cause de toi.*

> **!** **à cause de** n'est jamais suivi de l'infinitif.

<table>
<tr><td>

grâce à n'est jamais suivi de l'infinitif.

</td><td>

« Grâce à »
Cette locution a une valeur favorable, positive, mais subjective aussi.
- *Parce que vous m'avez aidé, j'ai pu vaincre toutes les difficultés.*
- → *Grâce à votre aide, j'ai pu vaincre toutes les difficultés.*

</td></tr>
</table>

« En raison de »
Cette locution s'utilise plutôt dans une langue officielle, administrative.
C'est la locution des annonces officielles.
- *Le match de tennis a été annulé parce qu'il faisait très mauvais.*
- → *Le match de tennis a été annulé en raison du mauvais temps.*

en raison de n'est jamais suivi de l'infinitif.

- *Comme les employés de la SNCF s'étaient mis en grève sans prévenir, il a dû renoncer à son voyage.*
- → *Il a dû renoncer à son voyage en raison d'une grève surprise de la SNCF.*

À la suite de », « par suite de »
Ces locutions introduisent l'idée d'une succession immédiate.
Elles appartiennent aussi bien à la langue administrative qu'à la langue quotidienne.
- *Notre programme est interrompu parce qu'un incident technique est survenu sur notre émetteur.*
- → *Notre programme est interrompu à la suite (ou par suite) d'un incident technique.*

à la suite, par suite de ne sont jamais suivis de l'infinitif.

- *Cette route de montagne est coupée parce qu'il y a eu une chute de pierres.*
- → *Cette route de montagne est coupée à la suite d'une chute de pierres.*

« De »
Cette préposition s'utilise généralement après un verbe qui traduit un état physique particulier.
Elle est suivie d'un nom sans article.
- *Elle tremble parce qu'elle a peur.*
- → *Elle tremble de peur.*

- *Il pleurait parce qu'il était heureux.*
- → *Il pleurait de bonheur.*

- *Nous grelottions parce que nous avions froid.*
- → *Nous grelottions de froid.*

- *Tu frissonnes parce que tu as de la fièvre.*
- → *Tu frissonnes de fièvre.*

« Pour »
Cette préposition peut s'utiliser sans article, généralement dans des textes administratifs et juridiques.
- *Il a été condamné pour vol, pour un vol de voiture.*

Accompagnée d'un déterminant, elle peut s'employer dans un autre contexte.
- *On l'aime parce qu'il est très gentil.*
- → *On l'aime pour sa grande gentillesse.*

« Par »
- *C'est parce qu'il est très méchant qu'il a agi comme il l'a fait.*
- *C'est par pure méchanceté qu'il a agi comme il l'a fait.*

📄 « par » page 188

Remarque

Pour + nom accompagné ou non d'un déterminant (exprime une réalité)
Par + nom avec ou sans déterminant (exprime un jugement affectif)

On utilisera **pour** lorsque les verbes des deux propositions ont des sujets différents (le sujet principal ne fait pas l'action, il la subit, c'est pourquoi on peut avoir un verbe à la forme active ou un verbe à la forme passive)
• *On l'a jugé* (ou *il a été jugé*) *parce qu'il avait frappé et blessé quelqu'un.*
  On l'a jugé pour coups et blessures.

On utilisera **par** lorsque les verbes des deux propositions ont le même sujet qui fait les deux actions.
• *Jean a agi ainsi parce qu'il est très méchant.*
  Jean a agi ainsi par pure méchanceté.

« À force de »
Cette locution suivie du nom garde la même valeur d'intensité, d'effort et de répétition.
• *Étant donné qu'il a beaucoup travaillé, il a réussi.*
➔ *À force de travail, il a réussi.*
• *Parce qu'il avait longtemps patienté, il a obtenu ce qu'il désirait.*
➔ *À force de patience, il a obtenu ce qu'il désirait.*

« Faute de »
Cette locution est une négation.
• *Comme il n'avait plus de temps, il n'a pas pu visiter tous les musées londoniens.*
➔ *Faute de temps, il n'a pas pu visiter tous les musées londoniens.*
• *Cette école risque de fermer ses portes parce qu'elle manque de moyens financiers.*
➔ *Faute de moyens financiers, cette école risque de fermer ses portes.*

Attention à la différence entre **faute de** et **à défaut de** :
• *Faute de passeport je n'ai pas pu partir.*
• *À défaut de passeport vous pouvez présenter une carte d'identité.*

« Sous prétexte de »
Cette locution correspond à la conjonction **sous prétexte que**.
• *Il nous a quittés précipitamment sous prétexte qu'il avait un rendez-vous urgent.*
➔ *Il nous a quittés précipitamment sous prétexte d'un rendez-vous urgent.*

« Étant donné, vu »
• *Étant donné la situation, je démissionne.*

« À », « devant », « sous »...
• *Julien a été muté dans une petite ville de province parce qu'il l'avait demandé.*
➔ *À sa demande, Julien a été muté dans une petite ville de province.*

• *L'adolescente a dû renoncer à sa randonnée dans l'Himalaya parce que ses parents s'y opposaient.*
➔ *Devant l'opposition de ses parents, l'adolescente a dû renoncer à sa randonnée dans l'Himalaya.*

• *L'étagère s'est brisée parce que j'y avais déposé de gros dictionnaires.*
➔ *L'étagère s'est brisée sous le poids des gros dictionnaires que j'y avais déposés.*

 **prépositions page 192**

Les adverbes et la conjonction de coordination

On en compte quatre : **car, en effet, tellement** et **tant**.

« Car »

Cette conjonction de coordination, qui appartient plutôt à la langue écrite, est à la fois proche de **parce que** et de **puisque**.

Elle introduit une cause qui est vue comme une information nouvelle, comme **parce que**.

Mais elle n'est pas mobile. Elle n'est jamais en tête de phrase.

Elle ne peut jamais répondre à une question posée.

On peut dire :	• *Elle a pris son parapluie parce qu'il pleuvait.*
ou	• *Elle a pris son parapluie car il pleuvait* (on ajoute une justification).
Mais si on peut dire :	• *Parce qu'il pleuvait, elle a pris son parapluie.*
on ne pourra jamais dire :	**Car il pleuvait, elle a pris son parapluie* (impossible).
Et si à la question :	• *Pourquoi a-t-elle pris son parapluie ?*
on peut répondre :	• *Parce qu'il pleuvait.*

on ne pourra jamais répondre à la même question : **Car il pleuvait* (impossible).

« En effet »

Cet adverbe de cause confirme l'information qui précède, en introduisant souvent :

– une explication détaillée :

• *Il nous a fallu changer d'itinéraire ; en effet, les employés des péages de l'autoroute ont décidé de se mettre en grève et d'empêcher les automobilistes de passer.* (Ici on explique la raison du changement d'itinéraire.)

– ou une preuve qui renforce cette information :

• *La ville est responsable et victime de la pollution ; en effet, ce sont les habitants des villes, usagers de l'automobile, qui polluent, et ces mêmes automobilistes devenus piétons subissent les inconvénients provoqués par les gaz des voitures.* (Dans cette phrase, on apporte des preuves à l'affirmation de la première proposition.)

Comme vous le remarquez, **en effet** se place souvent après un point virgule ou un point, et il est suivi d'une virgule.

• *La ville est responsable et victime de la pollution. En effet, ce sont...*

Dans un dialogue, cet adverbe peut s'employer seul comme synonyme de « Oui, c'est vrai ».

• *Vous êtes bien M. Proust ? – En effet, répondit-il modestement.*

 Ne confondez surtout pas :

• **en effet**, qui a une valeur causale, et **en fait** qui signifie « en réalité » :

• *Cet homme est un écrivain de génie ; en effet, il a révolutionné le style, la pensée, la langue de son temps et il a influencé toute la génération d'écrivains qui lui a succédé.*

• *On me disait que c'était un bon écrivain ; mais après avoir lu deux ou trois de ses livres, j'ai découvert qu'il était en fait vraiment médiocre.*

• **en effet**, et **au fait** qui apparaît surtout dans la langue parlée, comme un rappel d'un fait qu'il ne faut pas oublier. Cette expression signifie « à ce sujet », « à ce propos ». Elle se place toujours en tête de la phrase.

• *Au fait*, j'espère que tu n'as pas oublié que je me mariais dans quelques jours et que tu étais mon témoin ?

Manières de dire

• *Les syndicats de la RATP ont obtenu gain de cause dans le conflit qui les opposait à la direction* (= ils ont obtenu ce qu'ils voulaient).
• *Un bon professeur doit toujours se remettre en cause. Un médecin, un architecte, un dentiste, un juge... aussi* (= se remettre en question, mettre en doute ses connaissances, ses actes).
• *Une erreur énorme a été commise dans l'entreprise. Mais ne t'inquiète pas, ton travail n'est pas en cause* (= cela ne concerne pas ton travail).
• *Vous n'avez rien à vous reprocher. Vous avez prévenu votre ami des difficultés de l'entreprise et donc, s'il a tenté l'aventure, il l'a fait en connaissance de cause* (= en connaissant toutes les difficultés).

En contexte

Les syndicats de la RATP **ont déclenché** (= mettre en marche, faire partir) cette semaine une grève surprise ; cela **a provoqué** (= être la cause de ; causer) la colère des usagers du métro ; **en effet**, ceux-ci voulaient bien comprendre **les raisons**, **les motivations** des grévistes, mais ils n'admettaient pas **le principe** de la grève surprise. Ils ont protesté et on a même assisté à des bagarres entre usagers et employés de la RATP. Cet état de chose **a suscité** (= faire naître ; provoquer) une grande inquiétude au sein du gouvernement. Craignant qu'une telle situation n'**engendre** (= faire naître, produire) des troubles et n'**entraîne** des difficultés pour tout le monde, la ministre des Transports a décidé de réunir les différentes parties.

Les syndicats ont expliqué qu'il y avait plusieurs **motifs** à leur mécontentement ; on ne faisait rien pour faire disparaître les **causes** de l'insécurité dans les transports en commun. Ensuite, **à l'origine** de la grève de ce jour-là, il y avait l'annonce d'une baisse des effectifs des agents du métro. Ils affirmaient qu'**il en résulterait** une plus grande fatigue pour ceux qui restaient et ils ont ajouté que le sentiment d'insécurité **était dû** précisément à l'absence d'agents du métro dans les différentes stations.

De son côté, la direction de la RATP a promis qu'elle ferait tout pour donner satisfaction aux grévistes. **Grâce à quoi**, le lendemain, le mouvement de grève était suspendu.

4

L'expression de la conséquence et du but

Comment exprimer **la conséquence** et **le but** ?

Les étoiles sont éclairées *pour que* chacun puisse un jour retrouver la sienne.

Saint-Exupéry

Quelle différence y a-t-il entre *bien que* et *si bien que* ?

Après *de telle sorte que*, faut-il employer l'indicatif ou le subjonctif ?

Est-ce que *tant* et *tellement* s'utilisent toujours de la même façon ?

Quand peut-on utiliser *du coup* ?

Pourquoi traiter dans un même chapitre l'expression de la conséquence et l'expression du but ?

Les exemples suivants pourraient apporter une réponse.

- *Il travaille beaucoup, de sorte qu'on est content de lui.* (Il s'agit d'un fait et de la conséquence réelle du fait.)
- *Il travaille beaucoup, de sorte qu'on soit content de lui.* (Il s'agit d'un fait et de la conséquence souhaitée du fait.)

Ces deux phrases utilisent la même conjonction ; elles montrent toutes les deux les conséquences d'un fait, mais selon un point de vue différent.

Ainsi :

- **exprimer la conséquence**, c'est mettre

en évidence le résultat, les suites, les effets d'une action, d'un fait, d'un événement. C'est les montrer dans leur réalisation, dans leur réalité. Et c'est pourquoi nous utilisons l'indicatif dans la proposition subordonnée ;

- **exprimer le but**, c'est montrer que ces résultats, ces effets sont voulus, désirés. Et cela explique la présence subjonctif dans la proposition subordonnée.

Voilà pourquoi nous étudierons en même temps la conséquence et le but, d'autant que nous retrouverons des termes, des expressions, des tournures communes aux deux.

VIII. LES RELATIONS LOGICO-TEMPORELLES

— 317 —

La proposition subordonnée est introduite par des conjonctions de subordination.
L'action du verbe de la proposition subordonnée montre un fait qui découle directement du fait principal.

La conséquence et la cause sont toujours liées.
- *Il fait très froid, je préfère ne pas sortir.*
- *Il fait si froid que je préfère ne pas sortir* (conséquence).
- *Je préfère ne pas sortir parce qu'il fait très froid* (cause).

Pour mieux comprendre les valeurs et emplois des conjonctions de cette proposition, nous les répartirons de la manière suivante.

La conséquence simple

« De (telle) façon que, de (telle) manière que, de (telle) sorte que »

Ces trois conjonctions synonymes peuvent marquer la conséquence pure et simple et expriment la manière.
Elles se construisent avec **l'indicatif**.
Elles ne sont pas mobiles. Elles sont toujours placées à l'intérieur de la phrase et sont précédées d'une virgule.
- *Il avançait avec précaution, de telle façon que rien ni personne ne pouvait le surprendre.*
- *J'ai lu et relu toute son œuvre, j'ai fait des recherches approfondies, j'ai interrogé des témoins, de telle manière que maintenant je peux commencer à écrire ma thèse sur Camus.*
- *Il a travaillé intelligemment, de sorte qu'il réussira.*

« Si bien que »
- *Il a lancé sa balle très haut, très loin, si bien qu'aucun joueur n'a réussi à la rattraper.*

> ❗ Ne confondez pas : **si bien que** + indicatif (conséquence)
> **bien que** + subjonctif (opposition).

La conséquence souhaitée / le but

« De (telle) façon que, de (telle) manière que, de (telle) sorte que »

Ces conjonctions peuvent marquer une conséquence souhaitée, désirée, c'est-à-dire un but.
Dans ce cas-là, elles sont suivies du **subjonctif**, la proposition principale et la proposition subordonnée ont un sujet différent.
- *Elle élève la voix de (telle) façon qu'on l'entende même du fond de la salle.*
- *Cette actrice très connue porte une perruque et des lunettes de soleil de manière qu'on ne la reconnaisse pas dans la rue.*
- *Cet employé modèle travaille avec ardeur et conscience, de sorte que son employeur n'ait rien à lui reprocher.*

 **ne explétif page 247**

« Pour que, afin que »

Pour que est la conjonction la plus courante pour marquer le but.

Afin que a le même sens mais elle appartient à une langue plus soutenue.

- *Cette actrice très connue porte une perruque et des lunettes de soleil afin qu'on ne la reconnaisse pas dans la rue.*
- *Je vous appelle pour que vous me donniez plus de renseignements au sujet de l'appartement.*

« De peur que (ne), de crainte que (ne) »

Ces deux conjonctions sont synonymes. Elles marquent le but à éviter.

De peur que appartient à la langue courante.

De crainte que à la langue soutenue.

Elles sont toutes les deux accompagnées du **ne** explétif qui n'est pas obligatoire et qui traduit la valeur négative contenue dans ces conjonctions.

Observez :
- *Le détective privé se cache derrière un journal grand ouvert pour qu'on ne le voie pas.*

Et comparez :
- *Le détective privé se cache derrière un journal grand ouvert de peur qu'on (ne) le voie.*

Remarque

- **Pour que ne... pas/afin que ne... pas = de peur que (ne)/ de crainte que (ne)...**
- *On a taillé les branches de l'arbre afin que celui-ci ne fasse pas trop d'ombre aux autres plantes.*
- *On a taillé les branches de l'arbre de crainte que celui-ci ne fasse trop d'ombre aux autres plantes.*

Il est certain que les conjonctions **de peur que**, **de crainte que** apportent une nuance de plus, par leur sens même (l'idée de la peur), mais en général, elles correspondent à **pour que ne... pas**, **afin que ne... pas**.

La conséquence + l'intensité

Les conjonctions de conséquence qui expriment l'intensité ne se mettent pas en tête mais à l'intérieur de la phrase.

Elles sont généralement formées d'un adverbe qui a une valeur intensive et qui peut porter sur un adjectif, un adverbe ou un verbe + **que**.

Elles sont toutes suivies de l'**indicatif**.

- *Il est très discret ; on peut lui faire confiance.*
- → *Il est si discret qu'on peut lui faire confiance.*

« Si... que »

Si + adjectif ou adverbe + **que**

- *Il est si intelligent qu'il est capable de tout comprendre.*
- *Il peint si bien qu'on peut le comparer aux plus grands peintres.*

« Tant… que »

> Verbe à la forme simple + **tant** + **que**
> Auxiliaire + **tant** + participe passé + **que**

- *Il crie tant pendant les matchs de football qu'il en sort la voix cassée.*
- *Il a tant parlé qu'il a la gorge toute sèche.*

« Tellement… que »

Tellement	+ adjectif ou adverbe	+ **que**
Verbe	+ **tellement**	+ **que**
Auxiliaire	+ **tellement** + participe passé	+ **que**

- *Il est tellement intelligent qu'il est capable de tout comprendre.*
- *Il peint tellement bien qu'on peut le comparer aux plus grands peintres.*
- *Il crie tellement pendant les matchs de football qu'il en sort la voix cassée.*
- *Il a tellement menti dans sa vie que plus personne ne le croit.*

« Tant de… que / tellement de… que »

Ces conjonctions donnent l'idée d'une grande quantité.

> **Tant de** + nom + **que**
> **Tellement de** + nom + **que**

- *Elle a tant de qualités que tout le monde l'admire.*
- *Elle a tellement de force et d'enthousiasme que ses amis l'appellent l'ouragan.*

« Tel(le)(s)… que »

> **Tel(le)(s)** + nom + **que**
> Nom + **tel(le)(s)** + **que**

Le mot **tel** est un adjectif. Il s'accorde donc avec le nom qu'il accompagne.
Il peut se placer avant ou après le nom. Il donne l'idée de la qualité.
- *Il a une énergie telle qu'il fatigue tous ses amis autour de lui.*
- *Il a une telle énergie qu'il fatigue tous ses amis autour de lui.*

⚠ Attention au pluriel.
- *La presse a adressé au jeune musicien des critiques telles qu'il commence à douter de son talent.*
- *Il a subi de telles critiques qu'il commence à douter de son talent.*

(Rappel : lorsque l'adjectif pluriel est placé avant le nom, l'article indéfini **des → de**.)

⚠ **Tel** ne peut pas accompagner un autre adjectif d'intensité. On ne peut pas dire : *une telle grande énergie, de telles violentes critiques.*

« Au point que, à tel point que »

Ces conjonctions relient les deux propositions.
- *Il avait neigé à tel point que de nombreux automobilistes se sont retrouvés bloqués sur les routes.*

On pourrait ajouter deux locutions de liaison qui marquent aussi l'intensité.

Tant et tant que } + indicatif.
Tant et si bien que

+ *L'enfant a pleuré, crié, hurlé* tant et tant qu'*il a fini par obtenir ce qu'il voulait.*
+ *Elle a sonné, frappé, appelé* tant et si bien qu'*on a fini par lui ouvrir.*

• Il convient de préciser que lorsque la proposition principale est à la forme interrogative ou négative, la proposition subordonnée est au subjonctif.
+ *Il est* si *naïf* qu'*il croit n'importe quoi.*
→ *Est-il si* **naïf** qu'on lui fasse *croire n'importe quoi ?*
→ *Il n'est pas si* **naïf** qu'on lui fasse *croire n'importe quoi.*

Le but + l'intensité

Les conjonctions qui associent l'idée de l'intensité et l'idée du but se construisent avec le **subjonctif**.

La proposition principale et la proposition subordonnée ont un sujet différent.

« Trop… pour que / trop peu… pour que »

Trop	+ verbe ou adjectif ou adverbe	+ **pour que**
Trop peu	+ verbe ou adjectif ou adverbe	+ **pour que**

• *Il est* trop jeune pour qu'*on lui permette de voyager seul en train* (= on ne lui permettra pas de voyager).
• *Elle parle* trop vite pour qu'*on la comprenne* (= on ne la comprend pas).
• *Elle* parle trop peu pour qu'*on sache vraiment qui elle est* (= on ne sait pas qui elle est).

⚠ Attention : **trop… pour que** implique toujours une conséquence négative.

« Assez… pour que / suffisamment… pour que »

Assez	+ verbe ou adjectif ou adverbe	+ **pour que**
Suffisamment	+ verbe ou adjectif ou adverbe	+ **pour que**

• *Il est* assez fort pour que *je lui demande de porter ma valise.*
• *Il* ne fait pas suffisamment chaud pour qu'*on se mette en maillot et qu'on se baigne.*

« Trop de… pour que / assez de… pour que / suffisamment de… pour que »

Trop de	+ nom + **pour que**
Assez de	+ nom + **pour que**
Suffisamment de	+ nom + **pour que**

• *Il y a* trop de monde *à cette exposition* pour qu'*on voie vraiment les tableaux.*
• *Est-ce qu'il te reste* assez d'argent pour que *je puisse acheter encore quelques souvenirs ?*
• *Il y a* suffisamment de place *sur le canapé* pour que *nous nous asseyions à trois.*

4.2 AUTRES MANIÈRES D'EXPRIMER L'IDÉE DE CONSÉQUENCE ET DE BUT

Nous allons passer en revue les différentes manières d'exprimer l'idée de conséquence et de but, autres que la proposition subordonnée

Préposition + infinitif

Deux conditions pour utiliser l'infinitif :
– le verbe à l'infinitif et le verbe principal doivent avoir le même sujet ;
– une préposition qui comportera l'idée de la conséquence ou du but.

Les prépositions qui marquent le but

– **De manière à, de façon à, en sorte de**
– **Pour, afin de**
– **De peur de, de crainte de**

• *J'ai ouvert la fenêtre de façon qu'un peu d'air frais entre dans la pièce.*
➜ *J'ai ouvert la fenêtre de façon (de manière) à faire entrer un peu d'air frais dans la pièce.*

• *Fais en sorte que je te trouve prêt quand je viendrai te chercher.*
➜ *Fais en sorte d'être prêt quand je viendrai te chercher.*

• *Il fait de nombreuses démarches afin qu'on lui donne un visa pour le Canada.*
➜ *Il fait de nombreuses démarches afin d'obtenir un visa pour le Canada.*

• *Elle a éteint son téléphone pour qu'on ne la dérange pas.*
➜ *Elle a éteint son téléphone pour ne pas être dérangée.*

• *Elle a éteint son téléphone de peur qu'on ne la dérange.*
➜ *Elle a éteint son téléphone de peur d'être dérangée.*

Les prépositions qui marquent la conséquence et l'intensité

– **Au point de**
– **Jusqu'à**
– **À**

• *Il était si timide qu'il rougissait à la moindre question.*
➜ *Il était timide au point de rougir à la moindre question.*

• *L'enfant a mangé tant de gâteaux qu'il en a été écœuré.*
➜ *L'enfant a mangé des gâteaux jusqu'à en être écœuré.*

• *Elle a tellement couru qu'elle en a perdu le souffle.*
➜ *Elle a couru à en perdre le souffle.*

Les prépositions qui marquent l'intensité et le but

– **Trop… pour, trop de… pour**
– **Trop peu… pour**

• *Il est trop intelligent pour qu'on le trompe.*
➜ *Il est trop intelligent pour se laisser tromper.*

- *Nous sommes trop peu informés de la situation pour que notre jugement soit clair.*
- → *Nous sommes trop peu informés de la situation pour avoir un jugement clair.*

– Assez… pour, assez de… pour
– Suffisamment… pour, suffisamment de… pour

- *Il est assez naïf pour qu'on lui fasse croire n'importe quoi.*
- → *Il est assez naïf pour croire n'importe quoi.*

- *Il y a suffisamment de place dans l'appartement pour qu'on y héberge toute la famille.*
- → *Il y a suffisamment de place dans l'appartement pour y héberger toute la famille.*

Préposition + nom

Le nom est accompagné d'une préposition qui marque le but ou d'une expression qui marque la conséquence.

Le but

– Pour, en vue de
– De peur de, de crainte de

- *Pour que l'exposé soit clair, je n'exposerai que les faits essentiels.*
- → *Pour la clarté de l'exposé, je n'exposerai que les faits essentiels.*

- *Les habitants de la petite ville ont manifesté pour qu'on améliore le réseau routier.*
- → *Les habitants de la petite ville ont manifesté en vue d'une amélioration du réseau routier.*

- *Je répète mes explications (de peur que) de crainte qu'il n'y ait un malentendu.*
- → *Je répète mes explications (de peur de) de crainte d'un malentendu.*

La conséquence

– D'où (= « de là vient… »)
- *Il y a plusieurs nuits qu'elle ne dort pas si bien qu'elle est fatiguée et énervée.*
- → *Il y a plusieurs nuits qu'elle ne dort pas ; d'où sa fatigue et son énervement.*

Adverbes et conjonctions de coordination

📄 **grammaire du texte et connecteurs logiques page 287**

Ces adverbes et conjonctions marquent la conséquence et non le but.

– Donc
(Le « c » final se prononce.)
C'est un élément mobile qui marque la conclusion d'un raisonnement, d'un fait.
Il est généralement en tête dans les démonstrations logiques.
- *Socrate est un homme. Or les hommes sont mortels. Donc Socrate est mortel.*
- *Ah, elle sourit. Donc elle n'est pas fâchée !*
- *Ah, elle sourit. C'est donc qu'elle n'est pas fâchée.*

Il peut se placer aussi à l'intérieur de la phrase.

• *J'ai commandé un smartphone. Or le commerçant vient de m'annoncer que les stocks étaient épuisés et que son fournisseur était en vacances.*
Il est donc fort probable que je ne l'aurai pas cette semaine.

Donc peut marquer aussi une reprise.

• *Je disais donc, quand vous m'avez interrompu, qu'on peut considérer Flaubert comme…*

Donc peut prendre une valeur affective et introduire l'idée de la surprise, de la colère, de la satisfaction, de l'ordre.

• *Ah ! Tu étais donc là ?*
• *Réponds donc, puisqu'on t'interroge !*
• *Ne reste donc pas là à ne rien faire !*
• *Ah voilà donc ce merveilleux Jean-Claude dont tu nous parles sans cesse !*

– Par conséquent (= « par suite de cela »)
Comme **donc**, il apporte une conclusion à un raisonnement.

• *Des copies de l'examen final de médecine ont été perdues. Par conséquent, les étudiants seront appelés à repasser leur examen.*

 Attention : **par conséquence* n'existe pas.

– En conséquence
A les mêmes valeurs que **par conséquent**, mais cette expression appartient à la langue administrative.

• *À l'occasion de la victoire des footballeurs, un défilé aura lieu sur l'avenue des Champs-Élysées. En conséquence, la circulation sera interdite sur l'avenue ce jour-là.*

– C'est pourquoi (= « à cause de cela », « c'est pour cela que » – à l'oral : « c'est pour ça que » –, « c'est la raison pour laquelle »)
Introduit une conséquence qui apporte une explication. Cette expression se place toujours en tête.

• *Jean n'a pas compris ce qu'on lui demandait ; c'est pourquoi il a fait cette erreur.*
• *Ces chaussures sont des chaussures de marque ; c'est pourquoi elles coûtent si cher.*

On entend très souvent l'expression familière **du coup** devenue un tic de langage que beaucoup critiquent vivement.
La plupart du temps, **du coup** exprime une idée de conséquence et équivaut à **donc**, **par conséquent**, **en conséquence**, **c'est pourquoi**, **de ce fait**, **si bien que**…

• *Hier, mon réveil n'a pas sonné. Du coup, je suis arrivé en retard au bureau.*
– Et alors ?
– Alors, du coup, j'ai été obligé de travailler pendant la pause déjeuner.

Comment expliquer le succès de cette expression ? Sans doute vient-elle combler un manque : les tournures équivalentes appartiennent plutôt au domaine de l'écrit et on ne les utilise guère dans les conversations familières. La seule expression de même sens et appartenant elle aussi à l'oral familier serait **ça fait que**… [safɛk] qui n'est pas très élégant non plus.

– Aussi
Cet adverbe est en tête de phrase et apporte une conclusion. Il demande l'inversion du pronom sujet et du verbe, à l'écrit, en langue soutenue.

• *Sous l'effet de la chaleur un pic de pollution a été atteint ; aussi le maire a-t-il décidé d'imposer une circulation automobile réduite.*

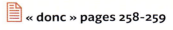

À l'oral

Donc est souvent remplacé par **alors**.
Tu es fatigué ?
Repose-toi donc !

Tu es très fatigué ?
Alors repose-toi !

« donc » pages 258-259

– Ainsi (= « de cette manière »)

Est utilisé pour introduire un exemple et une conclusion. L'inversion du pronom sujet et du verbe est possible.

• *On a abattu les animaux malades, on a isolé les fermes. Ainsi toutes les précautions ont été prises* (ou *ont-elles été prises*) *pour que l'épidémie ne s'étende pas.*

• *La salle de cours est construite en gradins ; ainsi tous les étudiants pourront* (ou *pourront-ils*) *voir le professeur.*

Manières de dire

Il existe toute une série d'expressions formées autour de la préposition **à** avec une valeur de conséquence.

Ainsi :

• *Il fait un froid à ne pas mettre un chien dehors* (= il fait si froid qu'on ne mettrait pas un chien dehors).

• *Il a couru à perdre haleine* (= il a couru tellement vite qu'il a perdu le souffle).

• *Elle bâille à s'en décrocher la mâchoire* (elle s'ennuie ; elle bâille tellement qu'elle risque de se décrocher la mâchoire).

• *Il gèle à pierre fendre* (= il fait très froid).

• *Elle était pâle à faire peur* (= elle est très pâle ; sa pâleur est telle qu'elle fait peur).

• *Ce film est bête à pleurer* (= ce film est si bête qu'on en pleurerait).

── En contexte ──

Quels sont **les buts** des savants lorsqu'ils mènent leurs recherches ? Ces recherches sont-elles **le fruit** de l'ambition ou de la curiosité scientifique ? (= le résultat). On peut s'interroger sur **les effets** de leurs découvertes et sur **leurs conséquences** en ce qui concerne la vie des hommes.

Vont-elles **déclencher** un mécanisme infernal que rien ne pourra arrêter ? Vont-elles **entraîner** un changement radical dans les manières de vivre ? **Susciteront-elles** des inquiétudes, **éveilleront-elles** des espoirs ? Quels **risques** peuvent-elles faire courir aux hommes ?

Voilà les graves questions que l'homme peut **soulever** face à ce qu'il ne comprend pas.

5 L'expression de l'opposition et de la concession

Comment exprimer **l'opposition** et la **comparaison** ?

Bravo © Dupuis, 2019

Est-ce que *tandis que* et *pendant que* ont le même sens ?

Comment peut-on utiliser l'expression *avoir beau* ?

Quelle différence y a-t-il entre *quoique* et *quoi que* ?

Quel sens a la conjonction *or* ?

- **On parle d'opposition/comparaison** quand on compare deux faits réels ou envisagés qui coexistent sans conséquence l'un sur l'autre.
Il y a une idée de comparaison, de contraste.
- *Tu travailles dur tandis que ton frère ne pense qu'à s'amuser.*
- *À Séville, on dîne à dix ou onze heures du soir alors qu'à Paris, on se met à table à huit heures.*

- **On parle d'opposition hypothétique** lorsque l'on suppose un événement qui n'aura pas le résultat espéré (attention, le conditionnel s'impose).
- *Quand bien même tu me supplierais, je n'accepterais jamais !*
- *Même si tu me suppliais, je n'accepterais pas.*

- **On parle d'opposition/concession** lorsqu'un événement devrait agir sur un autre mais que le résultat n'est pas ce qu'il devrait être.
- *Il est très gentil # Il n'a pas d'amis.*
➜ *Bien qu'il soit très gentil, il n'a pas d'amis.*

- *Il a travaillé comme un fou # Il a échoué à son examen*
➜ *Il a eu beau travailler comme un fou, il a échoué à son examen.*

On rencontre cette relation opposition/concession dans les textes argumentatifs les plus élaborés aussi bien que dans les discussions les plus spontanées.
On remarquera cependant qu'**à l'oral**, on a de plus en plus tendance à supprimer les termes d'opposition et à simplement juxtaposer (ou à coordonner) les phrases.
- *Il travaille dur ; son frère, lui, ne pense qu'à s'amuser.*
- *Il neige et tu sors en pull !*

Il existe différents moyens d'exprimer l'opposition et la concession. Nous allons les passer en revue.

Les conjonctions exprimant l'opposition ou la concession sont suivies d'un verbe qui peut être **à l'indicatif**, **au conditionnel** ou **au subjonctif**.

L'opposition/comparaison + indicatif

Alors que, tandis que, quand, si » (idée d'opposition/contraste)
- *Ma fille adore le sucré, alors que mon fils n'aime que le salé.*
- *Bernard part en train, tandis que nous, nous prendrons la voiture.*
- *Nous vivons dans l'opulence quand bien des pays vivent dans la misère.*
- *Si ce film est drôle, il est également profond.*

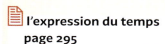 **l'expression du temps page 295**

L'opposition/hypothèse

« Quand bien même » (concession + idée d'hypothèse + conditionnel)
Cette conjonction est synonyme de **même si** + indicatif.
- *Je ne te pardonnerai jamais quand bien même tu te jetterais à mes pieds* (= même si tu te jetais…).

« Même si » (concession + idée d'hypothèse + indicatif)
- *Même si tu insistes, c'est non !*

 **Pendant que** n'exprime jamais la concession ou l'opposition.

Il y a trois **si** différents.
1. • *Si Flaubert est célèbre pour la précision de son style, Balzac l'est par son imagination.* (**si** = alors que, tandis que)
2. • *Si ce film est drôle, il est également profond.* (**si** = bien que)
3. • *S'il me le demande, je refuserai.* (**si** = même si)

L'opposition/concession + subjonctif

« Bien que, quoique, sans que, encore que »
(opposition/concession)

- *Bien qu'il soit déjà en retard, il ne se dépêche pas.*
- *Il continue à faire du vélo quoique le médecin l'ait défendu.*
- *Je pense que nous serons à l'heure, encore que ce ne soit pas sûr avec tous ces embouteillages.*

« Si, aussi, pour » + adjectif ou adverbe + « que »

- *Si intéressant que soit ce qu'il raconte, personne ne l'écoute* (français soutenu).

« Qui que, quoi que, où que » (opposition/concession)

- *Qui que tu sois, quoi que tu fasses, où que tu ailles, dis-toi toujours que ta vie t'appartient.*

⚠️ Ne confondez pas **quoique** et **quoi que**.
Tous deux sont suivis du subjonctif mais ils sont différents.
- **Quoique** en un seul mot est synonyme de **bien que** (et plus rare que lui).
  Il y a obligatoirement un complément ou un adverbe après le verbe.

Malgré que (+ subjonctif) se dit quelquefois mais il est considéré comme assez peu correct.

VIII. LES RELATIONS LOGICO-TEMPORELLES

- *Quoiqu'il ne connaisse aucune langue étrangère, il aime rencontrer des étrangers.*
- *Quoiqu'il soit venu régulièrement au cours, il n'a pas beaucoup progressé.*

- Dans **quoi que** en deux mots, **quoi** joue le rôle de complément.
- *Quoi que tu saches au sujet de cette affaire, ne dis rien* (= quelles que soient les informations que tu as, ne dis rien).

« Quel(le)(s) que » + verbe être, pouvoir être, devoir être (opposition/concession)

Un point d'orthographe :
- **Quel que soit** (masc. sing.) / **quelle que soit** (fém. sing.).
- **Quels que soient** (masc. plur.) / **quelles que soient** (fém. plur.).
- *Quelles que soient vos intentions, je suis sûr(e) qu'elles sont honorables.*
- *Quel que soit le temps, il sort !* (= peu importe le temps).
- *Tu peux m'appeler, quelle que soit l'heure* (= à n'importe quelle heure).
- *Quels que soient tes problèmes, ce n'est pas une raison d'être aussi agressif* (= malgré tes problèmes).
- *Quelles que puissent être vos raisons, je suppose qu'elles sont bonnes.*

Place de ces propositions dans la phrase

Comme les autres propositions subordonnées circonstancielles, la plupart des subordonnées d'opposition et de concession peuvent précéder ou suivre la proposition principale ou une autre proposition subordonnée.
Elles peuvent aussi être en incise (entre virgules), à l'intérieur de la phrase.
- *Bien qu'il pleuve, il avait décidé qu'il sortirait le chien.*
- *Il avait décidé qu'il sortirait le chien bien qu'il pleuve.*
- *Il avait décidé que, bien qu'il pleuve, il sortirait le chien.*

5.2 AUTRES MANIÈRES D'EXPRIMER L'IDÉE D'OPPOSITION ET DE CONCESSION

Nous allons passer en revue les différentes manières d'exprimer l'opposition et la concession, autres que la proposition subordonnée.

Préposition + infinitif

« Sans »
- *Il a réussi tous ses examens sans avoir travaillé.*

« Loin de »
- *Elle avait peur de demander de l'argent à ses parents mais, loin de refuser, ils lui ont donné plus que ce qu'elle désirait.*

« Au lieu de »
- *J'aimerais mieux être à la plage au lieu d'être enfermée dans ce bureau.*

« À défaut de »

• *À défaut d'aller au cinéma, il regarde beaucoup les films à la télévision.*

« Quitte à »

• *J'arrête mon travail à 16 h, quitte à rester plus longtemps demain* (= même si je dois rester plus longtemps...).
• *Il la supplia de lui accorder un rendez-vous une fois encore, quitte à ne jamais plus la revoir ensuite* (= même s'il devait ne jamais plus la revoir...).

« Au risque de »

• *Élisabeth a réparé elle-même sa cheminée, au risque de tomber du toit.*

Adverbe + gérondif

« Tout » + gérondif

• *Tout en étant d'accord sur le fond, j'aimerais que l'on discute de certains détails.*

« Même » + gérondif

• *Même en travaillant toute la nuit, je n'arriverai jamais à finir ce devoir.*

Conjonction + adjectif ou + participe présent ou passé

• *Même malade, il continue à travailler douze heures par jour.*
• *Bien que très jolie, elle n'a aucune confiance en elle.*
• *Le film était bien, quoique un peu long.*
• *Bien qu'ayant échoué trois fois au permis de conduire, elle ne se décourage pas.*

Préposition + nom ou groupe nominal

• *Malgré son jeune âge, il gagne tous les concours d'échecs.*
• *Elle est très gaie en dépit de tous ses soucis.*
• *Il fait tout à l'inverse des autres.*
• *Voulez-vous du poulet à la place du foie d'agneau ?*
• *Il a obtenu le prix Goncourt, contre toute attente* (toujours associé à des termes abstraits).
• *À défaut de véritable talent, ce musicien a une certaine virtuosité.*

Conjonction de coordination ou adverbe

« Et, or, puis, en tout cas, pourtant, cependant, tout de même, néanmoins, toutefois, quand même (souvent en fin de phrase) »

• *Elle dit toujours qu'elle veut être infirmière et dès qu'elle voit une goutte de sang, elle s'évanouit !*

- Cet acteur est un peu petit *mais* il est très beau.
- Cet acteur est un peu petit, il est *cependant (néanmoins, toutefois)* très beau.
- Cet acteur est un peu petit, il est très beau *quand même*.

Remarque
La conjonction **or** est utilisée dans le raisonnement pour introduire un nouvel élément (= « il se trouve que »).
- *J'avais une bicyclette neuve à laquelle je tenais beaucoup ; or, on me l'a volée dans la nuit du 2 au 3 mars.*
Mais **or** a souvent également une valeur d'opposition et laisse supposer une conséquence.
- *J'avais réservé un billet pour le vol AF 324 du 12 mai. Or, je n'ai pas pu embarquer pour des raisons de santé.*

« Au contraire, à l'opposé, par opposition, inversement, à l'inverse, en revanche, par contre »
- *Jérôme adore nager ; à l'inverse de sa sœur qui déteste ça.*
- *Ça ne nous ennuie pas du tout que tu viennes avec nous. Au contraire, nous en sommes ravis.*

Remarque
Par contre est d'un registre un peu plus familier que **en revanche**.
Certaines grammaires le déconseillent même, le considérant comme incorrect.
Cependant, les Français l'emploient beaucoup plus souvent que **en revanche**, qui implique une idée de compensation.
- *Je ne peux pas venir ce soir. En revanche, demain, c'est possible.*

L'expression *avoir beau* + infinitif

Cette tournure, que vous trouvez souvent difficile à employer et « bizarre », est très fréquente en français, surtout à l'oral.

Le verbe **avoir beau** est toujours en tête de phrase. Il se construit directement (sans préposition) et se conjugue comme n'importe quel verbe.
Il exprime très exactement une idée de concession : on fait une action avec intensité pour obtenir quelque chose mais cet objectif ne se réalise pas.
- *Vous avez beau protester, il faudra obéir.*
- *Il a eu beau insister, elle n'a pas voulu sortir hier soir.*
- *L'enfant aura beau pleurer, sa mère ne cédera pas à ses caprices.*

Deux propositions au conditionnel

- *J'aurais des millions, je ne saurais pas quoi en faire* (= même si j'avais des millions, je saurais pas quoi en faire).
Ou
- *J'aurais des millions que je ne saurais pas quoi en faire* (= même si j'avais des millions, je saurais pas quoi en faire).
- *Tu serais venu chez moi hier, tu ne m'aurais pas trouvé, j'ai passé la journée dehors.*

Tout… que + indicatif.
Tout + adjectif ou substantif/ adjectif (noms de métier) :
• *Tout médecin qu'il est, il ne soigne pas sa famille.*

Pour aller plus loin

« Quelque… que », « pour… que », « tout… que »

On les utilise dans un registre soutenu et surtout à l'écrit.
• **quelque** + adjectif, nom ou adverbe + **que** + subjonctif
• **tout** + adjectif + **que** + indicatif
+ *Quelque (pour)* fragile *qu'il paraisse, il a une santé de fer.*
+ *= Tout fragile* qu'il paraît, il a une santé de fer.

Lexique

– Des termes introducteurs
• **Quant à** + nom ou pronom (= « en ce qui concerne »)
• *Il adore l'Italie du Sud. Quant à moi, je préfère le Nord.*
• *Tu peux partir si tu veux. En ce qui me concerne, je reste.*

• **Pour ma** (ta, sa, notre, votre, leur) **part/de mon** (ton, son, notre, votre, leur) côté
• *Allez à la plage si vous voulez. Pour ma part, je préfère rester à la maison et lire.*
• *Toi, tu vas faire des recherches à la bibliothèque. De mon côté, je m'occupe des interviews.*

– Des locutions
• **Il n'en reste pas moins que**, **il n'empêche que** (+ indicatif)
• *On dit toujours qu'il ne fait rien. Il n'empêche qu'il a obtenu tous ses examens.*

À l'oral, les Français disent le plus souvent **n'empêche que**…
• *Elle dit qu'il n'y a que des émissions stupides à la télévision. N'empêche qu'elle la regarde tous les soirs.*

• **Quoi qu'il en soit**
• *Quoi qu'il en soit, nous partirons demain* (= de toute manière, en tout cas).

– Des verbes
• **S'opposer à, être opposé à, s'élever contre, s'insurger contre** (français soutenu), **se dresser contre** (+ nom)
• *Les syndicats se sont vigoureusement élevés contre les décisions du ministre.*

• **Désapprouver, blâmer, fustiger** (écrit, français soutenu), **incriminer** (+ nom)
• *Tu fais ce que tu veux, mais tu sais que je désapprouve ta décision de partir seule si loin.*

• **Concéder, admettre, reconnaître** (+ nom ou + **que** + indicatif).
• *Il a bien été obligé de reconnaître son erreur / qu'il s'était trompé.*

– Des noms
• *Manifester une opposition, de la désapprobation.*
• *Donner un blâme à quelqu'un.*
• *Faire des concessions.*

Manières de dire

- *Faire quelque chose contre son gré, bon gré mal gré, à contrecœur, à son corps défendant* (= contre sa volonté).
- *Faire quelque chose à l'insu de quelqu'un* (= en cachette de).
- *Aller à l'encontre de... : Cette décision va à l'encontre du bon sens* (= est contraire au bon sens).
- Tenir tête à quelqu'un : *Son fils a des problèmes avec ses professeurs : il est insolent, leur tient tête* (= se rebelle contre ses professeurs), *s'oppose à tout ce qu'ils disent...*

--- **En contexte** ---

Maupassant déjeunait souvent au restaurant de la Tour Eiffel, que **pourtant** il n'aimait pas : c'est, disait-il, le seul endroit de Paris où je ne la vois pas. Il faut, en effet, à Paris, prendre des précautions infinies pour ne pas voir la Tour ; **quelle que** soit la saison, à travers les brumes, les demi-jours, les nuages, la pluie, dans le soleil, en **quelque** point **que** vous soyez, **quel que** soit le paysage de toits, de coupoles ou de frondaisons qui vous sépare d'elle, la Tour est là.

Roland Barthes, *La Tour Eiffel*

6 L'expression de la condition et de l'hypothèse

Quelle est la différence entre **condition** et **hypothèse** ?

Avec des *si*, on *mettrait* Paris en bouteille.

Pourquoi y a-t-il un imparfait dans la phrase *Si tu venais demain un peu plus tôt, ce serait très bien* ?

Quel temps ou quel mode faut-il mettre après *C'est comme si...* ou *C'était comme si...* ?

Est-ce que *au cas où* a le même sens que *en cas de* ?

Est-ce qu'on peut utiliser *sinon* à la place de *mais* ?

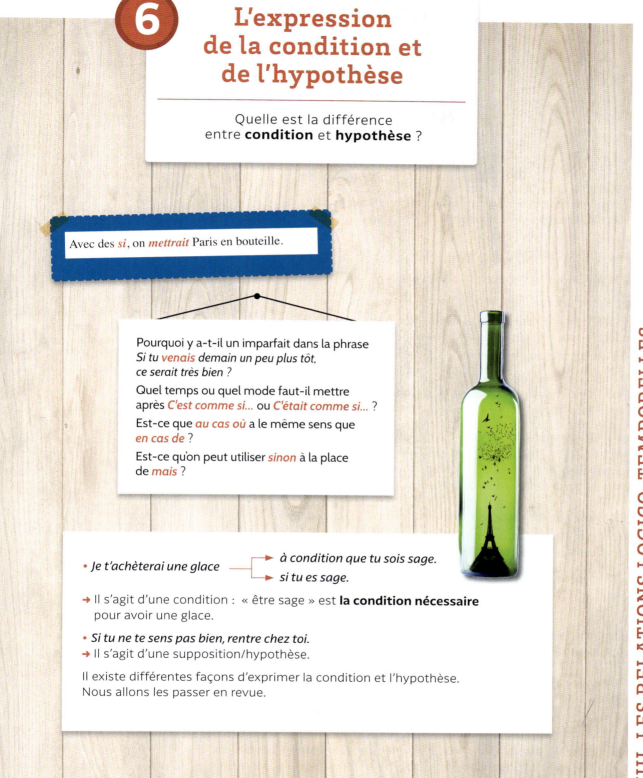

- *Je t'achèterai une glace* → *à condition que tu sois sage.*
  → *si tu es sage.*

→ Il s'agit d'une condition : « être sage » est **la condition nécessaire** pour avoir une glace.

- *Si tu ne te sens pas bien, rentre chez toi.*
→ Il s'agit d'une supposition/hypothèse.

Il existe différentes façons d'exprimer la condition et l'hypothèse. Nous allons les passer en revue.

VIII. LES RELATIONS LOGICO-TEMPORELLES

— 333 —

Le **si** de l'hypothèse et de la condition peut être suivi :
– d'un présent ;
– d'un imparfait ;
– d'un plus-que-parfait.

« Si » + présent ou passé composé ➔ présent, futur ou impératif

- *Si tu as le temps, tu peux venir.*
- *Si tu as le temps, tu viendras (tu vas venir) nous voir ?*
- *Si tu as le temps, viens nous voir !*
- *Si tu as fini, tu peux sortir.*

La condition ou la supposition est probable. On pense qu'elle peut être réalisée.

> **!** Jamais de futur, de conditionnel ou de subjonctif après **si** d'hypothèse et de condition.

« Si » + imparfait ➔ conditionnel présent

(!) Observez bien la différence entre ces deux phrases :

- *S'il faisait beau demain, on pourrait aller pique-niquer.*
- *Si j'étais toi, j'accepterais sa proposition.*

Les deux phrases se ressemblent. En effet, leur structure est la même :

si + imparfait ➔ conditionnel présent

Mais vous voyez bien que dans la première phrase, il s'agit de quelque chose de possible dans le futur : il se peut qu'il fasse beau demain (c'est une éventualité) ; dans la seconde phrase, la condition n'est pas réalisable : je ne suis pas *toi* et je ne le serai jamais (c'est un irréel du présent).

> **Si** + présent a parfois le sens de **à chaque fois que**.
> - *S'il pleut, elle prend toujours son grand parapluie noir.*

Remarque
On rencontre parfois la structure :

si + imparfait ➔ conditionnel passé

- *Si tu étais moins maladroit, tu n'aurais pas cassé ce vase.*

En ce cas, l'imparfait exprime quelque chose de général, d'habituel, d'intemporel : si tu **étais** moins maladroit en général… (mais tu es maladroit !).

« Si » + plus-que-parfait ➔ conditionnel passé

- *Si tu étais venu chez moi hier soir, tu aurais pu rencontrer Mario.*

Mais c'est trop tard, tu n'es pas venu (condition non réalisée) et donc tu ne l'as pas rencontré. C'est un irréel du passé. Vous remarquerez que les deux actions (*venir/voir Mario*) se passent en même temps, toutes les deux dans le passé.

Remarque 1
On rencontre parfois la structure :

si + plus-que-parfait ➔ conditionnel présent

- *S'il n'avait pas dansé toute la nuit, il serait plus en forme ce matin.*

Dans cette phrase, les deux faits *(danser/être en forme)* ne se situent pas au même moment. Le second *(= ne pas être en forme)* est la conséquence du premier *(= avoir dansé toute la nuit)*.

Remarque 2

Ces règles ne sont pas aussi strictes que nous les avons présentées. L'intention du locuteur, le registre de langue utilisé, la situation de communication, tout cela compte beaucoup. Vous entendrez très souvent dire :
- *Si tu veux*, *on pourrait sortir ce soir.*
- *Si vous venez dimanche*, *nous irions voir la cousine Adèle.*

En ce cas, le conditionnel exprime une proposition, une suggestion.

Remarque 3

On rencontre souvent une proposition indépendante exclamative avec **si**. Elle peut exprimer alors :

– le souhait :
- *Si j'étais à ta place ! Si je gagnais !*

– ou le regret :
- *Si j'avais su ! Si j'avais dix ans de moins !*

 Attention à la conjonction **comme si**, toujours suivie de l'imparfait ou du plus-que-parfait :
- *Cet élève n'écoute rien. C'est vraiment comme s'il n'était pas là* (= on dirait qu'il n'est pas là).
- *Le ciel est tout noir. C'est comme si c'était la fin du monde* (= on dirait que c'est la fin du monde).
- *Elle a l'air fatigué, comme si elle n'avait pas dormi de la nuit* (= on dirait qu'elle n'a pas dormi).

Quand la phrase est exclamative, **comme si** exprime le doute ou le refus.
- *Comme si je te croyais !* (= je ne te crois pas).
- *Comme si j'avais le temps de t'écouter !* (= je n'ai pas le temps).

> Pour **même si**, voir le chapitre sur l'opposition/concession, page 327.
> Pour **comme si**, voir le chapitre sur la comparaison, page 344.

Pour aller plus loin

Observez :

+ *Si tu vas à Paris et si tu as un peu de temps, passe voir mon amie Claire.*
= *Si tu vas à Paris et que tu aies un peu de temps, passe voir mon amie Claire.*

+ *Si tu arrivais demain et si je n'étais pas là, la clé serait chez la concierge.*
= *Si tu arrivais demain et que je ne sois pas là, la clé serait chez la concierge.*

+ *S'il avait fait beau hier et si j'avais eu moins de travail, je serais allé me promener dans le jardin du Luxembourg.*
= *S'il avait fait beau hier et que j'aie eu moins de travail, je serais allé me promener dans le jardin du Luxembourg.*

→ Pour éviter de répéter **si**, vous pouvez remplacer le second **si** par **que** + subjonctif.

Cette structure s'emploie surtout à l'écrit, en français assez soutenu.

VIII. LES RELATIONS LOGICO-TEMPORELLES

Certaines de ces conjonctions entraînent le conditionnel ; d'autres, plus fréquentes, entraînent le subjonctif.

« Au cas où » + conditionnel (idée d'éventualité)
- *Au cas où tu aurais perdu mon adresse, je te redonne mes coordonnées* (= si par hasard, tu avais perdu…).

« À condition que, pourvu que » + subjonctif
- *Je veux bien te prêter ma voiture à condition que tu sois prudent.*

« À moins que » + subjonctif
À moins que est l'équivalent de **sauf si, excepté si** + indicatif
- *On mange un sandwich ? À moins que tu (ne) veuilles faire un vrai repas, bien sûr* (= sauf si tu veux faire un vrai repas).
Vous remarquerez qu'avec **à moins que**, on utilise, surtout à l'écrit, le **ne** explétif.

« À supposer que, en supposant que, en admettant que » + subjonctif
(idée de condition peu probable)
- *Je lui donnerai son cadeau quand je la verrai. À supposer qu'elle vienne !*
  Avec elle, on ne sait jamais !

« Que… ou que… » + subjonctif (idée de deux hypothèses)
Vous remarquerez que le résultat est le même, quelle que soit l'hypothèse envisagée.
- *Qu'il pleuve ou qu'il neige, elle s'en moque, elle sort par tous les temps* (= même s'il pleut, même s'il neige, de toute façon, elle sort).
- *Que tu aies raison ou (que tu aies) tort, peu importe, tu aurais dû garder ton calme* (= peu importe si tu avais raison ou tort…).

« Selon que… ou que… » + indicatif
Quelquefois, on rencontre aussi le subjonctif.
- *La forme physique est différente selon qu'on fait du sport ou qu'on n'en fait pas* (il y a une idée d'opposition entre les deux hypothèses).

> **Pourvu que** peut aussi exprimer le souhait :
> - *Pourvu qu'on ne soit pas en retard !*

📄 **chapitre sur la négation, page 247**

Pour aller plus loin

« Si tant est que » + subjonctif
(idée de condition + idée de doute)
+ *J'ai bien envie d'aller chez lui quelques jours, si tant est qu'il puisse me recevoir* (mais ce n'est pas sûr).

« Pour peu que » + subjonctif
(= il suffit de presque rien pour que…, idée de condition minimale)
+ *Pour peu qu'on la fasse attendre, elle explose de colère* (= il suffit qu'on la fasse attendre pour que…).

Nous allons passer en revue les différentes manières d'exprimer la condition et l'hypothèse, autres que la proposition subordonnée.

Préposition + infinitif

« À condition de »

- *Il fera ce travail* à condition d'*avoir le temps.*
- *Je pense être là vendredi* à condition de *trouver un billet d'avion.*

« À moins de »

- *Je suis dans l'impossibilité de venir maintenant,* à moins de *trouver une solution de dernière minute* (= sauf si je trouve).

Le sujet de l'infinitif doit être le même que celui du verbe principal.

Participe présent ou, plus souvent, gérondif

> **Rappel**
> Le sujet doit être le même.

 gérondif page 176

- *Insistant un peu plus, il obtiendrait des indemnités plus importantes* (= s'il insistait un peu plus).
- *En cherchant bien, tu la retrouverais, cette bague !* (= si tu cherchais bien…, à condition de chercher…).
- *En faisant une demi-heure de sport tous les jours, tu te sentirais mieux* (= si tu faisais…, à condition de faire…).

Participe passé ou adjectif

- *Teinte en noir, cette jupe serait comme neuve* (= si tu la teignais).
- *Heureuse, elle serait très jolie. Mais elle a toujours un air si triste !* (= si elle était heureuse…).

Phrase interrogative ou impérative

- *Vous souffrez de la solitude ? Vous avez besoin d'en parler ? Appelez vite SOS-Amitié au 01 04 34 35 36, 24 heures sur 24 et 7 jours sur 7* (= si vous souffrez…, si vous avez besoin…).
- *Travaille et tu réussiras !* (= si tu travaillais, tu réussirais).

Préposition + nom

« Avec, sans »

- *Avec deux mille euros par mois, il serait heureux comme un roi !* (= s'il avait deux mille euros par mois…).

- *Avec un peu de chance*, *j'aurais pu gagner le super gros lot* (= si j'avais eu un peu de chance...).
- *Sans moi*, **tu étais perdu** (= si je n'avais pas été là...).
- *Sans ces embouteillages*, **on serait arrivés deux heures plus tôt** (= s'il n'y avait pas eu ces embouteillages...).

« En cas de » (idée d'éventualité)
- *En cas d'absence*, *veuillez vous adresser au 13 boulevard Ney* (= si je ne suis pas là, au cas où je ne serais pas là...).

« À moins de »
- *À moins d'un changement de dernière minute*, **nous arrivons le 16 au soir** (= sauf changement imprévu...).

Deux propositions au conditionnel

On entend souvent des phrases avec deux propositions juxtaposées au conditionnel. Par exemple :
- *Tu serais moins paresseux, tu réussirais mieux.*
- *Tu serais venu hier, tu l'aurais vu.*
- *Tu me l'aurais dit, j'aurais compris. Mais tu n'as rien dit !*
- *Il m'aurait demandé, je l'aurais volontiers aidé* (= s'il me l'avait demandé, je l'aurais aidé).
En ce cas, l'hypothèse ou la condition sont sous-entendues.

Conjonction *sinon*

Un cas particulier : **sinon**
- *Termine ton travail. Sinon, pas de télé !* (= si tu ne le termines pas...).
- *Il faut prévenir ta mère qu'on sera en retard. Sinon, elle va nous attendre* (= si on ne la prévient pas).
- *Fais ce qu'on t'a dit de faire. Sinon, attention !* (= si tu ne le fais pas).
- *Ne traîne pas, sinon on sera en retard* (= si tu traînes).

Lexique
- *C'est une condition sine qua non* (= indispensable, indiscutable, impérative).
- *Accepter quelque chose sous condition* (ou *sous réserve*).
- *Tous se sont rendus à l'ennemi sans conditions.*

Manières de dire
- *À en juger par ta mine, je devine que tu n'as pas beaucoup dormi* (= si j'en juge...).
- *À l'écouter, on le prendrait pour un expert* (= si on l'écoutait...).
- *Si jeunesse savait, si vieillesse pouvait !*
- *Emporter un petit en-cas* (= un sandwich, une petite chose à manger au cas où l'on aurait faim brusquement).

À l'oral

On dit très souvent :
sans ça ou **autrement**.
Tiens-toi tranquille.
Sans ça, tu seras puni.

Range ta chambre et vite !
Autrement, gare à toi !

En français, **sinon** n'a pas le sens de « mais » (comme c'est le cas en espagnol, par exemple).

7 L'expression de l'intensité et de la comparaison

Quelle est la différence entre **intensité** et **comparaison** ?

Il pleure dans mon cœur
Comme il pleut sur la ville.

Paul Verlaine

Peut-on dire : *C'est trop superbe* ?

Quelle différence y a-t-il entre *peu* et *un peu* ?

Pourquoi dit-on *beaucoup mieux* mais pas **beaucoup meilleur* ?

Est-ce qu'il faut dire : *C'est le restaurant meilleur de la ville* ? ou *C'est le restaurant le meilleur de la ville* ?

Quand peut-on utiliser *moindre* ?

Ces deux notions peuvent concerner un adjectif, un adverbe, un nom ou un verbe.

L'**intensité** n'est pas toujours indiquée par rapport à quelque chose d'autre. On l'appelle quelquefois « superlatif absolu » :

• *Elle est très sportive.*

Certains adverbes ou certains préfixes marquent le degré de cette intensité.

En revanche, dans la **comparaison**, on considère toujours un élément par rapport à un autre. On fait état des ressemblances et des différences entre deux personnes, deux choses, deux qualités, deux actions…

On les confronte.

• *Elle est plus sportive que sa sœur.*

7.1 L'EXPRESSION DE L'INTENSITÉ

Il existe trois degrés possibles d'intensité : forte, moyenne et faible.

Exprimer une intensité forte

Avec des adverbes

– **Très, énormément, extrêmement, parfaitement...** + adjectif ou adverbe

– **Beaucoup de, énormément de...** + nom

– Verbes **+ beaucoup, extrêmement, énormément...**
• *Il est très intelligent et parfaitement bien élevé.*
• *Elle court très vite, elle nage extrêmement bien.*
• *Il s'ennuie beaucoup, il ne sait pas quoi faire.*

Avec des préfixes

– **Sur-, extra-, super-, archi-, hyper-...** + adjectif ou (plus rarement) adverbe
Ces préfixes s'emploient surtout à l'oral familier.
• *J'étais super-content de voir mes copains. C'était hyper-bien.*
• *L'examen était archi-difficile.*

> **Trop** marque une intensité excessive.
> • *L'exercice est trop difficile, je ne peux pas le faire.*
> • *Il y a trop de vent, je rentre.*

> Souvent, on ne met pas le tiret : **hyper bien, archi difficile.**

Exprimer une intensité moyenne

Avec des adverbes

– **Assez, moyennement, plutôt, presque, plus ou moins...** + adjectif ou adverbe ou, certains, seuls
• *J'étais assez content de le voir et toi ? – Oui, moi aussi, j'étais plutôt content, mais sans plus. Je l'apprécie moyennement, tu sais !*

Exprimer une intensité faible

Avec des adverbes

– **Peu, pas très...** + adjectif ou adverbe
• *Il est peu satisfait de ce qu'il a fait le jour de l'examen.*

Remarque

Il n'est pas rare de rencontrer plusieurs adverbes à la suite.
• *Il a vraiment beaucoup trop travaillé, il est épuisé.*
• *Elle a fait relativement peu d'efforts ce trimestre, son frère en a fait nettement plus. Elle, elle s'est beaucoup plus amusée que lui.*

> ### À l'oral
>
> On utilise souvent, surtout à l'oral, **pas mal**.
> Alors, il est bien, ce film ?
> – Oui, pas mal
> (= assez bien).

On cherche à exprimer soit un rapport d'égalité ou de ressemblance, soit un rapport d'inégalité ou de différence (en plus ou en moins).

Les comparatifs

L'un des deux termes est le point de référence, on évalue l'autre par rapport à lui. Mais que compare-t-on exactement ?

On compare deux caractéristiques, deux qualités

– Pour marquer **la supériorité**, on utilisera le comparatif :
plus + adj. ou adv. + **que** + nom ou pronom
• *Tom est un peu plus âgé et un peu plus raisonnable que sa sœur.*

– Pour marquer **l'égalité** :
aussi + adj. ou adv. + **que** + nom ou pronom
• *Il est aussi amusant qu'elle. Ils sont drôles, tous les deux !*

– Pour marquer **l'infériorité** :
moins + adj. ou adv. + **que** + nom ou pronom
• *Nana est moins sage que lui, elle fait beaucoup de bêtises.*

 **Attention aux comparatifs irréguliers**

– l'adjectif **bon** → **meilleur** et l'adjectif **mauvais** → **pire**
• *Pauline est bien meilleure en grammaire qu'en maths.*
• *En maths, ses notes sont bien pires que ce qu'on imaginait. C'est une catastrophe !*

– l'adverbe **bien** → **mieux** et l'adverbe **mal** → **pis**
• *Il travaille beaucoup mieux et elle, malheureusement, c'est de mal en pis !*

– l'adjectif **petit** (dans un sens abstrait) → **moindre**
• *On m'a volé une montre ancienne et quelques objets de moindre valeur.*

Dans le sens habituel, concret, on dira : **plus petit**.
• *Il est plus petit que moi. Sa nouvelle maison est plus petite que l'autre.*

On compare deux quantités

– Pour marquer **la supériorité**, on utilisera le comparatif :
plus de + nom + **que**
• *Elle a plus de patience que moi.*

– Pour marquer **l'égalité** :
autant de + nom + **que**
• *Mon fils a autant d'amis que l'année dernière.*

– Pour marquer **l'infériorité** :
moins de + nom + **que**
• *Il gagne un peu moins d'argent que sa femme mais c'est sans importance.*

On compare deux actions ou deux états

– Pour marquer **la supériorité**, on utilisera le comparatif :
verbe + **plus** + **que**
• *Mon fils m'écoute un peu plus qu'avant. Il devient raisonnable.*

Attention : on répète toujours le 1er terme du comparatif (**plus, aussi, moins**) devant l'adjectif.

Remarquez que l'on dit toujours **bien meilleur(e)** et **bien pire** et jamais : **beaucoup meilleur, *beaucoup pire.*

Pis est vieilli. On ne l'utilise presque plus. On préfère **pire**.

Attention :
• *Il a **trois ans de** plus que moi.*
(n'oubliez pas **de** après un nombre).

VIII. LES RELATIONS LOGICO-TEMPORELLES

– Pour marquer **l'égalité** :
verbe + **autant** + **que**
- *Ce livre m'a plu autant que le précédent : il m'a autant plu que le précédent.*
  Il est vraiment drôle.

– Pour marquer **l'infériorité** :
verbe + **moins** + **que**
  - *Alexandra parle moins qu'Ivan. Elle est un peu timide.*

Remarque
Souvent, le second terme de la comparaison est sous-entendu.
- *Jeanne est encore malade ? – Non, elle va mieux. Sa santé est meilleure.*

 Attention à l'adverbe comparatif : **davantage**.

1. Il s'écrit en un seul mot.
2. Il équivaut à « plus » mais il est plus fort (surtout dans l'expression **bien davantage**).
3. On l'utilise surtout avec le verbe.
4. Il est souvent placé après lui.

- *Il faut insister pour que le malade sorte davantage.*
- *La géographie m'intéresse (bien) davantage que les sciences.*
- *Si tu veux grossir, il faut manger davantage.*

Les superlatifs

On peut aussi comparer un élément à l'ensemble de tous les autres éléments ou une qualité à son degré maximum possible. On utilisera alors les superlatifs.

– **Le (la, les) plus…, le (la, les) moins…** + adjectif
- *À ton avis, quel est le plus beau pays du monde ? – Pour moi, les deux plus beaux, c'est le mien et le tien.*
- *C'est la plus rapide et la plus gracieuse de toutes les skieuses.*

– Verbe + **le plus**, verbe + **le moins** + adjectif
- *On s'est tous bien amusés mais c'est Nora qui a ri le plus (ou : qui a le plus ri).*
- *C'est elle qui skie le plus vite et le plus gracieusement.*

> Attention : ici **le** est invariable comme **le** plus, **le** moins + nom :
> - *Ce sont ces élèves qui posent le plus de questions.*

 Observez :
On peut dire :
  - *Bordeaux et Toulouse sont les plus grandes villes du Sud-Ouest,*
ou - *Bordeaux et Toulouse sont les villes les plus grandes du Sud-Ouest.*

  - *C'est le meilleur restaurant qui existe dans cette ville.*
ou - *C'est le restaurant le meilleur qui existe dans cette ville.*

Deux remarques importantes à ce sujet.
La première solution n'est pas toujours possible, tout dépend de l'adjectif utilisé. Il doit pouvoir être placé avant le nom, c'est-à-dire « antéposé ».

La seconde solution (*la ville la plus belle, le restaurant le meilleur*) est toujours possible, avec tous les adjectifs.

 Remarquez bien qu'on ne peut jamais dire :

*Bordeaux et Toulouse sont les villes plus grandes du Sud-Ouest.
*C'est le restaurant meilleur qui existe dans cette ville.

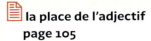 **la place de l'adjectif**
page 105

N'oubliez pas de répéter l'article, c'est obligatoire :
• *Ce sont les villes les plus grandes.*
• *C'est le restaurant le meilleur....*

Les superlatifs irréguliers correspondent aux comparatifs irréguliers.
• *Ce gâteau est meilleur que les autres = C'est vraiment le meilleur de tous.*
• *Rester là sans rien faire, c'est vraiment la pire des solutions.*
• *C'est un maniaque de la propreté, il s'obsède sur le moindre grain de poussière.*

Mais :
• *Paul est le plus petit de sa classe mais c'est le meilleur élève.*

Exprimer l'idée de « comparaison progressive »

Pour exprimer l'idée de progression dans la comparaison, vous pouvez utiliser :

– **De plus en plus** + adj. ou adv., **de moins en moins** + adj. ou adv.
• *Il fait de plus en plus froid. Il faut allumer le chauffage.*
• *Quand on vieillit, on résiste de moins en moins bien à la fatigue.*

– **De plus en plus de** + nom, **de moins en moins de** + nom
• *De plus en plus de gens communiquent par courrier électronique.*
• *Avec l'automne qui arrive, il y a de moins en moins de touristes.*

– Verbe + **de plus en plus**, verbe + **de moins en moins**
• *On se comprend de mieux en mieux chaque année.*
• *Il joue encore un peu au golf mais de moins en moins.*

Exprimer l'idée de « comparaison parallèle »

Pour exprimer l'idée de comparaison parallèle, vous pouvez utiliser :

– **Plus..., plus... ; moins..., moins...**
• *Plus je le connais, plus je l'apprécie.*

– **Plus..., moins... ; moins..., plus...**
• *Et moi, moins je le vois, plus je suis contente et mieux je me sens !*
• *Je le plains beaucoup : plus il cherche à plaire et moins il réussit !*

– **Autant..., autant...** (il y a comparaison/opposition entre les deux propositions)
• *Autant sa sœur est adorable, autant lui, il est insupportable.*

Exprimer la ressemblance ou la différence

Autres manières d'exprimer la ressemblance ou la différence :

– **Comme** + nom ou pronom ou **comme** + verbe
• *Tu es bien comme ton père !*
• *Je suis comme vous : j'ai horreur de la pluie !*
• *Il travaille la terre, comme le faisaient son père et son grand-père.*

Pour cette utilisation du verbe **faire**, voir Grammaire du texte, pages 287-288.

– **Comme si** + verbe (à l'imparfait ou au plus-que-parfait)
• *Elle s'habille* comme si *elle* avait *quinze ans.*

– **Ainsi que, de même que**
• *Il déteste les menteurs* de même que *les hypocrites.*

– **Pareil à, semblable à, identique à, similaire à, tel que, le (la, les) même(s) que, différent de...**
• *Mes désirs sont* pareils aux *vôtres =* mes désirs sont les mêmes que les vôtres.

N'oubliez pas que vous pouvez utiliser aussi : **être supérieur à, égal à** ou **équivalent à, inférieur à...**
• *Les résultats de l'entreprise sont légèrement* supérieurs à *ceux de l'année dernière.*
• *La prime d'indemnité des personnes licenciées sera* équivalente à *dix mois de salaire.*
• *Ce vin n'est pas mauvais mais je le trouve un peu* inférieur au *bordeaux que nous avons bu hier.*

Remarque
Pour renforcer un argument, vous pouvez utiliser :

– **D'autant plus que, d'autant moins que...** (= « surtout que..., surtout parce que... »)
• *Ça m'est égal de rester seul(e) ce week-end,* d'autant plus que *j'ai beaucoup de travail.*

Ou :
• *Ça m'est* d'autant plus *égal de rester seul(e) ce week-end* que *j'ai beaucoup de travail.*

 Observez :
• *Je suis* d'autant moins *content de ton attitude* que *tu avais promis de faire des efforts.*
• *Je suis mécontent de ton attitude,* d'autant plus que *tu avais promis de faire des efforts.*

FAISONS LE POINT

Les différents emplois de **comme** (avec une valeur de comparaison)
• **1.** *Elle est* comme *moi, elle adore le jazz* (= nous avons les mêmes goûts en musique).
• **2.** *C'est* comme *ça* (= ainsi) *et pas autrement. Pas de discussion !*
• **3.** *Tout s'est passé exactement* comme *nous l'avions pensé* (= de la façon prévue).
• **4.** *Je vous envoie mon devoir,* comme *convenu* (ou comme *promis*) (= selon ce qui était convenu entre nous, selon ce que je vous avais promis).
• **5.** *Tout le monde la considère* (= juge) comme *quelqu'un de très bien.*
• **6.** *Le ciel est gris, c'est* comme *s'il allait pleuvoir* (= on dirait qu'il va pleuvoir).
• **7.** *Quand j'ai entendu ça, je suis resté(e)* comme *pétrifié(e)* (= comme si j'étais pétrifié[e]).

Lexique

- *La majorité en France est à 18 ans.*
- *Mon fils **aîné** est **majeur**, il a dix-neuf ans ; le cadet est encore **mineur**, il a quinze ans.*
- *Aimer mieux, préférer*
- *S'opposer à, être opposé à*
- *Être l'opposé de, être tout l'opposé de, être tout le contraire de*
- *Être identique à, égal à ; ressembler à ; différer de*
- *Avoir l'air de*
- *Faire semblant de*
- *Dépasser, surpasser, surclasser*
- *S'améliorer (une amélioration)*
- *Empirer*
- *Différent, identique, pareil, semblable, similaire*
- *Une ressemblance, une similitude ; une différence, une divergence (d'opinion, de goût), une préférence*

Manières de dire

- *C'est du pareil au même* (c'est le jour et la nuit).
- *C'est blanc bonnet et bonnet blanc.*
- *Ces deux frères se ressemblent comme deux gouttes d'eau.*
- *Tel père, tel fils.*
- *C'est bête comme chou.*
- *Fort comme un Turc.*
- *Propre comme un sou neuf.*
- *Qui peut le plus peut le moins.*
- *La situation va de mal en pis* (= de plus en plus mal).
- *J'aime les mathématiques par-dessus tout.*
- *Plutôt la mort que l'esclavage.*
- *Plutôt souffrir que mourir, telle est la devise des hommes* (La Fontaine).
- *Mieux vaut tard que jamais.*
- *Le mieux est l'ennemi du bien.*
- *Faire de son mieux*
- *Faire le possible et l'impossible*
- *Faire le maximum*
- *En faire le minimum*

Quand on veut comparer deux personnes ou deux choses qui sont égales ou qui se ressemblent... Que peut-on dire ?

Mon amie Marta et moi, nous **nous ressemblons** beaucoup. On croit souvent que nous sommes sœurs. Quelquefois même, les gens nous **confondent**. Au téléphone, par exemple, **on nous prend** souvent **l'une pour l'autre** et c'est vrai que nos voix sont presque **identiques**.

Nous avons à peu près **le même âge**, 21 et 22 ans. Notre signe astrologique est le même : Gémeaux. Et puis, nous avons **la même taille** : elle est **aussi grande que moi. Toutes les deux**, nous sommes brunes, avec les cheveux longs. On s'habille **pareil**, plutôt sport. Et nous partageons **les mêmes goûts** : toutes les deux, nous aimons danser, nous amuser mais aussi lire. Elle est **comme moi**, elle adore la nature et nous partons souvent faire de grandes balades à vélo.

Quand on veut comparer deux personnes ou deux choses qui sont différentes... Que peut-on dire ?

Paul et Léo, eux, sont vraiment des jumeaux mais de faux jumeaux ; ils **ne se ressemblent pas du tout**. On peut même dire que **c'est le jour et la nuit**.

D'abord, Léo est petit et mince, **alors que** Paul est bien **plus costaud**. Léo est blond, il est **plus fragile** que son frère, il a **beaucoup moins de résistance**. Mais c'est **le plus gentil des deux**, il est **plus serviable** et **plus affectueux**. Cela dit, Paul a aussi de nombreuses qualités : c'est **le meilleur élève** de sa classe et, en sport, il **dépasse** tous ses camarades et de loin. Il a **davantage** d'amis **que** son frère, qui est **bien plus** timide et sort **beaucoup moins**.

LA CONJUGAISON

Dans la conjugaison française on compte deux auxiliaires : **être** et **avoir**, et **trois groupes de verbes**.

• **Le 1er groupe :** l'infinitif est en **-er** (le participe présent en **-ant**) ➜ chant-**er** ; march-**er** ; entr-**er**...
   La conjugaison est régulière (exception : *aller*).

• **Le 2e groupe :** l'infinitif est en **-ir** (le participe présent en **-issant**) ➜ fin-**ir** ; chois-**ir** ; ag-**ir**...
La conjugaison est régulière.

• **Le 3e groupe :** l'infinitif est en **-re** (le participe présent en **-ant**) ➜ prend-**re** ; coud-**re**
    -oir (le participe présent en **-ant**) ➜ voul-**oir** ; dev-**oir**
    -ir (le participe présent en **-ant**) ➜ dorm-**ir** ; ten-**ir**
C'est un groupe de verbes irréguliers.

Avant d'aborder la conjugaison, il faut préciser certains termes. Le **radical** est le cœur du verbe, la **terminaison** est la marque verbale. Ainsi, prenons le verbe *parler* à l'infinitif. La marque de l'infinitif est la syllabe finale : **-er**. C'est **la terminaison** de l'infinitif. Ce qui reste quand on a retiré la terminaison c'est le radical, c'est-à-dire : **parl-**.

Le système des verbes en français semble compliqué. Mais, quelques « règles » simples peuvent guider l'étudiant. Ainsi, assez souvent on peut reconstituer toutes les formes de la conjugaison à partir : du présent, de l'infinitif et du participe passé. Pour les verbes du 1er groupe et du 2e groupe qui sont réguliers, les « règles » vous seront données au fur et à mesure de la conjugaison.

Pour les verbes du 3e groupe, nous vous donnons quelques exemples de ces « règles ».

Pour le présent de l'indicatif du verbe **boire** ➜ *je bois, tu bois, il/elle boit,* $\boxed{nous\ buvons}$ *, vous buvez,* $\boxed{ils\ boivent}$.

• Sur le radical de la 1re personne du pluriel de l'indicatif présent : nous *buv*-ons, on formera :

– L'imparfait de l'indicatif : je $\boxed{buv-}$ + -*ais, -ais, -ait, -ions, -iez, -aient* (terminaisons d'imparfait)
➜ *je buvais, tu buvais, il/elle buvait, nous buvions, vous buviez, ils/elles buvaient,* et

– Le participe présent : ➜ $\boxed{buv-}$ + -*ant* (terminaison de participe présent) ➜ *buvant.*

• Sur le radical de la 3e personne du pluriel de l'indicatif présent : ils/elles *boiv*-ent, on formera :

– Le subjonctif présent (les trois personnes du singulier et la 3e personne du pluriel : que je $\boxed{buv-}$ + *e, -es, -e, -ent*
(terminaisons de subjonctif présent) ➜ *que je boive, que tu boives, qu'il/elle boive, qu'ils/elles boivent.*

– Pour les 1re et 2e personnes du pluriel, le subjonctif a les mêmes formes que l'imparfait : *que nous buvions, que vous buviez.*

• Sur le radical d'infinitif : $\boxed{boi-}$ re, on formera :

– Le futur de l'indicatif : je $\boxed{boi-}$ + **r** (lettre caractéristique du futur) + -*ai, -as, -a, -ons, -ez, -ont* (terminaisons de futur)
➜ *je boirai, tu boiras, il/elle boira, nous boirons, vous boirez, ils/elles boiront.*

- Sur le participe passé : $\boxed{bu}$ on formera :

– Le passé simple $\boxed{bu}$ + -s, -s, -t, -ˆmes, -ˆtes, -rent (terminaisons de passé simple) ➜ *je bus, tu bus, il/elle but, nous bûmes, vous bûtes, ils/elles burent.*

- Sur la voyelle du passé simple : je $\boxed{bu}$ -s, on formera le subjonctif imparfait : ➜ je $\boxed{bu}$ + -sse, -sses, -ˆt, -ssions, -ssiez, -ssent. (terminaisons de subjonctif imparfait) ➜ *que je busse, que tu busses, qu'il/elle bût, que nous bussions, que vous bussiez, qu'ils/elles bussent.*

La plupart des verbes du 3e groupe suivent ces quelques « règles », mais il y a évidemment des exceptions que nous signalons au fur et à mesure.

Remarques préliminaires :
Dans la conjugaison, nous distinguerons deux formes du participe passé :
- le participe passé simple utilisé sans auxiliaire, qui exprime un état ou qui peut prendre la valeur d'un adjectif, **bu, parti, couvert** et qui sert à former tous les temps composés,

et

- le participe passé composé avec l'auxiliaire **être** ou **avoir** qui marque l'aspect accompli ou l'antériorité : **ayant bu, étant parti**.

Être

INDICATIF

Présent	Futur	Imparfait	Passé simple
Je suis	Je serai	J'étais	Je fus
Tu es	Tu seras	Tu étais	Tu fus
Il/elle est	Il/elle sera	Il/elle était	Il/elle fut
Nous sommes	Nous serons	Nous étions	Nous fûmes
Vous êtes	Vous serez	Vous étiez	Vous fûtes
Ils/elles sont	Ils/elles seront	Ils/elles étaient	Ils/elles furent

Passé composé	Futur antérieur	Plus-que-parfait	Passé antérieur
J'ai été	J'aurai été	J'avais été	J'eus été
Tu as été	Tu auras été	Tu avais été	Tu eus été
Il/elle a été	Il/elle aura été	Il/elle avait été	Il/elle eut été
Nous avons été	Nous aurons été	Nous avions été	Nous eûmes été
Vous avez été	Vous aurez été	Vous aviez été	Vous eûtes été
Ils/elles ont été	Ils/elles auront été	Ils/elles avaient été	Ils/elles eurent été

SUBJONCTIF

Présent	Passé	Imparfait	Plus-que-parfait
Que je sois	Que j'aie été	Que je fusse	Que j'eusse été
Que tu sois	Que tu aies été	Que tu fusses	Que tu eusses été
Qu'il/elle soit	Qu'il/elle ait été	Qu'il/elle fût	Qu'il/elle eût été
Que nous soyons	Que nous ayons été	Que nous fussions	Que nous eussions été
Que vous soyez	Que vous ayez été	Que vous fussiez	Que vous eussiez été
Qu'ils/elles soient	Qu'ils/elles aient été	Qu'ils/elles fussent	Qu'ils/elles eussent été

CONDITIONNEL

Présent	Passé
Je serais	J'aurais été
Tu serais	Tu aurais été
Il/elle serait	Il/elle aurait été
Nous serions	Nous aurions été
Vous seriez	Vous auriez été
Ils/elles seraient	Ils/elles auraient été

INFINITIF présent	PARTICIPE présent	IMPÉRATIF
Être	Étant	Sois, soyons, soyez
INFINITIF passé	**PARTICIPE passé**	
Avoir été	Été, ayant été	

Avoir

INDICATIF

Présent	Futur	Imparfait	Passé simple
J'ai	J'aurai	J'avais	J'eus
Tu as	Tu auras	Tu avais	Tu eus
Il/elle a	Il/elle aura	Il/elle avait	Il/elle eut
Nous avons	Nous aurons	Nous avions	Nous eûmes
Vous avez	Vous aurez	Vous aviez	Vous eûtes
Ils/elles ont	Ils/elles auront	Ils/elles avaient	Ils/elles eurent

Passé composé	Futur antérieur	Plus-que-parfait	Passé antérieur
J'ai eu	J'aurai eu	J'avais eu	J'eus eu
Tu as eu	Tu auras eu	Tu avais eu	Tu eus eu
Il/elle a eu	Il/elle aura eu	Il/elle avait eu	Il/elle eut eu
Nous avons eu	Nous aurons eu	Nous avions eu	Nous eûmes eu
Vous avez eu	Vous aurez eu	Vous aviez eu	Vous eûtes eu
Ils/elles ont eu	Ils/elles auront eu	Ils/elles avaient eu	Ils/elles eurent eu

SUBJONCTIF

Présent	Passé	Imparfait	Plus-que-parfait
Que j'aie	Que j'aie eu	Que j'eusse	Que j'eusse eu
Que tu aies	Que tu aies eu	Que tu eusses	Que tu eusses eu
Qu'il/elle ait	Qu'il/elle ait eu	Qu'il/elle eût	Qu'il/elle eût eu
Que nous ayons	Que nous ayons eu	Que nous eussions	Que nous eussions eu
Que vous ayez	Que vous ayez eu	Que vous eussiez	Que vous eussiez eu
Qu'ils/elles aient	Qu'ils/elles aient eu	Qu'ils/elles eussent	Qu'ils/elles eussent eu

CONDITIONNEL

Présent	Passé
J'aurais	J'aurais eu
Tu aurais	Tu aurais eu
Il/elle aurait	Il/elle aurait eu
Nous aurions	Nous aurions eu
Vous auriez	Vous auriez eu
Ils/elles auraient	Ils/elles auraient eu

INFINITIF présent	PARTICIPE présent	IMPÉRATIF
Avoir	Ayant	Aie, ayons, ayez
INFINITIF passé	**PARTICIPE passé**	
Avoir eu	Eu, ayant eu	

Aller

INDICATIF

Présent	Futur	Imparfait	Passé simple
Je vais	J'irai	J'allais	J'allai
Tu vas	Tu iras	Tu allais	Tu allas
Il/elle va	Il/elle ira	Il/elle allait	Il/elle alla
Nous allons	Nous irons	Nous allions	Nous allâmes
Vous allez	Vous irez	Vous alliez	Vous allâtes
Ils/elles vont	Ils/elles iront	Ils/elles allaient	Ils/elles allèrent
Passé composé	**Futur antérieur**	**Plus-que-parfait**	**Passé antérieur**
Je suis allé(e)	Je serai allé(e)	J'étais allé(e)	Je fus allé(e)
Tu es allé(e)	Tu seras allé(e)	Tu étais allé(e)	Tu fus allé(e)
Il/elle est allé(e)	Il/elle sera allé(e)	Il/elle était allé(e)	Il/elle fut allé(e)
Nous sommes allé(e)s	Nous serons allé(e)s	Nous étions allé(e)s	Nous fûmes allé(e)s
Vous êtes allé(e)(s)	Vous serez allé(e)(s)	Vous étiez allé(e)(s)	Vous fûtes allé(e)(s)
Ils/elles sont allé(e)s	Ils/elles seront allé(e)s	Ils/elles étaient allé(e)s	Ils/elles furent allé(e)s

SUBJONCTIF

Présent	Passé	Imparfait	Plus-que-parfait
Que j'aille	Que je sois allé(e)	Que j'allasse	Que je fusse allé(e)
Que tu ailles	Que tu sois allé(e)	Que tu allasses	Que tu fusses allé(e)
Qu'il/elle aille	Qu'il/elle soit allé(e)	Qu'il/elle allât	Qu'il/elle fût allé(e)
Que nous allions	Que nous soyons allé(e)s	Que nous allassions	Que nous fussions allé(e)s
Que vous alliez	Que vous soyez allé(e)(s)	Que vous allassiez	Que vous fussiez allé(e)(s)
Qu'ils/elles aillent	Qu'ils/elles soient allé(e)s	Qu'ils/elles allassent	Qu'ils/elles fussent allé(e)s

CONDITIONNEL

Présent	Passé
J'irais	Je serais allé(e)
Tu irais	Tu serais allé(e)
Il/elle irait	Il/elle serait allé(e)
Nous irions	Nous serions allé(e)s
Vous iriez	Vous seriez allé(e)(s)
Ils/elles iraient	Ils/elles seraient allé(e)s

INFINITIF présent	PARTICIPE présent	IMPÉRATIF
Aller	Allant	Va, allons, allez
INFINITIF passé	**PARTICIPE passé**	
Être allé(e)(s)	Allé(e)(s), étant allé(e)(s)	

Remarques

- Verbe en **-ER**, il appartient au 1er groupe, mais c'est un verbe irrégulier, construit sur trois radicaux :
  all- ; va- ; i-.
- Verbe de mouvement (déplacement du corps d'un point à un autre), il utilise aux formes composées l'auxiliaire : *être*. Le participe passé (qui est en « **é** ») s'accorde avec le sujet.

Faire

INDICATIF			
Présent	**Futur**	**Imparfait**	**Passé simple**
Je fais	Je ferai	Je [fai]sais [fə]	Je fis
Tu fais	Tu feras	Tu [fai]sais [fə]	Tu fis
Il/elle fait	Il/elle fera	Il/elle [fai]sait [fə]	Il/elle fit
Nous [fai]sons [fə]	Nous ferons	Nous [fai]sions [fə]	Nous fîmes
Vous faites	Vous ferez	Vous [fai]siez [fə]	Vous fîtes
Ils/elles font	Ils/elles feront	Ils/elles [fai]saient [fə]	Ils/elles firent
Passé composé	**Futur antérieur**	**Plus-que-parfait**	**Passé antérieur**
J'ai fait	J'aurai fait	J'avais fait	J'eus fait
Tu as fait	Tu auras fait	Tu avais fait	Tu eus fait
Il/elle a fait	Il/elle aura fait	Il/elle avait fait	Il/elle eut fait
Nous avons fait	Nous aurons fait	Nous avions fait	Nous eûmes fait
Vous avez fait	Vous aurez fait	Vous aviez fait	Vous eûtes fait
Ils/elles ont fait	Ils/elles auront fait	Ils/elles avaient fait	Ils/elles eurent fait

SUBJONCTIF			
Présent	**Passé**	**Imparfait**	**Plus-que-parfait**
Que je fasse	Que j'aie fait	Que je fisse	Que j'eusse fait
Que tu fasses	Que tu aies fait	Que tu fisses	Que tu eusses fait
Qu'il/elle fasse	Qu'il/elle ait fait	Qu'il/elle fît	Qu'il/elle eût fait
Que nous fassions	Que nous ayons fait	Que nous fissions	Que nous eussions fait
Que vous fassiez	Que vous ayez fait	Que vous fissiez	Que vous eussiez fait
Qu'ils/elles fassent	Qu'ils/elles aient fait	Qu'ils/elles fissent	Qu'ils/elles eussent fait

CONDITIONNEL	
Présent	**Passé**
Je ferais	J'aurais fait
Tu ferais	Tu aurais fait
Il/elle ferait	Il/elle aurait fait
Nous ferions	Nous aurions fait
Vous feriez	Vous auriez fait
Ils/elles feraient	Ils/elles auraient fait

INFINITIF présent	**PARTICIPE présent**		**IMPÉRATIF**
Faire	[Fai]sant	[fə]	Fais, [fai]sons [fə], faites
INFINITIF passé	**PARTICIPE passé**		
Avoir fait	Fait, ayant fait		

Remarques

Verbe irrégulier du 3ᵉ groupe. Se conjuguent comme *faire* : *défaire, refaire, satisfaire.*
• Attention à la forme de la 2ᵉ personne du pluriel : **vous faites**.
• Le participe passé a la même forme que la 3ᵉ personne du singulier du présent de l'indicatif : il **fait** : j'ai **fait**.
Attention : ne confondez pas le passé simple de *faire*, **je fis**, et le passé simple de *être*, **je fus**.

Verbes du 1er groupe : Parl-er

INDICATIF

Présent	Futur	Imparfait	Passé simple
Je parle	Je parlerai	Je parlais	Je parlai
Tu parles	Tu parleras	Tu parlais	Tu parlas
Il/elle parle	Il/elle parlera	Il/elle parlait	Il/elle parla
Nous parlons	Nous parlerons	Nous parlions	Nous parlâmes
Vous parlez	Vous parlerez	Vous parliez	Vous parlâtes
Ils/elles parlent	Ils/elles parleront	Ils/elles parlaient	Ils/elles parlèrent

Passé composé	Futur antérieur	Plus-que-parfait	Passé antérieur
J'ai parlé	J'aurai parlé	J'avais parlé	J'eus parlé

SUBJONCTIF

Présent	Passé	Imparfait	Plus-que-parfait
Que je parle	Que j'aie parlé	Que je parlasse	Que j'eusse parlé
Que tu parles	Que tu aies parlé	Que tu parlasses	Que tu eusses parlé
Qu'il/elle parle	Qu'il/elle ait parlé	Qu'il/elle parlât	Qu'il/elle eût parlé
Que nous parlions	Que nous ayons parlé	Que nous parlassions	Que nous eussions parlé
Que vous parliez	Que vous ayez parlé	Que vous parlassiez	Que vous eussiez parlé
Qu'ils/elles parlent	Qu'ils/elles aient parlé	Qu'ils/elles parlassent	Qu'ils/elles eussent parlé

CONDITIONNEL

Présent	Passé
Je parlerais	J'aurais parlé
Tu parlerais	Tu aurais parlé
Il/elle parlerait	Il/elle aurait parlé
Nous parlerions	Nous aurions parlé
Vous parleriez	Vous auriez parlé
Ils/elles parleraient	Ils/elles auraient parlé

INFINITIF présent	PARTICIPE présent	IMPÉRATIF
Parler	Parlant	Parle, parlons, parlez
INFINITIF passé	**PARTICIPE passé**	
Avoir parlé	Parlé, ayant parlé	

Quelques remarques sur les verbes du 1er groupe :

- Comme pour tous les verbes, l'imparfait de l'indicatif se forme sur le radical de la 1re personne du pluriel du présent : nous **parl-**ons. À ce radical « **parl-** » on ajoute les terminaisons : *ais, ais, ait, ions, iez, aient*.
- Sur le radical de nous **parl-**ons, on forme aussi le participe présent : **parl-** + **ant**.
- Le futur des verbes du 1er groupe se forme sur l'infinitif : parle $\boxed{r-}$ auquel on ajoute les terminaisons : *-ai, -as, -a, -ons, -ez, -ont*.
- Le subjonctif présent se forme sur la 3e personne du pluriel du présent : ils **parl-**ent. À ce radical, « **parl-** » on ajoute : *-e, -es, -e ,-ions, -iez, -ent*.
- Le subjonctif imparfait se construit comme pour tous les verbes français sur la **voyelle du passé simple**. Ici, il s'agit de la voyelle « **a** » : je parlai, tu parlas, il parla…
On ajoute à cette voyelle « **a** », les terminaisons : *-sse, -sses, -ˆt, -ssions, -ssiez, -ssent*.
Attention : l'impératif normalement reprend exactement les formes de l'indicatif présent. Mais au 1er groupe, la deuxième personne de l'impératif, s'écrit sans **-s** : *tu parles*, mais : *parle* ; *tu marches*, mais : *marche*.

Certains verbes du 1er groupe présentent quelques particularités

- Les **verbes en -CER**, comme *avancer, commencer, effacer, menacer, placer, tracer*… Pour uniformiser la prononciation dans toute la conjugaison, on écrira le « c » devant « o » et « a » avec une cédille : **ç**
Nous pla**ç**ons [plasõ]
Je pla**ç**ais, tu pla**ç**ais, il pla**ç**ait, ils pla**ç**aient
Je pla**ç**ai, tu pla**ç**as, il pla**ç**a, nous pla**ç**âmes, vous pla**ç**âtes
pla**ç**ant.

- Les **verbes en -GER**, comme *aménager, arranger, déménager, déranger, bouger, engager, manger, nager, ranger*… Pour les mêmes raisons de prononciation on fera suivre le « g » de la lettre « e »
→ « **-ge-** » devant « o » et « a-».
Nous man**ge**ons [mãʒõ]
Je man**ge**ais, tu man**ge**ais, il man**ge**ait, ils man**ge**aient
Je man**ge**ai, tu man**ge**as, il man**ge**a, nous man**ge**âmes, vous man**ge**âtes
man**ge**ant [mãʒã]

- Les **verbes en -OYER, -UYER**, comme : *aboyer, appuyer, employer, ennuyer, essuyer, nettoyer, noyer, tournoyer, tutoyer, vouvoyer*…
Ces verbes changent la lettre « **y** » + « **e** » **muet** en « **i** ».
Cela ne concerne que certaines formes du présent de l'indicatif et du subjonctif, le futur et le conditionnel.
Je nett**oie**, tu nett**oies**, il nett**oie**, ils nett**oient**.
Que je nett**oie**, que tu nett**oies**, qu'il nett**oie**, qu'ils nett**oient**
Je nett**oie**rai, tu nett**oie**ras, il nett**oie**ra, elle nett**oie**ra, nous nett**oie**rons, vous nett**oie**rez, ils nett**oie**ront
Je nett**oie**rais…
Attention à la forme irrégulière du futur et du conditionnel présent du verbe : **envoyer**.

> j'en**verrai**, tu en**verras**, il en**verra**…
> j'en**verrais**, tu en**verrais**, il en**verrait**…

Vous remarquez que ce verbe se construit sur le futur de *voir*.

- Les **verbes en -AYER**, comme *bégayer, effrayer, essayer, payer, rayer*… changent ou non la lettre « **y** » + **e muet** en « **i** ». La forme en « **i** » est plus fréquente.
Cela concerne les mêmes formes verbales que pour les verbes en **-oyer**, ou **-uyer**.
J'ess**aye** ou j'ess**aie**…
Que j'ess**aye** ou que j'ess**aie**…
J'ess**ayerai** ou j'ess**aierai**…, j'ess**ayerais** ou j'ess**aierais**

- **Les verbes en -ELER,** comme *amonceler, appeler, épeler, étinceler, ficeler, renouveler, ressemeler, ruisseler...* et **en -ETER**, comme *épousseter, étiqueter, feuilleter, jeter,* **doublent la consonne L, ou T devant un « e » muet**. On évite ainsi la succession de deux voyelles muettes. Cela concerne certaines formes du présent de l'indicatif et du subjonctif, le futur et le conditionnel présent.

J'app**elle**, tu app**elles**, il app**elle**, nous appelons, vous appelez, ils app**ellent**.
Que j'app**elle**, que tu app**elles**, qu'il app**elle**, que nous appelions, que vous appeliez, qu'ils app**ellent**.
J'app**ellerai**, tu app**elleras**, il app**ellera**, nous app**ellerons**, vous app**ellerez**, ils app**elleront**.
J'app**ellerais**, tu app**ellerais**...

Je j**ette**, tu j**ettes**, il j**ette,** nous jetons, vous jetez, ils j**ettent.**
Que je j**ette,** que tu j**ettes**, qu'il j**ette**, que nous jetions, que vous jetiez, qu'ils j**ettent**.
Je j**etterai**, tu j**etteras,** il j**ettera**....
Je j**etterais**, tu j**etterais**, il j**etterait**...

Quelques verbes ne suivent pas cette règle : au lieu de doubler la consonne, ils **changent le « e » muet en « è » ouvert**. Ainsi :
Déceler, receler, démanteler, geler et ses composés, *congeler, dégeler..., harceler, marteler, modeler, peler*...
Je p**èle**, tu p**èles**...
et *acheter, racheter, haleter.*
J'ach**ète,** tu ach**ètes**...

- Les verbes dont la dernière syllabe du radical contient un « e » muet **changent le « e » muet suivi d'un autre « e » muet en « è » ouvert**. Se conjuguent ainsi : *achever, amener, se démener, lever, mener, peser, ramener, relever, semer, soulever*...
Je l**ève**, tu l**èves**, il l**ève**, nous levons, vous levez, ils l**èvent**.
Que je l**ève**, que tu l**èves**, qu'il l**ève**, que nous levions, que vous leviez, qu'ils l**èvent**.
Je l**èverai**, tu l**èveras**, il l**èvera**, nous l**èverons**....
Je l**èverais**, tu l**èverais**, il l**èverait**, nous l**èverions**...

- Les verbes dont la dernière syllabe contient un « é » fermé changent le « é » **fermé + « e » muet final en « è » ouvert**. Ainsi : *espérer, compléter, préférer, répéter*...
J'esp**ère**, tu esp**ères**, il esp**ère**...
mais : j'esp**ére**rai, tu esp**ére**ras, il esp**ére**ra...(le « e » muet n'est pas final)

- Attention aux verbes du type : *appréci-er, étudi-er, oubli-er, pri-er remerci-er,* etc. (La dernière lettre du radical est une voyelle.)
À l'imparfait et au subjonctif présent, on a les formes de pluriel : nous étud**i-i**ons, vous étud**i-i**ez

- Remarquez les formes du verbe : *cré-er.*
– au présent : je cr**ée,** nous cr**éons**...
– à l'imparfait : je cr**éais**, nous cr**éions.**
– au futur et au conditionnel : je cr**éerai**, nous cr**éerons** ; je cr**éerais,** nous cr**éerions**...
– au participe passé : cr**éé**(s), cr**éée**(s).

- Les verbes en **-guer** gardent le **-u-** même quand cela peut ne pas sembler nécessaire.
Suivent cette règle des verbes comme : *distinguer, fatiguer, naviguer,*
Je distin**gue**, je distin**gue**rai, mais aussi, nous distin**guons**, je distin**guais**, je distin**guai**, distin**guant**...

Verbes du 2ᵉ groupe : Bâtir

INDICATIF

Présent	Futur	Imparfait	Passé simple
Je bâtis	Je bâtirai	Je bâtissais	Je bâtis
Tu bâtis	Tu bâtiras	Tu bâtissais	Tu bâtis
Il/elle bâtit	Il/elle bâtira	Il/elle bâtissait	Il/elle bâtit
Nous bâtissons	Nous bâtirons	Nous bâtissions	Nous bâtîmes
Vous bâtissez	Vous bâtirez	Vous bâtissiez	Vous bâtîtes
Ils/elles bâtissent	Ils/elles bâtiront	Ils/elles bâtissaient	Ils/elles bâtirent

Passé composé	Futur antérieur	Plus-que-parfait	Passé antérieur
J'ai bâti	J'aurai bâti	J'avais bâti	J'eus bâti

SUBJONCTIF

Présent	Passé	Imparfait	Plus-que-parfait
Que je bâtisse	Que j'aie bâti	Que je bâtisse	Que j'eusse bâti
Que tu bâtisses	Que tu aies bâti	Que tu bâtisses	Que tu eusses bâti
Qu'il/elle bâtisse	Qu'il/elle ait bâti	Qu'il/elle bâtît	Qu'il/elle eût bâti
Que nous bâtissions	Que nous ayons bâti	Que nous bâtissions	Que nous eussions bâti
Que vous bâtissiez	Que vous ayez bâti	Que vous bâtissiez	Que vous eussiez bâti
Qu'ils/elles bâtissent	Qu'ils/elles aient bâti	Qu'ils/elles bâtissent	Qu'ils/elles eussent bâti

CONDITIONNEL

Présent	Passé
Je bâtirais	J'aurais bâti
Tu bâtirais	Tu aurais bâti
Il/elle bâtirait	Il/elle aurait bâti
Nous bâtirions	Nous aurions bâti
Vous bâtiriez	Vous auriez bâti
Ils/elles bâtiraient	Ils/elles auraient bâti

INFINITIF présent	PARTICIPE présent	IMPÉRATIF
Bâtir	Bâtissant	Bâtis, bâtissons, bâtissez
INFINITIF passé	**PARTICIPE passé**	
Avoir bâti	Bâti, ayant bâti	

Remarques

• Notez la présence des deux **-ss-** dans le radical du présent (indicatif, subjonctif), de l'imparfait (indicatif, subjonctif) et du participe présent (bâti-**ss**-ant).

• Le futur de ce verbe se construit sur l'infinitif : **bâtir** + *ai, as, a, ons, ez, ont*.

• Le participe passé est en « **-i** », et le passé simple se forme sur cette voyelle.
Je bâti-s, tu bâti-s, il/elle bâti-t, nous bâtî-mes, vous bâtî-tes, ils bâti-rent.

• Vous remarquerez que plusieurs formes de ce verbe sont semblables. Ainsi, le présent et le passé simple au singulier ont les mêmes formes : *je bâtis, tu bâtis, il bâtit.*

• Le subjonctif présent et le subjonctif imparfait ont exactement les mêmes formes, sauf à la 3e personne du singulier : *qu'il bâtisse, qu'il bâtît.*

On trouvera dans cette catégorie de nombreux verbes qui montrent un changement d'état, un passage d'un état à un autre et qui se forment à partir d'un adjectif :
adoucir (rendre doux), affaiblir (rendre faible), (r)affermir (rendre ferme), agrandir (rendre grand), alourdir, aplanir, aplatir, appauvrir, approfondir, arrondir, assainir, assombrir, assourdir, attendrir, blanchir, blêmir, brunir, durcir, éclaircir, élargir, embellir, endurcir, engourdir, enlaidir, enrichir, épaissir, faiblir, fraîchir, grandir, grossir, jaunir, maigrir, mincir, mûrir, noircir, obscurcir, pâlir, raccourcir, rafraîchir, raidir, rajeunir, ralentir, refroidir, rétrécir, rougir, roussir, salir, verdir, vernir...

Et un verbe un peu particulier : le verbe **haïr = détester.**
Ce verbe se conjugue comme tous les verbes du 2e groupe, mais sa particularité est le **tréma** (= deux points qui se placent sur la voyelle « i » après la voyelle « a ») qui indique que l'on doit prononcer les 2 voyelles « a » et « i ».
Haïr perd ce tréma aux trois premières personnes de l'indicatif présent et à la 2e personne de l'impératif présent.
Je hais, tu hais, (hais), il hait, puis nous haïssons, vous haïssez, ils /elles haïssent... et ainsi de suite pour toutes les autres formes de la conjugaison.

Certains verbes peuvent s'utiliser à la forme pronominale et dans ce cas ils prennent un sens légèrement différent : *s'adoucir (devenir doux), s'affaiblir (devenir faible).*

À cette catégorie s'ajoutent d'autres verbes différents comme :
agir, applaudir, avertir, bâtir, bondir, choisir, définir, démolir, désobéir, éblouir, enfouir, envahir, épanouir, établir, s'évanouir, finir, fleurir, fournir, franchir, frémir, garantir, garnir, gémir, guérir, jaillir, nourrir, obéir, punir, réfléchir, réjouir, remplir, resplendir, rétablir, retentir, réunir, réussir, saisir, subir, surgir, trahir, unir, vomir...

Verbes du 3e groupe en -RE : verbes du type Prendre

INDICATIF			
Présent	**Futur**	**Imparfait**	**Passé simple**
Je pren**ds**	Je prendrai	Je prenais	Je pris
Tu prends	Tu prendras	Tu prenais	Tu pris
Il/elle pren**d**	Il/elle prendra	Il/elle prenait	Il/elle prit
Nous pre**nons**	Nous prendrons	Nous prenions	Nous prîmes
Vous pre**nez**	Vous prendrez	Vous preniez	Vous prîtes
Ils/elles pre**nnent**	Ils/elles prendront	Ils/elles prenaient	Ils/elles prirent
Passé composé	**Futur antérieur**	**Plus-que-parfait**	**Passé antérieur**
J'ai pris	J'aurai pris	J'avais pris	J'eus pris

SUBJONCTIF			
Présent	**Passé**	**Imparfait**	**Plus-que-parfait**
Que je prenne	Que j'aie pris	Que je prisse	Que j'eusse pris
Que tu prennes	Que tu aies pris	Que tu prisses	Que tu eusses pris
Qu'il/elle prenne	Qu'il/elle ait pris	Qu'il/elle prît	Qu'il/elle eût pris
Que nous prenions	Que nous ayons pris	Que nous prissions	Que nous eussions pris
Que vous preniez	Que vous ayez pris	Que vous prissiez	Que vous eussiez pris
Qu'ils/elles prennent	Qu'ils/elles aient pris	Qu'ils/elles prissent	Qu'ils/elles eussent pris

CONDITIONNEL	
Présent	**Passé**
Je prendrais	J'aurais pris
Tu prendrais	Tu aurais pris
Il/elle prendrait	Il/elle aurait pris
Nous prendrions	Nous aurions pris
Vous prendriez	Vous auriez pris
Ils/elles prendraient	Ils/elles auraient pris

INFINITIF présent	**PARTICIPE présent**	**IMPÉRATIF**
Prendre	Prenant	Prends, prenons, prenez
INFINITIF passé	**PARTICIPE passé**	
Avoir pris	Pris, ayant pris	

Remarques

Se conjuguent de même : *apprendre, comprendre, entreprendre, s'éprendre, se méprendre, reprendre, surprendre*...
Ce verbe perd la lettre « **d** » du radical à toutes les formes, sauf aux trois 1res personnes du singulier du présent, au futur et au conditionnel présent.

• Le futur est formé sur le radical de l'infinitif : **prend-** + r + *ai, as, a, ons, ez, ont.*

• Le subjonctif présent se forme sur le radical de « ils **prenn**-ent (3e personne du pluriel de l'indicatif présent) auquel on ajoute *-e, -es, -e, -ent.*
Il faut noter que les 1re et 2e personnes du pluriel du subjonctif se forment à partir du radical de l'imparfait de l'indicatif : *que nous pren-ions, que vous pren-iez.*

• Le subjonctif imparfait que je *prisse* se forme sur la voyelle du passé simple : *je pris.*

INDICATIF			
Présent	**Futur**	**Imparfait**	**Passé simple**
Je ren**ds**	Je rendrai	Je rendais	Je rendis
Tu ren**ds**	Tu rendras	Tu rendais	Tu rendis
Il/elle ren**d**	Il/elle rendra	Il/elle rendait	Il/elle rendit
Nous ren**dons**	Nous rendrons	Nous rendions	Nous rendîmes
Vous ren**dez**	Vous rendrez	Vous rendiez	Vous rendîtes
Ils/elles ren**dent**	Ils/elles rendront	Ils/elles rendaient	Ils/elles rendirent
Passé composé	**Futur antérieur**	**Plus-que-parfait**	**Passé antérieur**
J'ai rendu	J'aurai rendu	J'avais rendu	J'eus rendu

SUBJONCTIF			
Présent	**Passé**	**Imparfait**	**Plus-que-parfait**
Que je rende	Que j'aie rendu	Que je rendisse	Que j'eusse rendu
Que tu rendes	Que tu aies rendu	Que tu rendisses	Que tu eusses rendu
Qu'il/elle rende	Qu'il/elle ait rendu	Qu'il/elle rendît	Qu'il/elle eût rendu
Que nous rendions	Que nous ayons rendu	Que nous rendissions	Que nous eussions rendu
Que vous rendiez	Que vous ayez rendu	Que vous rendissiez	Que vous eussiez rendu
Qu'ils/elles rendent	Qu'ils/elles aient rendu	Qu'ils/elles rendissent	Qu'ils/elles eussent rendu

CONDITIONNEL	
Présent	**Passé**
Je rendrais	J'aurais rendu
Tu rendrais	Tu aurais rendu
Il/elle rendrait	Il/elle aurait rendu
Nous rendrions	Nous aurions rendu
Vous rendriez	Vous auriez rendu
Ils/elles rendraient	Ils/elles auraient rendu

INFINITIF présent	PARTICIPE présent	IMPÉRATIF
Rendre	Rendant	Rends, rendons, rendez
INFINITIF passé	**PARTICIPE passé**	
Avoir rendu	Rendu, ayant rendu	

Remarques

Se conjuguent comme *rendre* :

– *attendre, défendre, dépendre, descendre, détendre, distendre, entendre, étendre, fendre, pendre, prétendre, sous-entendre, suspendre, tendre, vendre, perdre, confondre, correspondre, fondre, pondre, répondre, mordre, tordre, répandre.*

– *Rompre, corrompre, interrompre* se conjuguent sur ce modèle, mais à la 3ᵉ personne du singulier de l'indicatif présent : *il rompt.*

Le futur se forme sur le radical d'infinitif : **rend + r + ai, as…**
Le participe passé est en « *-u* », *rendu*, mais le passé simple se forme sur la voyelle « *-i-* » : *je rendis*.

LA CONJUGAISON

Verbes du 3ᵉ groupe en –RE : verbes du type Peindre

INDICATIF			
Présent	**Futur**	**Imparfait**	**Passé simple**
Je peins	Je peindrai	Je peignais	Je peignis
Tu peins	Tu peindras	Tu peignais	Tu peignis
Il/elle peint	Il/elle peindra	Il/elle peignait	Il/elle peignit
Nous peignons	Nous peindrons	Nous peignions	Nous peignîmes
Vous peignez	Vous peindrez	Vous peigniez	Vous peignîtes
Ils/elles peignent	Ils/elles peindront	Ils/elles peignaient	Ils/elles peignirent
Passé composé	**Futur antérieur**	**Plus-que-parfait**	**Passé antérieur**
J'ai peint	J'aurai peint	J'avais peint	J'eus peint

SUBJONCTIF			
Présent	**Passé**	**Imparfait**	**Plus-que-parfait**
Que je peigne	Que j'aie peint	Que je peignisse	Que j'eusse peint
Que tu peignes	Que tu aies peint	Que tu peignisses	Que tu eusses peint
Qu'il/elle peigne	Qu'il/elle ait peint	Qu'il/elle peignît	Qu'il/elle eût peint
Que nous peignions	Que nous ayons peint	Que nous peignissions	Que nous eussions peint
Que vous peigniez	Que vous ayez peint	Que vous peignissiez	Que nous eussiez peint
Qu'ils/elles peignent	Qu'ils/elles aient peint	Qu'ils/elles peignissent	Qu'ils/elles eussent peint

CONDITIONNEL	
Présent	**Passé**
Je peindrais	J'aurais peint
Tu peindrais	Tu aurais peint
Il/elle peindrait	Il/elle aurait peint
Nous peindrions	Nous aurions peint
Vous peindriez	Vous auriez peint
Ils/elles peindraient	Ils/elles auraient peint

INFINITIF présent	**PARTICIPE présent**	**IMPÉRATIF**
Peindre	Peindre	Peins, peignons, peignez
INFINITIF passé	**PARTICIPE passé**	
Avoir peint	Peint, ayant peint	

Remarques

Se conjuguent sur ce modèle : *astreindre, atteindre, ceindre, déteindre, enfreindre, éteindre, étreindre, feindre, geindre, restreindre, teindre, craindre, contraindre, plaindre, joindre, adjoindre, disjoindre, rejoindre*... Exemples : *Je crains, nous craignons ; je joins, nous joignons.*

Ces verbes perdent la lettre « d » à toutes les formes, sauf au futur et au conditionnel puisque le futur et le conditionnel se forment sur le radical d'infinitif. Et le « n » entre deux syllabes vocaliques s'est transformé en « gn » : *nous *pei-n-ons* ➜ *nous peignons.*
Le participe passé « **peint** » est semblable à la 3ᵉ personne du singulier de l'indicatif présent « **il peint** ».
Le passé simple se forme sur la voyelle « *-i-* » : *je peignis*...

Verbes du 3ᵉ groupe en -RE : verbes du type Résoudre

INDICATIF			
Présent	**Futur**	**Imparfait**	**Passé simple**
Je rés**ous**	Je résoudrai	Je résolvais	Je résolus
Tu rés**ous**	Tu résoudras	Tu résolvais	Tu résolus
Il/elle rés**out**	Il/elle résoudra	Il/elle résolvait	Il/elle résolut
Nous rés**olvons**	Nous résoudrons	Nous résolvions	Nous résolûmes
Vous rés**olvez**	Vous résoudrez	Vous résolviez	Vous résolûtes
Ils/elles rés**olvent**	Ils/elles résoudront	Ils/elles résolvaient	Ils/elles résolurent
Passé composé	**Futur antérieur**	**Plus-que-parfait**	**Passé antérieur**
J'ai résolu	J'aurai résolu	J'avais résolu	J'eus résolu

SUBJONCTIF			
Présent	**Passé**	**Imparfait**	**Plus-que-parfait**
Que je résolve	Que j'aie résolu	Que je résolusse	Que j'eusse résolu
Que tu résolves	Que tu aies résolu	Que tu résolusses	Que tu eusses résolu
Qu'il/elle résolve	Qu'il/elle ait résolu	Qu'il/elle résolût	Qu'il/elle eût résolu
Que nous résolvions	Que nous ayons résolu	Que nous résolussions	Que nous eussions résolu
Que vous résolviez	Que vous ayez résolu	Que vous résolussiez	Que vous eussiez résolu
Qu'ils/elles résolvent	Qu'ils/elles aient résolu	Qu'ils/elles résolussent	Qu'ils/elles eussent résolu

CONDITIONNEL	
Présent	**Passé**
Je résoudrais	J'aurais résolu
Tu résoudrais	Tu aurais résolu
Il/elle résoudrait	Il/elle aurait résolu
Nous résoudrions	Nous aurions résolu
Vous résoudriez	Vous auriez résolu
Ils/elles résoudraient	Ils/elles auraient résolu

INFINITIF présent	**PARTICIPE présent**	**IMPÉRATIF**
Résoudre	Résolvant	Résous, résolvons, résolvez
INFINITIF passé	**PARTICIPE passé**	
Avoir résolu	Résolu, ayant résolu	

Remarques

Se conjugue comme ce verbe : *dissoudre* (mais participe passé : *dissous, dissoute(s)*).
Ce verbe perd la lettre « d » à toutes les formes de la conjugaison, sauf au futur et au conditionnel.
Il forme le futur sur le radical d'infinitif **résoud-** auquel on ajoute la lettre caractéristique du futur :
-r- + -ai, -as, -a, -ons, -ez, -ont.

L'imparfait et le participe présent se forment normalement sur le radical de la 1ʳᵉ personne du pluriel de l'indicatif présent : nous *résolv-ons* ➜ je **résolv**-ais…, **résolv**-ant.
Le passé simple se forme sur le participe passé *résolu* ➜ *je résolus*…

verbes du 3ᵉ groupe en –RE : verbes du type Coudre

INDICATIF			
Présent	**Futur**	**Imparfait**	**Passé simple**
Je cou**ds**	Je coudrai	Je cousais	Je cousis
Tu cou**ds**	Tu coudras	Tu cousais	Tu cousis
Il/elle cou**d**	Il/elle coudra	Il/elle cousait	Il/elle cousit
Nous cou**sons**	Nous coudrons	Nous cousions	Nous cousîmes
Vous cou**sez**	Vous coudrez	Vous cousiez	Vous cousîtes
Ils/elles cou**sent**	Ils/elles coudront	Ils/elles cousaient	Ils/elles cousirent
Passé composé	**Futur antérieur**	**Plus-que-parfait**	**Passé antérieur**
J'ai cousu	J'aurai cousu	J'avais cousu	J'eus cousu

SUBJONCTIF			
Présent	**Passé**	**Imparfait**	**Plus-que-parfait**
Que je couse	Que j'aie cousu	Que je cousisse	Que j'eusse cousu
Que tu couses	Que tu aies cousu	Que tu cousisses	Que tu eusses cousu
Qu'il/elle couse	Qu'il/elle ait cousu	Qu'il/elle cousît	Qu'il/elle eût cousu
Que nous cousions	Que nous ayons cousu	Que nous cousissions	Que nous eussions cousu
Que vous cousiez	Que vous ayez cousu	Que vous cousissiez	Que vous eussiez cousu
Qu'ils/elles cousent	Qu'ils/elles aient cousu	Qu'ils/elles cousissent	Qu'ils/elles eussent cousu

CONDITIONNEL	
Présent	**Passé**
Je coudrais	J'aurais cousu
Tu coudrais	Tu aurais cousu
Il/elle coudrait	Il/elle aurait cousu
Nous coudrions	Nous aurions cousu
Vous coudriez	Vous auriez cousu
Ils/elles coudraient	Ils/elles auraient cousu

INFINITIF présent	**PARTICIPE présent**	**IMPÉRATIF**
Coudre	Cousant	Couds, cousons, cousez
INFINITIF passé	**PARTICIPE passé**	
Avoir cousu	Cousu, ayant cousu	

Remarque

Le participe passé de ce verbe est en « *-u* » *(cousu)* mais la voyelle de passé simple est en « *-i* » *(je cousis)*.

Verbes du 3ᵉ groupe en –RE : verbes du type Moudre

INDICATIF			
Présent	**Futur**	**Imparfait**	**Passé simple**
Je mou**ds**	Je moudrai	Je moulais	Je moulus
Tu mou**ds**	Tu moudras	Tu moulais	Tu moulus
Il/elle mou**d**	Il/elle moudra	Il/elle moulait	Il/elle moulut
Nous mou**lons**	Nous moudrons	Nous moulions	Nous moulûmes
Vous mou**lez**	Vous moudrez	Vous mouliez	Vous moulûtes
Ils/elles mou**lent**	Ils/elles moudront	Ils/elles moulaient	Ils/elles moulurent
Passé composé	**Futur antérieur**	**Plus-que-parfait**	**Passé antérieur**
J'ai moulu	J'aurai moulu	J'avais moulu	J'eus moulu

SUBJONCTIF			
Présent	**Passé**	**Imparfait**	**Plus-que-parfait**
Que je moule	Que j'aie moulu	Que je moulusse	Que j'eusse moulu
Que tu moules	Que tu aies moulu	Que tu moulusses	Que tu eusses moulu
Qu'il/elle moule	Qu'il/elle ait moulu	Qu'il/elle moulût	Qu'il/elle eût moulu
Que nous moulions	Que nous ayons moulu	Que nous moulussions	Que nous eussions moulu
Que vous mouliez	Que vous ayez moulu	Que vous moulussiez	Que vous eussiez moulu
Qu'ils/elles moulent	Qu'ils/elles aient moulu	Qu'ils/elles moulussent	Qu'ils/elles eussent moulu

CONDITIONNEL	
Présent	**Passé**
Je moudrais	J'aurais moulu
Tu moudrais	Tu aurais moulu
Il/elle moudrait	Il/elle aurait moulu
Nous moudrions	Nous aurions moulu
Vous moudriez	Vous auriez moulu
Ils/elles moudraient	Ils/elles auraient moulu

INFINITIF présent	**PARTICIPE présent**	**IMPÉRATIF**
Moudre	Moulant	Mouds, moulons, moulez
INFINITIF passé	**PARTICIPE passé**	
Avoir moulu	Moulu, ayant moulu	

Remarque

Le passé simple se forme régulièrement sur la voyelle de participe passé « *u* » *(moulu) : je moulus.*

Verbes du 3e groupe en –RE : verbes du type Connaître

INDICATIF

Présent	Futur	Imparfait	Passé simple
Je connais	Je connaîtrai	Je connaissais	Je connus
Tu connais	Tu connaîtras	Tu connaissais	Tu connus
Il/elle conn**aît**	Il/elle connaîtra	Il/elle connaissait	Il/elle connut
Nous connai**ss**ons	Nous connaîtrons	Nous connaissions	Nous connûmes
Vous connai**ss**ez	Vous connaîtrez	Vous connaissiez	Vous connûtes
Ils/elles connai**ss**ent	Ils/elles connaîtront	Ils/elles connaissaient	Ils/elles connurent
Passé composé	**Futur antérieur**	**Plus-que-parfait**	**Passé antérieur**
J'ai connu	J'aurai connu	J'avais connu	J'eus connu

SUBJONCTIF

Présent	Passé	Imparfait	Plus-que-parfait
Que je connaisse	Que j'aie connu	Que je connusse	Que j'eusse connu
Que tu connaisses	Que tu aies connu	Que tu connusses	Que tu eusses connu
Qu'il/elle connaisse	Qu'il/elle ait connu	Qu'il/elle connût	Qu'il/elle eût connu
Que nous connaissions	Que nous ayons connu	Que nous connussions	Que nous eussions connu
Que vous connaissiez	Que vous ayez connu	Que vous connussiez	Que vous eussiez connu
Qu'ils/elles connaissent	Qu'ils/elles aient connu	Qu'ils/elles connussent	Qu'ils/elles eussent connu

CONDITIONNEL

Présent	Passé
Je connaîtrais	J'aurais connu
Tu connaîtrais	Tu aurais connu
Il/elle connaîtrait	Il/elle aurait connu
Nous connaîtrions	Nous aurions connu
Vous connaîtriez	Vous auriez connu
Ils/elles connaîtraient	Ils/elles auraient connu

INFINITIF présent	PARTICIPE présent	IMPÉRATIF
Connaître	Connaissant	Connais, connaissons, connaissez
INFINITIF passé	**PARTICIPE passé**	
Avoir connu	Connu, ayant connu	

Remarques

Se conjuguent comme *connaître* : *apparaître, comparaître, disparaître, paraître, reconnaître.*
Remarquez que « i » devant « t » prend un accent circonflexe : *paraître, il paraît, je paraîtrai(s)*…
Se conjuguent également comme *paraître*, mais avec quelques particularités : *naître* et *croître*.
Le participe passé de *naître* est *né*. Le passé simple est : *je naquis, tu naquis, il naquit*… Le subjonctif imparfait :
que je naquisse, que tu naquisses, qu'il naquît…
Croître : *je croîs, tu croîs, il croît, crû, je crûs*…
Mais : *accroître* et *décroître* ont des formes sans accent : *accru, décru, j'accrus, je décrus*…

Verbes du 3ᵉ groupe en –RE : verbes du type Mettre

INDICATIF

Présent	Futur	Imparfait	Passé simple
Je mets	Je mettrai	Je mettais	Je mis
Tu mets	Tu mettras	Tu mettais	Tu mis
Il/elle met	Il/elle mettra	Il/elle mettait	Il/elle mit
Nous mettons	Nous mettrons	Nous mettions	Nous mîmes
Vous mettez	Vous mettrez	Vous mettiez	Vous mîtes
Ils/elles mettent	Ils/elles mettront	Ils/elles mettaient	Ils/elles mirent
Passé composé	**Futur antérieur**	**Plus-que-parfait**	**Passé antérieur**
J'ai mis	J'aurai mis	J'avais mis	J'eus mis

SUBJONCTIF

Présent	Passé	Imparfait	Plus-que-parfait
Que je mette	Que j'aie mis	Que je misse	Que j'eusse mis
Que tu mettes	Que tu aies mis	Que tu misses	Que tu eusses mis
Qu'il/elle mette	Qu'il/elle ait mis	Qu'il/elle mît	Qu'il/elle eût mis
Que nous mettions	Que nous ayons mis	Que nous missions	Que nous eussions mis
Que vous mettiez	Que vous ayez mis	Que vous missiez	Que vous eussiez mis
Qu'ils/elles mettent	Qu'ils/elles aient mis	Qu'ils/elles missent	Qu'ils/elles eussent mis

CONDITIONNEL

Présent	Passé
Je mettrais	J'aurais mis
Tu mettrais	Tu aurais mis
Il/elle mettrait	Il/elle aurait mis
Nous mettrions	Nous aurions mis
Vous mettriez	Vous auriez mis
Ils/elles mettraient	Ils/elles auraient mis

INFINITIF présent	PARTICIPE présent	IMPÉRATIF
Mettre	Mettant	Mets, mettons, mettez
INFINITIF passé	**PARTICIPE passé**	
Avoir mis	Mis, ayant mis	

Remarques

Se conjuguent comme *mettre*, ses composés : *admettre, commettre, émettre, omettre, permettre, promettre, remettre, soumettre, transmettre*.

Le futur se forme sur le radical d'infinitif : *je mett-r-ai, as, a*...

Le passé simple se forme sur la voyelle de participe passé « *i* » *(mis) : je mis*...

Verbes du 3e groupe en –RE : verbes du type Battre

INDICATIF			
Présent	**Futur**	**Imparfait**	**Passé simple**
Je bats	Je battrai	Je battais	Je battis
Tu bats	Tu battras	Tu battais	Tu battis
Il/elle bat	Il/elle battra	Il/elle battait	Il/elle battit
Nous battons	Nous battrons	Nous battions	Nous battîmes
Vous battez	Vous battrez	Vous battiez	Vous battîtes
Ils/elles battent	Ils/elles battront	Ils/elles battaient	Ils/elles battirent
Passé composé	**Futur antérieur**	**Plus-que-parfait**	**Passé antérieur**
J'ai battu	J'aurai battu	J'avais battu	J'eus battu

SUBJONCTIF			
Présent	**Passé**	**Imparfait**	**Plus-que-parfait**
Que je batte	Que j'aie battu	Que je battisse	Que j'eusse battu
Que tu battes	Que tu aies battu	Que tu battisses	Que tu eusses battu
Qu'il/elle batte	Qu'il/elle ait battu	Qu'il/elle battît	Qu'il/elle eût battu
Que nous battions	Que nous ayons battu	Que nous battissions	Que nous eussions battu
Que vous battiez	Que vous ayez battu	Que vous battissiez	Que vous eussiez battu
Qu'ils/elles battent	Qu'ils/elles aient battu	Qu'ils/elles battissent	Qu'ils/elles eussent battu

CONDITIONNEL	
Présent	**Passé**
Je battrais	J'aurais battu
Tu battrais	Tu aurais battu
Il/elle battrait	Il/elle aurait battu
Nous battrions	Nous aurions battu
Vous battriez	Vous auriez battu
Il/elles battraient	Ils/elles auraient battu

INFINITIF présent	**PARTICIPE présent**	**IMPÉRATIF**
Battre	Battre	Bats, battons, battez
INFINITIF passé	**PARTICIPE passé**	
Avoir battu	Battu, ayant battu	

Remarques

Se conjuguent comme *battre* : *abattre, combattre*.

Attention à la différence entre la voyelle du participe passé *battu-* et celle du passé simple : *je battis*.

Verbes du 3ᵉ groupe en –RE : verbes du type Rire

INDICATIF

Présent	Futur	Imparfait	Passé simple
Je ris	Je rirai	Je riais	Je ris
Tu ris	Tu riras	Tu riais	Tu ris
Il/elle rit	Il/elle rira	Il/elle riait	Il/elle rit
Nous rions	Nous rirons	Nous riions	Nous rîmes
Vous riez	Vous rirez	Vous riiez	Vous rîtes
Ils/elles rient	Ils/elles riront	Ils/elles riaient	Ils/elles rirent
Passé composé	**Futur antérieur**	**Plus-que-parfait**	**Passé antérieur**
J'ai ri	J'aurai ri	J'avais ri	J'eus ri

SUBJONCTIF

Présent	Passé	Imparfait	Plus-que-parfait
Que je rie	Que j'aie ri	Que je risse	Que j'eusse ri
Que tu ries	Que tu aies ri	Que tu risses	Que tu eusses ri
Qu'il/elle rie	Qu'il/elle ait ri	Qu'il/elle rît	Qu'il/elle eût ri
Que nous riions	Que nous ayons ri	Que nous rissions	Que nous eussions ri
Que vous riiez	Que vous ayez ri	Que vous rissiez	Que vous eussiez ri
Qu'ils/elles rient	Qu'ils/elles aient ri	Qu'ils/elles rissent	Qu'ils/elles eussent ri

CONDITIONNEL

Présent	Passé
Je rirais	J'aurais ri
Tu rirais	Tu aurais ri
Il/elle rirait	Il/elle aurait ri
Nous ririons	Nous aurions ri
Vous ririez	Vous auriez ri
Ils/elles riraient	Ils/elles auraient ri

INFINITIF présent	PARTICIPE présent	IMPÉRATIF
Rire	Riant	Ris, rions, riez
INFINITIF passé	**PARTICIPE passé**	
Avoir ri	Ri *(invariable)*, ayant ri	

Remarques

Se conjugue comme *rire : sourire*. Ce verbe est très facile à conjuguer : sur le radical d'infinitif **ri**-, on ajoute le **-r-** du futur et les désinences du futur, *-ai, -as,- a*… et du conditionnel, *-ais,- ais ,-ait*…
Sur ce même radical, on ajoute les désinences de l'imparfait : *-ais,- ais,- ait*…, du participe présent *-ant*…
Ce radical sert de participe passé et le passé simple se forme sur la voyelle « i » *(ris) : je ris*.

Verbes du 3ᵉ groupe en –RE : verbes du type Dire

INDICATIF

Présent	Futur	Imparfait	Passé simple
Je dis	Je dirai	Je disais	Je dis
Tu dis	Tu diras	Tu disais	Tu dis
Il/elle dit	Il/elle dira	Il/elle disait	Il/elle dit
Nous disons	Nous dirons	Nous disions	Nous dîmes
Vous dites	Vous direz	Vous disiez	Vous dîtes
Ils/elles disent	Ils/elles diront	Ils/elles disaient	Ils/elles dirent

Passé composé	Futur antérieur	Plus-que-parfait	Passé antérieur
J'ai dit	J'aurai dit	J'avais dit	J'eus dit

SUBJONCTIF

Présent	Passé	Imparfait	Plus-que-parfait
Que je dise	Que j'aie dit	Que je disse	Que j'eusse dit
Que tu dises	Que tu aies dit	Que tu disses	Que tu eusses dit
Qu'il/elle dise	Qu'il/elle ait dit	Qu'il/elle dît	Qu'il/elle eût dit
Que nous disions	Que nous ayons dit	Que nous dissions	Que nous eussions dit
Que vous disiez	Que vous ayez dit	Que vous dissiez	Que vous eussiez dit
Qu'ils/elles disent	Qu'ils/elles aient dit	Qu'ils/elles dissent	Qu'ils/elles eussent dit

CONDITIONNEL

Présent	Passé
Je dirais	J'aurais dit
Tu dirais	Tu aurais dit
Il/elle dirait	Il/elle aurait dit
Nous dirions	Nous aurions dit
Vous diriez	Vous auriez dit
Ils/elles diraient	Ils/elles auraient dit

INFINITIF présent	PARTICIPE présent	IMPÉRATIF
Dire	Disant	Dis, disons, dites
INFINITIF passé	**PARTICIPE passé**	
Avoir dit	Dit, ayant dit	

Remarques

Se conjuguent comme *dire* les verbes suivants : *contredire, interdire, médire, prédire*.
Mais si la 2ᵉ personne du pluriel de l'indicatif présent de dire et redire est : *vous (re)dites*, les autres verbes présentent tous la forme : *vous contredisez, vous interdisez, vous médisez, vous prédisez*.
Vous noterez que : *je dis, tu dis, il dit* sont des formes communes à l'indicatif présent et au passé simple.
Attention : *maudire* se conjugue comme un verbe du 2ᵉ groupe : *je maudis, nous maudissons*.
Exception : le participe passé : *maudit(e)*.

Verbes du 3ᵉ groupe en –RE : verbes du type Lire

INDICATIF			
Présent	**Futur**	**Imparfait**	**Passé simple**
Je lis	Je lirai	Je lisais	Je lus
Tu lis	Tu liras	Tu lisais	Tu lus
Il/elle lit	Il/elle lira	Il/elle lisait	Il/elle lut
Nous lisons	Nous lirons	Nous lisions	Nous lûmes
Vous lisez	Vous lirez	Vous lisiez	Vous lûtes
Ils/elles lisent	Ils/elles liront	Ils/elles lisaient	Ils/elles lurent
Passé composé	**Futur antérieur**	**Plus-que-parfait**	**Passé antérieur**
J'ai lu	J'aurai lu	J'avais lu	J'eus lu

SUBJONCTIF			
Présent	**Passé**	**Imparfait**	**Plus-que-parfait**
Que je lise	Que j'aie lu	Que je lusse	Que j'eusse lu
Que tu lises	Que tu aies lu	Que tu lusses	Que tu eusses lu
Qu'il/elle lise	Qu'il/elle ait lu	Qu'il/elle lût	Qu'il/elle eût lu
Que nous lisions	Que nous ayons lu	Que nous lussions	Que nous eussions lu
Que vous lisiez	Que vous ayez lu	Que vous lussiez	Que vous eussiez lu
Qu'ils/elles lisent	Qu'ils/elles aient lu	Qu'ils/elles lussent	Qu'ils/elles eussent lu

CONDITIONNEL	
Présent	**Passé**
Je lirais	J'aurais lu
Tu lirais	Tu aurais lu
Il/elle lirait	Il/elle aurait lu
Nous lirions	Nous aurions lu
Vous liriez	Vous auriez lu
Ils/elles liraient	Ils/elles auraient lu

INFINITIF présent	PARTICIPE présent	IMPÉRATIF
Lire	Lisant	Lis, lisons, lisez
INFINITIF passé	**PARTICIPE passé**	
Avoir lu	Lu, ayant lu	

Remarque

Se conjuguent comme *lire* : *relire* et *élire*

Verbes du 3e groupe en –RE : verbes du type SUFFIRE

INDICATIF			
Présent	**Futur**	**Imparfait**	**Passé simple**
Je suffis	Je suffirai	Je suffisais	Je suffis
Tu suffis	Tu suffiras	Tu suffisais	Tu suffis
Il/elle suffit	Il/elle suffira	Il/elle suffisait	Il/elle suffit
Nous suffisons	Nous suffirons	Nous suffisions	Nous suffîmes
Vous suffisez	Vous suffirez	Vous suffisiez	Vous suffîtes
Ils/elles suffisent	Ils/elles suffiront	Ils/elles suffisaient	Ils/elles suffirent
Passé composé	**Futur antérieur**	**Plus-que-parfait**	**Passé antérieur**
J'ai suffi	J'aurai suffi	J'avais suffi	J'eus suffi

SUBJONCTIF			
Présent	**Passé**	**Imparfait**	**Plus-que-parfait**
Que je suffise	Que j'aie suffi	Que je suffisse	Que j'eusse suffi
Que tu suffises	Que tu aies suffi	Que tu suffisses	Que tu eusses suffi
Qu'il/elle suffise	Qu'il/elle ait suffi	Qu'il/elle suffît	Qu'il/elle eût suffi
Que nous suffisions	Que nous ayons suffi	Que nous suffissions	Que nous eussions suffi
Que vous suffisiez	Que vous ayez suffi	Que vous suffissiez	Que vous eussiez suffi
Qu'ils/elles suffisent	Qu'ils/elles aient suffi	Qu'ils/elles suffissent	Qu'ils/elles eussent suffi

CONDITIONNEL	
Présent	**Passé**
Je suffirais	J'aurais suffi
Tu suffirais	Tu aurais suffi
Il/elle suffirait	Il/elle aurait suffi
Nous suffirions	Nous aurions suffi
Vous suffiriez	Vous auriez suffi
Ils/elles suffiraient	Ils/elles auraient suffi

INFINITIF présent	**PARTICIPE présent**	**IMPÉRATIF**
Suffire	Suffisant	Suffis, suffisons, suffisez
INFINITIF passé	**PARTICIPE passé**	
Avoir suffi	Suffi *(invariable)*, ayant suffi	

Remarques

Notez le participe passé : *suffi*.

Je suffis, tu suffis, il/elle suffit sont des formes communes à l'indicatif présent et au passé simple.

Verbes du 3ᵉ groupe en -RE : verbes du type Conduire

INDICATIF

Présent	Futur	Imparfait	Passé simple
Je conduis	Je conduirai	Je conduisais	Je conduisis
Tu conduis	Tu conduiras	Tu conduisais	Tu conduisis
Il/elle conduit	Il/elle conduira	Il/elle conduisait	Il/elle conduisit
Nous conduisons	Nous conduirons	Nous conduisions	Nous conduisîmes
Vous conduisez	Vous conduirez	Vous conduisiez	Vous conduisîtes
Ils/elles conduisent	Ils/elles conduiront	Ils/elles conduisaient	Ils/elles conduisirent

Passé composé	Futur antérieur	Plus-que-parfait	Passé antérieur
J'ai conduit	J'aurai conduit	J'avais conduit	J'eus conduit

SUBJONCTIF

Présent	Passé	Imparfait	Plus-que-parfait
Que je conduise	Que j'aie conduit	Que je conduisisse	Que j'eusse conduit
Que tu conduises	Que tu aies conduit	Que tu conduisisses	Que tu eusses conduit
Qu'il/elle conduise	Qu'il/elle ait conduit	Qu'il/elle conduisît	Qu'il/elle eût conduit
Que nous conduisions	Que nous ayons conduit	Que nous conduisissions	Que nous eussions conduit
Que vous conduisiez	Que vous ayez conduit	Que vous conduisissiez	Que vous eussiez conduit
Qu'ils/elles conduisent	Qu'ils/elles aient conduit	Qu'ils/elles conduisissent	Qu'ils/elles eussent conduit

CONDITIONNEL

Présent	Passé
Je conduirais	J'aurais conduit
Tu conduirais	Tu aurais conduit
Il/elle conduirait	Il/elle aurait conduit
Nous conduirions	Nous aurions conduit
Vous conduiriez	Vous auriez conduit
Ils/elles conduiraient	Ils/elles auraient conduit

INFINITIF présent	PARTICIPE présent	IMPÉRATIF
Conduire	Conduisant	Conduis, conduisons, conduisez
INFINITIF passé	**PARTICIPE passé**	
Avoir conduit	Conduit, ayant conduit	

Remarques

Se conjuguent comme *conduire* : *construire, cuire, déduire, détruire, enduire, induire, instruire, introduire, produire, réduire, séduire, traduire*.

Luire et *nuire* ont les mêmes formes, excepté au participe passé : *lui, nui*.

Attention à la forme du passé simple : *je conduisis*…

Verbes du 3e groupe en –RE : verbes du type Écrire

INDICATIF			
Présent	**Futur**	**Imparfait**	**Passé simple**
J'écris	J'écrirai	J'écrivais	J'écrivis
Tu écris	Tu écriras	Tu écrivais	Tu écrivis
Il/elle écrit	Il/elle écrira	Il/elle écrivait	Il/elle écrivit
Nous écrivons	Nous écrirons	Nous écrivions	Nous écrivîmes
Vous écrivez	Vous écrirez	Vous écriviez	Vous écrivîtes
Ils/elles écrivent	Ils/elles écriront	Ils/elles écrivaient	Ils/elles écrivirent
Passé composé	**Futur antérieur**	**Plus-que-parfait**	**Passé antérieur**
J'ai écrit	J'aurai écrit	J'avais écrit	J'eus écrit

SUBJONCTIF			
Présent	**Passé**	**Imparfait**	**Plus-que-parfait**
Que j'écrive	Que j'aie écrit	Que j'écrivisse	Que j'eusse écrit
Que tu écrives	Que tu aies écrit	Que tu écrivisses	Que tu eusses écrit
Qu'il/elle écrive	Qu'il/elle ait écrit	Qu'il/elle écrivît	Qu'il/elle eût écrit
Que nous écrivions	Que nous ayons écrit	Que nous écrivissions	Que nous eussions écrit
Que vous écriviez	Que vous ayez écrit	Que vous écrivissiez	Que vous eussiez écrit
Qu'ils/elles écrivent	Qu'ils/elles aient écrit	Qu'ils/elles écrivissent	Qu'ils/elles eussent écrit

CONDITIONNEL	
Présent	**Passé**
J'écrirais	J'aurais écrit
Tu écrirais	Tu aurais écrit
Il/elle écrirait	Il/elle aurait écrit
Nous écririons	Nous aurions écrit
Vous écririez	Vous auriez écrit
Ils/elles écriraient	Ils/elles auraient écrit

INFINITIF présent	**PARTICIPE présent**	**IMPÉRATIF**
Écrire	Écrivant	Écris, écrivons, écrivez
INFINITIF passé	**PARTICIPE passé**	
Avoir écrit	Écrit, ayant écrit	

Remarques

Se conjuguent comme *écrire : décrire, inscrire, prescrire, proscrire, souscrire, transcrire.*
Attention : le participe passé est *écrit*, mais le passé simple est *j'écrivis*…

Verbes du 3ᵉ groupe en –RE : verbes du type Suivre

INDICATIF			
Présent	**Futur**	**Imparfait**	**Passé simple**
Je suis	Je suivrai	Je suivais	Je suivis
Tu suis	Tu suivras	Tu suivais	Tu suivis
Il/elle suit	Il/elle suivra	Il/elle suivait	Il/elle suivit
Nous suivons	Nous suivrons	Nous suivions	Nous suivîmes
Vous suivez	Vous suivrez	Vous suiviez	Vous suivîtes
Ils/elles suivent	Ils/elles suivront	Ils/elles suivaient	Ils/elles suivirent
Passé composé	**Futur antérieur**	**Plus-que-parfait**	**Passé antérieur**
J'ai suivi	J'aurai suivi	J'avais suivi	J'eus suivi

SUBJONCTIF			
Présent	**Passé**	**Imparfait**	**Plus-que-parfait**
Que je suive	Que j'aie suivi	Que je suivisse	Que j'eusse suivi
Que tu suives	Que tu aies suivi	Que tu suivisses	Que tu eusses suivi
Qu'il/elle suive	Qu'il/elle ait suivi	Qu'il/elle suivît	Qu'il/elle eût suivi
Que nous suivions	Que nous ayons suivi	Que nous suivissions	Que nous eussions suivi
Que vous suiviez	Que vous ayez suivi	Que vous suivissiez	Que vous eussiez suivi
Qu'ils/elles suivent	Qu'ils/elles aient suivi	Qu'ils/elles suivissent	Qu'ils/elles eussent suivi

CONDITIONNEL	
Présent	**Passé**
Je suivrais	J'aurais suivi
Tu suivrais	Tu aurais suivi
Il/elle suivrait	Il/elle aurait suivi
Nous suivrions	Nous aurions suivi
Vous suivriez	Vous auriez suivi
Ils/elles suivraient	Ils/elles auraient suivi

INFINITIF présent	PARTICIPE présent	IMPÉRATIF
Suivre	Suivant	Suis, suivons, suivez
INFINITIF passé	**PARTICIPE passé**	
Avoir suivi	Suivi, ayant suivi	

Remarques

Se conjuguent comme *suivre* : *s'ensuivre, poursuivre.*

Ne confondez pas *je suis*, indicatif présent de **suivre** mais aussi de **être**.

Le participe passé est *suivi*, et le passé simple se forme sur la voyelle du participe passé : *je suivis*…

Verbes du 3ᵉ groupe en -RE : verbes du type Vivre

INDICATIF			
Présent	**Futur**	**Imparfait**	**Passé simple**
Je vis	Je vivrai	Je vivais	Je vécus
Tu vis	Tu vivras	Tu vivais	Tu vécus
Il vit	Il/elle vivra	Il/elle vivait	Il/elle vécut
Vous vivons	Nous vivrons	Nous vivions	Nous vécûmes
Vous vivez	Vous vivrez	Vous viviez	Vous vécûtes
Ils/elles vivent	Ils/elles vivront	Ils/elles vivaient	Ils/elles vécurent
Passé composé	**Futur antérieur**	**Plus-que-parfait**	**Passé antérieur**
J'ai vécu	J'aurai vécu	J'avais vécu	J'eus vécu

SUBJONCTIF			
Présent	**Passé**	**Imparfait**	**Plus-que-parfait**
Que je vive	Que j'aie vécu	Que je vécusse	Que j'eusse vécu
Que tu vives	Que tu aies vécu	Que tu vécusses	Que tu eusses vécu
Qu'il/elle vive	Qu'il/elle ait vécu	Qu'il/elle vécût	Qu'il/elle eût vécu
Que nous vivions	Que nous ayons vécu	Que nous vécussions	Que nous eussions vécu
Que vous viviez	Que vous ayez vécu	Que vous vécussiez	Que vous eussiez vécu
Qu'ils/elles vivent	Qu'ils/elles aient vécu	Qu'ils/elles vécussent	Qu'ils/elles eussent vécu

CONDITIONNEL	
Présent	**Passé**
Je vivrais	J'aurais vécu
Tu vivrais	Tu aurais vécu
Il/elle vivrait	Il/elle aurait vécu
Nous vivrions	Nous aurions vécu
Vous vivriez	Vous auriez vécu
Ils/elles vivraient	Ils/elles auraient vécu

INFINITIF présent	**PARTICIPE présent**	**IMPÉRATIF**
Vivre	Vivant	Vis, vivons, vivez
INFINITIF passé	**PARTICIPE passé**	
Avoir vécu	Vécu, ayant vécu	

Remarques

Se conjugue comme *vivre* : *survivre*.

Notez le participe passé : *vécu*, sur lequel se forment le passé simple *je vécus* et le subjonctif imparfait *que je vécusse*…

Verbes du 3ᵉ groupe en –RE : verbes du type Croire

INDICATIF

Présent	Futur	Imparfait	Passé simple
Je crois	Je croirai	Je croyais	Je crus
Tu crois	Tu croiras	Tu croyais	Tu crus
Il/elle croit	Il/elle croira	Il/elle croyait	Il/elle crut
Nous croyons	Nous croirons	Nous croyions	Nous crûmes
Vous croyez	Vous croirez	Vous croyiez	Vous crûtes
Ils/elles croient	Ils/elles croiront	Ils/elles croyaient	Ils/elles crurent

Passé composé	Futur antérieur	Plus-que-parfait	Passé antérieur
J'ai cru	J'aurai cru	J'avais cru	J'eus cru

SUBJONCTIF

Présent	Passé	Imparfait	Plus-que-parfait
Que je croie	Que j'aie cru	Que je crusse	Que j'eusse cru
Que tu croies	Que tu aies cru	Que tu crusses	Que tu eusses cru
Qu'il/elle croie	Qu'il/elle ait cru	Qu'il/elle crût	Qu'il/elle eût cru
Que nous croyions	Que nous ayons cru	Que nous crussions	Que nous eussions cru
Que vous croyiez	Que vous ayez cru	Que vous crussiez	Que vous eussiez cru
Qu'ils/elles croient	Qu'ils/elles aient cru	Qu'ils/elles crussent	Qu'ils/elles eussent cru

CONDITIONNEL

Présent	Passé
Je croirais	J'aurais cru
Tu croirais	Tu aurais cru
Il/elle croirait	Il/elle aurait cru
Nous croirions	Nous aurions cru
Vous croiriez	Vous auriez cru
Ils/elles croiraient	Ils/elles auraient cru

INFINITIF présent	PARTICIPE présent	IMPÉRATIF
Croire	Croyant	Crois, croyons, croyez
INFINITIF passé	**PARTICIPE passé**	
Avoir cru	Cru, ayant cru	

Remarques

Attention, dans ce verbe, le *-i-* du radical placé entre deux syllabes vocaliques non muettes → *y* : nous *croyons*, vous *croyez*. Notez bien les formes *croyions, croyiez* à l'imparfait et au subj. présent.

Le futur se forme sur le radical d'infinitif : **croi– + r** (marque du futur) + *ai, as*…

Le passé simple se forme sur la voyelle du participe passé : « *u* » *(cru) : je crus*.

Verbes du 3ᵉ groupe en –RE : verbes du type Boire

INDICATIF

Présent	Futur	Imparfait	Passé simple
Je bois	Je boirai	Je buvais	Je bus
Tu bois	Tu boiras	Tu buvais	Tu bus
Il/elle boit	Il/elle boira	Il/elle buvait	Il/elle but
Nous buvons	Nous boirons	Nous buvions	Nous bûmes
Vous buvez	Vous boirez	Vous buviez	Vous bûtes
Ils/elles boivent	Ils/elles boiront	Ils/elles buvaient	Ils/elles burent

Passé composé	Futur antérieur	Plus-que-parfait	Passé antérieur
J'ai bu	J'aurai bu	J'avais bu	J'eus bu

SUBJONCTIF

Présent	Passé	Imparfait	Plus-que-parfait
Que je boive	Que j'aie bu	Que je busse	Que j'eusse bu
Que tu boives	Que tu aies bu	Que tu busses	Que tu eusses bu
Qu'il/elle boive	Qu'il/elle ait bu	Qu'il/elle bût	Qu'il/elle eût bu
Que nous buvions	Que nous ayons bu	Que nous bussions	Que nous eussions bu
Que vous buviez	Que vous ayez bu	Que vous bussiez	Que vous eussiez bu
Qu'ils/elles boivent	Qu'ils/elles aient bu	Qu'ils/elles bussent	Qu'ils/elles eussent bu

CONDITIONNEL

Présent	Passé
Je boirais	J'aurais bu
Tu boirais	Tu aurais bu
Il/elle boirait	Il/elle aurait bu
Nous boirions	Nous aurions bu
Vous boiriez	Vous auriez bu
Ils/elles boiraient	Ils/elles auraient bu

INFINITIF présent	PARTICIPE présent	IMPÉRATIF
Boire	Buvant	Bois, buvons, buvez
INFINITIF passé	**PARTICIPE passé**	
Avoir bu	Bu, ayant bu	

Attention. Ce verbe se construit sur quatre radicaux différents : **boi-, buv-, bu-, boiv-**

INDICATIF

Présent	Futur	Imparfait	Passé simple
Je plais	Je plairai	Je plaisais	Je plus
Tu plais	Tu plairas	Tu plaisais	Tu plus
Il/elle plaît	Il/elle plaira	Il/elle plaisait	Il/elle plut
Nous plaisons	Nous plairons	Nous plaisions	Nous plûmes
Vous plaisez	Vous plairez	Vous plaisiez	Vous plûtes
Ils/elles plaisent	Ils/elles plairont	Ils/elles plaisaient	Ils/elles plurent

Passé composé	Futur antérieur	Plus-que-parfait	Passé antérieur
J'ai plu	J'aurai plu	J'avais plu	J'eus plu

SUBJONCTIF

Présent	Passé	Imparfait	Plus-que-parfait
Que je plaise	Que j'aie plu	Que je plusse	Que j'eusse plu
Que tu plaises	Que tu aies plu	Que tu plusses	Que tu eusses plu
Qu'il/elle plaise	Qu'il/elle ait plu	Qu'il/elle plût	Qu'il/elle eût plu
Que nous plaisions	Que nous ayons plu	Que nous plussions	Que nous eussions plu
Que vous plaisiez	Que vous ayez plu	Que vous plussiez	Que vous eussiez plu
Qu'ils/elles plaisent	Qu'ils/elles aient plu	Qu'ils/elles plussent	Qu'ils/elle eussent plu

CONDITIONNEL

Présent	Passé
Je plairais	J'aurais plu
Tu plairais	Tu aurais plu
Il/elle plairait	Il/elle aurait plu
Nous plairions	Nous aurions plu
Vous plairiez	Vous auriez plu
Ils/elles plairaient	Ils/elles auraient plu

INFINITIF présent	PARTICIPE présent	IMPÉRATIF
Plaire	Plaisant	Plais, plaisons, plaisez
INFINITIF passé	**PARTICIPE passé**	
Avoir plu	Plu (*invariable*), ayant plu	

Remarques

Se conjuguent comme *plaire* : *se complaire, déplaire*. *Taire* suit cette conjugaison, mais au présent de l'indicatif on a : *il tait* sans accent circonflexe à la 3ᵉ personne.

Et le participe passé de *taire* est variable.

Verbes du 3ᵉ groupe en –RE : verbes du type Extraire

INDICATIF			
Présent	**Futur**	**Imparfait**	**Passé simple**
J'extrais	J'extrairai	J'extrayais	*inusité*
Tu extrais	Tu extrairas	Tu extrayais	
Il/elle extrait	Il/elle extraira	Il/elle extrayait	
Nous extrayons	Nous extrairons	Nous extrayions	
Vous extrayez	Vous extrairez	Vous extrayiez	
Ils/elles extraient	Ils/elles extrairont	Ils/elles extrayaient	
Passé composé	**Futur antérieur**	**Plus-que-parfait**	**Passé antérieur**
J'ai extrait	J'aurai extrait	J'avais extrait	J'eus extrait

SUBJONCTIF			
Présent	**Passé**	**Imparfait**	**Plus-que-parfait**
Que j'extraie	Que j'aie extrait	*inusité*	Que j'eusse extrait
Que tu extraies	Que tu aies extrait		Que tu eusses extrait
Qu'il/elle extraie	Qu'il/elle ait extrait		Qu'il/elle eût extrait
Que nous extrayions	Que nous ayons extrait		Que nous eussions extrait
Que vous extrayiez	Que vous ayez extrait		Que vous eussiez extrait
Qu'ils/elles extraient	Qu'ils/elles aient extrait		Qu'ils/elles eussent extrait

CONDITIONNEL	
Présent	**Passé**
J'extrairais	J'aurais extrait
Tu extrairais	Tu aurais extrait
Il/elle extrairait	Il/elle aurait extrait
Nous extrairions	Nous aurions extrait
Vous extrairiez	Vous auriez extrait
Ils/elles extrairaient	Ils/elles auraient extrait

INFINITIF présent	**PARTICIPE présent**	**IMPÉRATIF**
Extraire	Extrayant	Extrais, extrayons, extrayez
INFINITIF passé	**PARTICIPE passé**	
Avoir extrait	Extrait, ayant extrait	

Remarques

Se conjuguent comme *extraire : distraire, soustraire, traire.*

Notez que dans ce verbe, **-i-** entre deux syllabes vocaliques non muettes ➔ **y** : nous extr**ay**ons, vous extr**ay**ez. Attention aux formes : nous extra**yi**ons, vous extra**yi**ez (imparfait et subjonctif présent).

Verbes du 3e groupe en –RE : verbes du type Conclure

INDICATIF

Présent	Futur	Imparfait	Passé simple
Je conclus	Je conclurai	Je concluais	Je conclus
Tu conclus	Tu concluras	Tu concluais	Tu conclus
Il/elle conclut	Il/elle conclura	Il/elle concluait	Il/elle conclut
Nous concluons	Nous conclurons	Nous concluions	Nous conclûmes
Vous concluez	Vous conclurez	Vous concluiez	Vous conclûtes
Ils/elles concluent	Ils/elles concluront	Ils/elles concluaient	Ils/elles conclurent

Passé composé	Futur antérieur	Plus-que-parfait	Passé antérieur
J'ai conclu	J'aurai conclu	J'avais conclu	J'eus conclu

SUBJONCTIF

Présent	Passé	Imparfait	Plus-que-parfait
Que je conclue	Que j'aie conclu	Que je conclusse	Que j'eusse conclu
Que tu conclues	Que tu aies conclu	Que tu conclusses	Que tu eusses conclu
Qu'il/elle conclue	Qu'il/elle ait conclu	Qu'il/elle conclût	Qu'il/elle eût conclu
Que nous concluions	Que nous ayons conclu	Que nous conclussions	Que nous eussions conclu
Que vous concluiez	Que vous ayez conclu	Que vous conclussiez	Que vous eussiez conclu
Qu'ils/elles concluent	Qu'ils/elles aient conclu	Qu'ils/elles conclussent	Qu'ils/elles eussent conclu

CONDITIONNEL

Présent	Passé
Je conclurais	J'aurais conclu
Tu conclurais	Tu aurais conclu
Il/elle conclurait	Il/elle aurait conclu
Nous conclurions	Nous aurions conclu
Vous concluriez	Vous auriez conclu
Ils/elles concluraient	Ils/elles auraient conclu

INFINITIF présent	PARTICIPE présent	IMPÉRATIF
Conclure	Concluant	Conclus, concluons, concluez
INFINITIF passé	**PARTICIPE passé**	
Avoir conclu	Conclu, ayant conclu	

Remarques

Se conjuguent comme *conclure* : **exclure, inclure**.
Mais attention, **inclure** a un participe passé différent : *inclus(e)*.

Verbes du 3ᵉ groupe en –RE : verbes du type Vaincre

INDICATIF

Présent	Futur	Imparfait	Passé simple
Je vaincs	Je vaincrai	Je vainquais	Je vainquis
Tu vaincs	Tu vaincras	Tu vainquais	Tu vainquis
Il/elle vainc	Il/elle vaincra	Il/elle vainquait	Il/elle vainquit
Nous vainquons	Nous vaincrons	Nous vainquions	Nous vainquîmes
Vous vainquez	Vous vaincrez	Vous vainquiez	Vous vainquîtes
Ils/elles vainquent	Ils/elles vaincront	Ils/elles vainquaient	Ils/elles vainquirent
Passé composé	**Futur antérieur**	**Plus-que-parfait**	**Passé antérieur**
J'ai vaincu	J'aurai vaincu	J'avais vaincu	J'eus vaincu

SUBJONCTIF

Présent	Passé	Imparfait	Plus-que-parfait
Que je vainque	Que j'aie vaincu	Que je vainquisse	Que j'eusse vaincu
Que tu vainques	Que tu aies vaincu	Que tu vainquisses	Que tu eusses vaincu
Qu'il vainque	Qu'il/elle ait vaincu	Qu'il vainquît	Qu'il eût vaincu
Que nous vainquions	Que nous ayons vaincu	Que nous vainquissions	Que nous eussions vaincu
Que vous vainquiez	Que vous ayez vaincu	Que vous vainquissiez	Que vous eussiez vaincu
Qu'ils/elles vainquent	Qu'ils/elles aient vaincu	Qu'ils/elles vainquissent	Qu'ils/elles eussent vaincu

CONDITIONNEL

Présent	Passé
Je vaincrais	J'aurais vaincu
Tu vaincrais	Tu aurais vaincu
Il/elle vaincrait	Il/elle aurait vaincu
Nous vaincrions	Nous aurions vaincu
Vous vaincriez	Vous auriez vaincu
Ils/elles vaincraient	Ils/elles auraient vaincu

INFINITIF présent	PARTICIPE présent	IMPÉRATIF
Vaincre	Vainquant	Vaincs, vainquons, vainquez
INFINITIF passé	**PARTICIPE passé**	
Avoir vaincu	Vaincu, ayant vaincu	

Remarques

Se conjugue comme *vaincre* : *convaincre*.
Notez bien la forme : *il vainc* [vɛ̃] (indicatif présent)

Verbes du 3ᵉ groupe en –OIR : verbes du type Apercevoir

INDICATIF			
Présent	**Futur**	**Imparfait**	**Passé simple**
J'aperçois	J'apercevrai	J'apercevais	J'aperçus
Tu aperçois	Tu apercevras	Il apercevais	Tu aperçus
Il/elle aperçoit	Il/elle apercevra	Il/elle apercevait	Il/elle aperçut
Nous apercevons	Nous apercevrons	Nous apercevions	Nous aperçûmes
Vous apercevez	Vous apercevrez	Vous aperceviez	Vous aperçûtes
Ils/elles aperçoivent	Ils/elles apercevront	Ils/elles apercevaient	Ils/elles aperçurent
Passé composé	**Futur antérieur**	**Plus-que-parfait**	**Passé antérieur**
J'ai aperçu	J'aurai aperçu	J'avais aperçu	J'eus aperçu

SUBJONCTIF			
Présent	**Passé**	**Imparfait**	**Plus-que-parfait**
Que j'aperçoive	Que j'aie aperçu	Que j'aperçusse	Que j'eusse aperçu
Que tu aperçoives	Que tu aies aperçu	Que tu aperçusses	Que tu eusses aperçu
Qu'il/elle aperçoive	Qu'il/elle ait aperçu	Qu'il/elle aperçût	Qu'il/elle eût aperçu
Que nous apercevions	Que nous ayons aperçu	Que nous aperçussions	Que nous eussions aperçu
Que vous aperceviez	Que vous ayez aperçu	Que vous aperçussiez	Que vous eussiez aperçu
Qu'ils aperçoivent	Qu'ils/elles aient aperçu	Qu'ils/elles aperçussent	Qu'ils/elles eussent aperçu

CONDITIONNEL	
Présent	**Passé**
J'apercevrais	J'aurais aperçu
Tu apercevrais	Tu aurais aperçu
Il/elle apercevrait	Il/elle aurait aperçu
Nous apercevrions	Nous aurions aperçu
Vous apercevriez	Vous auriez aperçu
Ils/elles apercevraient	Ils/elles auraient aperçu

INFINITIF présent	**PARTICIPE présent**	**IMPÉRATIF**
Apercevoir	Apercevant	Aperçois, apercevons, apercevez
INFINITIF passé	**PARTICIPE passé**	
Avoir aperçu	Aperçu, ayant aperçu	

Remarques

Se conjuguent comme *apercevoir* : *concevoir, décevoir, percevoir, recevoir.*
Attention : *apercevoir* ne se conjugue pas comme *voir.*
Notez la transformation de *-c- + o, u* en *-ç- : j'aperçois, aperçu.*

Le futur se forme sur le radical d'infinitif : *apercev- + r* (marque du futur) *+ ai, as, a...*
L'imparfait se forme sur *nous apercevons.*
Le subjonctif présent se forme sur le radical de *ils aperçoiv-ent* et comme pour tous les verbes du 3ᵉ groupe les
1ʳᵉ et 2ᵉ personnes du pluriel sont identiques à celles de l'imparfait : nous *apercevions* et vous *aperceviez* ; que
nous apercevions et que *vous aperceviez.*

Verbes du 3ᵉ groupe en –OIR : verbes du type Voir

INDICATIF

Présent	Futur	Imparfait	Passé simple
Je vois	Je verrai	Je voyais	Je vis
Tu vois	Tu verras	Tu voyais	Tu vis
Il/elle voit	Il/elle verra	Il/elle voyait	Il/elle vit
Nous voyons	Nous verrons	Nous voyions	Nous vîmes
Vous voyez	Vous verrez	Vous voyiez	Vous vîtes
Ils/elles voient	Ils/elles verront	Ils/elles voyaient	Ils/elles virent
Passé composé	**Futur antérieur**	**Plus-que-parfait**	**Passé antérieur**
J'ai vu	J'aurai vu	J'avais vu	J'eus vu

SUBJONCTIF

Présent	Passé	Imparfait	Plus-que-parfait
Que je voie	Que j'aie vu	Que je visse	Que j'eusse vu
Que tu voies	Que tu aies vu	Que tu visses	Que tu eusses vu
Qu'il/elle voie	Qu'il/elle ait vu	Qu'il vît	Qu'il/elle eût vu
Que nous voyions	Que nous ayons vu	Que nous vissions	Que nous eussions vu
Que vous voyiez	Que vous ayez vu	Que vous vissiez	Que vous eussiez vu
Qu'ils/elles voient	Qu'ils/elles aient vu	Qu'ils/elles vissent	Qu'ils/elles eussent vu

CONDITIONNEL

Présent	Passé
Je verrais	J'aurais vu
Tu verrais	Tu aurais vu
Il/elle verrait	Il/elle aurait vu
Nous verrions	Nous aurions vu
Vous verriez	Vous auriez vu
Ils/elles verraient	Ils/elles auraient vu

INFINITIF présent	PARTICIPE présent	IMPÉRATIF
Voir	Voyant	Vois, voyons, voyez
INFINITIF passé	**PARTICIPE passé**	
Avoir vu	Vu, ayant vu	

Remarques

Se conjuguent comme *voir* : *entrevoir, pourvoir* et *prévoir*.

Soyez attentifs à la forme de futur : *je verrai, tu verras*...

Mais *pourvoir* et **prévoir** forment le futur différemment (sur l'infinitif : *pourvoir, prévoir*) : *je pourvoirai, je prévoirai*.

Et le passé simple de **pourvoir** est : *je pourvus, tu pourvus*...

Ne confondez pas le passé simple du verbe *voir* : *je vis, tu vis, il vit* et le présent de l'indicatif du verbe *vivre* : *je vis, tu vis, il vit*.

Verbes du 3e groupe en -OIR : verbes du type Devoir

INDICATIF

Présent	Futur	Imparfait	Passé simple
Je dois	Je devrai	Je devais	Je dus
Tu dois	Tu devras	Tu devais	Tu dus
Il/elle doit	Il/elle devra	Il/elle devait	Il/elle dut
Nous devons	Nous devrons	Nous devions	Nous dûmes
Vous devez	Vous devrez	Vous deviez	Vous dûtes
Ils/elles doivent	Ils/elles devront	Ils/elles devaient	Ils/elles durent

Passé composé	Futur antérieur	Plus-que-parfait	Passé antérieur
J'ai dû	J'aurai dû	J'avais dû	J'eus dû

SUBJONCTIF

Présent	Passé	Imparfait	Plus-que-parfait
Que je doive	Que j'aie dû	Que je dusse	Que j'eusse dû
Que tu doives	Que tu aies dû	Que tu dusses	Que tu eusses dû
Qu'il/elle doive	Qu'il/elle ait dû	Qu'il dût	Qu'il/elle eût dû
Que nous devions	Que nous ayons dû	Que nous dussions	Que nous eussions dû
Que vous deviez	Que vous ayez dû	Que vous dussiez	Que vous eussiez dû
Qu'ils/elles doivent	Qu'ils/elles aient dû	Qu'ils/elles dussent	Qu'ils/elles eussent dû

CONDITIONNEL

Présent	Passé
Je devrais	J'aurais dû
Tu devrais	Tu aurais dû
Il/elle devrait	Il/elle aurait dû
Nous devrions	Nous aurions dû
Vous devriez	Vous auriez dû
Ils/elles devraient	Ils/elles auraient dû

INFINITIF présent	PARTICIPE présent	IMPÉRATIF
Devoir	Devant	Dois, devons, devez
INFINITIF passé	**PARTICIPE passé**	
Avoir dû	Dû, ayant dû	

Remarques

Verbe à plusieurs radicaux : **dev–** ; **doiv–** ; **du**.

Notez le participe passé : *dû* avec un accent circonflexe sans doute pour éviter la confusion avec l'article « du ». Au féminin, *due* ne prend pas d'accent

Verbes du 3ᵉ groupe en –OIR : verbes du type Pouvoir

INDICATIF			
Présent	**Futur**	**Imparfait**	**Passé simple**
Je peux	Je pourrai	Je pouvais	Je pus
Tu peux	Tu pourras	Tu pouvais	Tu pus
Il/elle peut	Il/elle pourra	Il/elle pouvait	Il/elle put
Nous pouvons	Nous pourrons	Nous pouvions	Nous pûmes
Vous pouvez	Vous pourrez	Vous pouviez	Vous pûtes
Ils/elles peuvent	Ils/elles pourront	Ils/elles pouvaient	Ils/elles purent
Passé composé	**Futur antérieur**	**Plus-que-parfait**	**Passé antérieur**
J'ai pu	J'aurai pu	J'avais pu	J'eus pu

SUBJONCTIF			
Présent	**Passé**	**Imparfait**	**Plus-que-parfait**
Que je puisse	Que j'aie pu	Que je pusse	Que j'eusse pu
Que tu puisses	Que tu aies pu	Que tu pusses	Que tu eusses pu
Qu'il/elle puisse	Qu'il/elle ait pu	Qu'il/elle pût	Qu'il/elle eût pu
Que nous puissions	Que nous ayons pu	Que nous pussions	Que nous eussions pu
Que vous puissiez	Que vous ayez pu	Que vous pussiez	Que vous eussiez pu
Qu'ils/elles puissent	Qu'ils/elles aient pu	Qu'ils/elles puissent	Qu'ils/elles eussent pu

CONDITIONNEL	
Présent	**Passé**
Je pourrais	J'aurais pu
Tu pourrais	Tu aurais pu
Il/elle pourrait	Il/elle aurait pu
Nous pourrions	Nous aurions pu
Vous pourriez	Vous auriez pu
Ils/elles pourraient	Ils/elles auraient pu

INFINITIF présent	PARTICIPE présent	IMPÉRATIF
Pouvoir	Pouvant	*Inusité*
INFINITIF passé	**PARTICIPE passé**	
Avoir pu	Pu *(invariable),* ayant pu	

Remarques

Notez l'indicatif présent en *-x, -x, -t* (au lieu de *-s, -s, -t*) pour **pouvoir**, **vouloir** et **valoir**.
Il existe une forme *puis-je ?* de présent qui est la seule utilisée à la forme interrogative mais qui peut apparaître à la forme affirmative et négative dans un style soutenu.

Attention aux formes particulières de futur et de conditionnel : *je pourrai…, je pourrais…* (sans doute **-v-** du radical + **-r-** de futur ➜ **-rr-**.)

Notez aussi le subjonctif présent irrégulier : *que je puisse…*

L'impératif n'existe pas, il est remplacé par un subjonctif de souhait : *puisses-tu, puissions-nous, puissiez-vous.*

Verbes du 3e groupe en –OIR : verbes du type Vouloir

INDICATIF			
Présent	**Futur**	**Imparfait**	**Passé simple**
Je veux	Je voudrai	Je voulais	Je voulus
Tu veux	Tu voudras	Tu voulais	Tu voulus
Il/elle veut	Il/elle voudra	Il/elle voulait	Il/elle voulut
Nous voulons	Nous voudrons	Nous voulions	Nous voulûmes
Vous voulez	Vous voudrez	Vous vouliez	Vous voulûtes
Ils/elles veulent	Ils/elles voudront	Ils/elles voulaient	Ils/elles voulurent
Passé composé	**Futur antérieur**	**Plus-que-parfait**	**Passé antérieur**
J'ai voulu	J'aurai voulu	J'avais voulu	J'eus voulu

SUBJONCTIF			
Présent	**Passé**	**Imparfait**	**Plus-que-parfait**
Que je veuille	Que j'aie voulu	Que je voulusse	Que j'eusse voulu
Que tu veuilles	Que tu aies voulu	Que tu voulusses	Que tu eusses voulu
Qu'il/elle veuille	Qu'il/elle ait voulu	Qu'il/elle voulût	Qu'il/elle eût voulu
Que nous voulions	Que nous ayons voulu	Que nous voulussions	Que nous eussions voulu
Que vous vouliez	Que vous ayez voulu	Que vous voulussiez	Que vous eussiez voulu
Qu'ils/elles veuillent	Qu'ils/elles aient voulu	Qu'ils/elles voulussent	Qu'ils/elles eussent voulu

CONDITIONNEL	
Présent	**Passé**
Je voudrais	J'aurais voulu
Tu voudrais	Tu aurais voulu
Il/elle voudrait	Il/elle aurait voulu
Nous voudrions	Nous aurions voulu
Vous voudriez	Vous auriez voulu
Ils/elles voudraient	Ils/elles auraient voulu

INFINITIF présent	PARTICIPE présent	IMPÉRATIF
Vouloir	Voulant	Veuille, veuillons, veuillez
INFINITIF passé	**PARTICIPE passé**	
Avoir voulu	Voulu, ayant voulu	

Remarques

Attention aux formes de futur et de conditionnel : *je voudrai…, je voudrais…* (avec un **-d-** intercalé).

Le subjonctif est irrégulier : *que je veuille, que tu veuilles…* mais attention : *que nous voulions, que vous vouliez* (comme l'imparfait).

L'impératif est rare : *veuille, veuillons, veuillez.* Il s'utilise plus particulièrement dans les formules de politesse : *veuillez recevoir l'expression de mes sentiments…*
Attention à l'expression « en vouloir à » (= garder rancune à quelqu'un).
L'impératif est utilisé seulement à la forme négative et il a deux formes : *ne m'en veuille pas/ne m'en veux pas ; ne m'en veuillez pas/ne m'en voulez pas.*

LA CONJUGAISON

Verbes du 3e groupe en –OIR : verbes du type Valoir

INDICATIF

Présent	Futur	Imparfait	Passé simple
Je vaux	Je vaudrai	Je valais	Je valus
Tu vaux	Tu vaudras	Tu valais	Tu valus
Il/elle vaut	Il/elle vaudra	Il/elle valait	Il/elle valut
Nous valons	Nous vaudrons	Nous valions	Nous valûmes
Vous valez	Vous vaudrez	Vous valiez	Vous valûtes
Ils/elles valent	Ils/elles vaudront	Ils/elles valaient	Ils/elles valurent
Passé composé	**Futur antérieur**	**Plus-que-parfait**	**Passé antérieur**
J'ai valu	J'aurai valu	J'avais valu	J'eus valu

SUBJONCTIF

Présent	Passé	Imparfait	Plus-que-parfait
Que je vaille	Que j'aie valu	Que je valusse	Que j'eusse valu
Que tu vailles	Que tu aies valu	Que tu valusses	Que tu eusses valu
Qu'il/elle vaille	Qu'il/elle ait valu	Qu'il/elle valût	Qu'il/elle eût valu
Que nous valions	Que nous ayons valu	Que nous valussions	Que nous eussions valu
Que vous valiez	Que vous ayez valu	Que vous valussiez	Que vous eussiez valu
Qu'ils/elles vaillent	Qu'ils/elles aient valu	Qu'ils/elles valussent	Qu'ils/elles eussent valu

CONDITIONNEL

Présent	Passé
Je vaudrais	J'aurais valu
Tu vaudrais	Tu aurais valu
Il/elle vaudrait	Il/elle aurait valu
Nous vaudrions	Nous aurions valu
Vous vaudriez	Vous auriez valu
Ils/elles vaudraient	Ils/elles auraient valu

INFINITIF présent	PARTICIPE présent	IMPÉRATIF
Valoir	Valant	Vaux, valons, valez *(rare)*
INFINITIF passé	**PARTICIPE passé**	
Avoir valu	Valu, ayant valu	

Remarques

Attention au futur : *je vaudrai...* (avec un **-d-** intercalé).
Attention au subjonctif : *que je vaille, que tu vailles...* mais *que nous valions, que vous valiez...*
Se conjugue comme *valoir* : *prévaloir*. Mais au subjonctif : *que je prévale...*

Verbes du 3ᵉ groupe en -OIR : verbes du type Savoir

INDICATIF			
Présent	**Futur**	**Imparfait**	**Passé simple**
Je sais	Je saurai	Je savais	Je sus
Tu sais	Tu sauras	Tu savais	Tu sus
Il/elle sait	Il/elle saura	Il/elle savait	Il/elle sut
Nous savons	Nous saurons	Nous savions	Nous sûmes
Vous savez	Vous saurez	Vous saviez	Vous sûtes
Ils/elles savent	Ils/elles sauront	Ils/elles savaient	Ils/elles surent
Passé composé	**Futur antérieur**	**Plus-que-parfait**	**Passé antérieur**
J'ai su	J'aurai su	J'avais su	J'eus su

SUBJONCTIF			
Présent	**Passé**	**Imparfait**	**Plus-que-parfait**
Que je sache	Que j'aie su	Que je susse	Que j'eusse su
Que tu saches	Que tu aies su	Que tu susses	Que tu eusses su
Qu'il/elle sache	Qu'il/elle ait su	Qu'il/elle sût	Qu'il/elle eût su
Que nous sachions	Que nous ayons su	Que nous sussions	Que nous eussions su
Que vous sachiez	Que vous ayez su	Que vous sussiez	Que vous eussiez su
Qu'ils/elles sachent	Qu'ils/elles aient su	Qu'ils/elles sussent	Qu'ils/elles eussent su

CONDITIONNEL	
Présent	**Passé**
Je saurais	J'aurais su
Tu saurais	Tu aurais su
Il/elle saurait	Il/elle aurait su
Nous saurions	Nous aurions su
Vous sauriez	Vous auriez su
Ils/elles sauraient	Ils/elles auraient su

INFINITIF présent	PARTICIPE présent	IMPÉRATIF
Savoir	Sachant	Sache, sachons, sachez
INFINITIF passé	**PARTICIPE passé**	
Avoir su	Su, ayant su	

Remarques

Ce verbe a un radical variable : **sai-, sav-, sau-, sach-, s-**.

Notez le subjonctif et l'impératif irréguliers : *que je sache…, sache…*

Mais attention aux formes *que nous sachions, que vous sachiez* au subjonctif mais *sachons, sachez* à l'impératif.

Verbes du 3ᵉ groupe en –OIR : verbes du type Émouvoir

INDICATIF

Présent	Futur	Imparfait	Passé simple
J'émeus	J'émouvrai	J'émouvais	J'émus
Tu émeus	Tu émouvras	Tu émouvais	Tu émus
Il/elle émeut	Il/elle émouvra	Il/elle émouvait	Il/elle émut
Nous émouvons	Nous émouvrons	Nous émouvions	Nous émûmes
Vous émouvez	Vous émouvrez	Vous émouviez	Vous émûtes
Ils/elles émeuvent	Ils/elles émouvront	Ils/elles émouvaient	Ils/elles émurent

Passé composé	Futur antérieur	Plus-que-parfait	Passé antérieur
J'ai ému	J'aurai ému	J'avais ému	J'eus ému

SUBJONCTIF

Présent	Passé	Imparfait	Plus-que-parfait
Que j'émeuve	Que j'aie ému	Que j'émusse	Que j'eusse ému
Que tu émeuves	Que tu aies ému	Que tu émusses	Que tu eusses ému
Qu'il/elle émeuve	Qu'il/elle ait ému	Qu'il/elle émût	Qu'il/elle eût ému
Que nous émouvions	Que nous ayons ému	Que nous émussions	Que nous eussions ému
Que vous émouviez	Que vous ayez ému	Que vous émussiez	Que vous eussiez ému
Qu'ils/elles émeuvent	Qu'ils/elles aient ému	Qu'ils/elles émussent	Qu'ils/elles eussent ému

CONDITIONNEL

Présent	Passé
J'émouvrais	J'aurais ému
Tu émouvrais	Tu aurais ému
Il/elle émouvrait	Il/elle aurait ému
Nous émouvrions	Nous aurions ému
Vous émouvriez	Vous auriez ému
Ils/elles émouvraient	Ils/elles auraient ému

INFINITIF présent	PARTICIPE présent	IMPÉRATIF
Émouvoir	Émouvant	Émeus, émouvons, émouvez

INFINITIF passé	PARTICIPE passé	
Avoir ému	Ému, ayant ému	

Remarques

Se conjuguent comme *émouvoir* : *mouvoir* (mais participe passé *mû*, masculin singulier) et *promouvoir.*

Verbes du 3ᵉ groupe en -OIR : verbes du type ASSEOIR

INDICATIF			
Présent	**Futur**	**Imparfait**	**Passé simple**
J'assieds, assois,	J'assiérai, assoirai	J'asseyais, assoyais	J'assis
Tu assieds, assois	Tu assiéras, assoiras	Tu asseyais, assoyais	Tu assis
Il/elle assied, assoit	Il/elle assiéra, assoira	Il/elle asseyait, assoyait	Il/elle assit
Nous asseyons, assoyons	Nous assiérons, assoirons	Nous asseyions, assoyions	Nous assîmes
Vous asseyez, assoyez	Vous assiérez, assoirez	Vous asseyiez, assoyiez	Vous assîtes
Ils/elles asseyent, assoient	Ils/elles assiéront, assoiront	Ils/elles asseyaient, assoyaient	Ils/elles assirent
Passé composé	**Futur antérieur**	**Plus-que-parfait**	**Passé antérieur**
J'ai assis	J'aurai assis	J'avais assis	J'eus assis

SUBJONCTIF			
Présent	**Passé**	**Imparfait**	**Plus-que-parfait**
Que j'asseye, assoie	Que j'aie assis	Que j'assisse	Que j'eusse assis
Que tu asseyes, assoies	Que tu aies assis	Que tu assisses	Que tu eusses assis
Qu'il/elle asseye, assoie	Qu'il/elle ait assis	Qu'il/elle assît	Qu'il/elle eût assis
Que nous asseyions, assoyions	Que nous ayons assis	Que nous assissions	Que nous eussions assis
Que vous asseyiez, assoyiez	Que vous ayez assis	Que vous assissiez	Que vous eussiez assis
Qu'ils/elles asseyent, assoient	Qu'ils/elles aient assis	Qu'ils/elles assissent	Qu'ils/elles eussent assis

CONDITIONNEL	
Présent	**Passé**
J'assiérais, assoirais	J'aurais assis
Tu assiérais, assoirais	Tu aurais assis
Il/elle assiérait, assoirait	Il/elle aurait assis
Nous assiérions, assoirions	Nous aurions assis
Vous assiériez, assoiriez	Vous auriez assis
Ils/elles assiéraient, assoiraient	Ils/elles auraient assis

INFINITIF présent	PARTICIPE présent	IMPÉRATIF
Asseoir	Asseyant	Assieds/assois, asseyons/assoyons, asseyez/assoyez
INFINITIF passé	**PARTICIPE passé**	
Avoir assis	Assis, ayant assis	

Remarques

Ce verbe s'emploie surtout à la forme pronominale : *je m'assieds…*

Il y a deux formes pour certains temps.

Les formes en **-ié-**, **-ied-**, **-ey-,** sont les plus courantes.

Verbes du 3ᵉ groupe en –OIR : verbes impersonnels du type Falloir, Pleuvoir

Falloir / INDICATIF

Présent	Futur	Imparfait	Passé simple
Il faut	Il faudra	Il fallait	Il fallut
Passé composé	**Futur antérieur**	**Plus-que-parfait**	**Passé antérieur**
Il a fallu	Il aura fallu	Il avait fallu	Il eut fallu

SUBJONCTIF

Présent	Passé	Imparfait	Plus-que-parfait
Qu'il faille	Qu'il ait fallu	Qu'il fallût	Qu'il eût fallu

CONDITIONNEL

Présent	Passé
Il faudrait	Il aurait fallu

INFINITIF présent	PARTICIPE présent	IMPÉRATIF
Falloir	*n'existe pas*	*n'existe pas*
INFINITIF passé	**PARTICIPE passé**	
Avoir fallu	fallu *(invariable)*	

Pleuvoir / INDICATIF

Présent	Futur	Imparfait	Passé simple
Il pleut	Il pleuvra	Il pleuvait	Il plut

SUBJONCTIF

Présent	Passé	Imparfait	Plus-que-parfait
Qu'il pleuve	Qu'il ait plu	Qu'il plût	Qu'il eût plu

CONDITIONNEL

Présent	Passé
Il pleuvrait	Il aurait plu

INFINITIF présent	PARTICIPE présent	IMPÉRATIF
Pleuvoir	Pleuvant	*n'existe pas*
INFINITIF passé	**PARTICIPE passé**	
Avoir plu	Plu *(invariable)*, ayant plu	

Verbes du 3e groupe en –IR : verbes du type Dormir

INDICATIF

Présent	Futur	Imparfait	Passé simple
Je do**r**s	Je dormirai	Je dormais	Je dormis
Tu do**r**s	Tu dormiras	Tu dormais	Tu dormis
Il/elle do**r**t	Il/elle dormira	Il/elle dormait	Il/elle dormit
Nous do**rm**ons	Nous dormirons	Nous dormions	Nous dormîmes
Vous do**rm**ez	Vous dormirez	Vous dormiez	Vous dormîtes
Ils/elles do**rm**ent	Ils/elles dormiront	Ils/elles dormaient	Ils/elles dormirent
Passé composé	**Futur antérieur**	**Plus-que-parfait**	**Passé antérieur**
J'ai dormi	J'aurai dormi	J'avais dormi	J'eus dormi

SUBJONCTIF

Présent	Passé	Imparfait	Plus-que-parfait
Que je dorme	Que j'aie dormi	Que je dormisse	Que j'eusse dormi
Que tu dormes	Que tu aies dormi	Que tu dormisses	Que tu eusses dormi
Qu'il/elle dorme	Qu'il/elle ait dormi	Qu'il/elle dormît	Qu'il/elle eût dormi
Que nous dormions	Que nous ayons dormi	Que nous dormissions	Que nous eussions dormi
Que vous dormiez	Que vous ayez dormi	Que vous dormissiez	Que vous eussiez dormi
Qu'ils/elles dorment	Qu'ils/elles aient dormi	Qu'ils/elles dormissent	Qu'ils/elles eussent dormi

CONDITIONNEL

Présent	Passé
Je dormirais	J'aurais dormi
Tu dormirais	Tu aurais dormi
Il/elle dormirait	Il/elle aurait dormi
Nous dormirions	Nous aurions dormi
Vous dormiriez	Vous auriez dormi
Ils/elles dormiraient	Ils/elles auraient dormi

INFINITIF présent	PARTICIPE présent	IMPÉRATIF
Dormir	Dormant	Dors, dormons, dormez
INFINITIF passé	**PARTICIPE passé**	
Avoir dormi	Dormi (*invariable*), ayant dormi	

Remarques

Se conjuguent comme *dormir* : *consentir, démentir, endormir, mentir, pressentir, se repentir, ressentir, sentir.*
Ces verbes ont un radical qui se terminent par deux consonnes : **do** $\boxed{rm}$ **-ir, me** $\boxed{nt}$ **-ir, se** $\boxed{nt}$ **-ir**…

Ils perdent, tous, la deuxième consonne (**m** ou **t**) au singulier présent de l'indicatif :
je dors, tu dors, il dort, je mens, tu mens, il ment, je sens, tu sens, il sent…
mais ils retrouvent cette deuxième consonne au présent pluriel et aux autres temps :
nous dorm-ons, nous ment-ons, vous sent-ez…
À la différence de la plupart des verbes du 3e groupe qui le forment sur le radical d'infinitif, le futur se forme sur l'infinitif complet **dormir** + *ai, as, a*…
Le participe passé est en « *-i* », *dormi*, et le passé simple se forme sur cette voyelle : *je dormis*…

INDICATIF

Présent	Futur	Imparfait	Passé simple
Je pars	Je partirai	Je partais	Je partis
Tu pars	Tu partiras	Tu partais	Tu partis
Il/elle part	Il/elle partira	Il/elle partait	Il/elle partit
Nous partons	Nous partirons	Nous partions	Nous partîmes
Vous partez	Vous partirez	Vous partiez	Vous partîtes
Ils/elles partent	Ils/elles partiront	Ils/elles partaient	Ils/elles partirent
Passé composé	**Futur antérieur**	**Plus-que-parfait**	**Passé antérieur**
Je suis parti(e)	Je serai parti(e)	J'étais parti(e)	Je fus parti(e)

SUBJONCTIF

Présent	Passé	Imparfait	Plus-que-parfait
Que je parte	Que je sois parti(e)	Que je partisse	Que je fusse parti(e)
Que tu partes	Que tu sois parti(e)	Que tu partisses	Que tu fusses parti(e)
Qu'il/elle parte	Qu'il/elle soit parti(e)	Qu'il/elle partît	Qu'il/elle fût parti(e)
Que nous partions	Que nous soyons parti(e)s	Que nous partissions	Que nous fussions parti(e)s
Que vous partiez	Que vous soyez parti(e)(s)	Que vous partissiez	Que vous fussiez parti(e)(s)
Qu'ils/elles partent	Qu'ils/elles soient parti(e)s	Qu'ils/elles partissent	Qu'ils/elles fussent parti(e)s

CONDITIONNEL

Présent	Passé
Je partirais	Je serais parti(e)
Tu partirais	Tu serais parti(e)
Il/elle partirait	Il/elle serait parti(e)
Nous partirions	Nous serions parti(e)s
Vous partiriez	Vous seriez parti(e)(s)
Ils/elles partiraient	Ils/elles seraient parti(e)s

INFINITIF présent	PARTICIPE présent	IMPÉRATIF
Partir	Partant	Pars, partons, partez
INFINITIF passé	**PARTICIPE passé**	
Être parti(e)(s)	Parti(e)(s), étant parti(e)(s)	

Remarques

Comme *dormir*, *part-ir* perd sa deuxième consonne au présent singulier : *je pars, tu pars, il part*.
Se conjuguent de même : *repartir, ressortir, sortir*.

Verbe de mouvement (déplacement du corps d'un point à un autre), *partir* (comme *sortir*) prend l'auxiliaire *être* aux formes composées.

Il forme le futur sur tout l'infinitif : **partir** *+ ai, as, a*…

Le passé simple se forme sur la voyelle de participe passé « *i* » (*parti*) : *je partis*.

Verbes du 3ᵉ groupe en –IR : verbes du type Servir

INDICATIF

Présent	Futur	Imparfait	Passé simple
Je se**r**s	Je servirai	Je servais	Je servis
Tu se**r**s	Tu serviras	Tu servais	Tu servis
Il/elle se**r**t	Il/elle servira	Il/elle servait	Il/elle servit
Nous se**rv**ons	Nous servirons	Nous servions	Nous servîmes
Vous se**rv**ez	Vous servirez	Vous serviez	Vous servîtes
Ils/elles se**rv**ent	Ils/elles serviront	Ils/elles servaient	Ils/elles servirent
Passé composé	**Futur antérieur**	**Plus-que-parfait**	**Passé antérieur**
J'ai servi	J'aurai servi	J'avais servi	J'eus servi

SUBJONCTIF

Présent	Passé	Imparfait	Plus-que-parfait
Que je serve	Que j'aie servi	Que je servisse	Que j'eusse servi
Que tu serves	Que tu aies servi	Que tu servisses	Que tu eusses servi
Qu'il/elle serve	Qu'il/elle ait servi	Qu'il/elle servît	Qu'il/elle eût servi
Que nous servions	Que nous ayons servi	Que nous servissions	Que nous eussions servi
Que vous serviez	Que vous ayez servi	Que vous servissiez	Que vous eussiez servi
Qu'ils/elles servent	Qu'ils/elles aient servi	Qu'ils/elles servissent	Qu'ils/elles eussent servi

CONDITIONNEL

Présent	Passé
Je servirais	J'aurais servi
Tu servirais	Tu aurais servi
Il/elle servirait	Il/elle aurait servi
Nous servirions	Nous aurions servi
Vous serviriez	Vous auriez servi
Ils/elles serviraient	Ils/elles auraient servi

INFINITIF présent	PARTICIPE présent	IMPÉRATIF
Servir	Servant	Sers, servons, servez
INFINITIF passé	**PARTICIPE passé**	
Avoir servi	Servi, ayant servi	

Remarques

Se conjuguent comme *servir* : *desservir, resservir*.

Comme *dormir* et *partir*, *serv-ir* perd la deuxième consonne de son radical au singulier de l'indicatif présent : *je sers, tu sers, il sert*…

Comme les autres verbes de ce type, *servir*, forme le futur sur tout l'infinitif : **servir** *+ ai, as, as*…

Il forme son passé simple sur la voyelle de participe passé « *i* » (*servi*) : *je servis, tu servis*…

Verbes du 3e groupe en –IR : verbes du type Venir

INDICATIF			
Présent	**Futur**	**Imparfait**	**Passé simple**
Je viens	Je viendrais	Je venais	Je vins
Tu viens	Tu viendras	Tu venais	Tu vins
Il/elle vient	Il/elle viendra	Il/elle venait	Il/elle vint
Nous venons	Nous viendrons	Nous venions	Nous vînmes
Vous venez	Vous viendrez	Vous veniez	Vous vîntes
Ils/elles viennent	Ils/elles viendront	Ils/elles venaient	Ils/elles vinrent
Passé composé	**Futur antérieur**	**Plus-que-parfait**	**Passé antérieur**
Je suis venu(e)	Je serai venu(e)	J'étais venu(e)	Je fus venu(e)

SUBJONCTIF			
Présent	**Passé**	**Imparfait**	**Plus-que-parfait**
Que je vienne	Que je sois venu(e)	Que je vinsse	Que je fusse venu(e)
Que tu viennes	Que tu sois venu(e)	Que tu vinsses	Que tu fusses venu(e)
Qu'il/elle vienne	Qu'il/elle soit venu(e)	Qu'il/elle vînt	Qu'il/elle fût venu(e)
Que nous venions	Que nous soyons venu(e)s	Que nous vinssions	Que nous fussions venu(e)s
Que vous veniez	Que vous soyez venu(e)(s)	Que vous vinssions	Que vous fussiez venu(e)(s)
Qu'ils/elles viennent	Qu'ils/elles soient venu(e)s	Qu'ils/elles vinssent	Qu'ils/elles fussent venu(e)s

CONDITIONNEL	
Présent	**Passé**
Je viendrais	Je serais venu(e)
Tu viendrais	Tu serais venu (e)
Il/elle viendrait	Il/elle serait venu(e)
Nous viendrions	Nous serions venu(e)s
Vous viendriez	Vous seriez venu(e)(s)
Ils/elles viendraient	Ils/elles seraient venu(e)s

INFINITIF présent	**PARTICIPE présent**	**IMPÉRATIF**
Venir	Venant	Viens, venons, venez
INFINITIF passé	**PARTICIPE passé**	
Être venu(e)(s)	Venu(e)(s), étant venu(e)(s)	

Remarques

Se conjuguent comme *venir* : *advenir, contrevenir, convenir, devenir, disconvenir, intervenir, parvenir, prévenir, provenir, revenir, se souvenir, subvenir, survenir*.

Ces verbes prennent tous l'auxiliaire **être** aux formes composées, sauf *contrevenir, prévenir, subvenir*.

Convenir peut utiliser les deux auxiliaires. (Dans ce cas, le verbe change de sens.)
Se conjuguent également comme *venir, tenir* et ses composés : *s'abstenir, appartenir, contenir, détenir, entretenir, maintenir, obtenir, retenir, soutenir*.

Notez les différents radicaux : *ven-, vien-, vin-*.
Le futur : *viend-r-ai*...
Le passé simple : *je vins*...

Verbes du 3ᵉ groupe en –IR : verbes du type Courir

INDICATIF			
Présent	**Futur**	**Imparfait**	**Passé simple**
Je cours	Je courrai	Je courais	Je courus
Tu cours	Tu courras	Tu courais	Tu courus
Il/elle court	Il/elle courra	Il/elle courait	Il/elle courut
Nous courons	Nous courrons	Nous courions	Nous courûmes
Vous courez	Vous courrez	Vous couriez	Vous courûtes
Ils/elles courent	Ils/elles courront	Ils/elles couraient	Ils/elles coururent
Passé composé	**Futur antérieur**	**Plus-que-parfait**	**Passé antérieur**
J'ai couru	J'aurai couru	J'avais couru	J'eus couru

SUBJONCTIF			
Présent	**Passé**	**Imparfait**	**Plus-que-parfait**
Que je coure	Que j'aie couru	Que je courusse	Que j'eusse couru
Que tu coures	Que tu aies couru	Que tu courusses	Que tu eusses couru
Qu'il/elle coure	Qu'il/elle ait couru	Qu'il/elle courût	Qu'il/elle eût couru
Que nous courions	Que nous ayons couru	Que nous courussions	Que nous eussions couru
Que vous couriez	Que vous ayez couru	Que vous courussiez	Que vous eussiez couru
Qu'ils/elles courent	Qu'ils/elles aient couru	Qu'ils/elles courussent	Qu'ils/elles eussent couru

CONDITIONNEL	
Présent	**Passé**
Je courrais	J'aurais couru
Tu courrais	Tu aurais couru
Il/elle courrait	Il/elle aurait couru
Nous courrions	Nous aurions couru
Vous courriez	Vous auriez couru
Ils/elles courraient	Ils/elles auraient couru

INFINITIF présent	**PARTICIPE présent**	**IMPÉRATIF**
Courir	Courant	Cours, courons, courez
INFINITIF passé	**PARTICIPE passé**	
Avoir couru	Couru, ayant couru	

Remarques

Se conjuguent comme *courir : accourir, concourir, discourir, parcourir, recourir, secourir.*
Notez les formes du futur et du conditionnel présent : *cour-r-ai, cour-r-ais…*

Verbes du 3e groupe en -IR : verbes du type Mourir

INDICATIF			
Présent	**Futur**	**Imparfait**	**Passé simple**
Je meurs	Je mourrai	Je mourais	Je mourus
Tu meurs	Tu mourras	Tu mourais	Tu mourus
Il/elle meurt	Il/elle mourra	Il/elle mourait	Il/elle mourut
Nous mourons	Nous mourrons	Nous mourions	Nous mourûmes
Vous mourez	Vous mourrez	Vous mouriez	Vous mourûtes
Ils/elles meurent	Il/elles mourront	Ils/elles mouraient	Ils/elles moururent
Passé composé	**Futur antérieur**	**Plus-que-parfait**	**Passé antérieur**
Je suis mort(e)	Je serai mort(e)	J'étais mort(e)	Je fus mort(e)

SUBJONCTIF			
Présent	**Passé**	**Imparfait**	**Plus-que-parfait**
Que je meure	Que je sois mort(e)	Que je mourusse	Que je fusse mort(e)
Que tu meures	Que tu sois mort(e)	Que tu mourusses	Que tu fusses mort(e)
Qu'il/elle meure	Qu'il/elle soit mort(e)	Qu'il/elle mourût	Qu'il/elle fût mort(e)
Que nous mourions	Que nous soyons mort(e)s	Que nous mourussions	Que nous fussions mort(e)s
Que vous mouriez	Que vous soyez mort(e)(s)	Que vous mourussiez	Que vous fussiez mort(e)(s)
Qu'ils/elles meurent	Qu'ils/elles soient mort(e)s	Qu'ils/elles mourussent	Qu'ils/elles fussent mort(e)s

CONDITIONNEL	
Présent	**Passé**
Je mourrais	Je serais mort(e)
Tu mourrais	Tu serais mort(e)
Il/elle mourrait	Il/elle serait mort(e)
Nous mourrions	Nous serions mort(e)s
Vous mourriez	Vous seriez mort(e)(s)
Ils/elles mourraient	Ils/elles seraient mort(e)s

INFINITIF présent	PARTICIPE présent	IMPÉRATIF
Mourir	Mourant	Meurs, mourons, mourez
INFINITIF passé	**PARTICIPE passé**	
Être mort(e)(s)	Mort(e)(s), étant mort(e)(s)	

Remarques

Notez l'alternance du radical : **meur-, mour-,** du présent de l'indicatif et du subjonctif.

Notez l'auxiliaire de ce verbe. Il se construit avec **être** aux formes composées.

Le futur et le conditionnel présent se forment sur le radical d'infinitif : **mour- + r** (lettre caractéristique du futur) + *-ai, as, a → je mourrai/+ -ais, ais, ait → je mourrais.*

Verbes du 3ᵉ groupe en –IR : verbes du type Acquérir

INDICATIF

Présent	Futur	Imparfait	Passé simple
J'acquiers	J'acquerrai	J'acquérais	J'acquis
Tu acquiers	Tu acquerras	Tu acquérais	Tu acquis
Il/elle acquiert	Il/elle acquerra	Il/elle acquérait	Il/elle acquit
Nous acquérons	Nous acquerrons	Nous acquérions	Nous acquîmes
Vous acquérez	Vous acquerrez	Vous acquériez	Vous acquîtes
Ils/elles acquièrent	Ils/elles acquerront	Ils/elles acquéraient	Ils/elles acquirent

Passé composé	Futur antérieur	Plus-que-parfait	Passé antérieur
J'ai acquis	J'aurai acquis	J'avais acquis	J'eus acquis

SUBJONCTIF

Présent	Passé	Imparfait	Plus-que-parfait
Que j'acquière	Que j'aie acquis	Que j'acquisse	Que j'eusse acquis
Que tu acquières	Que tu aies acquis	Que tu acquisses	Que tu eusses acquis
Qu'il/elle acquière	Qu'il/elle ait acquis	Qu'il/elle acquît	Qu'il/elle eût acquis
Que nous acquérions	Que nous ayons acquis	Que nous acquissions	Que nous eussions acquis
Que vous acquériez	Que vous ayez acquis	Que vous acquissiez	Que vous eussiez acquis
Qu'ils/elles acquièrent	Qu'ils/elles aient acqui	Qu'ils/elles acquissent	Qu'ils/elles eussent acquis

CONDITIONNEL

Présent	Passé
J'acquerrais	J'aurais acquis
Tu acquerrais	Tu aurais acquis
Il/elle acquerrait	Il/elle aurait acquis
Nous acquerrions	Nous aurions acquis
Vous acquerriez	Vous auriez acquis
Ils/elles acquerraient	Ils/elles auraient acquis

INFINITIF présent	PARTICIPE présent	IMPÉRATIF
Acquérir	Acquérant	Acquiers, acquérons, acquérez
INFINITIF passé	**PARTICIPE passé**	
Avoir acquis	Acquis, ayant acquis	

Remarques

Se conjuguent comme *acquérir* : *conquérir, s'enquérir.*

Notez l'alternance **-quier-, quér-,** du radical.

Notez également les deux **-rr-** du futur et du conditionnel : *j'acquerrai(s).*

Verbes du 3e groupe en -IR : verbes du type Ouvrir

INDICATIF			
Présent	**Futur**	**Imparfait**	**Passé simple**
J'ouvre	J'ouvrirai	J'ouvrais	J'ouvris
Tu ouvres	Tu ouvriras	Tu ouvrais	Tu ouvris
Il/elle ouvre	Il/elle ouvrira	Il/elle ouvrait	Il/elle ouvrit
Nous ouvrons	Nous ouvrirons	Nous ouvrions	Nous ouvrîmes
Vous ouvrez	Vous ouvrirez	Vous ouvriez	Vous ouvrîtes
Ils/elles ouvrent	Ils/elles ouvriront	Ils/elles ouvraient	Ils/elles ouvrirent
Passé composé	**Futur antérieur**	**Plus-que-parfait**	**Passé antérieur**
J'ai ouvert	J'aurai ouvert	J'avais ouvert	J'eus ouvert

SUBJONCTIF			
Présent	**Passé**	**Imparfait**	**Plus-que-parfait**
Que j'ouvre	Que j'aie ouvert	Que j'ouvrisse	Que j'eusse ouvert
Que tu ouvres	Que tu aies ouvert	Que tu ouvrisses	Que tu eusses ouvert
Qu'il/elle ouvre	Qu'il/elle ait ouvert	Qu'il/elle ouvrît	Qu'il/elle eût ouvert
Que vous ouvrions	Que nous ayons ouvert	Que nous ouvrissions	Que nous eussions ouvert
Que vous ouvriez	Que vous ayez ouvert	Que vous ouvrissiez	Que vous eussiez ouvert
Qu'ils/elles ouvrent	Qu'ils/elles aient ouvert	Qu'ils/elles ouvrissent	Qu'ils/elles eussent ouvert

CONDITIONNEL	
Présent	**Passé**
J'ouvrirais	J'aurais ouvert
Tu ouvrirais	Tu aurais ouvert
Il/elle ouvrirait	Il/elle aurait ouvert
Nous ouvririons	Nous aurions ouvert
Vous ouvririez	Vous auriez ouvert
Ils/elles ouvriraient	Ils/elles auraient ouvert

INFINITIF présent	PARTICIPE présent	IMPÉRATIF
Ouvrir	Ouvrant	Ouvre, ouvrons, ouvrez
INFINITIF passé	**PARTICIPE passé**	
Avoir ouvert	Ouvert, ayant ouvert	

Remarques

Se conjuguent comme *ouvrir : couvrir, découvrir, offrir, recouvrir, souffrir.*

Notez les terminaisons identiques à celles du 1er groupe à l'indicatif présent, au subjonctif présent et à l'impératif.

Le futur se forme sur l'infinitif : *j'ouvrir-ai, as, a, ons*…

Attention au participe passé : *ouvert(e)(s).*

Verbes du 3ᵉ groupe en –IR : verbes du type Cueillir

INDICATIF

Présent	Futur	Imparfait	Passé simple
Je cueille	Je cueillerai	Je cueillais	Je cueillis
Tu cueilles	Tu cueilleras	Tu cueillais	Tu cueillis
Il/elle cueille	Il/elle cueillera	Il/elle cueillait	Il/elle cueillit
Nous cueillons	Nous cueillerons	Nous cueillions	Nous cueillîmes
Vous cueillez	Vous cueillerez	Vous cueilliez	Vous cueillîtes
Ils/elles cueillent	Ils/elles cueilleront	Ils/elles cueillaient	Ils/elles cueillirent
Passé composé	**Futur antérieur**	**Plus-que-parfait**	**Passé antérieur**
J'ai cueilli	J'aurai cueilli	J'avais cueilli	J'eus cueilli

SUBJONCTIF

Présent	Passé	Imparfait	Plus-que-parfait
Que je cueille	Que j'aie cueilli	Que je cueillisse	Que j'eusse cueilli
Que tu cueilles	Que tu aies cueilli	Que tu cueillisses	Que tu eusses cueilli
Qu'il/elle cueille	Qu'il/elle ait cueilli	Qu'il/elle cueillît	Qu'il/elle eût cueilli
Que nous cueillions	Que nous ayons cueilli	Que nous cueillissions	Que nous eussions cueilli
Que vous cueilliez	Que vous ayez cueilli	Que vous cueillissiez	Que vous eussiez cueilli
Qu'ils/elles cueillent	Qu'ils/elles aient cueilli	Qu'ils/elles cueillissent	Qu'ils/elles eussent cueilli

CONDITIONNEL

Présent	Passé
Je cueillerais	J'aurais cueilli
Tu cueillerais	Tu aurais cueilli
Il/elle cueillerait	Il/elle aurait cueilli
Nous cueillerions	Nous aurions cueilli
Vous cueilleriez	Vous auriez cueilli
Ils/elles cueilleraient	Ils/elles auraient cueilli

INFINITIF présent	PARTICIPE présent	IMPÉRATIF
Cueillir	Cueillant	Cueille, cueillons, cueillez
INFINITIF passé	**PARTICIPE passé**	
Avoir cueilli	Cueilli, ayant cueilli	

Remarques

Se conjuguent comme *cueillir* : *accueillir, recueillir*.

Notez que ce verbe a les terminaisons des verbes du 1ᵉʳ groupe à l'indicatif présent, au subjonctif présent, au futur, au conditionnel, à l'impératif.

Les formes différentes sont celles du participe passé (*cueilli*) et du passé simple (*je cueillis*…).

Verbes du 3ᵉ groupe en –IR : verbes du type Tressaillir

INDICATIF

Présent	Futur	Imparfait	Passé simple
Je tressaille	Je tressaillirai	Je tressaillais	Je tressaillis
Tu tressailles	Tu tressailliras	Tu tressaillais	Tu tressaillis
Il/elle tressaille	Il/elle tressaillira	Il/elle tressaillait	Il/elle tressaillit
Nous tressaillons	Nous tressaillirons	Nous tressaillions	Nous tressaillîmes
Vous tressaillez	Vous tressaillirez	Vous tressailliez	Vous tressaillîtes
Ils/elles tressaillent	Ils/elles tressailliront	Ils/elles tressaillaient	Ils/elles tressaillirent

Passé composé	Futur antérieur	Plus-que-parfait	Passé antérieur
J'ai tressailli	J'aurai tressailli	J'avais tressailli	J'eus tressailli

SUBJONCTIF

Présent	Passé	Imparfait	Plus-que-parfait
Que je tressaille	Que j'aie tressailli	Que je tressaillisse	Que j'eusse tressailli
Que tu tressailles	Que tu aies tressailli	Que tu tressaillisses	Que tu eusses tressailli
Qu'il/elle tressaille	Qu'il/elle ait tressailli	Qu'il/elle tressaillît	Qu'il/elle eût tressailli
Que nous tressaillions	Que nous ayons tressailli	Que nous tressaillissions	Que nous eussions tressailli
Que vous tressailliez	Que vous ayez tressailli	Que vous tressaillissiez	Que vous eussiez tressailli
Qu'ils/elles tressaillent	Qu'ils/elles aient tressailli	Qu'ils/elles tressaillissent	Qu'ils/elles eussent tressailli

CONDITIONNEL

Présent	Passé
Je tressaillirais	J'aurais tressailli
Tu tressaillirais	Tu aurais tressailli
Il/elle tressaillirait	Il/elle aurait tressailli
Nous tressaillirions	Nous aurions tressailli
Vous tressailliriez	Vous auriez tressailli
Ils/elles tressailliraient	Ils/elles auraient tressailli

INFINITIF présent	PARTICIPE présent	IMPÉRATIF
Tressaillir	Tressaillant	Tressaille, tressaillons, tressaillez
INFINITIF passé	**PARTICIPE passé**	
Avoir tressailli	Tressailli (*invariable*), ayant tressailli	

Remarques

Se conjuguent comme *tressaillir* : *assaillir, défaillir*.

Ces verbes ont des terminaisons de 1ᵉʳ groupe au présent (indicatif, subjonctif) et à l'impératif.

Le futur se forme sur l'infinitif : *je tressaillir-ai, as*…

Le verbe *faillir* s'utilise principalement comme semi-auxiliaire : *j'ai failli tomber* (= j'ai été sur le point de tomber, mais je ne suis pas tombé(e)). C'est un verbe défectif. Il ne possède qu'un futur : *je faillirai*, un passé composé, *j'ai failli*, et un passé simple, *je faillis.*

Verbes du 3ᵉ groupe en -IR : verbes du type Fuir

INDICATIF

Présent	Futur	Imparfait	Passé simple
Je fuis	Je fuirai	Je fuyais	Je fuis
Tu fuis	Tu fuiras	Tu fuyais	Tu fuis
Il/elle fuit	Il/elle fuira	Il/elle fuyait	Il/elle fuit
Nous fuyons	Nous fuirons	Nous fuyions	Nous fuîmes
Vous fuyez	Vous fuirez	Vous fuyiez	Vous fuîtes
Ils/elles fuient	Ils/elles fuiront	Ils/elles fuyaient	Ils/elles fuirent
Passé composé	**Futur antérieur**	**Plus-que-parfait**	**Passé antérieur**
J'ai fui	J'aurai fui	J'avais fui	J'eus fui

SUBJONCTIF

Présent	Passé	Imparfait	Plus-que-parfait
Que je fuie	Que j'aie fui	Que je fuisse	Que j'eusse fui
Que tu fuies	Que tu aies fui	Que tu fuisses	Que tu eusses fui
Qu'il/elle fuie	Qu'il/elle ait fui	Qu'il/elle fuît	Qu'il eût fui
Que nous fuyions	Que nous ayons fui	Que nous fuissions	Que nous eussions fui
Que vous fuyiez	Que vous ayez fui	Que vous fuissiez	Que vous eussiez fui
Qu'ils/elles fuient	Qu'ils/elles aient	Qu'ils/elles fuissent	Qu'ils/elles eussent fui

CONDITIONNEL

Présent	Passé
Je fuirais	J'aurais fui
Tu fuirais	Tu aurais fui
Il/elle fuirait	Il/elle aurait fui
Nous fuirions	Nous aurions fui
Vous fuiriez	Vous auriez fui
Ils/elles fuiraient	Ils/elles auraient fui

INFINITIF présent	PARTICIPE présent	IMPÉRATIF
Fuir	Fuyant	Fuis, fuyons, fuyez
INFINITIF passé	**PARTICIPE passé**	
Avoir fui	Fui (*invariable*), ayant fui	

Remarque

Se conjugue de même : *s'enfuir*.

Verbes du 3e groupe en -IR : verbes du type Bouillir

INDICATIF

Présent	Futur	Imparfait	Passé simple
Je bous	Je bouillirai	Je bouillais	Je bouillis
Tu bous	Tu bouilliras	Tu bouillais	Tu bouillis
Il/elle bout	Il/elle bouillira	Il/elle bouillait	Il/elle bouillit
Nous bouillons	Nous bouillirons	Nous bouillions	Nous bouillîmes
Vous bouillez	Vous bouillirez	Vous bouilliez	Vous bouillîtes
Ils/elles bouillent	Ils/elles bouilliront	Ils/elles bouillaient	Ils/elles bouillirent
Passé composé	**Futur antérieur**	**Plus-que-parfait**	**Passé antérieur**
J'ai bouilli	J'aurai bouilli	J'avais bouilli	J'eus bouilli

SUBJONCTIF

Présent	Passé	Imparfait	Plus-que-parfait
Que je bouille	Que j'aie bouilli	Que je bouillisse	Que j'eusse bouilli
Que tu bouilles	Que tu aies bouilli	Que tu bouillisses	Que tu eusses bouilli
Qu'il/elle bouille	Qu'il/elle ait bouilli	Qu'il/elle bouillît	Qu'il/elle eût bouilli
Que nous bouillions	Que nous ayons bouilli	Que nous bouillissions	Que nous eussions bouilli
Que vous bouilliez	Que vous ayez bouilli	Que vous bouillissiez	Que vous eussiez bouilli
Qu'ils/elles bouillent	Qu'ils/elles aient bouilli	Qu'ils/elles bouillissent	Qu'ils/elles eussent bouilli

CONDITIONNEL

Présent	Passé
Je bouillirais	J'aurais bouilli
Tu bouillirais	Tu aurais bouilli
Il/elle bouillirait	Il/elle aurait bouilli
Nous bouillirions	Nous aurions bouillir
Vous bouilliriez	Vous auriez bouilli
Ils/elles bouilliraient	Ils/elles auraient bouilli

INFINITIF présent	PARTICIPE présent	IMPÉRATIF
Bouillir	Bouillant	Bous, bouillons, bouillez
INFINITIF passé	**PARTICIPE passé**	
Avoir bouilli	Bouilli, ayant bouilli	

Verbes du 3ᵉ groupe en –IR : verbes du type Vêtir

INDICATIF

Présent	Futur	Imparfait	Passé simple
Je vêts	Je vêtirai	Je vêtais	Je vêtis
Tu vêts	Tu vêtiras	Tu vêtais	Tu vêtis
Il/elle vêt	Il/elle vêtira	Il/elle vêtait	Il/elle vêtit
Nous vêtons	Nous vêtirons	Nous vêtions	Nous vêtîmes
Vous vêtez	Vous vêtirez	Vous vêtiez	Vous vêtîtes
Ils/elles vêtent	Ils/elles vêtiront	Ils/elles vêtaient	Ils/elles vêtirent

Passé composé	Futur antérieur	Plus-que-parfait	Passé antérieur
J'ai vêtu	J'aurai vêtu	J'avais vêtu	J'eus vêtu

SUBJONCTIF

Présent	Passé	Imparfait	Plus-que-parfait
Que je vête	Que j'aie vêtu	Que je vêtisse	Que j'eusse vêtu
Que tu vêtes	Que tu aies vêtu	Que tu vêtisses	Que tu eusses vêtu
Qu'il/elle vête	Qu'il/elle ait vêtu	Qu'il/elle vêtît	Qu'il/elle eût vêtu
Que nous vêtions	Que nous ayons vêtu	Que nous vêtissions	Que nous eussions vêtu
Que vous vêtiez	Que vous ayez vêtu	Que vous vêtissiez	Que vous eussiez vêtu
Qu'ils/elles vêtent	Qu'ils/elles aient vêtu	Qu'ils/elles vêtissent	Qu'ils/elles eussent vêtu

CONDITIONNEL

Présent	Passé
Je vêtirais	J'aurais vêtu
Tu vêtirais	Tu aurais vêtu
Il/elle vêtirait	Il/elle aurait vêtu
Nous vêtirions	Nous aurions vêtu
Vous vêtiriez	Vous auriez vêtu
Ils/elles vêtiraient	Ils/elles auraient vêtu

INFINITIF présent	PARTICIPE présent	IMPÉRATIF
Vêtir	Vêtant	Vêts, vêtons, vêtez
INFINITIF passé	**PARTICIPE passé**	
Avoir vêtu	Vêtu, ayant vêtu	

Remarque

Se conjuguent de même : *dévêtir, revêtir.*

LES VERBES (LES PLUS FRÉQUENTS) ET LEURS CONSTRUCTIONS

A

ACCEPTER
- qqch — • *Acceptez toutes mes excuses pour ce retard.*
- de + inf. — • *Il a accepté de changer de place avec moi.*
- que + subj. — • *Je n'accepte pas que tu sortes toute seule le soir.*

ACCUSER
- qqn de faire qqch — • *Il a accusé son voisin d'avoir maltraité son chien.*
- qqn de qqch — • *Il l'a accusé de mauvais traitements.*

ACHETER
- qqch — • *Elle a acheté un manteau ravissant pour 50 euros.*

ADMETTRE
- qqch — • *Tu dois admettre ton erreur.*
- de + inf. — • *Il n'admet pas de se tromper, il déteste avoir tort.*
- que + ind. — • *J'admets* (= je reconnais) *qu'il est beau mais ce n'est pas mon genre d'homme.*
- que + subj. — • *Je n'admets pas* (= je n'accepte pas) *que tu dises des mensonges.*

ADORER
- qqn — • *J'adore mon cousin François, il est fantastique.*
- qqch — • *J'adore les pizzas aux champignons.*
- + inf. — • *Ma fille adore manger au MacDo.*
- que + subj. — • *Elle adore qu'on aille camper tous les étés.*

ADRESSER
- qqch à qqn — • *Adressez cette lettre à la directrice commerciale.*

S'ADRESSER
- à qqn (ou qqch « personnalisé ») — • *Pour tout renseignement, adressez-vous au monsieur en face.*
- — • *Adressez-vous au guichet n° 4 ; au garage Renault.*

AFFIRMER
- qqch — • *L'accusé affirma son innocence.*
- + inf. — • *Il m'a affirmé avoir posté ma lettre mais j'ai des doutes !*
- que + ind. — • *Elle a affirmé qu'hier, elle était au lit avec la grippe.*

AGIR
- — • *On ne doit pas se laisser faire : il faut agir !*

IL S'AGIT
- de + nom — • *Dans ce roman, il s'agit d'une femme un peu étrange qui voyage…*
- de + inf. — • *Si tu veux passer ce concours, il s'agit de travailler un peu plus.*

AIDER
- qqn à faire qqch — • *Je vais vous aider à repeindre la cuisine si vous voulez.*

AIMER
- qqch — • *J'aime beaucoup la peinture moderne.*
- qqn — • *Tu aimes Guillaume ou tu préfères Romain ?*
- + inf. — • *J'aimerais avoir un petit renseignement, s'il vous plaît.*
- que + subj. — • *J'aimerais bien que tu viennes avec nous au ski.*
- mieux qqch que qqch — • *J'aime mieux les pois de senteur que les roses.*

ALLER
- à, en, au… + lieu — • *Va à l'épicerie et rapporte-moi un litre d'huile d'olive. Vas-y vite !*
- chez + personne — • *Tu as les cheveux trop longs, va chez le coiffeur.*

S'EN ALLER
- — • *Ce soir, je m'en irai un peu plus tôt, j'ai rendez-vous chez le dentiste.*
- — • *Tu me fatigues ! Allez, va-t'en !*

AMENER	qqn	• *Qui amène la petite à l'école ce matin ? Toi ou moi ?*
AMUSER	qqn	• *Cette pièce est très drôle, elle nous a beaucoup amusés.*
S'AMUSER		• *Vous êtes contents de votre soirée ? Vous vous êtes bien amusés ?*
	de qqch	• *Elle est gaie, elle s'amuse d'un rien.*
ANNONCER	qqch à qqn	• *Tu as annoncé cette bonne nouvelle à tes parents ?*
	que + ind.	• *Comme il ne nous avait pas annoncé qu'il s'en allait, nous avons été très surpris.*
APERCEVOIR	qqch	• *Si vous regardez bien, vous pouvez apercevoir un petit bout de la tour Eiffel, là, au fond à gauche.*
	qqn	• *Hier, j'ai aperçu Ingrid dans la rue mais elle ne m'a pas vu(e).*
S'APERCEVOIR	de qqch	• *Je me suis aperçu(e) de mon erreur mais trop tard.*
	que + ind.	• *Quand s'est-elle aperçue que sa bague avait disparu ?*
APPARTENIR	à qqn	• *Ce manteau n'est pas à moi, il appartient à mon frère.*
APPELER	qqn	• *Appelle le médecin, j'ai très mal au ventre.*
		• *On s'appelle ce soir, d'accord ?*
	qqch	• *Pour tout renseignement, appelez le 01 55 64 76 87*
S'APPELER	+ nom propre	• *Ce beau jeune homme s'appelle Bruno Lombardini.*
APPORTER	qqch à qqn	• *Elle m'a apporté un cadeau de Suède, j'étais très ému(e).*
APPRENDRE	qqch	• *J'apprends le grec moderne.*
	qqch à qqn	• *Il nous a appris la nouvelle par téléphone.*
	à faire qqch à qqn	• *J'ai appris à lire à mes deux petites sœurs.*
	à + inf.	• *Où as-tu appris à parler français ?*
	que + ind.	• *Vous avez appris qu'ils vivaient en Écosse maintenant ?*
ARRÊTER		• *Arrête un peu, tu nous casses la tête avec ta musique !*
	qqn	• *La police a arrêté deux suspects.*
	qqch	• *Arrêtez ce bruit, les enfants ; ça me fatigue.*
	de + inf.	• *Et arrêtez aussi de vous disputer sans arrêt.*
S'ARRÊTER		• *La voiture ne s'est pas arrêtée au feu rouge.*
	de + inf.	• *Il est terrible, il ne peut pas s'arrêter de boire quand il commence.*
ARRIVER		• *Vous arriverez à quelle heure ?*
	à qqch	• *Ça y est, nous voilà enfin arrivés au but !*
	à + inf.	• *Personne n'arrive à comprendre cet exercice.*
IL ARRIVE	qqch à qqn	• *Il m'est arrivé une drôle d'histoire hier matin.*
	à qqn de + inf.	• *Il peut arriver à tout le monde de se tromper.*
	que + ind.	• *Il arriva qu'un jour, la princesse rencontra un charmant valet.*
	que + subj.	• *Il arrive parfois que l'on soit de mauvaise humeur sans raison.*
ASSISTER	à qqch	• *Vous allez assister à la réunion jusqu'à la fin ?*
ASSURER	qqch	• *Tu as pensé à assurer la voiture ?*
	qqn de qqch	• *Il nous a assurés de son aide en cas de difficulté.*
	que + ind. ou condit.	• *Il nous a assurés qu'il nous aiderait en cas de besoin.*
S'ASSURER	de qqch	• *Assurez-vous des dates exactes des examens.*
	de + inf.	• *Avant de descendre du train, assurez-vous de n'avoir rien oublié.*
	que + ind.	• *Le soir, il s'assure toujours que tout est bien fermé.*

ATTACHER	qqch	• *Attachez votre ceinture et redressez votre siège.*
	qqn	• *Attache bien le bébé, sinon il va tomber de sa poussette.*
S'ATTACHER	à qqch	• *Ils vivent à Marseille et ils se sont beaucoup attachés à cette ville.*
	à qqn	• *Ils se sont aussi attachés aux Marseillais.*
ATTEINDRE	qqch	• *Il a atteint la ligne d'arrivée en moins de dix secondes.*
	qqn	• *Ces scandales ont atteint plusieurs hommes politiques* (= touché)
ATTENDRE	qqch	• *J'attends les résultats de l'examen.*
	qqch pour + inf.	• *Qu'est-ce que tu attends pour te décider ?*
	qqn	• *Tu attends Marianne ? Elle est déjà partie.*
	de + inf.	• *J'attends d'être à la maison pour lui téléphoner.*
	que + subj.	• *Elle attend toujours qu'on fasse les choses à sa place.*
S'ATTENDRE	à qqch	• *Personne ne s'attendait à ce changement politique : quelle surprise !*
	à + inf.	• *Il s'attend à être récompensé au Festival de Cannes.*
	à ce que + subj.	• *On s'attend à ce que les hostilités reprennent entre les deux pays.*
AUGMENTER		• *Le coût de la vie a beaucoup augmenté cette année.*
	de + quantité	• *Le coût de la vie a augmenté de 2,3 % en six mois.*
	qqch	• *La pollution augmente les risques de maladies respiratoires.*
AUTORISER	qqch	• *Pour cet examen, on autorise les dictionnaires.*
	qqn à + inf.	• *J'autorise mon fils Jonathan à quitter le lycée à 16 h.*
AVERTIR	qqn de qqch	• *Il avait averti les élèves de son absence.*
	qqn de + inf.	• *Je t'ai cent fois averti de bien faire attention, mais tu n'écoutes rien !*
	qqn que + ind.	• *Qui t'a averti que la réunion avait été annulée ?*
AVOIR	qqch	• *Il a un appartement dans l'île Saint-Louis.*
		• *J'ai beaucoup de travail cette semaine.*
	+ âge	• *Elle a une trentaine d'années.*
	qqch à + inf.	• *Tu n'as rien à faire ? Alors, viens m'aider.*
LOCUTIONS AVEC LE VERBE AVOIR		• *avoir faim, avoir soif, avoir peur (de), avoir mal (à), avoir froid, avoir chaud, avoir envie de, avoir besoin de, avoir beau* (+ inf.)...
N'AVOIR QU'À	+ inf.	• *Si tu n'es pas content, tu n'as qu'à le dire !*
		• *Si on s'est trompé, il n'y a qu'à recommencer.*
AVOUER		• *La règle d'or des coupables : n'avouez jamais !*
	qqch à qqn	• *Il n'aime pas avouer ses erreurs à ses amis.*
	+ inf.	• *Il a avoué avoir volé des livres quand il était étudiant.*
	que + ind.	• *Il a fini par avouer qu'il avait joué aux courses et perdu.*

B

BAISSER		• *Le prix de l'essence va baisser.*
	de (+ chiffre)	• *Il paraît que le prix de l'essence va baisser de plusieurs euros.*
	qqch	• *Baisse la tête, tu vas te cogner !*
BLÂMER	qqn ou qqch	• *J'avais mal agi : on m'a blâmé. On a blâmé ma conduite.*
	qqn de + inf.	• *On m'a blâmé d'avoir mal agi.*
BOUGER		• *Tiens-toi tranquille une minute, ne bouge pas tout le temps !*
	qqch	• *J'ai un torticolis, je ne peux plus bouger la tête.*

BRÛLER		• *Le bois brûlait dans la cheminée.*
	qqch	• *J'aime brûler de l'encens pour parfumer la maison.*
SE BRÛLER		• *Chaque fois que j'utilise le four, je me brûle.*

C

CACHER	qqn	• *Mes grands-parents ont caché de nombreux réfugiés pendant la guerre.*
	qqch	• *Elle cache ses billets de banque entre les pages d'un dictionnaire...*
	qqch à qqn	• *Elle a caché ses projets de voyage à ses amis.*
	à qqn que + ind.	• *Elle a caché à ses parents qu'elle avait participé à une rave party.*
SE CACHER		• *Quand nous étions petits, nous jouions souvent à cache-cache dans la maison ; nous nous cachions sous les lits, derrière des fauteuils, dans la penderie.*
	de qqn	• *Les lycéens fumaient en se cachant de leurs professeurs.*
	de + inf.	• *Elle ne se cache pas d'avoir eu dans sa jeunesse certaines sympathies pour ce mouvement politique.*
		• *Elle déteste ses voisins et elle ne s'en cache pas.*
CASSER	qqch	• *Mon mari est très maladroit ; il casse tout ce qu'il touche.*
SE CASSER	qqch	• *Je me suis cassé la jambe en faisant du ski.*
CAUSER	qqch	• *L'imprudence du conducteur a causé cet accident.*
	qqch à qqn	• *La naissance de leur premier petit-fils a causé une grande joie à mes amis.*
CAUSER		• *Dans le petit square, les nounous causaient en surveillant les enfants.*
	avec qqn	• *Il est rare que l'on ait l'occasion de causer avec ses voisins dans le métro.*
CHANGER		• *Après toutes ces années, tu n'as pas changé.Tu es toujours la même.*
		• *Le temps change, il va pleuvoir.*
	qqch	• *Le TGV a changé la vie de plusieurs régions.*
	de qqch	• *Elle est très coquette ; elle change de tenue plusieurs fois par jour.*
		• *Change de place avec moi, je ne vois rien.*
	qqch contre qqch	• *J'ai changé mon vieil appareil photo contre un appareil super sophistiqué.*
SE CHANGER		• *En rentrant du bureau, ce cadre supérieur se change ; il enfile une tenue de sport avant d'aller courir dans son quartier.*
CHARGER	qqch	• *Il est imprudent de trop charger une voiture quand on part en vacances.*
	qqn de qqch	• *Le président a chargé son ministre des Affaires étrangères d'une mission délicate.*
	qqn de + inf.	• *Nous l'avons chargé de transmettre nos vœux aux jeunes mariés.*
SE CHARGER	de qqn	• *Les hôtesses de l'air se chargent des enfants qui voyagent seuls.*
	de qqch	• *Ne vous inquiétez pas ! Notre entreprise de déménagement se charge de tout !*
	de + inf.	• *Je me chargerai de nourrir le chat et d'arroser les plantes pendant votre absence.*
CHERCHER		• *Cherchez et vous trouverez.*
	qqch	• *Elle passe son temps à chercher ses lunettes.*
	qqn	• *C'est la baby-sitter qui va chercher les enfants à l'école.*
	à + inf.	• *Il cherche toujours à faire pour le mieux.*

CHOISIR		• *Voici le menu. Vous avez choisi, madame ?*
		• *Ils ont choisi des prénoms bizarres pour leurs enfants.*
	qqch et qqn	• *Le directeur a choisi son adjoint parmi plusieurs candidats.*
	de + inf.	• *La jeune bachelière a choisi de passer un an à l'étranger avant de commencer ses études.*
COMMENCER		• *Chut, le concert va commencer !*
	qqch	• *Quand je commence un livre, je ne m'arrête que lorsque je l'ai terminé.*
	à / (de) + inf.	• *Ah, enfin ! tu commences à comprendre !*
		• *Taisez-vous, vous commencez à m'agacer !*
	par qqch	• *Je repeins mon appartement. J'ai commencé par la chambre.*
	par + inf.	• *Tu commenceras par ranger ta chambre et ensuite tu feras tes devoirs.*
COMPARER	qqch et qqch	• *On compare souvent l'Espagne et l'Italie.*
	qqn et qqn	• *On compare souvent les Espagnols et les Italiens.*
	qqch ou qqn à qqch	• *Dans la poésie de la Renaissance, les poètes comparent la femme à une rose.*
	ou à qqn	• *Il n'aime pas qu'on le compare à son frère aîné.*
	qqch ou qqn	• *Les Français comparent souvent Sartre avec Camus.*
	avec qqch ou qqn	
COMPRENDRE		• *Je ne répète pas mes explications, je crois que vous avez compris.*
	qqch	• *Je n'ai pas compris le théorème que le professeur nous a expliqué pendant le cours de mathématiques.*
	qqn	• *Les parents essayent de comprendre leurs enfants et leurs difficultés.*
NE RIEN COMPRENDRE	à qqch	• *Je ne comprends rien à ce que tu dis.*
	comment	• *Il a enfin compris comment fonctionne un ordinateur.*
	que + ind.	• *Il sautait de joie : j'ai compris qu'il avait réussi.*
	que + subj.	• *Je comprends qu'il soit déçu par son échec : il avait tellement travaillé.*
COMPRIS (ÊTRE)		• *Le service n'est pas compris dans l'addition* (= inclus).
COMPTER		• *Ce petit garçon de trois ans a déjà appris à compter. Il compte jusqu'à vingt.*
	qqch	• *Pourriez-vous vérifier ? Vous avez compté un article que je n'ai pas pris.*
	qqn	• *Mettez-vous en rang par deux, les enfants. Nous allons vous compter.*
	sur qqn	• *Je compte sur vous pour le dîner de samedi soir, n'est-ce pas ? N'oubliez pas !*
	sur qqch	• *Je comptais sur ces cours particuliers pour lui faire faire des progrès en maths.*
	+ inf.	• *Il compte déménager en automne.* (= il a l'intention de)
	pour qqn	• *J'ai besoin de toi, je t'aime beaucoup, tu comptes énormément pour moi.*
CONCLURE	qqch	• *On a conclu cette affaire en dix minutes.*
	à qqch	• *Les jurés ont conclu à l'innocence de l'accusé.*
CONDUIRE		• *Mon frère sait conduire depuis l'âge de douze ans*
	qqch	• *Aujourd'hui, de plus en plus de femmes conduisent des bus et des métros.*
	qqn à, dans...	• *Ce voyage les a conduits dans des régions peu visitées par les touristes.*
	à qqch	• *Ces études conduisent tout droit à des postes administratifs.*
SE CONDUIRE		• *Elle s'est mal conduite en mentant à ses amis.*
	comme	• *Il s'est conduit comme un imbécile.* (= se comporter)
CONFIER	qqn à qqn	• *Les parents confient leur bébé à une jeune voisine quand ils sortent le soir.*

	qqch à qqn à qqn que + ind.	• *Je confie toujours mes secrets à ma sœur : elle est très discrète.* • *L'écrivain a confié à un journaliste qu'il allait publier son journal intime et que cela causerait peut-être un scandale.*
SE CONFIER	à qqn	• *On ne se confie qu'à ses amis intimes ; en effet, seuls les vrais amis savent garder des secrets.*
CONFONDRE	qqch, qqn	• *Elle n'a pas une très bonne mémoire et elle confond toujours les dates ; elle confond aussi les noms et même les gens.*
	qqn ou qqch avec qqn ou qqch	• *Ces deux frères jumeaux se ressemblent tant qu'on les confond souvent l'un avec l'autre.*
CONFUS(E) (ÊTRE)		• *Je suis vraiment désolé(e), je suis confus(e), je suis très en retard.*
	de qqch de + inf.	• *Je suis confus(e) de mon retard.* • *Je suis confus(e) de vous déranger à cette heure, mais j'ai besoin d'un tire-bouchon.*
CONNAÎTRE	qqn qqch	• *Je connais très bien cet acteur, c'est un ami d'enfance.* • *Je connais la Grèce ; je l'ai parcourue dans tous les sens.*
S'Y CONNAÎTRE	en	• *Elle s'y connaît très bien en porcelaine chinoise.* (= elle est experte en…)
CONSACRER	qqch à qqn ou à qqch ou à + inf.	• *Elle consacre tout son temps libre à ses vieux parents.* • *Elle consacre ses loisirs à restaurer un vieux château.*
SE CONSACRER	à qqn ou à qqch	• *Cet illustre savant s'est consacré exclusivement à la recherche.*
CONSEILLER	qqn qqch à qqn à qqn de + inf.	• *Les enfants refusent souvent que leurs parents les conseillent.* • *Pour accompagner le poisson, je vous conseille un pouilly fumé.* • *Je vous conseille d'aller voir cette exposition ; elle est magnifique.*
CONSIDÉRER	qqch	• *Quand on considère les conséquences de la pollution, on se dit que l'homme est imprévoyant.* (= on examine)
	que + ind.	• *Je considère que tu m'as donné ton accord puisque tu n'as pas dit « non ».* (= je pense)
	+ inf. qqch ou qqn comme	• *Le travail est fait, bien ou mal. Je considère avoir rempli mon contrat.* • *Elle a toujours considéré cet ami de la famille comme un parent, comme un oncle.* (= elle a toujours pris pour…)
CONTENT (ÊTRE)	de qqn ou de qqch de + inf. que + subj.	• *Je suis content de votre succès.* • *Elle est contente de partir.* • *Nous sommes contents que vous ayez gagné votre procès.*
CONTINUER		• *Le spectacle continue tout l'été.*
	qqch	• *Je suis désolé, mais je dois partir. Nous continuerons cette conversation un autre jour.*
	à (de) + inf.	• *Nous continuerons à lutter, même si c'est en vain.*
CONVAINCRE	qqn qqn de qqch qqn de + inf.	• *La plaidoirie de l'avocat a convaincu le jury.* • *Il nous a convaincus de l'efficacité de son invention.* • *Je l'ai convaincu(e) de poursuivre ses études.*
CONVAINCU(E) (ÊTRE)	de qqch de + inf. que + ind.	• *Je suis convaincu(e) de sa culpabilité.* • *Elle était convaincue d'avoir vu juste.* • *Au début du procès, tout le monde était convaincu que l'accusé était coupable.*
COURIR		• *Tous les matins, il court dans le parc.*

	qqch (une distance)	• *Elle courra le cent mètres et le quatre cents mètres aux prochains Jeux olympiques.*
	un danger, un risque	• *Les journalistes correspondants de guerre courent souvent de grands dangers.*
CRAINDRE	qqch	• *Elle craint le soleil. Elle est rousse.*
	qqn	• *Ils craignent leur père qui est un homme très sévère et rigoureux.*
	de + inf.	• *Je crains d'avoir dit une bêtise.*
	que + (ne) subj.	• *Je crains que tu (ne) m'aies mal compris.*
	pour qqn ou qqch	• *Les balles sifflaient autour d'eux. C'est avec raison qu'ils craignaient pour leur vie.*
CROIRE	qqch	• *Les soucoupes volantes, les petits hommes verts ! tu crois toutes ces histoires ?*
	qqn	• *Ne dis plus rien, je te crois.*
	en qqn ou qqch	• *Beaucoup d'Hommes croient en un Dieu.*
	à qqch	• *Croyez-vous à l'astrologie ?*
		• *« Je vous prie de croire, Monsieur, à l'assurance de mes sentiments les meilleurs. »*
	+ inf.	• *Elle croit pouvoir faire et dire tout ce qu'elle veut.*
	que + ind.	• *Je crois que tout est fini entre eux.*
	qqch ou qqn + adj.	• *On le croyait très riche.*
SE CROIRE	+ adj.	• *Elle se croit très intelligente.*
	+ adj. + de + inf.	• *Il se croit capable d'affronter toutes les épreuves de ce rallye automobile.*

D

DÉBARRASSER	qqch	• *Je reçois des amis à déjeuner, il faut que je débarrasse le salon.*
	qqn de qqch	• *Attends, je vais te débarrasser de ton manteau.*
SE DÉBARRASSER de qqch		• *Elle se débarrasse de ses vieux vêtements en les donnant à des œuvres de charité.*
DÉCIDER	de + inf.	• *J'ai décidé de partir.*
	que + indicatif	• *J'ai décidé que nous devions partir.*
	de qqch	• *Il est très autoritaire. Il veut décider de tout.*
	qqn à + inf.	• *J'ai décidé mes amis à partir.*
SE DÉCIDER	à + inf	• *Après bien des hésitations, elle s'est enfin décidée à déménager.*
DÉCLARER	qqch	• *Je déclare la séance ouverte, a dit le président.*
	qqch à qqn	• *Le jeune homme a déclaré son amour à la jeune fille.*
	que + ind.	• *Le ministre a déclaré qu'il se présenterait aux prochaines élections présidentielles.*
	à qqn que + ind.	• *Le chanteur a déclaré à ses admirateurs qu'il renonçait à chanter sur scène.*
DÉCONSEILLER	qqch à qqn	• *Je te déconseille le saumon. Il n'a pas l'air frais.*
	à qqn de + inf.	• *Tout le monde nous déconseillait de prendre cet itinéraire trop fréquenté pendant les vacances.*
DÉCOURAGER	qqn	• *Cet échec l'a découragé.*
	qqn de + inf.	• *Ses amis l'ont découragé de poursuivre ses études de chant.*

SE DÉCOURAGER		• Il se décourage très vite et abandonne ce qu'il a commencé.
DÉCOUVRIR	qqn ou qqch	• J'ai découvert Tom endormi sous la table.
		• Personne n'a découvert la vérité sauf moi !
	que + ind.	• On a découvert qu'il avait toujours menti sur ses origines.
SE DÉCOUVRIR	+ adj. ou participe passé	• Il s'est découvert bien plus malin qu'il ne le croyait.
	+ nom	• Elle se découvre de nouvelles maladies chaque matin.
DÉFENDRE	qqch ou qqn	• Cette femme courageuse défend la cause des femmes battues.
	qqn ou qqch contre qqn	• Il convient parfois de se battre pour défendre la nature contre les pollueurs.
	à qqn de + inf.	• Je te défends de sortir ce soir.
SE DÉFENDRE		• Ne t'inquiète pas. Il sait se défendre.
DEMANDER	qqn	• « On demande M. X. à l'accueil ! »
	qqch à qqn	• J'ai demandé mon chemin à un passant.
	que + subj.	• Je demande que vous fassiez attention.
	à qqn de + inf.	• Les syndicalistes ont demandé au ministre de les recevoir.
	à + inf.	• Ils ont demandé à être reçus par le ministre.
SE DEMANDER	si, où, quand... + ind.	• Je me demande si j'ai bien fait d'agir ainsi.
SE DÉPÊCHER		• Dépêche-toi, nous sommes en retard !
	de + inf.	• Dépêchez-vous de vous mettre à table, le dîner est prêt.
DÉPENDRE		• Gentil, lui ? Oh, ça dépend ! Pas toujours !
	de qqn	• Ta réussite dépend uniquement de toi.
	de qqch	• Notre randonnée à cheval dépendra du temps qu'il fera.
DÉSAPPROUVER	qqn	• Le ministre a pris une décision impopulaire. Même son parti l'a désapprouvé.
	qqch	• Non, je ne suis pas d'accord avec vous, et je désapprouve votre attitude.
	qqn de + inf.	• Je désapprouve les journalistes d'avoir tant parlé de cette émission stupide.
DESCENDRE		• J'étais pressé(e), je suis descendu(e) à toute vitesse.
	qqch	• Il a descendu l'escalier quatre à quatre.
	de + art./du	• L'Homme, dit-on, descend du singe.
	de + lieu	• Elle est descendue du grenier, toute couverte de poussière.
	à, sur, dans + lieu	• J'aime descendre sur les berges de la Seine pour regarder de près le passage des péniches.
		• Descends à la cave chercher une bonne bouteille pour le dîner, s'il te plaît !
		• Nous sommes descendus dans un hôtel réputé, nous sommes descendus à l'hôtel Excelsior.
DÉSIRER	qqch	• Les enfants désirent tout ce qu'ils voient.
	+ inf.	• Les automobilistes désirent avoir la chaussée pour eux tout seuls et
	que + subj.	les piétons désirent que les automobiles soient moins présentes dans les villes.
DÉSOLÉ(E) (ÊTRE)	de qqch	• Je suis désolé(e) de ce malentendu. Je croyais que le rendez-vous était pour demain et non pour aujourd'hui.
	de + inf.	• Je suis désolé de vous avoir fait attendre.
	que + subj.	• Je suis désolé que vous vous soyez dérangé pour rien.

DÉTESTER	qqn ou qqch	• *Je déteste les adieux.*
	+ inf.	• *Je déteste faire des adieux.*
	que + subj.	• *La plupart des gens détestent qu'on fasse du mal aux animaux.*
DEVENIR	+ adj.	• *Il est devenu tout pâle en apprenant la nouvelle.*
	+ nom	• *Après de longues études, il est devenu médecin, et même un médecin réputé.*
DEVINER	qqch	• *Elle a deviné le secret qui tourmentait son ami.*
	+ qui	• *Devine qui vient dîner ce soir !*
	+ que + ind.	• *J'ai deviné qu'il voulait quitter son entreprise.*
DEVOIR	qqch à qqn	• *Je te dois 10 euros, je crois ? Je te les rembourserai demain.*
	+ inf.	• *Tu dois te préparer, nous partons bientôt.*
DIFFICILE (ÊTRE)		• *Cette question de mathématiques est difficile.*
	à + inf.	• *Elle est difficile à résoudre.*
IL EST DIFFICILE DE + inf.		• *Il est difficile de croire à l'innocence de cet homme.*
	à qqn de + inf.	• *Il nous sera difficile de le convaincre.*
DIRE	qqch (à qqn)	• *J'ai dit la vérité.*
	qqch de qqn/qqch	• *On dit beaucoup de bien de cette nouvelle pièce de théâtre.*
	+ inf.	• *Il a dit avoir tout compris.*
	que + ind.	• *Elle a dit que tout était arrangé.*
	que + subj.	• *Ils ont dit que nous ne nous inquiétions pas.*
	à qqn de + inf.	• *Elle nous a dit de faire attention.*
	à qqn que + ind.	• *Je lui ai dit que je ne le comprenais pas.*
	de qqn que + ind.	• *On a dit de Victor Hugo qu'il était le plus grand poète de son temps.*
DISCUTER		• *Les étudiants discutaient avec animation après le cours.*
	qqch	• *Elle discute sans cesse les décisions de ses parents.* (= contester)
	de qqch	• *Nous avons discuté d'art et de littérature toute la soirée.*
	avec qqn	• *J'aime bien discuter avec mes amies.*
DONNER	qqch à qqn	• *Elle a tout donné à ses enfants.*
	qqch à + inf.	• *J'ai donné ma moto à réparer.*
	à qqn qqch à + inf.	• *J'ai donné à l'employé du consulat des documents à traduire.*
	sur qqch	• *La fenêtre de ma chambre donne sur la rue.*
DOUTER	de qqch	• *On peut douter de la réalité de certains faits.*
	de qqn	• *Elle commence à douter de son ami. Il lui a déjà menti.*
	de + inf.	• *Je doute d'avoir fini à temps, cela me semble impossible.*
	que + subj.	• *Je doute que tu puisses finir à temps ce travail.*
SE DOUTER	de qqch	• *Je ne lui ai rien dit ; mais il se doute de quelque chose.*
	que + indic.	• *Je me doute bien que tu garderas le secret, je connais ta discrétion.*

E

ÉCHANGER	qqch	• *Après le spectacle, nous avons échangé nos impressions.*
	qqch avec qqn	• *Le chef d'État a échangé quelques mots avec des gens dans la foule.*
	qqch contre qqch	• *L'enfant a échangé son jeu vidéo contre celui de son copain.*
ÉCHAPPER	à qqch	• *Nous avons échappé à un grave danger.*
	à qqn	• *Il a échappé à tous les gendarmes lancés à sa poursuite.*

S'ÉCHAPPER	de (+ espace fermé)	• *Un lion s'est échappé de sa cage.*
ÉCHOUER		• *Les négociations ont échoué.*
	à qqch	• *Il est rare que de bons étudiants échouent à leurs examens.*
ÉCOUTER	qqn ou qqch	• *Écoute ce bruit. Qu'est-ce que c'est ?*
		• *Je suis allé écouter Zaz en concert, c'était super !*
	+ inf. + nom	• *J'aime écouter chanter les oiseaux.*
	+ nom + inf.	• *J'aime écouter les oiseaux chanter.*
ÉCRIRE		• *J'ai toujours écrit.*
	qqch	• *Balzac a écrit plus de 90 romans.*
	à qqn	• *Chaque jour elle écrit à son fiancé.*
	qqch à qqn	• *J'ai écrit quelques lettres à mes amis.*
	à qqn de + inf.	• *Je leur ai écrit de venir me rejoindre.*
	à qqn que + ind.	• *J'ai écrit à mes parents que je resterais plus longtemps à l'étranger.*
	à qqn que + subj.	• *J'ai écrit à mon amie qu'elle vienne me rejoindre.*
EFFRAYER	qqn	• *Elle est très nerveuse ; le moindre bruit l'effraye* (ou *l'effraie*).
S'EFFRAYER	de qqch	• *Elle est très craintive ; elle s'effraye* (ou *s'effraie*) *d'un rien.*
EMPÊCHER	qqch	• *Qui pourrait empêcher ce mariage ?*
	qqn de + inf.	• *Tais-toi, tu m'empêches d'écouter les informations.*
	que + subj.	• *Désormais, des barrières empêchent que la foule (ne) pénètre sur le terrain au cours des matchs de football.*
S'EMPÊCHER (NE PAS POUVOIR)	de + inf.	• *Je n'ai pas pu m'empêcher de rire pendant la cérémonie.*
EMPLOYER	qqch ou qqn	• *Avec les enfants il vaut mieux employer la douceur.*
		• *L'usine emploie une centaine de personnes.*
	qqch à + inf.	• *Elle emploie ses loisirs à étudier la musique.*
EMPRUNTER	qqch	• *J'ai emprunté une voiture pour faire ce voyage.*
	qqch à qqn	• *Pourrais-je vous emprunter votre dictionnaire ?*
ENCOURAGER	qqn	• *La foule encourageait le coureur en hurlant son nom.*
	qqn à + inf.	• *Je vous encourage à poursuivre vos efforts.*
ENLEVER	qqch	• *Enlève ta veste, il fait trop chaud.*
	qqch à qqn	• *Il nous a enlevé toutes nos illusions en nous montrant les difficultés de l'entreprise.*
ENNUYER	qqn	• *Ce discours interminable ennuyait l'auditoire. Tout le monde bâillait.*
	qqn de + inf.	• *Cela m'ennuie de vous dire que vous avez tort.*
	qqn que + subj.	• *Ça m'ennuie que tu ne viennes pas avec nous.*
S'ENNUYER		• *Cela peut sembler étonnant, mais il arrive qu'on s'ennuie pendant les vacances.*
ENSEIGNER	qqch	• *Elle enseigne la littérature française.*
	qqch à qqn	• *Nos parents nous ont enseigné la politesse.*
	à qqn à + inf.	• *Elle nous a enseigné à affronter les difficultés de la vie.*
	à qqn que + ind.	• *On nous enseigne qu'il faut dire « bonjour », « merci », « s'il vous plaît ».*
ENTENDRE	qqch ou qqn	• *Avez-vous entendu cette nouvelle ?*
		• *Je suis allé entendre un chanteur célèbre.*
	qqch ou qqn + inf.	• *J'ai entendu le tonnerre gronder cette nuit.*

	que + ind.	• *J'ai entendu que l'autoroute A 25 serait fermée ce week-end.*
	que + subj.	• *J'entends que tu obéisses !* (= j'exige…)
ENTRAÎNER	qqch ou qqn dans qqch	• *Elle a trébuché et nous a entraînés dans sa chute.* (= emportés)
	qqn à + inf.	• *Nous l'avons entraînée à sauter des obstacles.* (= poussée)
	qqn à qqch	• *C'est une ancienne championne de ski qui entraîne l'équipe de France.* (= préparer à une compétition sportive)
ENTREPRENDRE	qqch	• *Il a entrepris un long voyage en Amérique du Sud.*
	de + inf.	• *Elle a entrepris de repeindre seule tout son appartement.*
ENTRER		• *Entrez, je vous prie !*
	dans + lieu	• *Nous sommes entrés dans la salle de cinéma.*
	à + lieu	• *Il est entré à l'université à l'âge de 16 ans.*
	dans + nom	• *Il est entré dans une colère incontrôlable.*
		• *Elle est entrée dans sa vingtième année.*
ENTRETENIR	qqch	• *Le jardin est laissé à l'abandon ; personne ne l'entretient.*
	qqn	• *Aujourd'hui, les parents entretiennent leurs enfants jusqu'à la fin de leurs études.*
S'ENTRETENIR	avec qqn	• *Le chef de l'État s'est entretenu avec son homologue belge.*
	de qqch	• *Ils se sont entretenus de la situation politique de l'Europe.*
ENVISAGER	qqch	• *Avez-vous envisagé toutes les solutions ?*
	de + inf.	• *J'envisage d'organiser un voyage avec des amis.*
ENVOYER	qqch à qqn	• *Il a envoyé sa démission à son patron.*
	qqn à + lieu	• *J'ai envoyé mes enfants à la montagne.*
	qqn + inf.	• *J'ai envoyé mon fils chercher le pain.*
ESPÉRER	qqch	• *Tout le monde espère la fin des hostilités.*
	+ inf.	• *J'espère partir bientôt.*
	que + ind.	• *J'espère que vous allez bien.*
ESSAYER	qqch	• *Elle a essayé quatre ou cinq robes avant de se décider.*
	de + inf.	• *Nous avons essayé de vous joindre mais en vain.*
ESTIMER	qqch	• *Les experts ont estimé la collection de tableaux de ce riche industriel.* (= ont évalué)
	qqn	• *J'estime les gens qui ne renoncent pas.* (= j'ai de l'estime pour)
	qqch + adj.	• *J'estime cette décision inacceptable.* (= je trouve)
	+ inf.	• *Nous estimons avoir rempli notre contrat.* (= nous pensons)
	que + ind.	• *Elle estime que tu as eu raison d'agir comme tu l'as fait.*
	+ adj. + de + inf.	• *J'estime indispensable de réorganiser notre service.*
	+ adj. + que + subj.	• *Ils ont estimé utile que vous reveniez sur la question.*
S'ESTIMER	+ adj.	• *Nous nous estimons satisfaits de l'évolution des événements.*
ÉTONNER	qqn	• *« Étonne-moi ! » a dit un écrivain à un de ses amis.*
S'ÉTONNER	de qqch	• *Je m'étonne de ton attitude désagréable.*
	de + inf.	• *Je m'étonne de vous voir si triste alors que vous avez ce que vous désiriez.*
	que + subj.	• *Nous nous étonnons que vous soyez partis sans nous prévenir.*
ÊTRE	+ adj.	• *Elle est heureuse.*
	+ nom	• *Vous êtes la mère ou la tante de l'enfant ?*
	à qqn	• *À qui est ce sac ?*

LES VERBES ET LEURS CONSTRUCTIONS

	+ lieu	• *Ils sont à Tokyo.*
	+ temps	• *Il est minuit.*
	de + nom propre	• *Cette œuvre est de Picasso.*
	en + qqch	• *Ta bague est en argent ou en platine ?*
	de + lieu	• *Elle est de Bogota.*
C'EST À...	de + inf.	• *C'est à moi de jouer !*
Y ÊTRE		• *Ah j'y suis ! Je comprends ce que tu veux dire !*
		• *Ouvrez vos livres à la page 92. Vous y êtes ?*
ÉVITER	qqch ou qqn	• *Évitez l'autoroute les jours de grands départs en vacances.*
		• *J'évite ma voisine qui est très bavarde.*
	qqch à qqn	• *Évitez ce chagrin à votre famille.*
	de + inf.	• *Évitez de faire cette erreur !*
	que + subj.	• *Nous éviterons que vous (ne) soyez perdants dans cette affaire.*
EXCUSER	qqn ou qqch	• *Excusez mon ami, il ne vous a pas salué parce qu'il est distrait.*
		• *On ne peut pas excuser une pareille conduite.*
S'EXCUSER		• *On ne dit pas « je m'excuse », mais « je vous prie de m'excuser ! ».*
	de qqch	• *Excusez-moi de ce retard !*
	de + inf.	• *Excusez-moi de revenir sur ce sujet, mais l'affaire est importante.*
EXIGER	qqch	• *J'exige des excuses.*
	qqch de qqn	• *Il exige trop des autres.*
	de + inf.	• *J'exige de recevoir des excuses.*
	que + subj.	• *J'exige que vous vous excusiez.*
EXPLIQUER		• *Ce journaliste explique bien.*
	qqch à qqn	• *Il nous a expliqué la théorie de la relativité.*
	à qqn comment + inf.	• *Il m'a expliqué comment m'y prendre pour démonter une roue.*
	à qqn comment + ind.	• *Il m'a expliqué comment je devais m'y prendre pour démonter une roue.*
	à qqn que + ind.	• *Je lui ai expliqué qu'il avait eu tort.*

F

FÂCHER	qqn	• *Ne fais pas ça, tu sais bien que ça va fâcher tes parents.*
SE FÂCHER	contre qqn	• *Ne vous fâchez pas contre elle : elle est petite, elle ne comprend pas.*
	avec qqn	• *Ils sont fâchés avec tout le monde : leurs frères et sœurs, leurs voisins, leurs collègues...*
FACILE (ÊTRE)		• *Cet exercice est vraiment très facile.*
	à + inf.	• *La paella, c'est facile à faire ?*
FACILE	(il est facile de..., c'est facile de... + inf.)	• *Il est toujours facile de critiquer les autres !*
FAIRE	qqch	• *Qu'est-ce que vous faites pour les vacances ?*
	qqch à qqn	• *Ce médicament a fait beaucoup de bien à mon ami.*
FAIRE BIEN, FAIRE MIEUX		• *Si tu es fatigué, tu ferais mieux d'aller te coucher.*
SE FAIRE	qqch	• *Elle se fait du souci pour son travail.*
	+ inf.	• *Elle s'est fait teindre en blonde.*
IL FAUT	+ qqch ou qqn	• *Pour faire ce métier, il faut de la patience, du courage et une bonne santé.*

	+ inf.	• *Au lit, les enfants ! Demain, il faut se lever tôt.*
	que + subj.	• *Il faut absolument que vous alliez voir cette exposition, elle est géniale !*
FÉLICITER	qqn	• *Elsa a été reçue à son examen ? Bravo, vous la féliciterez de ma part.*
	qqn pour qqch	• *Le président de la République a félicité les joueurs de l'équipe de France pour leur superbe victoire.*
	qqn + de + inf.	• *Je vous félicite d'avoir obtenu un si beau résultat.*
SE FIER	à qqch ou à qqn	• *Vous pouvez vous fier à lui, il est parfaitement honnête.*
FIER (ÊTRE)	de qqn ou de qqch	• *Il est très fier de sa nouvelle voiture, il en parle à tout le monde.*
	de + inf.	• *Elle est fière d'avoir réussi cet exercice difficile toute seule.*
	que + subj.	• *Les parents sont fiers que leur bébé sache marcher à neuf mois.*
FINIR	qqch	• *Allez, dépêche-toi, finis ta soupe !*
	de + inf.	• *Tu as fini de travailler ? Alors, tu peux aller jouer.*
	par + nom	• *Le dîner a commencé par du melon et a fini par un gâteau au chocolat.*
	par + inf.	• *Ne sois pas si impatient : il finira bien par venir, ton copain !*
FORCER	qqn à faire qqch	• *Je ne te force pas à aller voir la tante Germaine. Fais comme tu veux.*
FORCÉ (ÊTRE)	de + inf.	• *Tu n'es pas forcé de venir avec nous si tu n'en as pas envie.*
SE FORCER	à faire qqch	• *Si tu n'as plus faim, ne te force pas à finir ton assiette. Laisse !*
FRAPPER	qqch ou qqn	• *Je te défends de frapper ta sœur !*
	à qqch, sur qqch	• *Chut, écoutez ! On frappe à la porte.*
ÊTRE FRAPPÉ	de qqch	• *Son histoire était vraiment étrange : j'en ai été très frappé, je n'arrive pas à l'oublier.*

G

GAGNER	qqch	• *Tu as gagné la course ou tu as été battu ?*
GÊNER	qqch ou qqn	• *Excusez-moi, la fumée me gêne. Vous pouvez éteindre votre cigarette ?*
SE GÊNER		• *Vas-y, ne te gêne pas, fais comme chez toi.*
GRANDIR		• *Votre enfant a grandi.*
	de	• *Depuis un an, il a grandi de dix centimètres. Maintenant, il mesure 1,45 m.*
GROSSIR	de	• *C'est terrible, j'ai grossi de deux kilos en une semaine. C'est le chocolat !*
GUÉRIR		• *Votre voisin guérira avec du repos.*
	qqn (de qqch)	• *Le médecin l'a guéri de son ulcère à l'estomac mais pas de sa mauvaise humeur !*

H

HABILLER	qqn	• *C'est Christian Lacroix qui a habillé Isabelle Adjani pour cette cérémonie.* (= conçu, créé les vêtements)
S'HABILLER		• *Allez, habille-toi vite, tu vas être en retard !*
HABITER		• *Il habite dans le Sud, en Provence. / Il habite Marseille. / Il habite à Marseille.*
		• *Il habite rue des Minimes. / Il habite un grand loft rue des Minimes.*

		• *Son amie habite dans la banlieue de Marseille. / Elle habite en banlieue.*
HABITUER	qqn à qqch	• *Il faut habituer les petits chats à la propreté.*
	qqn à + inf.	• *Il faut habituer les enfants à manger de tout dès leur plus jeune âge.*
S'HABITUER	à qqch	• *Je ne peux pas m'habituer à cet appartement.*
	à + inf.	• *Mon mari non plus, il ne peut pas s'habituer à vivre ici.*
HÉSITER		• *Je dois accepter ce travail ou non ? Je ne sais pas, j'hésite encore.*
	à + inf.	• *Elle hésite à prendre ce travail, elle doit pourtant se décider vite.*
HEUREUX (ÊTRE)		• *En ce moment, tout va bien pour elle : elle est très heureuse.*
	de + inf.	• *Elle est heureuse d'avoir trouvé le studio de ses rêves.*
	que + subj.	• *Et elle est heureuse que sa sœur vienne habiter juste à côté de chez elle.*

I

IGNORER	qqch	• *J'ignore sa nouvelle adresse. Il ne me l'a pas donnée.*
	que + ind.	• *Moi, j'ignorais même qu'il avait déménagé.*
	si, où, pourquoi, quand, comment, chez qui... + ind.	• *Tout le monde ignore pourquoi il a déménagé, il n'a rien dit à personne.*
IMAGINER	qqch	• *Quand je ne l'ai pas vu arriver, j'ai imaginé le pire.*
	que + ind.	• *J'ai imaginé qu'il avait eu de graves ennuis. En réalité, il avait oublié notre rendez-vous.*
S'IMAGINER	que + ind.	• *Elle s'est imaginé qu'elle allait gagner ce concours, devenir riche et célèbre.*
IMPOSER	qqch (à qqn)	• *Elle impose deux heures de piano par jour à son fils. Et pourtant, il déteste ça.*
	à qqn de + inf.	• *Elle lui impose aussi de faire du judo, du tennis et du tir à l'arc. Il est mort de fatigue.*
IMPOSSIBLE (ÊTRE)		• *Ce garçon est vraiment impossible ! Quel mauvais caractère !*
	à + inf.	• *Cette réparation est impossible à faire sans outils.*
IMPOSSIBLE (IL EST, C'EST)		
	de + inf.	• *Il est impossible de faire cette réparation sans outils.*
	que + subj.	• *Il est impossible qu'il réussisse à réparer cette machine sans outils.*
INCITER	qqn à qqch	• *Comment inciter mon fils aîné au travail ?*
	qqn à + inf.	• *Il faut inciter les enfants à prendre des initiatives très jeunes.*
INDIGNER	qqn	• *Les déclarations scandaleuses de ce haut fonctionnaire ont indigné tout le monde.*
S'INDIGNER	de qqch	• *Pourquoi s'indigner de telles bêtises ? N'y faisons pas attention !*
	de + inf.	• *Moi, je m'indigne plutôt de voir les journalistes rapporter ce genre de choses.*
INDIQUER	qqch à qqn	• *Il indique le chemin à la jeune touriste.*
INFORMER	qqn (de qqch)	• *On nous a informés d'un changement de politique dans l'entreprise.*
	qqn que + ind.	• *Le patron a informé les salariés qu'ils allaient devoir faire des heures supplémentaires.*

INQUIET (ÊTRE)		• *Il est toujours inquiet, c'est sa nature.*
	de qqch	• *Il est inquiet de son avenir.*
	pour qqn	• *Il est inquiet pour sa famille, pour ses amis.*
	de + inf.	• *Il est inquiet de ne pas avoir assez d'argent pour payer son loyer.*
	que + subj.	• *Il est inquiet que ses enfants ne lui écrivent pas.*
INQUIÉTER	qqn	• *Son imprudence nous inquiète un peu.*
S'INQUIÉTER	de qqch	• *On s'inquiète un peu de son imprudence.*
	de + inf.	• *Je m'inquiète de ne pas recevoir de nouvelles. Elle est tellement imprudente !*
	que + sub.	• *Je m'inquiète qu'elle n'écrive pas.*
INSCRIRE	qqn ou qqch	• *Vous devez inscrire votre nom et votre numéro d'étudiant sur cette fiche.*
S'INSCRIRE		• *Alors, ça y est ? Tu t'es inscrit au cours de violon ?*
INSISTER		• *N'insiste pas. Quand je dis non, c'est non !*
	sur qqch	• *Pendant le cours, on a beaucoup insisté sur ce point de grammaire.*
	pour + inf.	• *Docteur, cette dame insiste pour vous voir. Je la laisse entrer ?*
	pour que + subj.	• *Elle insiste pour que vous la receviez même sans rendez-vous. Elle dit que c'est urgent.*
INTERDIRE	qqch (à qqn)	• *On interdit la consommation d'alcool dans les cafés.*
	à qqn de + inf.	• *On envisage une loi qui interdirait aux mineurs d'acheter des cigarettes.*
INTÉRESSER	qqn	• *Une place à l'Opéra Bastille, ça intéresse quelqu'un ? J'en ai une à vendre.*
S'INTÉRESSER	à qqch ou à qqn	• *Il ne s'intéresse à rien ni à personne.*
INTERROGER	qqn	• *Ce matin, le prof n'a interrogé personne.*
S'INTERROGER	sur qqch	• *Tout le monde s'interroge sur les motifs de son acte.*
INTERROMPRE	qqch ou qqn	• *On a dû interrompre la séance.*
		• *Arrête de m'interrompre sans arrêt !*
S'INTERROMPRE		• *Le conférencier s'interrompit net : il avait perdu le fil de son discours.*
INVITER	qqn	• *Je vous invite tous dimanche. C'est mon anniversaire.*
	qqn à + inf.	• *Elle a invité tous ses amis à dîner.*
	qqn à + nom	• *Elle ne nous a pas invités à son mariage.*

J

JETER	qqch	• *Ne jetez rien par terre. Utilisez les poubelles.*
SE JETER	sur qqch ou qqn	• *Les journalistes se sont jetés sur l'actrice pour avoir ses premières impressions.*
JOUER		• *Maman, je peux aller jouer dehors ?*
	un rôle	• *Il a joué le rôle de Néron dans* Britannicus.
	à qqch	• *Il joue au tennis, au foot et au golf.*
	de qqch	• *Son fils joue de la guitare, sa fille du violon et elle du piano.*
JUGER	qqn	• *On a enfin jugé cet homme après deux ans de détention préventive.*
	que + ind.	• *Tout le monde a jugé qu'il avait eu raison de refuser ce travail.*
	adj. + de + inf.	• *J'ai jugé préférable de te prévenir de ma décision.*

	qqn + adj.	• Je la juge capable de tout !
JURER	de + inf.	• Vous jurez de dire la vérité, toute la vérité, rien que la vérité ?
	que + ind.	• Je vous jure que je n'étais pas à Lyon ce soir-là.

L

LAISSER	qqch	• On laisse un pourboire dans les cafés, en France ?
	qqn + adj.	• On peut laisser Sonia toute seule ?
	qqch à qqn	• Je te laisserai mes clés à la concierge.
	qqch pour qqn	• J'ai laissé sur la table un cadeau pour Barnabé. Prends-le.
	qqn + inf.	• Laisse-moi faire ça, toi tu ne sais pas !
SE LAISSER	+ inf.	• Ne te laisse pas faire. À ta place, je dirais non.
LAVER	qqch ou qqn	• Toi, tu laves la vaisselle et moi, je l'essuie. D'accord ?
SE LAVER		• Lavez-vous soigneusement avant d'entrer dans la piscine.
	qqch	• N'oubliez pas de vous laver les dents avant d'aller au lit.
LEVER	qqch	• Pour poser une question, levez la main.
SE LEVER		• Je me lève à huit heures demain. Et toi ?
LIRE		• Elle adore lire.
	qqch	• Tu veux que je te lise quelque chose de drôle ?
	que + ind.	• J'ai lu que le salaire minimum allait être augmenté.

M

MANQUER		• Deux cents euros manquent dans la caisse. Où sont-ils passés ?
	qqch ou qqn	• Excusez-moi, j'ai manqué le bus, j'ai dû venir à pied.
		• Je suis allé la voir mais je l'ai manquée, elle venait de sortir.
	de qqch	• J'ai manqué de temps pour finir ce travail.
	à qqn	• Notre fille est en colonie de vacances et elle nous manque beaucoup.
IL MANQUE	qqch ou qqn	• Ce matin, il manque cinq étudiants. Ils sont malades ?
SE MARIER		• Ils se sont mariés en Corse l'été dernier.
	avec qqn	• On ne peut pas se marier avec un cousin germain, en principe.
MENACER	qqn	• Les pouvoirs publics ont menacé les fraudeurs : les contrôles dans le métro et dans les bus seront renforcés.
	qqn de + inf.	• Le professeur a menacé les élèves de les punir tous s'ils ne se calmaient pas.
MÉRITER	qqch	• Il a été insupportable, il a bien mérité cette punition.
	de + inf.	• Il a mérité d'être puni. Il l'a bien cherché.
	que + subj.	• Il aurait mérité qu'on le punisse. Il a eu de la chance d'y échapper.
MESURER	+ quantité	• La pièce mesure quatre mètres sur trois. Elle mesure donc 12 m^2.
METTRE	un vêtement	• Mets ton pull, il fait froid.
	qqch + lieu	• Mets tes affaires dans ton sac, sinon tu vas les oublier.
		• Ne mets pas tes coudes sur la table !
	du temps à + inf.	• Tu as mis du temps à venir.

	du temps pour + inf.	• *Avec les embouteillages, j'ai mis deux heures pour faire trente kilomètres.*
SE METTRE	à qqch à + inf. en colère	• *Alors, quand est-ce que tu te mets à l'italien ? C'est une langue superbe !* • *Il s'est mis à travailler dès qu'il est rentré.* • *Ne te mets pas en colère pour un rien.*
MONTER	 + lieu qqch	• *Allô, tu es chez toi ? Je peux monter te dire un petit bonjour. Je suis en bas de l'immeuble.* • *D'accord, tu montes au 6ᵉ. Désolée, l'ascenseur est en panne.* • *La concierge n'a pas monté le courrier. Tu me le montes, s'il te plaît ?*
MONTRER	qqch à qqn à qqn comment, où + ind. (à qqn) que + ind.	• *Montre-moi tes photos.* • *Tu peux me montrer comment marche cet ordinateur, je n'y comprends rien.* • *Il aime bien montrer qu'il s'y connaît en informatique.*
SE MONTRER	+ adj. + ind.	• *Le directeur de la banque s'est montré favorable à son projet.*
SE MOQUER	de qqch ou qqn	• *Elle adore se moquer de tout le monde. Mais elle ne supporte pas qu'on se moque d'elle.*
MOURIR	 de qqch	• *Le petit chat est mort.* • *Ce film est vraiment à mourir d'ennui. J'ai failli m'endormir.*

N

NÉCESSAIRE (ÊTRE)		• *L'inscription au cours est nécessaire.*
NÉCESSAIRE (IL EST, C'EST)	de + inf. que + subj.	• *Il est nécessaire de vous inscrire avant le 12 septembre.* • *Il est nécessaire que vous vous présentiez avant 18 heures salle 212.*
NIER	qqch + inf. que + ind. ou subj.	• *Il a nié toute participation au crime.* • *Il a nié avoir commis ce crime.* • *Il n'a pas nié que la victime le connaissait bien.* • *Il a nié qu'elle lui ait refusé de l'argent.*
NOMMER	qqn ou qqch	• *Il a été nommé préfet à 35 ans.*
NUIRE	à qqch ou à qqn	• *Fumer nuit gravement à la santé.*

O

OBÉIR	 à qqn ou à qqch	• *J'aimerais bien que tu obéisses quand on te demande de faire quelque chose.* • *On dit souvent que les Français n'aiment pas obéir aux lois.*
OBLIGER	qqn à + inf.	• *Il ne voulait pas, mais on l'a obligé à changer de travail.*
OBLIGÉ(E) (ÊTRE)	de + inf.	• *Désolé, je ne peux pas rester, je suis vraiment obligé de partir.*
OBTENIR	qqch de + inf. que + subj.	• *Il a obtenu le grand prix des lecteurs de France-Inter.* • *Malgré mon insistance, je n'ai pas pu obtenir de partir en vacances un peu plus tôt.* • *Pourquoi je ne peux jamais obtenir que tu te tiennes tranquille ?*
OCCUPER	qqch	• *Il occupe un poste très important dans cette entreprise.*

	qqn	• Prête-moi un livre, ça m'occupera pendant que je t'attends.
S'OCCUPER	de qqch	• Elle s'occupe des cas difficiles. Avant, c'est Pierre Vallet qui s'en occupait.
	de qqn	• Si tu ne peux pas t'occuper de cet enfant, moi, je m'occuperai de lui.
OFFRIR	qqch à qqn	• Regarde, on m'a offert cette bague pour mon anniversaire.
	à qqn de + inf.	• Je vous ai offert de venir avec nous mais vous avez refusé !
S'OPPOSER	à qqch	• Je m'oppose à ton projet : il est absolument stupide !
	à ce que + subj.	• Je m'oppose à ce que tu t'en ailles si loin, c'est trop dangereux.
ORDONNER	qqch à qqn	• Le général en chef a ordonné le départ des troupes à 6 h.
	à qqn de + inf.	• Le général en chef a ordonné aux troupes d'être prêtes à partir à 6 h.
	que + subj.	• Il a ordonné qu'elles soient prêtes à partir sur-le-champ.
OUBLIER	qqch	• Elle a une mémoire d'éléphant : elle n'oublie jamais rien.
	qqn	• Tu ne m'oublieras pas, dis ? Tu m'écriras ?
	de + inf.	• Zut, j'ai oublié de fermer le gaz !
	que + ind.	• N'oublie pas que j'arriverai lundi soir.
OUVRIR		• Le secrétariat ouvre de 9 h à midi, aujourd'hui. Il est fermé l'après-midi.
	qqch	• On sonne. Je suis occupé, tu peux ouvrir la porte ?
	qqch à qqn	• Tu veux bien ouvrir la porte au chat, je l'entends qui miaule dehors.

P

PARAÎTRE		• Le journal Le Monde paraît (= sort) en début d'après-midi, vers 13 h.
	+ adj.	• Tu parais (= sembles) inquiète. Qu'est-ce qui se passe ?
	+ inf.	• Ma sœur paraît avoir des difficultés avec son fils. Ça m'inquiète un peu.
IL PARAÎT	que + ind.	• Il paraît que vous allez déménager. C'est vrai ? Vous nous quittez ?
PARDONNER	qqch à qqn	• Il faut pardonner leurs bêtises aux petits enfants.
	à qqn de + inf.	• Je ne peux pas lui pardonner d'avoir oublié que c'était mon anniversaire.
PARLER		• Il parle tout seul.
	une langue	• Il parle hongrois, bulgare et roumain.
	à qqn/avec qqn	• J'aime bien parler avec mes voisins.
	de qqch à qqn/ avec qqn	• Ce matin, j'ai parlé de mes projets avec mon collègue Martinet.
	de + inf.	• Les syndicats parlent de reprendre les négociations avec la direction de l'entreprise.
PARTAGER	qqch	• On (se) partage le travail ? J'en fais une moitié et toi l'autre.
	qqch avec qqn	• Il est enfant unique, il n'aime pas partager ses jouets avec les autres enfants.
	qqch entre...	• Les pirates ont partagé le trésor entre eux tous.
PARTICIPER	à qqch	• Je ne pourrai pas participer à la prochaine réunion. Je serai en mission.
PARTIR		• Vous partez déjà ? Vous êtes si pressé ?
	pour + lieu	• Oui, je pars pour Venise. J'ai un avion à six heures.
	de + lieu	• Et après, je pars de Venise en bateau et je vais en Grèce.
PARVENIR	à qqch	• Nous sommes finalement parvenus à un accord.
	à + inf.	• Elle est parvenue à faire l'exercice toute seule.

PASSER		• Allez, ne pleure pas, le chagrin, ça passe ! (= ça cesse)
	qqch à qqn	• Tu peux me passer le sel, s'il te plaît ? (= donner)
	qqch à qqn	• Elle passe tous ses caprices à son fils. (= elle tolère)
	à + lieu	• Tu passes à l'université aujourd'hui ?
	chez + personne	• En rentrant, passe chez le teinturier chercher ton pantalon.
	par + lieu	• Pour aller à Rome, on passera par Lyon, Marseille et Gênes.
	+ inf.	• Je passerai vous voir ce soir, en sortant du bureau.
	à qqch	• Si vous avez fini l'exercice, nous allons passer à l'exercice suivant.
	pour + adj.	• Il passe pour stupide (= on le considère comme) mais je ne crois pas qu'il le soit vraiment.
	pour + nom	• Il la fait passer pour sa sœur mais en réalité, c'est sa petite amie.
	pour + inf.	• Elle passe pour être un peu folle.
SE PASSER	de qqch ou de qqn	• Elle est très amoureuse de Lucas, elle ne peut pas se passer de lui.
	de + inf.	• Je peux me passer de boire, de manger mais pas de dormir.
PASSIONNER	qqn	• C'est un livre extraordinaire, qui m'a vraiment passionné(e).
SE PASSIONNER	pour qqch	• Depuis son enfance, il se passionne pour les avions. C'est sa folie !
PAYER		• Laissez, laissez, c'est moi qui paie. Je vous invite.
	qqch ou qqn	• Tu as pensé à payer l'électricien ? – Oui, oui, j'ai payé la facture hier.
	+ prix	• Je n'ai pas payé ce livre très cher, je l'ai payé dix euros.
PENSER	à qqch	• Tu penseras à mes livres ? J'en ai besoin.
	à qqn	• Le jour de mon examen, j'espère que vous penserez à moi.
	qqch de qqch	• Qu'est-ce que vous pensez de ce film ? Il vous a plu ?
	qqch de qqn	• Qu'est-ce que tu penses de Marianne ? Elle est sympa, non ?
	à + inf.	• Tu as pensé à poster ma lettre ?
	+ inf.	• Nous pensons nous installer à la campagne dès l'année prochaine.
	que + ind.	• Je pense que vous avez bien raison.
PERDRE	qqch	• J'ai perdu mes clés. Tu ne les as pas vues, par hasard ?
	+ espoir, confiance, courage, patience, etc.	• Allez, ne perds pas courage. Tout va s'arranger !
SE PERDRE		• L'an dernier, en cherchant des champignons, il s'est perdu dans la forêt.
PERMETTRE	qqch à qqn	• Elle permet tout à son fils et elle ne passe rien à ses filles. C'est injuste !
	à qqn de + inf.	• Par exemple, elle lui permet, à lui, de sortir le soir mais elle l'interdit aux filles.
PERSUADER	qqn de qqch	• Je voudrais vous persuader de mon innocence.
	qqn de + inf.	• Il a réussi à nous persuader de retarder notre départ.
PERSUADÉ (ÊTRE)	de qqch	• Je suis persuadé(e) de son honnêteté.
	de + inf.	• Elle est toujours persuadée d'avoir raison.
	que + ind.	• Je suis persuadé que vous comprendrez mes raisons.
PESER	+ poids	• À sa naissance, il pesait plus de quatre kilos.
	qqch ou qqn	• Vous pouvez me peser ce poisson, là, à gauche ? Je voudrais savoir s'il fait plus de deux kilos.
PLAINDRE	qqn	• Il a eu une vie difficile. Je le plains de tout mon cœur.
SE PLAINDRE	de qqch	• Il n'est jamais content, il se plaint toujours de tout.
	de + inf.	• Il se plaint d'être exploité, d'être mal payé, d'avoir trop de travail…
	que + ind. ou subj.	• Il se plaint aussi que ses collègues ne soient pas sympathiques, qu'on le méprise.

LES VERBES ET LEURS CONSTRUCTIONS

	de qqn (ou de qqch) à qqn	• S'il continue, c'est nous qui allons nous plaindre de lui au directeur.
PLAIRE	à qqn	• Il nous plaît beaucoup.
SE PLAIRE	à + inf.	• Il se plaît à dénigrer tout le monde : ça l'amuse !
PLAISANTER		• Elle est un peu moqueuse, elle adore plaisanter.
PLONGER		• Tu sais nager ? – Nager, oui, mais je ne sais pas plonger. J'ai peur.
PLONGÉ (ÊTRE)	dans qqch	• Je ne peux pas la déranger, elle est plongée dans son travail. (= absorbée)
PORTER	qqch ou qqn chance, bonheur, malheur atteinte à...	• Tu peux m'aider à porter ces paquets, ils sont trop lourds pour moi. • Le chiffre 13 porte bonheur ou malheur ? • Son attitude va porter atteinte (= nuire) à sa réputation.
SE PORTER	(bien, mal) + adj.	• Comment ça va ? Vous vous portez un peu mieux ? • Il s'est porté volontaire pour effectuer cette mission.
POSER	qqch une question un problème, une devinette	• Tu peux poser ton sac dans l'entrée. • Je voudrais vous poser deux questions. • Elle adore poser des devinettes et on ne trouve jamais la solution.
SE POSER		• L'avion se posera dans vingt-cinq minutes. • Une grave question se pose : qu'est-ce qu'on va manger à midi ? • Chaque été, la question se pose de savoir si nous irons à la mer ou à la montagne.
POURSUIVRE	qqn qqch	• Le chien a poursuivi le chat dans toute la maison mais il ne l'a pas attrapé. • Il est tard, nous poursuivrons cette conversation demain.
POUSSER	 qqch ou qqn	• Ses cheveux ont poussé de vingt centimètres en un an. • Arrêtez de me pousser comme ça. Je ne peux pas avancer plus vite !
SE POUSSER	(dans le bus)	• Poussez-vous dans le fond. Laissez monter les voyageurs.
POUVOIR	+ inf.	• Tu peux venir une minute, j'ai besoin de toi.
IL SE PEUT QUE	+ subj.	• Regarde le ciel, il se pourrait bien qu'il pleuve ce soir.
PRÉFÉRER	qqch ou qqn qqch à qqch qqn à qqn + inf. vb que vb que + subj.	• Qu'est-ce que tu préfères comme dessert ? un fruit ou une crème ? • Je préfère le salé au sucré. • Tout le monde préfère Marianne à sa sœur Florence. • Tu préfères aller à pied ou prendre le bus ? • Elle préfère rêver (plutôt) que (de) travailler. • Je préfère qu'on prenne un taxi.
PRENDRE	qqch qqch à qqn + moyen de transport + idée de temps qqn pour qqn (ou qqch)	• Qui a pris mon livre ? Impossible de le trouver ! • Tu m'as pris le journal ? Tu peux me le rendre, s'il te plaît ? • Pour aller de Paris à Marseille, je ne prends pas l'avion. • Avec le TGV, ça prend trois heures. (= on met) • Il m'a pris pour mon frère (= confondu avec) ; c'est vrai qu'on se ressemble comme deux gouttes d'eau. • Ça y est, la mayonnaise prend ! • Cette mode ne prendra jamais !

	qqch + adverbe + en + nom	• *Il a très mal pris notre plaisanterie.* • *Il a pris ses voisins en haine.*
SE PRENDRE	pour qqn/qqch	• *Elle se prend pour le centre du monde.* (= elle se considère comme)
S'EN PRENDRE	à qqn	• *Il était en colère ; il s'en est pris à tout le monde.* (= il a rendu les autres responsables)
S'Y PRENDRE	(bien, mal)	• *Arrête, tu t'y prends mal, je vais te montrer comment faire.*
PRÉPARER	qqch qqn à qqch	• *Tu prépares le dîner ? Je peux t'aider ?* • *Vous les avez préparés à cette nouvelle ?*
SE PRÉPARER	à qqch à + inf.	• *On se prépare à l'examen depuis deux mois.* • *Allez, préparez-vous à partir. On s'en va dans dix minutes.*
PRÉSENTER	qqch qqn à qqn	• *Il a présenté deux fois le concours de l'École normale supérieure.* • *Je vous présente Dominique, un ami suisse.*
SE PRÉSENTER		• *Vous êtes prié de vous présenter le 8 juin à 16 h au bureau 113.*
PRESSÉ (ÊTRE)	de + inf.	• *– Vous êtes pressé ? Vous n'avez pas le temps de venir prendre un verre ?* • *– Oui, excusez-moi, je suis pressé de rentrer, ma femme m'attend.*
PRÉTENDRE	+ inf. que + ind.	• *Il prétend avoir un château en Espagne.* • *Elle prétend qu'elle est innocente.*
SE PRÉTENDRE	+ adj	• *Elle se prétend innocente.*
PRÊTER	qqch à qqn	• *Tu me prêtes ta voiture ? La mienne est en panne.*
PRÊT (ÊTRE)	à qqch à + inf.	• *Il est prêt à tout pour réussir.* • *Vous êtes prêts à commencer l'exercice ? Alors, on y va !*
PRÉVENIR	qqn de qqch qqn que + ind.	• *J'ai un problème. Vous pouvez prévenir les étudiants de mon retard ?* • *Vous pouvez prévenir les étudiants que j'arriverai un peu en retard ?*
PRÉVOIR	qqch de + inf. que + ind.	• *La météo prévoit un orage en fin de journée.* • *– Qu'est-ce que vous avez prévu de faire ? On sort ou on dîne ici ?* • *– J'avais prévu que vous dîneriez ici mais si vous préférez sortir...*
PRODUIRE		• *Ce pays produit du blé en quantité.*
SE PRODUIRE	qqch	• *Un incident s'est produit à la frontière algéro-tunisienne.*
PROFITER	de qqch	• *On pourrait profiter de ce beau temps pour aller à la plage.*
PROMETTRE	qqch à qqn de + inf. que + ind.	• *Il m'a promis son aide.* • *Il (m')a promis de m'aider* • *Il (m')a promis qu'il m'aiderait.*
PROPOSER	qqch à qqn à qqn de + inf. à qqn que + subj.	• *Je te propose une balade à bicyclette.* • *Je te propose d'aller faire une balade à bicyclette.* • *Je te propose qu'on aille toutes les deux faire une balade à bicyclette.*
PROTESTER	 contre qqn ou qqch	• *Allez, ne proteste pas et viens !* • *Les manifestants écologistes ont protesté contre le tout nucléaire.*
PROUVER	qqch à qqn à qqn que + ind.	• *Comment lui prouver mon amour ?* • *Comment lui prouver que je l'aime ?*
PUNIR	qqn	• *La maîtresse l'a puni parce qu'il n'avait pas fait son travail.*

LES VERBES ET LEURS CONSTRUCTIONS

RENVOYER	qqch	• *J'ai envoyé mon ballon chez vous. Vous voulez bien me le renvoyer, s'il vous plaît ?*
	qqn qqch à qqn	• *Trois élèves de 5e B ont été renvoyés cette semaine pour indiscipline.* • *Puisque c'est fini entre nous, renvoie-moi toutes mes lettres.*
SE REPENTIR		• *Repentez-vous, la fin du monde est arrivée !*
	de qqch de + inf.	• *Il s'est repenti de sa mauvaise conduite.* • *Il s'est repenti d'avoir mal agi avec ses parents.*
RÉPÉTER		• *– Je n'ai pas compris ce que tu as dit ? Tu peux répéter ?*
	qqch à qqn que + ind.	• *– Je suis très discret. Je ne répète jamais rien à personne.* • *– Hum... Tu as quand même répété à tout le monde que j'allais me marier.*
RÉPONDRE		• *Alors, la question est facile. Qui veut répondre ?*
	à qqch ou à qqn de + inf.	• *Je lui a écrit trois fois mais il ne m'a pas répondu.* • *Je lui ai demandé de l'aide mais il m'a répondu de faire ce travail moi-même.*
	que + ind.	• *Je lui ai répondu que je n'y arriverais jamais tout seul.*
REPROCHER	qqch à qqn à qqn de + inf.	• *Je ne te reproche pas ton attitude mais...* • *Je te reproche seulement de ne pas toujours dire la vérité.*
SE REPROCHER	qqch de + inf.	• *Il se reproche sa colère, il déteste perdre son calme.* • *Il se reproche d'avoir grondé son fils pour presque rien.*
RESTER		• *– Finalement, vous partez ou vous restez ?*
	à + lieu + adj.	• *– Je reste à Bordeaux jusqu'au 15 et après, je vais à Lille.* • *Reste un peu tranquille, tu me fatigues !*
IL RESTE	qqch ou qqn qqch à qqn à + inf.	• *Il reste deux gâteaux. Qui en veut ?* • *J'ai presque fini ! Il me reste deux exercices.* • *Le colloque est maintenant terminé. Il nous reste à vous remercier de votre présence et de votre excellente participation.*
RETENIR	qqch qqn	• *Je n'arrive pas à retenir ce mot, il m'échappe toujours.* • *Sur les 400 candidats, on en a retenu seulement cinq.*
RETOURNER	+ lieu	• *Tu retournes chez toi pour les vacances de Noël ?*
SE RETOURNER		• *Ne te retourne pas. On nous suit.*
RETROUVER	qqch ou qqn	• *Tu as retrouvé ton ancien copain Pierre ? – Lui, non, mais j'ai enfin retrouvé son numéro de téléphone. Je vais l'appeler.*
SE RETROUVER	+ lieu ou temps	• *On se retrouve à six heures devant le cinéma. D'accord ?*
RÉUSSIR		• *– Et cet examen ? Tu as réussi ?*
	qqch à + inf.	• *– J'ai réussi l'épreuve écrite mais j'ai raté l'oral.* • *Il a réussi à persuader ses parents de lui offrir une voiture.*
RÉVÉLER	qqch à qqn que/ qui/ où comment/ pourquoi... + ind.	• *Qui a révélé ce secret ?* • *Il ne nous a jamais révélé comment il avait fait fortune, et qui l'avait aidé.*
REVENIR	 + provenance	• *Quand reviendras-tu nous voir ?* • *Je suis revenu(e) de vacances la semaine dernière.*
RÊVER		• *Mais tu rêves ! Ce projet est irréalisable !*

	à qqch	• À quoi tu rêves ?
	de qqch ou de qqn	• Je rêve souvent de mon frère qui vit aux États-Unis.
	de + inf.	• Je rêve d'aller passer quelques jours avec lui. (= je désire)
	que + ind.	• Je rêve qu'il est à l'aéroport et qu'on va se balader ensemble.
	que + subj.	• Je rêve qu'il vienne à Paris ! (= je désire, je souhaite)
RIRE		• J'adore te voir rire.
	de qqch	• Elle est si gaie qu'elle rit de tout.
RISQUER	qqch	• Il n'a peur de rien, il a plusieurs fois risqué sa vie.
	de + inf.	• Attention, tu risques de te perdre, prends un plan de la ville.

S

SAUVER	qqch ou qqn	• Le bateau a fait naufrage mais tous les marins ont pu être sauvés.
SE SAUVER		• Allez, sauve-toi vite, tu vas être en retard !
	de + lieu	• Quand il était adolescent, une fois, il a fait une fugue : il s'est sauvé de chez lui en pleine nuit et n'est rentré que deux jours plus tard.
SAVOIR	qqch	• Alors, cette leçon, tu la sais ?
	+ inf.	• Tu sais conduire
	que + ind.	• Je sais bien que tu l'as apprise, mais est-ce que tu la sais vraiment ?
	si, pourquoi, comment, où, quand... + ind.	• Est-ce que tu sais si le professeur va interroger tous les élèves ?
SEMBLER	+ adj.	• Tu sembles ravi(e). Qu'est-ce qui t'est arrivé de si agréable ?
	+ inf.	• Tu sembles avoir une bonne surprise à nous annoncer. Dis-la vite !
IL SEMBLE	que + subj.	• Il semble que les pourparlers entre les deux camps n'aient guère avancé depuis trois ou quatre jours.
IL ME SEMBLE	que + ind.	• Il me semble qu'il y a une drôle d'odeur ici.
SENTIR	qqch	• Hum... ça sent le parfum ici, ça sent le N° 5 de Chanel.
	bon, mauvais	• Oui, ça sent bon ! Vraiment, ça embaume !
	qqn + adj.	• Je la sens fatiguée et énervée en ce moment, elle a trop travaillé ce trimestre.
	que + ind.	• Je sens que, peu à peu, elle perd son énergie et son tonus.
	nom + inf.	• Elle sent l'examen approcher et ça l'angoisse.
SERVIR	qqch ou qqn	• Cette mesure ne sert pas vraiment les ouvriers, elle sert plutôt les intérêts des actionnaires.
	à qqch, à qqn	• À mon avis, cette décision est inutile, elle ne sert à rien ni à personne.
	à + inf.	• Cet outil sert à couper le bois.
	qqch à qqn	• Tu peux servir son dîner à ton père, s'il te plaît ? Il est pressé.
	de qqch à qqn	• Cette voiture est géniale, elle est si grande qu'elle peut nous servir d'auto et de maison à la fois.
SE SERVIR		• Servez-vous vite, sinon ça va refroidir.
	de qqch	• On se sert de moins en moins de mouchoirs et de plus en plus de Kleenex.
SORTIR		• – J'ai envie de sortir ce soir. On va au ciné ?
	qqch	• – D'accord. Sors la voiture, j'arrive tout de suite.
	de + lieu	• Le lundi, il sort du lycée à cinq heures.

SOUFFRIR		• – Tu souffres ? Tu as très mal ?
	de qqch	• – Non, je souffre un peu du genou mais pas trop.
	de + inf.	• Je souffre d'être obligée de rester comme ça sans bouger.
SOUHAITER	qqch	• Que souhaitez-vous comme dessert ? De la mousse au chocolat ? Une île flottante ?
	qqch à qqn	• Je vous souhaite un très bon anniversaire.
	à qqn de + inf.	• Il a souhaité à son confrère de bien profiter de sa retraite.
	que + subj.	• Nous souhaitons que tu viennes comme prévu.
SOUPÇONNER	qqch	• Cette affaire n'est pas très claire. Je soupçonne des irrégularités dans les comptes.
	qqn	• Je ne soupçonne pas directement le comptable qui semble honnête.
	qqn de qqch	• Mais je le soupçonne quand même de légèreté.
	qqn de + inf.	• Je le soupçonne d'avoir été un peu négligent.
SOUTENIR	qqn	• J'ai longtemps soutenu ce candidat mais cette fois, j'arrête !
	que + ind.	• Contre toute évidence, il soutient (= il prétend) que ce n'est pas lui qui a brisé ce miroir. Mais trois personnes l'ont vu.
SE SOUVENIR	de qqn	• – Tu te souviens de ta grand-mère Sabine ?
	de qqch	• – D'elle, je ne me souviens pas très bien mais je me souviens bien de sa maison.
	de + inf.	• Je me souviens d'y avoir passé un été entier. Oui, la maison, le jardin, la terrasse, tout ça, je m'en souviens.
	que + ind.	• Et je me souviens que cet été-là, grand-mère ne quittait presque pas sa chambre.
SUCCÉDER	à qqn	• Louis XV a succédé à son arrière-grand-père, Louis XIV.
SE SUCCÉDER		• L'an dernier, les orages se sont succédé pendant tout le mois d'août.
SUFFIRE		• – Encore un peu de café ?
		• – Non merci, ça suffit comme ça.
	à qqn	• – Vous êtes sûr qu'une tasse, ça vous suffit ?
IL SUFFIT	de qqch	• – Moi, il me suffit d'une tasse pour m'empêcher de m'endormir. Et c'est dommage, j'adore le café.
	que + subj.	• – La solution est simple : il suffit que vous achetiez du décaféiné. Le goût est le même mais ça n'empêche pas de dormir.
SUGGÉRER	qqch à qqn	• Je vais vous suggérer une idée pour sortir de vos difficultés.
	à qqn de + inf.	• Je vous suggère de reprendre le problème à la base.
	que + subj.	• Puis je suggère que, chacun à son tour, on donne son avis. Après, on décidera.
SUIVRE	qqch	• – Suivons la proposition de Vavin. Qu'est-ce que vous en dites ?
	qqn	• – Ah non, moi, je ne veux pas suivre n'importe qui.
SE SUIVRE		• Elle a six enfants qui se suivent tous à un an d'intervalle.
SUPPLIER	qqn de + inf.	• Je te supplie d'être prudent. Tu sais comme je m'inquiète facilement.
SUPPORTER	qqch	• Je ne supporte pas le bruit, j'ai horreur de ça.
	qqn	• Je ne supporte pas les gens qui parlent fort dans les lieux publics.
	de + inf.	• C'est pour ça que je ne supporterais pas de vivre en appartement.
	que + subj.	• Je ne supporterais pas que mes voisins fassent du bruit juste au-dessus ou au-dessous de chez moi.

SUPPOSER	qqch	• *Quand je ne l'ai pas vu à la descente du train, j'ai supposé le pire !*
	que + ind.	• *J'ai supposé qu'il s'était trompé, qu'il avait raté le train, qu'il était resté à Marseille...*
(SUPPOSONS)	que + subj.	• *Supposons qu'il soit reçu au baccalauréat. Qu'est-ce qu'il fera ensuite ?*
SÛR(E) (ÊTRE)	de qqch	• *– Tu es sûr(e) de ta décision ?*
	de + inf.	• *– Et toi, tu es sûr(e) de ne pas regretter ton choix ?*
	que + ind.	• *Je suis sûr(e) que, sans voiture, il serait très malheureux.*
SURPRENDRE	qqn	• *L'orage a surpris les promeneurs en pleine forêt.*
SURPRIS(E) (ÊTRE)	de qqch	• *Je suis très surpris(e) de la défaite des Brésiliens : ils ont la meilleure équipe du monde.*
	de + inf.	• *Tout le monde a été très surpris d'apprendre cette nouvelle..*
	que + subj.	• *Je ne serais pas surpris qu'un beau jour mon frère parte vivre en Australie.*

T

TARDER		• *Il est neuf heures, vous avez tardé. J'étais inquiet.*
	à + inf.	• *Les enfants tardent à rentrer. Va voir où ils sont.*
IL ME TARDE DE	+ inf.	• *Je suis fatigué(e), il me tarde d'être en vacances.* (= je suis préssé(e) de)
IL ME TARDE QUE	+ subj.	• *Je m'ennuie de toi, il me tarde que tu viennes.*
TÉLÉPHONER	à qqn	• *N'oubliez pas de téléphoner au secrétariat.*
TENIR	qqch	• *Tiens bien la rampe, sinon tu vas tomber.*
	qqn	• *Il tient son fils par la main pour traverser la rue.*
	à qqch	• *Je tiens beaucoup à cette bague, c'est ma grand-mère qui me l'a donnée.*
	à qqn	• *Elle tient à lui, elle a peur de le perdre.*
	à + inf.	• *J'insiste, je tiens vraiment à payer mon repas.*
	à ce que + subj.	• *Je tiens beaucoup à ce que tu répondes à cette lettre aujourd'hui même.*
SE TENIR	debout, mal, droit	• *Tiens-toi bien droit !*
S'EN TENIR À	qqch	• *Nous nous en tiendrons au premier chapitre.* (= nous nous limiterons)
TERMINER	qqch	• *Je n'arriverai pas à terminer ce travail pour demain.*
TIRER	qqch	• *Aide-moi à tirer ce panier du coffre de la voiture, il est très lourd.*
	avec une arme	• *Elle a tiré trois coups de feu sur sa voisine.*
TIRER PARTI	de qqch	• *C'est un opportuniste : il sait tirer parti* (= profiter) *de tout.*
TOMBER		• *Attention, tu vas tomber !*
	sur qqn	• *Hier, en sortant du bureau, je suis tombé sur un ami que je n'avais pas vu depuis trente ans.* (= je l'ai rencontré par hasard)
TOUCHER	qqch	• *Ne touche pas la prise électrique : c'est très dangereux.*
	qqn	• *Votre lettre m'a beaucoup touché(e), j'étais très ému(e) en la lisant.*
	à qqch	• *Cet enfant touche à tout, il faut le surveiller.*
TOURNER		• *Tourne-toi, s'il te plaît.*
	qqch	• *Ce metteur en scène ne tourne qu'un film tous les dix ans.*
	préposition + direction	• *Pour aller à la gare du Nord, tournez à droite.*
	+ partie du corps	• *Ne tourne pas la tête quand je te parle.*

TRADUIRE	qqch	• *C'est Baudelaire qui a traduit les* Contes *d'Edgar Poe.*
TRAÎNER		• *Personne ne range ici, tout traîne !*
	qqch	• *Ne laisse pas traîner tes lettres sur la table, range-les !*
	qqn quelque part	• *Son mari n'aime pas la musique mais elle arrive parfois à le traîner au concert.* (= à le forcer à aller)
TRAITER	qqn	• *On nous a très bien traités dans cet hôtel, nous reviendrons.*
	qqn de qqch	• *Elle l'a traité de menteur.*
	qqch	• *Ils ont réussi à traiter cette affaire très rapidement.*
TRAVAILLER		• *Elle travaille depuis l'âge de dix-huit ans.*
	qqch	• *L'agriculteur travaille la terre.*
	à qqch	• *Flaubert a travaillé cinq ans à son roman* Madame Bovary.
TREMBLER		• *Elle tremble. Elle a peut-être de la fièvre.*
	de qqch	• *Devant le danger, il se mit à trembler de peur.*
	pour qqn	• *Elle est très anxieuse, elle tremble toujours pour ses enfants.*
TROMPER	qqn	• *Vous nous avez trompés, nous ne pouvons plus vous faire confiance.*
SE TROMPER		• *Je me suis trompé(e) dans mes calculs, je dois tout recommencer.*
	de qqch	• *On se trompe souvent de parapluie quand on est pressé.*
	sur qqn	• *Je me suis trompé sur elle. Sa timidité cache un cœur d'or.*
TROUVER	qqch	• *Alors, ça y est ? Tu as trouvé la solution ?*
	qqn	• *Il a trouvé l'acteur idéal pour ce rôle.*
	qqch à + inf.	• *Ne reste pas là sans rien faire : trouve un livre à lire !*
	que + ind. ou cond.	• *Je trouve que vous devriez aller voir un autre médecin.*
SE TROUVER		• *Où se trouve le cinéma Champollion, s'il vous plaît ? – Il se trouve à cinq minutes d'ici, rue des Écoles.*
	+ adj.	• *Je me suis trouvé(e) bien embarrassé(e) : je ne savais pas quoi dire.*

U

UTILE (ÊTRE)		• *Une voiture, c'est utile quand on vit à la campagne.*
IL EST UTILE DE	+ inf.	• *Il est utile d'avoir une voiture quand on vit à la campagne.*
IL EST UTILE QUE	+ subj.	• *Il serait peut-être utile que vous achetiez une voiture. À la campagne, c'est presque indispensable.*
UTILISER	qqch	• *Je peux utiliser ton ordinateur ? Le mien est en panne.*

V

VALOIR		• *Ce miroir vaut combien, s'il vous plaît ? – Oh, il vaut assez cher. Il est ancien.*
IL VAUT MIEUX	+ inf.	• *Pour éviter les coups de soleil, il vaut mieux rester à l'ombre entre midi et quatre heures.*
IL VAUT MIEUX QUE	+ subj.	• *Il vaut mieux que tu mettes une crème solaire. Attention aux coups de soleil !*

VENIR		• *On va faire un pique-nique. Tu viens avec nous ?*
	à /en + lieu	• *Tu viens en vacances ici depuis longtemps ?*
	de + lieu	• *Ce superbe tapis vient de Turquie.*
	chez + personne	• *Tu viens chez moi ce soir ? J'ai invité quelques amis à dîner.*
	de chez + personne	• *Elle vient de chez le dentiste.*
	+ inf.	• *Je viens voir si vous pouvez m'aider à finir ce travail.*
EN VENIR À	+ nom	• *J'en viens maintenant à ma conclusion.* (= j'arrive à…)
	+ inf.	• *J'en viens à douter de tout.* (= je finis par…)
VÉRIFIER	qqch	• *Vérifiez bien l'orthographe avant de rendre votre devoir.*
	que + ind.	• *Avant de descendre du train, vérifiez bien que vous n'avez rien oublié.*
VIVRE		• *Jusqu'à cent ans, elle a vécu seule et sans aide.*
	de qqch	• *Elle vit d'amour et d'eau fraîche.*
VOIR	qqch ou qqn	• *Je n'ai pas vu mon frère mais il est rentré. Je viens de voir sa voiture devant chez lui.*
VOLER	qqch à qqn	• *Pauvre Jane ! Hier, on lui a volé son portefeuille dans le métro et avant-hier son portable.*
VOTER		• *En France, on n'est pas obligé de voter comme dans certains pays.*
	pour + nom	• *Je ne voterai certainement pas pour ce candidat.*
	+ adj. ou nom	• *Lui, il vote écologiste, sa femme vote communiste et leur fils vote blanc ou nul.*
	à droite, à gauche	• *Avant, il votait à gauche mais depuis qu'il a rencontré Justine, il vote plutôt à droite.*
VOULOIR	qqch	• *Qu'est-ce que vous voulez ? Des pommes ? Des poires ? Un ananas ?*
	+ inf.	• *Je voudrais vous demander une minute d'attention.*
	que + subj.	• *Tu veux que je fasse la vaisselle à ta place ? Si tu es fatigué(e)…*
EN VOULOIR	à qqn	• *– Tu es fâché(e), tu m'en veux encore pour ma sottise d'hier ?* (= tu me gardes encore de la rancune) *– Mais non, c'est fini, je ne t'en veux pas, j'ai déjà oublié !*

INDEX

Crédits photographiques

fond pages ouverture : andreusK/Adobe stock – p. 24 : g ® Les Films Alain Sarde /Zack Films / Pathe / Luc Roux /COLLECTION CHRISTOPHEL ; m ® Jean-Claude Lother COLLECTION CHRISTOPHEL ; d ® Jean-Claude Lother/COLLECTION CHRISTOPHEL – p. 34 : Yuriy Mazur/Adobe stock – p. 39 : Illustration Antonin Louchard, Rue Du Monde Eds, 2001 – p. 51 : fhphotographie/Adobe stock – p. 52 : g ® Gloria films/ COLLECTION CHRISTOPHEL ; d ® Fiction Films / Wildside Media/ COLLECTION CHRISTOPHEL – p. 67 : Affiche UNIUNIE contre le harcèlement, Université de Genève – p. 72 Tel Père telle fille/COLLECTION CHRISTOPHEL – p. 80 : Didepare29 /Adobe stock – p. 89 : g L'heure Zero/COLLECTION CHRISTOPHEL ; m © Les Films du Fleuve / Archipe/COLLECTION CHRISTOPHEL : d © Les Films du Carrosse / Sedif/ COLLECTION CHRISTOPHEL – p. 98 : Mara Zemgaliete/Adobe stock – p. 99 : alexanderkonsta /Adobe stock – p. 113 : ® Pyramide Productions / Camera One/COLLECTION CHRISTOPHEL – p. 124 : Être et avoir, COLLECTION CHRISTOPHEL – p. 136 : glowonconcept/Adobe stock – p. 138 : Kajenna/Adobe stock – p. 139 : contrastwerkstatt /Adobe stock – p. 143 : sarayut_sy/Adobe stock – p. 148 : loreanto/Adobe stock – p. 163 : Michal/Adobe stock – p. 164 : Andrey Kuzmin/Adobe stock – p. 170 : Lealnard/Adobe stock – p. 174 : chickenstockimages/Adobe stock – p. 180 : g Diamants sur canapé, COLLECTION CHRISTOPHEL ; d Le Tour du Monde en 80 jours, COLLECTION CHRISTOPHEL – p. 194 : Archivist/Adobe stock – p. 195 : Floki Fotos / Adobe stock – p. 210 : GP Photography/Adobe stock – p. 212 : wv/Adobe stock – p. 216 : Brian Jackson/ Adobe stock – p. 218 : f11photo/Adobe stock – p. 228 : ® Camera subjective/COLLECTION CHRISTOPHEL – p. 235 : Archivist/Adobe stock – p. 236 : Studio 37 / Rezo films / COLLECTION CHRISTOPHEL – p. 248 : ® Ex Nihilo/COLLECTION CHRISTOPHEL – p. 251 : C'est ici que je vis/COLLECTION CHRISTOPHEL – p. 253 : pololia/Adobe stock – p. 258 : Mais où est donc Ornicar + de 100 moyens mnémotechniques, Babelio – p. 266 : Je ne veux pas que tu t'en ailles/COLLECTION CHRISTOPHEL – p. 276 : « Mon petit doigt m'a dit »/COLLECTION CHRISTOPHEL – p. 287 : et puis les touristes/COLLECTION CHRISTOPHEL – p. 291 : Anasty/Adobe stock – p. 292 : icedmocha/Adobe stock – p. 304 : Irina/Adobe stock – p. 305 : ® Mandarin Films / Scope Pictures / Jean Claude Moireau/COLLECTION CHRISTOPHEL – p. 317 : Sergey Nivens/Adobe stock – p. 325 : luckybusiness/Adobe stock – p. 332 : lorabarra/Adobe stock – p. 333 : alexbutscom/Adobe stock – p. 339 : ® Fidelite Productions / Jean Marie Leroy/COLLECTION CHRISTOPHEL – p. 346 : Artem Varnitsin/Adobe stock